**权威·前沿·原创**

皮书系列为

“十二五”“十三五”国家重点图书出版规划项目

BLUE BOOK

智库成果出版与传播平台

可持续发展蓝皮书
BLUE BOOK OF SUSTAINABLE DEVELOPMENT

# A股上市公司可持续发展价值评估报告（2021）

A-SHARE LISTED COMPANY SUSTAINABLE DEVELOPMENT VALUE ASSESSMENT REPORT (2021)

## 发现中国“义利99”

主　编／马蔚华　宋志平

社会科学文献出版社
SOCIAL SCIENCES ACADEMIC PRESS (CHINA)

图书在版编目（CIP）数据

A股上市公司可持续发展价值评估报告．2021／马蔚华，宋志平主编．--北京：社会科学文献出版社，2021.12
（可持续发展蓝皮书）
ISBN 978-7-5201-9254-5

Ⅰ．①A…　Ⅱ．①马…　②宋…　Ⅲ．①上市公司-可持续性发展-研究报告-中国-2021　Ⅳ．①F279.246

中国版本图书馆CIP数据核字（2021）第213870号

可持续发展蓝皮书
A股上市公司可持续发展价值评估报告（2021）
发现中国“义利99”

主　　编／马蔚华　宋志平

出 版 人／王利民
组稿编辑／邓泳红
责任编辑／吴　敏
责任印制／王京美

出　　版／社会科学文献出版社·皮书出版分社（010）59367127
　　　　　地址：北京市北三环中路甲29号院华龙大厦　邮编：100029
　　　　　网址：www.ssap.com.cn
发　　行／市场营销中心（010）59367081　59367083
印　　装／天津千鹤文化传播有限公司

规　　格／开　本：787mm×1092mm　1/16
　　　　　印　张：22.25　字　数：331千字
版　　次／2021年12月第1版　2021年12月第1次印刷
书　　号／ISBN 978-7-5201-9254-5
定　　价／128.00元

本书如有印装质量问题，请与读者服务中心（010-59367028）联系

# 可持续发展蓝皮书编委会

（按姓氏拼音排序）

# 课 题 组

（按姓氏拼音排序）

| | | | | | |
|---|---|---|---|---|---|
| 组　　长 | 李　文 | | | | |
| 副 组 长 | 顾欣科 | 姜亚晨 | 唐雨垌 | 陶林林 | |
| 成　　员 | 蔡祖琪 | 邓雯菁 | 付登芸 | 何怡乐 | 何雨菡 |
| | 胡　珺 | 贾书凡 | 李灿权 | 李嘉萱 | 李文璐 |
| | 梁倩铭 | 林可欣 | 卢林楷 | 苗　卓 | 铁书宁 |
| | 王德康 | 王婧娴 | 王美清 | 吴承霖 | 杨　欢 |
| | 张可沁 | 张馨杨 | 张艺菲 | 赵　维 | 郑斯尹 |
| | 郑晓敏 | 郑　杨 | 庄　妍 | 邹　瑶 | |

# 主要编撰者简介

**马蔚华**　招商银行股份有限公司原执行董事、行长兼首席执行官，经济学博士，意大利之星指挥官勋章得主。现任盟浪可持续数字科技（深圳）有限公司董事长、国家科技成果转化引导基金理事长、社会价值投资联盟主席、国际公益学院董事会主席、壹基金公益基金会理事长、北京大学和清华大学等多所高校兼职教授等职。曾任中国人民银行海南省分行行长兼国家外汇管理局海南省分局局长，第十届全国人大代表及第十一届、十二届全国政协委员。

2019 年 3 月被联合国开发计划署驻华代表处聘为特别顾问、可持续发展金融顾问委员会主席，同年 4 月被联合国开发计划署聘为可持续发展影响力投资全球指导委员会成员。

2020 年，在深圳经济特区建立 40 周年之际，荣获深圳市委和市政府“深圳经济特区 40 年 40 人”模范人物表彰。

**宋志平**　社会价值投资联盟（深圳）主席团主席，管理工程博士，中国上市公司协会会长，中国企业改革与发展研究会会长，国家行政学院、大连高级经理学院等兼职教授。曾任中国建材集团、中国医药集团董事长，荣获“中国优秀企业家金球奖”“袁宝华企业管理金奖”“中国经济年度人物”“《财富》CEO 终生成就奖”“新中国成立 70 周年卓越贡献企业家终身成就奖”等多项殊荣，是党的十五大和十八大代表，全国劳动模范，二届、三届、五届全国工商管理专业学位研究生教育指导委员会委员。

深耕企业40年，始终奋战在企业改革的最前沿，积累了大量鲜活的企业管理和改革经验。出任中国建材集团和国药集团董事长期间，带领两家企业双双跻身世界500强。

# 主要编撰单位简介

## 社会价值投资联盟（深圳）

社会价值投资联盟（简称“社投盟”）是中国首家专注于促进可持续发展金融的国际化新公益平台。由友成企业家扶贫基金会、中国社会治理研究会、中国投资协会、吉富投资、清华大学明德公益研究院领衔发起，近50家机构联合创办。

**社投盟使命**

**标准研发**

开发可持续发展价值量化评估体系

**平台建设**

聚集推动可持续发展的投资者和投资标的

**理念倡导**

提升经济、社会、环境综合价值

**社投盟在做什么**

**一、 标准研发： 可持续发展价值量化评估体系**

社投盟协同金融机构、上市公司、学术机构、政策研究机构等海内外组织，通过“跨界协同、智慧众筹”的方式，构建中国可持续发展价值评估体系，从目标丨驱动力（AIM）、方式丨创新力（APPROACH）、效益丨转化力（ACTION）三个方面考量组织所创造的经济、社会和环境综合价值。

目前社投盟已根据中国可持续发展价值评估体系，分别研发出针对上市公司、非上市公司的可持续发展价值评估模型，并获知识产权保护。

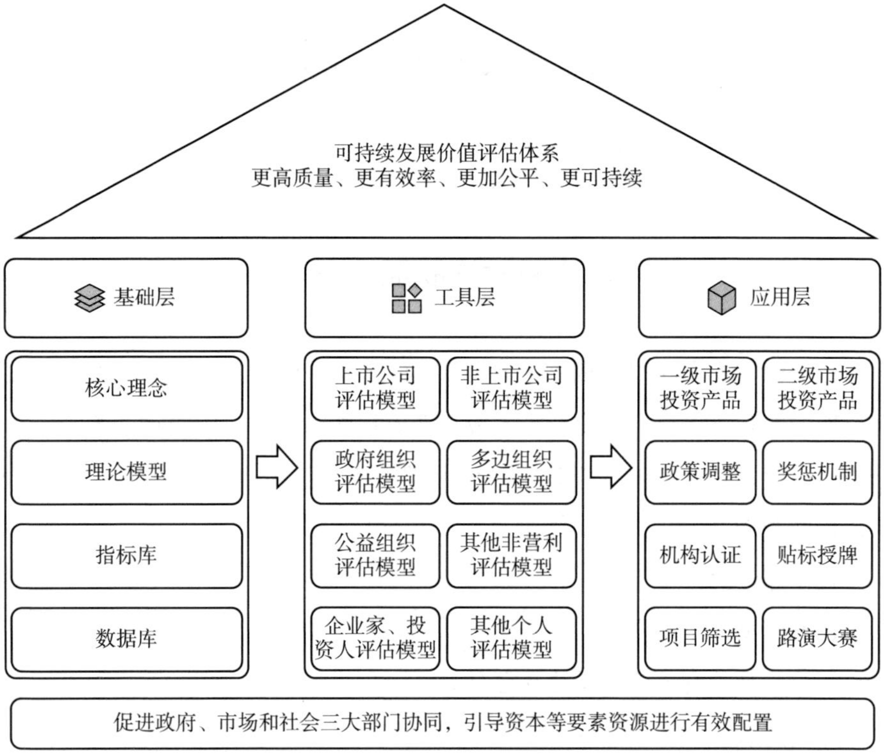


发现中国“义利99”——A股上市公司可持续发展价值评估。

1. “义利99”排行榜
2. “义利99”指数（在Wind金融终端发布）
3. 可持续发展价值评级（在Wind金融终端发布）
4. 可持续发展价值ESG2.0数据库（在Wind金融终端发布）
5. 中证可持续发展100指数

## 二、 平台建设：聚集推动可持续发展的投资者和投资标的

1. 社投盟——可持续发展投资实践室+投融对接会

社投盟倾力推出可持续发展投资实践室及投融对接会，建立可持续发展

投资研究知识中心，开展全球可持续发展投资领域的交流，激发中国关注可持续发展的投资人进行投资实践，推动其成为中国未来可持续发展投资的中坚力量。自2018年起已举办三期投资实践室活动，实现了135次投融资对接。

2. 社投盟——可持续发展社创加速营

社投盟——可持续发展社创加速营专注赋能可持续发展领域的早期创业者。通过沉浸式创业加速和路演辅导，支持社创企业专业化、规模化、可持续地破解社会问题，实现从社会问题到可持续发展机遇的创变。自2018年起已举办四期，共为350家社创企业赋能。

3. 社投盟——SDG智享会

社投盟发起“SDG智享会”系列分享活动，以促进社投盟专家团观点碰撞与交流，推动可持续发展主题下的洞察分享与智慧对话。

**三、理念倡导：提升经济、社会、环境综合价值**

1. 理念传播与推广

社投盟以中英双语全媒体矩阵，打造可持续发展金融新媒体传播中心；建设促进传播可持续发展金融理念的媒体工作委员会，构筑可持续发展金融海内外媒体传播网络。

2. 理论创新与应用

社投盟联合北京大学国家发展研究院、博时基金管理有限公司等单位共同发起“可持续发展金融创新实验”项目。项目以推动可持续发展金融创新为使命，以共建行业生态为目标，率先构建融合政策制定者、学者、行业专家、实践者的可持续发展金融共创平台，催化理论、制度、实践的多维突破式发展，探索可持续发展金融中国模式。

3. 国际交流与合作

社投盟是一个促进可持续发展金融的国际化平台，与联合国开发计划署（UNDP）、全球影响力投资指导委员会（GSG）及全球影响力投资网络（GIIN）、亚洲公益创投网络（AVPN）等业内权威国际组织保持密切交流与合作。社投盟曾数次受邀参与出席联合国大会、世界经济论坛与GSG全球影响力投资峰会等国际大会，向全球推广中国可持续发展金融的成果与机遇。

## 盟浪可持续数字科技（深圳）有限责任公司

为了更好的推进可持续发展金融、推广可持续发展价值评估的市场应用，社会价值投资联盟（深圳）主席团倡议，社投盟理事会审批通过，于2021年4月孵化成立社会创新企业——盟浪可持续数字科技（深圳）有限责任公司（简称“盟浪”）。盟浪以公益的初心、商业的模式、金融的工具和科技的手段，更好地为经济组织和社会机构提供以可持续发展价值量化评估为内核的促进综合价值提升的管理咨询解决方案，携手社会各界共同助推新商业文明的发展。

盟浪秉承“点亮可持续发展价值认知，赋能可持续发展价值管理”的使命，致力于构建世界一流的可持续发展价值管理服务平台，基于长期可持续发展价值评估体系的行业积累，应用ABCD（人工智能、区块链、云计算、大数据）前沿科技，打造拥有核心专利技术的MATH（多能、精准、透明、高频）智能管理算法和数据平台，为金融机构、实体企业与政府机构提供ESG与可持续发展前沿资讯、多维数据、量化评估、认证培训、风险管控与定制化咨询服务。

盟浪网网址：https：//www. susallwave. com/home.

本书由社投盟与盟浪共同组织专业研究人员编研完成。

# 合作方简介

**深圳德高行知识产权数据技术有限公司** 作为知识产权数据服务领域解决方案供应商，拥有自行建设的中国及全球主要国家和知识产权组织的专利数据库并能定期进行更新。公司以专利信息分析为基础，链接不同领域的多元数据，分析与呈现技术创新在宏观经济、产业经济、企业研发、金融证券等各个层面的促进作用，利用大数据及人工智能技术实现不同应用场景的跨领域服务产品。公司提供专利数据和信息分析、专利布局设计、侵权分析与解决方案实施、专利数据库建设和证券投融资应用产品开发服务。

**深圳价值在线信息科技股份有限公司** 价值在线利用人工智能、云计算、大数据、模式分析等技术，为上市公司、拟上市公司、金融机构、监管机构等主体提供 AI + SAAS 服务产品——“易董”产品。截至 2021 年 9 月 8 日，易董共创用户 4965 家，其中上市公司部署 4061 家，用户覆盖率 91.14%，正式签约合作公司 2566 家，其中 A 股上市公司用户 2382 家（占全部上市公司比例 52.40%）。2017 年，价值在线成功在深圳证券交易所发行创新创业公司可转换公司债券，是中国大陆资本市场首家发行双创可转债的非上市非挂牌企业。此外，价值在线荣获毕马威 2019 年、2020 年“中国领先金融科技 50 强”，“易董”荣获 2019 年深圳市金融科技专项奖二等奖。

**厦门国家会计学院中国财务舞弊研究中心** 由厦门国家会计学院、厦门大学会计系、厦门天健咨询有限公司、深圳市东方富海投资管理股份有限公司、容诚会计师事务所（特殊普通合伙）、深圳商集企业服务有限公司（唯你网）联合发起。中心立足于产学研一体化，力求做到“五个结合”的研究特色，即理论与实务相结合、财务与业务相结合、会计数据与大数据技术相结合、财务舞弊识别与防范相结合、理论研究与实际应用相结合。中心的研究成果包括五维度财务舞弊识别模型，即财务税务维度、行业业务维度、公司治理维度、内部控制维度、数字特征维度的构建与实践应用等。

**厦门天健财智科技有限公司** 成立于2018年11月（前身为厦门天健咨询有限公司），总部位于厦门，以厦门国家会计学院中国财务舞弊研究中心的财务舞弊识别模型框架为基础，借助于大数据及人工智能等新技术，智能提供以财务信息为核心，并涵盖公司治理、行业、业务、税务、法务等多维度高质量的信息化服务。为300多家上市公司或IPO企业提供了审计、咨询和审核服务，其专业能力得到了中国证监会等相关部门的充分肯定，主要合伙人曾受聘担任中国证监会发审委专职委员和中国资本市场专家顾问，并多次在国内权威杂志发表学术文章，是国内聚焦在财务报表解读领域，专家规则模型最具权威、数据颗粒度与结构化程度最高的企业之一。

**格澜数字科技（北京）有限公司** 由行业专家发起，致力于为绿色发展提供专业化数字服务的科技公司。格澜的愿景是用数字科技推动可持续发展，主要体现在：利用ESG数据和数字化服务推动商业活动的绿色选择，并帮助企业增强管理韧性和抗风险能力；借助科技的力量和数字化的手段，帮助企业高效地响应国家生态文明建设的政策号召和监管要求，并协助产业实现绿色低碳发展的升级转型；为企业达成联合国可持续发展目标（SDGs）及其他国际倡议提供便捷的数字化解决方案，并帮助企业发掘绿色低碳发展的商业机会，提升其国际竞争力。围绕ESG数据生产和挖掘、碳中和管理、信息披露、专业赋能四个维度建立了核心的服务能力。

# 序　一

2021年盛夏，《A股上市公司可持续发展价值评估报告——发现中国“义利99”》蓝皮书项目荣获了第八届中国软科学奖特别奖。欣喜的同时我们也在思考，尽管“义利99”项目的实证研究揭示了“义利并举—义利转化—义利双优”的价值规律，然而市场主体的认知尚有很大的瓶颈，这究竟是为什么？实践义利合一的路径到底又在哪里？这种思考贯穿了2021年蓝皮书的选题、撰写和审校，激励我们对可持续发展主题进行了更本质的追问。

人类最深切的渴望是什么？尽管仁智互见，但是我们认为是求“生”。“生”包含了生物本能的“生存”、社会属性的“生活”和价值维度的“生命”。假如有部超能透视镜，我们将空间放大，会看到全球76亿人的衣食住行、思言行果的求生全景；再将时间拉伸，就会看见600多万年间人类的求生通史。

代际传承是人类求生的必然，然而如何跨越代际实现可持续发展，却存在人类认知的盲区。本书总报告中有一个形象的比喻，将经济—社会—环境比作饺子—桌子—房子。我们聚焦经济繁荣，就像包饺子/吃饺子，这是求生的刚需；然而如果桌子倒了，饺子当下就吃不成了，社会不安定，经济繁荣就会中断；进而如果房子塌了，桌子、饺子也一并被毁，生态出现危机，人类的求生之旅就会终结。

由于存在认知盲区，市场力量习惯于聚焦经济繁荣、较少投入环境与社会。究其原因，是在可持续发展的价值循环体系中，存在“时间错配”和

“权责错配”两大梗阻。经济价值大多可在当代变现，社会价值通常延续几代甚至十几代，生态循环多半要历经千秋万代，这种“时间错配”导致了市场力量倾向于忽视社会和环境价值。而“权责错配”往往由于社会问题、环境危机等难以归因或价值计量缺失，市场机构在取得既得利益时，无法抵补甚至会逃避承担公共成本和负面外部影响，这也是我们常说的经济“外部性”问题。

如何解决这个问题？通过“义利99”项目的持续实证研究，我们一边追踪计量头部上市公司的可持续发展价值变化，一边探索着打破认知瓶颈的方式及破解两大错配的方法、路径。

我们拟从道法术器四个维度，破解这个历史难题。破解之道在于将“利害当期化”，即对远期的环境和社会正负效应准确计量，清晰呈现并纳入当期的价值循环。将“权责合一化”，建立“谁破坏—谁补偿、谁受益—谁承担”的激励和约束机制。破解之法在于用“吃饺子”去激励“稳桌子”和“固房子”。以政策驱动作为前引，调动市场力量用商业手段去解决社会和环境问题。破解之术在于瞄准可持续发展价值的“靶点”，扣动量化评估的“扳机”，让资本的“子弹”精准地飞向“靶点”，催化可持续发展价值网的聚变。破解之器在于以数据—算法—算力为基础，构建起可持续发展价值的计量标准和科技手段。所有这些就是一个目的，让“外部性”“内部化”，使可持续发展成为自觉遵循的理念和自觉的行动。

环顾世界，人类正面临着“生”之考验。截至2021年10月末，全球新冠肺炎疫情累计确诊2.5亿，致使1.24亿人重返赤贫；平均气温比工业革命前升高了1.2℃，导致极端天气和次生灾害频发；全球供求失衡显著，拖累经济复苏，人类面临前所未有的生存挑战。

在第二届联合国全球可持续交通大会开幕式上，习近平主席发表了《与世界相交，与时代相通，在可持续发展道路上阔步前行》的主旨讲话，再次倡议“共同建设一个持久和平、普遍安全、共同繁荣、开放包容、清洁美丽的世界，推进构建人类命运共同体”。

尽管道路曲折坎坷，但历史车轮仍在滚滚向前，2021年的这本蓝皮书，记载了中国上市公司“义利99”上榜企业艰苦奋进的旅程，也闪烁着人类生生不息奋斗精神的光芒。

社会价值投资联盟（深圳）常务主席

# 序　二

我国上市公司虽然只有30年发展历史，还是一个年轻的群体，但经过不懈努力取得了举世瞩目的成绩，总市值仅次于美国。在自然灾害频发、疫情肆虐的环境下，上市公司作为企业中的“优等生”，担负着国家经济发展支柱、资本市场基石的重大责任和使命。到任上市公司协会后，我一直在思考如何持续提高4000多家上市公司的质量，使其能够关注长期可持续发展，将以人为本、关注利益相关方、切实践行社会责任等议题做优做实。

发现中国“义利99”以A股沪深300为样本，基于科学的评分模型，选取了得分最高的99家上市公司，是A股中完善现代企业制度和履行社会责任的“先锋队”。榜单上的许多公司我都曾合作过或深访过，其在贯彻落实脱贫攻坚、绿色发展等国家战略，推动可持续发展等方面的实践发挥了示范作用。ESG作为被广泛认可的提升上市公司质量的重要抓手，推动ESG与企业经营深度融合，建立健全ESG内部制度体系和管理框架十分重要。近年来，随着监管和市场的推动，以及投资者对ESG信息关注度的提升，我们欣喜地发现2021年“义利99”上榜公司在ESG贡献上十分突出。

在公司治理方面，沪深300上市公司紧扣这一提高上市公司质量的核心要素，逐步完善治理结构。“义利99”公司中，44家公司设立了可持续发展专门机构，占沪深300（73家）的60.27%，对公司制定ESG策略提供了更为有力的组织保障。同时，我国上市公司在治理结构方面仍有较长的路要走。以独立董事比例为例，作为完善上市公司治理结构的关键，沪深300上市公司独立董事比例为35%～38%，刚刚达到监管中至少1/3的要求。

在经济贡献方面，我国上市公司总市值仍稳居世界第二，“义利99”则一以贯之的发挥了其先锋作用。2020年“义利99”增加值占中国GDP的5.25%。在A股4146家上市公司中，“义利99”实现营收22.80万亿元，占比42.97%；净利润2.25万亿元，占比52.65%；纳税总额1.84万亿元，占比52.03%。尽管其有着优秀的财务业绩表现，但“义利99”的市场估值仍旧处在较低水平，截至2020年末，“义利99”总市值21.92万亿元，占A股的27.52%；PE倍数13，低于沪深300的17。

在环境贡献方面，沪深300上市公司表示出了足够的重视并采取了积极行动。在环保投入、资源利用、污染防治及碳减排等方面，“义利99”都有突出的表现。“义利99”中有42家公司披露了环保投入金额，占沪深300（91家）的46.15%，环保投入超过10亿元的6家沪深300公司中有4家为“义利99”；沪深300中共计247家公司披露了企业综合能耗管理措施；177家公司披露了水资源管理措施；185家公司披露了物料管理措施；沪深300中有21家公司、“义利99”中有14家公司对“碳中和”“应对气候变化”进行了风险识别和挑战与机遇的分析，明确相关议题对公司实际发展的影响，制定公司的应对策略。

在社会贡献方面，沪深300上市公司对2020年正式收官的脱贫攻坚战略做出了不可磨灭的贡献，其中“义利99”的表现尤为突出。“义利99”公司中，有94家披露参与了扶贫实践，总投入超84亿元，占沪深300扶贫总投入135亿元的62%。为巩固脱贫攻坚成果，上市公司积极响应乡村振兴战略，“义利99”披露参与率达100%，高于沪深300公司83.00%的占比。“义利99”积极地响应了联合国可持续发展目标的首目标“无贫穷”，发挥了头部企业推动国家可持续发展、实现共同富裕的示范作用。

此外，我们知道由于A股上市公司具有行业差异化和发展不均衡性的特点，不同行业、规模和发展阶段的上市公司ESG议题和表现存在差异。以实现“双碳”目标方面为例，因其涉及的是广泛而深刻的经济社会系统性变革，对我国经济结构、能源结构和产业布局等方面都将产生重大影响，需要市场各方共同努力。例如，在对环境影响较大的化工、能源、建筑、矿业等传统行业，与其他行业相比将面临十分紧迫的转型升级需求，在环境影响改善方面，既具有更强的驱动力，也将面临更大的经济成本和运营压力。

我认为助推上市公司提高质量和可持续发展能力，是一项长期工作。中国上市公司协会接下来将要大力推进上市公司ESG管理实践和绩效改善，将其作为协会提升上市公司质量的重要抓手，希望有更多如“义利99”项目团队一样优秀的伙伴，深耕企业ESG评价体系、咨询服务等领域，同协会一道紧密合作，共同推进上市公司提质增效。

中国上市公司协会会长

社会价值投资联盟（深圳）主席

# 序　三

受新冠肺炎疫情的冲击，实现2030年可持续发展目标（SDGs）面临着更大的挑战，需要全球大幅增加在可持续发展领域的投融资。受疫情的影响，2020年全球直接投资急剧下降35%，降至1万亿美元，比全球金融危机后的2009年的低谷低了近20%。

全球面临的挑战不仅在于重振和恢复经济的增长，还在于使经济复苏更可持续、更有韧性，更能抵御未来可能面临的冲击。因此，可持续发展领域的投融资在疫情后全球经济复苏中发挥着重要的作用，“义利99”上市公司作为可持续发展价值评估中的优秀代表，在中国经济复苏的进程中做出了重要的积极贡献。

资本市场可以对投资的水平和方向产生决定性影响，可以为填补可持续发展目标的资金缺口做出重要的贡献。在过去几年中，以可持续发展为主题的金融产品显著增加。全球抗击疫情和气候变化的努力正在加速这一势头。

联合国贸发组织估计，全球以可持续发展为主题的金融产品于2020年达到3.2万亿美元，同比增加80%以上，与全球外国直接投资持续下降形成了鲜明的对比。这些产品包括可持续基金（超过1.7万亿美元）、绿色债券（超过1万亿美元）、社会债券（2120亿美元）和混合可持续债券（2180亿美元）。

这些可持续投资金融工具已经成为对可持续发展目标投资的重要工具，正在将急需的资金引导投向健康、可再生能源、粮食和农业及清洁技术等可持续发展的关键领域。

在投资链的上游，机构投资者（包括资产所有者和资产管理者）管理着规模庞大的资产。它们可以通过资产配置和主动行使所有权来推动可持续投资。例如，2021年，仅全球养老基金和主权财富基金管理的资产就分别高达52万亿美元和9.2万亿美元，其中超过40%的资金都是投资于公开上市的股票。这使得它们成为各行各业上市公司的最大股东。基于长期投资理念，这些机构投资者往往能够更好地评估其投资组合的长期风险，从而对环境、社会和治理（ESG）等可持续发展问题作出更灵敏的反应。

这次全球疫情造成的结果表明，可持续性问题不仅对投资者构成重大风险，而且对全球金融市场乃至整个社会构成潜在的系统性风险。对于需要更敏锐地权衡长期投资效益及安全的长期机构投资者而言，无疑更需要重视这种更广泛的系统性风险。因此，越来越多的机构投资者正在利用其在全球投资链中所处的有利地位，积极推进可持续的商业模式和商业文化。

全球证券交易所也在通过对企业ESG行为的影响以及通过推广可持续金融产品支持可持续金融的发展。根据联合国贸发组织可持续证券交易所（SSE）举措的数据，全球为上市公司提供ESG披露指南的证券交易所从2015年的13个增加到2020年底的56个。在过去五年里，要求强制性企业社会责任披露的交易所增加了1倍多，2020年达到25家。在2019～2020年两年间，拥有专门的可持续债券平台的证券交易所数量增加了14个，总计达38个。

以上数据表明，在可持续投资链相关各方的共同努力下，全球以可持续发展为导向的可持续投资正在进入大发展时期。同时应该看到，这一发展或转变还处于起步阶段。可持续基金和可持续债券占全球基金和债券市场的比重仅分别为3%和1%。

要实现可持续投资的长期增长并确保其对可持续发展作出重要的贡献，需要克服三大挑战：首先，规模上，全球可持续投资需要从“小众”市场转变为主流市场，即全球资本市场。其次，布局上，可持续投资金融产品90%以上都集中在发达经济体，发展中国家的可持续金融市场急需加快发展。第三，质量上，大多数可持续金融产品都是“自我标签”，这引发了国际社会对“漂绿”问题以及标准一致性的担忧。

在过去十年中，有关各方为应对这些挑战做了大量的工作，最明显的进展是将可持续性不断融入金融体系的各个环节，包括资产管理公司、资产所有者、银行、保险公司和证券交易所。监管也在慢慢跟上市场趋势。欧盟发布了可持续金融战略以及新的分类标准和披露法规。中国作为全球可投资金融的重要力量，出台了绿色发展的国家战略，并制订了绿色投资相关指南和标准。在国际层面，国际证监会组织在可持续金融方面的作用日益增强，国际财务报告准则（IFRS）基金会正在创建新的可持续发展标准委员会，将对全球金融产品的可持续性的披露及监管产生深远影响。正如本书分析结果显示的那样，作为A股上市公司的优秀代表“义利99”在公司治理、信息披露、环境保护等层面顺应全球发展趋势，不断加强管理、创新实践，提升ESG表现。

可持续绿色发展是中国国家层面的战略。中国已经成为全球最重要的绿色债券市场之一，近年来可持续基金等金融产品的发展也十分迅速，为其他发展中国家发展可持续金融提供了宝贵的经验。在继续发展国内可持续金融市场的同时，中国基金业应积极参与国际合作以及国际标准的制订，为全球可持续发展贡献更大的力量。

詹晓宁

联合国《世界投资报告》主编

联合国可持续发展股市举措理事会主席

# 前　言

2019年至今，在马蔚华、宋志平先生的带领下，在由社投盟社会价值评估标准工作委员会（“社标委”）及相关专家组成的编委会指导下，社投盟组织A股上市公司可持续发展价值研究课题组已连续3年编研发布《可持续发展蓝皮书：A股上市公司可持续发展价值评估报告》，为资管方、投资方、上市公司、相关行业协会、政府主管部门、监管部门、研究机构、媒体以及国际组织等提供中国上市公司ESG管理和实践的多维度解读样本，并以蓝皮书的形式进行系列呈现。《A股上市公司可持续发展价值评估报告（2021）》是由社会价值投资联盟（深圳）和盟浪可持续数字科技（深圳）有限责任公司共同组织编研完成。全书研究框架、重点议题、研究方法及技术路线由编委会确定，项目历时6个月，先后有30余人投入数据分析、专题研究和报告撰写等工作中。

本书总报告《2021年发现中国“义利99”评估报告》由白虹撰写，姜亚晨、顾欣科、陶林林、罗靖鸿负责数据分析和内容支持。技术篇《2021年3A可持续发展价值评估体系优化研究》由李文、顾欣科、陶林林撰写完成。

行业篇由李文、陶林林、唐雨垌等负责指导、审核，数据分析部分由唐雨垌整理完成。行业篇重点对电气设备、电子、银行、医药生物四个行业的可持续发展价值情况进行评估分析，王德康、杨欢、郑杨、赵维编研撰写了《2021年沪深300上市公司电气设备行业可持续发展价值评估》；贾书凡、林可欣、王美清、苗卓编研撰写了《2021年沪深300上市公司电子行业可持续发展价值评估》；唐雨垌、何雨菡、卢林楷编研撰写了《2021年沪深

300上市公司银行业可持续发展价值评估》，张嘉豪参与信息收集及整理；蔡祖琪、吴承霖、铁书宁编研撰写了《2021年沪深300上市公司医药生物行业可持续发展价值评估》。

专题篇由李文、顾欣科、唐雨垌等负责指导、审核。专题篇针对沪深300围绕治理实践、非财信披、环境责任和乡村振兴四大主题进行探究，李灿权、付登芸、何怡乐、梁倩铭编研撰写了《2021年沪深300上市公司治理实践研究》，叶淑瑜、邴雪参与信息收集及整理；张艺菲、张馨杨、庄妍、邓雯菁编研撰写了《2021年沪深300上市公司非财务信息披露实践研究》；李文璐、李嘉萱、郑斯尹、王婧娴编研撰写了《2021年沪深300上市公司履行环境责任研究》；郑晓敏、张可沁、邹瑶、胡珺编研撰写了《2021年沪深300上市公司乡村振兴创新实践研究》。

2021年7月，本系列蓝皮书荣获第八届（2021年度）中国软科学奖特别奖，感谢多年来所有为本系列蓝皮书研究编撰及出版倾心付出的各位专家和相关人员。我国可持续发展和ESG评估等相关研究仍处于起步阶段，还存在很多问题有待讨论和解决，课题组衷心地希望广大读者朋友们就书中相关主题内容与我们沟通交流，欢迎不吝赐教。

# 摘　要

本年度报告延续和发展了《A股上市公司可持续发展价值评估报告——发现中国“义利99”》（2017、2018、2019、2020）的研究方法和技术路线。可持续发展价值即义利并举，又称社会价值或综合价值，指组织为建设更高质量、更有效率、更加公平和更可持续的美好未来，通过创新的生产技术、运营模式和管理机制等方式，所实现的经济、社会和环境的综合贡献。

全书由总报告、行业篇、专题篇、技术篇、附录五大部分构成，透视了“义利99”的业绩变迁，剖析了头部上市公司的外部效应，并展望了市场力量在践行可持续发展历程中的前行轨迹。总报告循着逐层扩展的脉络，在“看见”部分描述了“义利99”榜单和评级、群体画像和分布特征。在“洞见”部分阐述了“义利99”对国民经济、社会福祉、环境保护、治理结构和信息披露的关联关系。在“预见”部分反思了当下危机、系统变迁，并预测了可持续发展九大动力。行业篇从产业画像、评估结果、价值表现和发展展望四个方面，对电气设备、电子、银行和医药生物行业可持续发展特征及贡献进行了深入分析，并对其可持续发展价值进行了详细解读。专题篇选取了治理实践、非财信披、环境责任和乡村振兴四大主题，基于数据分析对上市公司践行社会责任的政策环境、发展驱动力、创新实践、社会贡献以及前景展望进行了分析。技术篇阐述了评估方法论的优化升级。附录一详细展示了2021年发现中国“义利99”排行榜及上榜公司的评分、排名、一级指标评分、数据完备度、合一度、义利属性；附录二呈现了上榜公司可持续发展价值评级；附录三展示了被剔除的公司及剔除原因；附录四及附录五分别梳理了 2020 年 9 月至 2021 年 9 月国内和国际可持续发展金融大事件。

# 目　录

## Ⅰ　总报告



## Ⅱ　行业篇



## Ⅲ　专题篇

## Ⅳ 技术篇



## Ⅴ 附录



皮书数据库阅读**使用指南**

# 总报告

General Report

## B.1
## 2021年发现中国“义利99”评估报告

摘　要：基于对“义利99”及其指数长期的观察与研究，本报告洞悉了“义利99”的业绩变迁，剖析了头部上市公司的可持续发展价值，并展望了市场力量在践行可持续发展历程中的前行轨迹。报告分为“看见”“洞见”“预见”三个部分。评估结果显示，上市公司可持续发展实践效果日益显著；从3A模型全景看，可持续发展价值驱动最为强劲，公司治理表现有待优化，经济贡献表现显著；对“义利99”在国民经济、社会福祉、环境保护、治理结构和信息披露这几个方面的表现做了详细分析。在“预见”部分，报告反思了当下危机、系统变迁，并对未来五年中国落实2030可持续发展议程做出展望。

关键词：“义利99”　可持续发展价值　3A模型　A股上市公司

2016年8月，社投盟启动了对发现中国“义利99”——A股上市公司可持续发展价值的量化评估项目。恰在那时，里约奥运会的圣火在闭幕式上意外熄灭，人们吐槽那是“史上最糟的奥运会”。2021年仲夏，就在社投盟开始写作第五本《A股上市公司可持续发展价值评估报告——发现中国“义利99”》时，延迟一年的东京奥运会终于开幕。11309名运动员在“无观众”的场馆里完成了339场比赛，数万名教练、裁判和工作人员在“不露脸”的情况下，出现在全球直播的镜头里。人们这才发现，里约奥运会洋溢着的欢呼和笑容，是多么弥足珍贵。

这五年中，世界发生了剧变。综观古今，社会动荡、生态事件、贸易纠纷、恐怖活动从来没有停息过。但对于绝大部分人来说，那些都是他人的、异乡的事，与己无关。而新冠肺炎疫情改变了这一切，截至2021年8月底，全球累计确诊病例达2.17亿人，累计死亡人数攀升至451万人。76亿人的日常生活和工作状态被改变了。全球灾难不再是好莱坞巨片的噱头，而成为每人每日身处其中的现实。

在这几年里，社投盟一直埋头于对A股上市公司的可持续发展价值及其影响的实证研究。这种实证研究要一点点去做数据建模、抓取、评估、分析、验算，然后循环往复。这种既耗时、费力还没有收益的专业项目，服务于一个清晰的公益目标：要用资本能够相信的方式，去澄清资本不太相信的事实。任何唯利的、短视的、高碳的商业模式已然不可持续，“义利并举—义利转化—义利双升”才是价值循环的基本逻辑。在世界剧变的时代，企业要实现自身的可持续发展，就要管理现行和潜在的ESG风险；企业只有用核心能力解决社会与环境问题，世界才有可持续前行的动力。

有些企业以高昂的社会和环境成本，换取了短期的经济利益。成本漂移到公共的资产负债表中，收入却落盘在自己的损益表内。他们会说这才是效率，经济繁荣才是硬道理。如何看待这一现状？我们打个比喻：一群人围在桌边吃饺子，如果桌子倒了，饺子就吃不成了；如果房子倒了，桌子就立不起来了。饺子好比经济繁荣，桌子好比社会稳定，而房子好比生态平衡。如果人类生存遭遇危机，社会又怎能安定？如果社会动荡，经济繁荣如何能持续？

然而既得利益诱惑太大，人的认知容易被困在当下。就像眼前摆着饺子，慢了还可能吃不到，除非有餐桌礼仪，否则为争吃饺子，就难以顾到桌子、更难理会房子。本以为可永续的盛宴，却被突如其来的疫情打断了。在仅有 125 纳米、肉眼不可见的新冠病毒前，全球停摆了。

2021 年 7 月 8 日，联合国副秘书长刘振民在“可持续发展高级别政治论坛”上发布了《2021 年可持续发展目标报告》。报告指出，联合国倡议、全球参与的可持续发展进程几乎全线倒退。在经济方面，尽管各国政府先后投入 16 万亿美元巨资，用于刺激经济和紧急救援，全球 GDP 依然萎缩了 3.3%，贸易总量减少了 8.1%，外国直接投资降低了 40%，发展中国家的债务负担显著上升；在社会方面，1.24 亿人口重返赤贫，2.55 亿个全职工作岗位流失，饥饿人口增加了 8300 万至 1.32 亿人，文盲青少年人数增加了 1.01 亿人，同时，危机也加剧了不平等，基尼系数在多国显著上升；在环境方面，全球主要温室气体浓度持续上升，平均气温比工业化前水平升高了 1.2℃，日益逼近《巴黎协定》所设立的 1.5℃的升温上限。

这时，人们体会到了社投盟“发现中国义利 99”公益项目的现实意义。计量企业所创造的“经济—社会—环境”的综合价值，引导资本等生产要素投向义利并举的企业，不只意味着政策红利和道德高地，而是人类保生存、社会求稳定、经济可持续的刚需。

2021 年 8 月 8 日，本书即将完稿，东京奥运会也落下帷幕。一本满载数字的蓝皮书和一次史无前例的奥运会，以不同的表现形式，交汇了人类共同的理想。正如奥委会主席托马斯·巴赫所呼吁的那样：“疫情迫使我们分开，甚至远离我们所爱的人，这种分离让这条隧道变得如此黑暗……只有我们更加团结，才能变得更快、更高、更强，团结是黑暗隧道尽头的光芒。”希望人类可持续发展的理想就像奥运圣火一样，久久燃烧在我们的心中。

## 一 看见“义利99”：群体画像与分布特征

“义利 99”排行榜全称是“A 股上市公司可持续发展价值‘义利 99’排行榜”。“义利 99”是指以上市公司 3A 可持续发展价值评估模型（简称“3A 模型”）为工具，以沪深 300 成分股为评估对象，以经济、社会和环境综合贡献为评估内容，可持续发展价值得分居前 99 的上市公司群体。沪深 300 成分股每年 6 月和 12 月各调整一次，发现中国“义利 99”相应做出两次评估，并以每年 6 月评估结果为准发布年度榜单。下文的分析若无特殊说明，均采用当年 6 月的评估结果。

### （一）2021年“义利99”可持续发展价值评估结果

根据社投盟可持续发展价值评估体系原则及实施办法，对 A 股上市公司可持续发展价值评估实行“筛选 + 评分”的机制。其中“筛选子模型”是可持续发展价值的负向剔除评估工具，若评估对象符合其中任何负向指标，则无法进入“义利 99”排行榜；“评分子模型”是可持续发展价值的正向量化评估工具。详见报告 B. 10《2021 年 3A 可持续发展价值评估体系优化研究》。

1. “义利99”排行榜（2021）

“义利 99”排行榜以 2021 年 6 月沪深 300 更新后的成分股为评估对象，排行榜前十强分别为：隆基股份（601012. SH）、中兴通讯（000063. SZ）、汇川技术（300124. SZ）、国电南瑞（600406. SH）、中国建筑（601668. SH）、伊利股份（600887. SH）、牧原股份（002714. SZ）、中国中冶（601618. SH）、顺丰控股（002352. SZ）和中国平安（601318. SH）。在前十强的行业分布中，其中电气设备 3 家、建筑装饰 2 家、通信 1 家、食品饮料 1 家、农林牧渔 1 家、交通运输 1 家、非银金融 1 家（见表 1）。

表1　2021年“义利99”排行榜

| 排名 | 证券代码 | 证券简称 | 所属行业* | 2021年6月可持续发展价值评级 | 合一度**（%） | 义利属性*** |
|---|---|---|---|---|---|---|
| 1 | 601012. SH | 隆基股份 | 电气设备 | AA - | 89. 34 | 义利双优 |
| 2 | 000063. SZ | 中兴通讯 | 通信 | AA - | 88. 68 | 义较突出 |
| 3 | 300124. SZ | 汇川技术 | 电气设备 | AA - | 93. 57 | 义利双优 |
| 4 | 600406. SH | 国电南瑞 | 电气设备 | AA - | 83. 19 | 义利双优 |
| 5 | 601668. SH | 中国建筑 | 建筑装饰 | AA - | 98. 63 | 义利双优 |
| 6 | 600887. SH | 伊利股份 | 食品饮料 | AA - | 74. 39 | 义利双优 |
| 7 | 002714. SZ | 牧原股份 | 农林牧渔 | AA - | 87. 47 | 义利双优 |
| 8 | 601618. SH | 中国中冶 | 建筑装饰 | AA - | 91. 56 | 义较突出 |
| 9 | 002352. SZ | 顺丰控股 | 交通运输 | AA - | 87. 99 | 利较突出 |
| 10 | 601318. SH | 中国平安 | 非银金融 | AA - | 99. 27 | 义较突出 |
| 11 | 002415. SZ | 海康威视 | 电子 | AA - | 76. 87 | 义利双优 |
| 12 | 002271. SZ | 东方雨虹 | 建筑材料 | AA - | 81. 97 | 义利双优 |
| 13 | 601899. SH | 紫金矿业 | 有色金属 | AA - | 99. 03 | 利较突出 |
| 14 | 600522. SH | 中天科技 | 通信 | AA - | 94. 54 | 义利双优 |
| 15 | 600585. SH | 海螺水泥 | 建筑材料 | AA - | 75. 98 | 义利双优 |
| 16 | 000002. SZ | 万科A | 房地产 | AA - | 94. 13 | 义利双优 |
| 17 | 601088. SH | 中国神华 | 采掘 | AA - | 81. 27 | 利较突出 |
| 18 | 600196. SH | 复星医药 | 医药生物 | AA - | 79. 92 | 义较突出 |
| 19 | 000800. SZ | 一汽解放 | 汽车 | AA - | 96. 13 | 利较突出 |
| 20 | 000858. SZ | 五粮液 | 食品饮料 | AA - | 75. 27 | 义利双优 |
| 21 | 000977. SZ | 浪潮信息 | 计算机 | AA - | 87. 49 | 义利双优 |
| 22 | 601231. SH | 环旭电子 | 电子 | A + | 82. 59 | 义利双优 |
| 23 | 002202. SZ | 金风科技 | 电气设备 | A + | 80. 43 | 义较突出 |
| 24 | 600900. SH | 长江电力 | 公用事业 | A + | 76. 61 | 义利双优 |
| 25 | 603338. SH | 浙江鼎力 | 机械设备 | A + | 90. 74 | 义利双优 |
| 26 | 600989. SH | 宝丰能源 | 化工 | A + | 78. 74 | 利较突出 |
| 27 | 601939. SH | 建设银行 | 银行 | A + | 76. 10 | 义较突出 |
| 28 | 600050. SH | 中国联通 | 通信 | A + | 85. 50 | 义较突出 |
| 29 | 000725. SZ | 京东方A | 电子 | A + | 83. 92 | 义较突出 |
| 30 | 000338. SZ | 潍柴动力 | 汽车 | A + | 92. 26 | 义利双优 |
| 31 | 600332. SH | 白云山 | 医药生物 | A + | 88. 26 | 义较突出 |
| 32 | 000333. SZ | 美的集团 | 家用电器 | A + | 88. 33 | 利较突出 |

续表

| 排名 | 证券代码 | 证券简称 | 所属行业* | 2021年6月可持续发展价值评级 | 合一度**（%） | 义利属性*** |
|---|---|---|---|---|---|---|
| 33 | 000895. SZ | 双汇发展 | 食品饮料 | A+ | 79. 83 | 义利双优 |
| 34 | 600036. SH | 招商银行 | 银行 | A+ | 80. 60 | 义利双优 |
| 35 | 600690. SH | 海尔智家 | 家用电器 | A+ | 95. 72 | 义较突出 |
| 36 | 600048. SH | 保利地产 | 房地产 | A+ | 89. 16 | 利较突出 |
| 37 | 003816. SZ | 中国广核 | 公用事业 | A+ | 96. 81 | 义较突出 |
| 38 | 601066. SH | 中信建投 | 非银金融 | A+ | 88. 78 | 义较突出 |
| 39 | 601985. SH | 中国核电 | 公用事业 | A+ | 77. 73 | 义利兼具 |
| 40 | 002916. SZ | 深南电路 | 电子 | A+ | 94. 86 | 利较突出 |
| 41 | 601390. SH | 中国中铁 | 建筑装饰 | A | 91. 77 | 利较突出 |
| 42 | 000001. SZ | 平安银行 | 银行 | A | 88. 92 | 义利兼具 |
| 43 | 300676. SZ | 华大基因 | 医药生物 | A | 91. 58 | 利较突出 |
| 44 | 601628. SH | 中国人寿 | 非银金融 | A | 71. 51 | 义较突出 |
| 45 | 601633. SH | 长城汽车 | 汽车 | A | 88. 58 | 义利兼具 |
| 46 | 601688. SH | 华泰证券 | 非银金融 | A | 96. 80 | 义较突出 |
| 47 | 603882. SH | 金域医学 | 医药生物 | A | 86. 43 | 义较突出 |
| 48 | 300347. SZ | 泰格医药 | 医药生物 | A | 89. 58 | 义较突出 |
| 49 | 601225. SH | 陕西煤业 | 采掘 | A | 76. 61 | 利较突出 |
| 50 | 001979. SZ | 招商蛇口 | 房地产 | A | 84. 42 | 义较突出 |
| 51 | 600837. SH | 海通证券 | 非银金融 | A | 88. 19 | 义较突出 |
| 52 | 002841. SZ | 视源股份 | 电子 | A | 86. 80 | 利较突出 |
| 53 | 601877. SH | 正泰电器 | 电气设备 | A | 79. 32 | 利较突出 |
| 54 | 300498. SZ | 温氏股份 | 农林牧渔 | A | 80. 84 | 义利双优 |
| 55 | 601238. SH | 广汽集团 | 汽车 | A | 87. 98 | 义利兼具 |
| 56 | 601601. SH | 中国太保 | 非银金融 | A | 80. 15 | 义较突出 |
| 57 | 601658. SH | 邮储银行 | 银行 | A | 78. 89 | 义较突出 |
| 58 | 002736. SZ | 国信证券 | 非银金融 | A | 79. 98 | 利较突出 |
| 59 | 600570. SH | 恒生电子 | 计算机 | A | 95. 16 | 利较突出 |
| 60 | 603501. SH | 韦尔股份 | 电子 | A | 92. 02 | 利较突出 |
| 61 | 603195. SH | 公牛集团 | 轻工制造 | A | 82. 15 | 利较突出 |
| 62 | 002230. SZ | 科大讯飞 | 计算机 | A | 81. 14 | 义利兼具 |
| 63 | 601919. SH | 中远海控 | 交通运输 | A | 92. 57 | 义利双优 |

续表

| 排名 | 证券代码 | 证券简称 | 所属行业* | 2021年6月可持续发展价值评级 | 合一度**（%） | 义利属性*** |
|---|---|---|---|---|---|---|
| 64 | 002410. SZ | 广联达 | 计算机 | A | 80. 91 | 义利双优 |
| 65 | 000651. SZ | 格力电器 | 家用电器 | A | 80. 47 | 义利兼具 |
| 66 | 601377. SH | 兴业证券 | 非银金融 | A | 73. 62 | 义较突出 |
| 67 | 603259. SH | 药明康德 | 医药生物 | A | 89. 68 | 义较突出 |
| 68 | 000876. SZ | 新希望 | 农林牧渔 | A | 94. 62 | 利较突出 |
| 69 | 601288. SH | 农业银行 | 银行 | A | 79. 63 | 义较突出 |
| 70 | 002236. SZ | 大华股份 | 电子 | A | 77. 04 | 义利兼具 |
| 71 | 000963. SZ | 华东医药 | 医药生物 | A | 83. 95 | 利较突出 |
| 72 | 002475. SZ | 立讯精密 | 电子 | A | 86. 13 | 利较突出 |
| 73 | 300413. SZ | 芒果超媒 | 传媒 | A | 84. 31 | 利较突出 |
| 74 | 002304. SZ | 洋河股份 | 食品饮料 | A | 81. 11 | 义较突出 |
| 75 | 601727. SH | 上海电气 | 电气设备 | A | 89. 47 | 义较突出 |
| 76 | 601186. SH | 中国铁建 | 建筑装饰 | A | 95. 10 | 义利兼具 |
| 77 | 000100. SZ | TCL 科技 | 电子 | A | 92. 14 | 义较突出 |
| 78 | 002179. SZ | 中航光电 | 国防军工 | A | 89. 55 | 利较突出 |
| 79 | 601009. SH | 南京银行 | 银行 | A | 91. 42 | 利较突出 |
| 80 | 601766. SH | 中国中车 | 机械设备 | A | 86. 53 | 义利兼具 |
| 81 | 002594. SZ | 比亚迪 | 汽车 | A－ | 74. 91 | 义较突出 |
| 82 | 600016. SH | 民生银行 | 银行 | A－ | 87. 99 | 义较突出 |
| 83 | 601166. SH | 兴业银行 | 银行 | A－ | 88. 56 | 义较突出 |
| 84 | 000425. SZ | 徐工机械 | 机械设备 | A－ | 90. 33 | 利较突出 |
| 85 | 002129. SZ | 中环股份 | 电气设备 | A－ | 90. 74 | 义较突出 |
| 86 | 002241. SZ | 歌尔股份 | 电子 | A－ | 90. 86 | 利较突出 |
| 87 | 600958. SH | 东方证券 | 非银金融 | A－ | 95. 56 | 义较突出 |
| 88 | 002371. SZ | 北方华创 | 电子 | A－ | 85. 94 | 义较突出 |
| 89 | 002938. SZ | 鹏鼎控股 | 电子 | A－ | 74. 65 | 义利双优 |
| 90 | 600521. SH | 华海药业 | 医药生物 | A－ | 97. 79 | 义较突出 |
| 91 | 600436. SH | 片仔癀 | 医药生物 | A－ | 72. 07 | 义利双优 |
| 92 | 600028. SH | 中国石化 | 化工 | A－ | 81. 96 | 义利兼具 |
| 93 | 601818. SH | 光大银行 | 银行 | A－ | 80. 21 | 义较突出 |
| 94 | 300015. SZ | 爱尔眼科 | 医药生物 | A－ | 91. 09 | 利较突出 |

续表

| 排名 | 证券代码 | 证券简称 | 所属行业* | 2021年6月可持续发展价值评级 | 合一度**（%） | 义利属性*** |
|---|---|---|---|---|---|---|
| 95 | 603288. SH | 海天味业 | 食品饮料 | A - | 82. 88 | 利较突出 |
| 96 | 600809. SH | 山西汾酒 | 食品饮料 | A - | 81. 68 | 利较突出 |
| 97 | 002463. SZ | 沪电股份 | 电子 | A - | 85. 67 | 利较突出 |
| 98 | 600104. SH | 上汽集团 | 汽车 | A - | 84. 94 | 义较突出 |
| 99 | 601857. SH | 中国石油 | 采掘 | A - | 80. 20 | 义利兼具 |

注：“＊”本报告采用申万行业分类标准一级行业分类。“＊＊”合一度＝（1－3A三力得分率的标准差/3A三力得分率的均值）×100%。“＊＊＊”如果上市公司的经济贡献得分率大于等于66. 67%，社会贡献和环境贡献得分率均值大于等于66. 67%，则为义利双优公司；经济贡献得分率大于等于66. 67%，社会贡献和环境贡献得分率均值在［33. 33%，66. 67%），则为利较突出公司；经济贡献得分率在［33. 33%，66. 67%），社会贡献和环境贡献得分率均值大于等于66. 67%，则为义较突出公司；经济贡献得分率在［33. 33%，66. 67%），社会贡献和环境贡献得分率均值在［33. 33%，66. 67%），则为义利兼具公司。榜单详细信息请参阅附录一和附录二。

资料来源：社投盟。

根据2020年11月1日至2021年4月30日监测记录，被“筛选子模型”剔除的公司总共有7家（详见附录三），其中银行4家，为工商银行、华夏银行、中国银行和北京银行；房地产1家，为华夏幸福；医药生物1家，为康弘药业；电子1家，为领益智造。从银行类评估对象的剔除原因看，在本次评估期内，工商银行和华夏银行受监管处罚金额居前两位，华夏银行和北京银行受监管处罚金额占其净利润的比重居前两位，中国银行原油宝事件造成重大负面影响；从房地产类评估对象的剔除原因看，华夏幸福2020年报的审计意见为“带强调事项段的无保留意见”；从医药生物类评估对象的剔除原因看，康弘药业2020年业绩快报净利润与实际年报净利润存在重大偏差；从电子类评估对象的剔除原因看，领益智造在本次评估期内被深交所公开谴责。全部剔除名单均以公开披露信息为基础，依据“筛选子模型”进行评估，最终名单经社投盟社会价值评估标准工作委员会（“社标委”）审议通过。

2.“义利99”前三强（2021）

在2021年评估期内，跻身“义利99”排行榜前三强的是隆基股份、中兴通讯和汇川技术。

（1）隆基股份

隆基绿能科技股份有限公司（简称“隆基股份”）成立于2000年，2012年4月11日在上交所上市，属于电气设备行业，在2020年“义利99”排行榜中位列第33名，2021年首次登顶。

隆基股份是全球最大的太阳能单晶硅光伏产品制造商，2020年营业收入为545.83亿元，净利润为87.00亿元。截至2020年12月31日，总市值为3477.57亿元，市盈率42.66倍。公司在2021年6月可持续发展价值评分为74.67分，其中目标丨驱动力（AIM）得分率为79.80%，方式丨创新力（APPROACH）得分率为65.41%，效益丨转化力（ACTION）得分率为78.44%。驱动力、创新力和转化力的合一度系数是89.34%，属于义利双优企业。隆基股份在2019~2021年可持续发展价值评分、沪深300内排名和电气设备行业内排名的对比情况如图1所示。

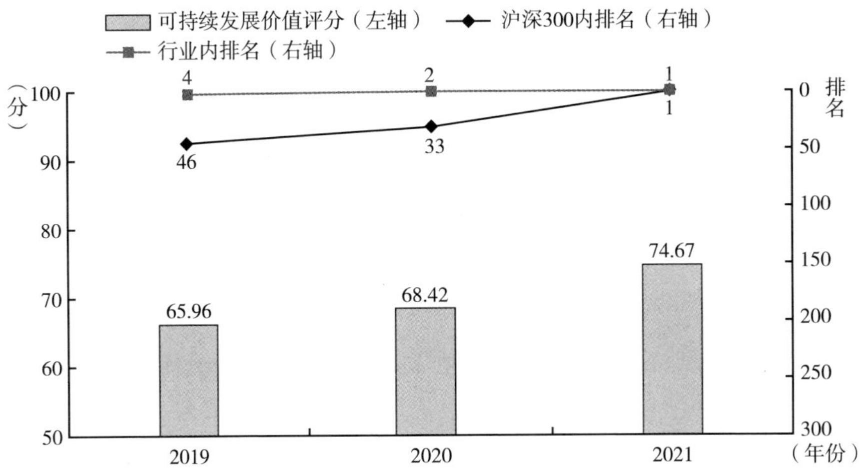


**图1　2019~2021年隆基股份（电气设备行业）评分及排名对比**

资料来源：社投盟。

（2）中兴通讯

中兴通讯股份有限公司（简称“中兴通讯”）于1985年成立，1997年

11 月 18 日在深交所上市，属于通信行业，在 2020 年“义利 99”排行榜中位居第 15 名，2021 年跃升至第 2 名。

中兴通迅是全球领先的综合通信信息解决方案提供商，2020 年营业收入为 1014.51 亿元，净利润为 47.22 亿元。截至 2020 年 12 月 31 日，总市值为 1422.19 亿元，市盈率 41.60 倍。公司在 2021 年 6 月可持续发展价值评分为 74.58 分。其中目标｜驱动力（AIM）得分率为 87.85%，方式｜创新力（APPROACH）得分率为 79.42%，效益｜转化力（ACTION）得分率为 69.95%。驱动力、创新力和转化力的合一度系数是 88.68%，属于义较突出企业。中兴通讯在 2019～2021 年可持续发展价值评分、沪深 300 内排名和通信行业内排名的对比情况如图 2 所示。

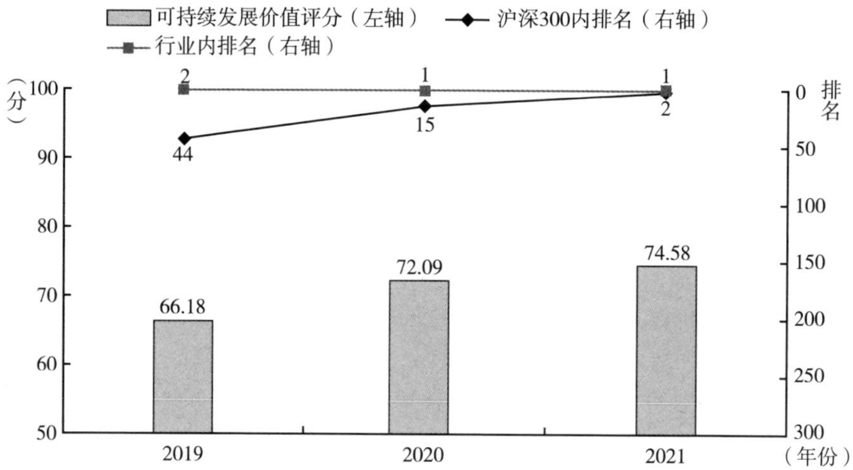


**图 2　2019～2021 年中兴通讯（通信行业）评分及排名对比**

资料来源：社投盟。

（3）汇川技术

深圳市汇川技术股份有限公司（简称“汇川技术”）成立于 2003 年，2010 年 9 月 28 日在深交所上市，属于电气设备行业。

汇川技术是专门从事工业自动化和新能源相关产品研发、生产和销售的高新技能企业，2020 年实现营业收入 115.11 亿元，净利润达 21.82 亿元。

截至2020年12月31日，总市值为1604.50亿元，市盈率88.93倍。汇川技术在2021年6月可持续发展价值评分为74.27分。其中目标｜驱动力（AIM）得分率为75.60%，方式｜创新力（APPROACH）得分率为68.23%，效益｜转化力（ACTION）得分率为77.06%。驱动力、创新力和转化力的合一度系数是93.57%，属于义利双优企业。汇川技术在2019～2021年可持续发展价值评分、沪深300内排名和电气设备行业内排名的对比情况如图3所示。

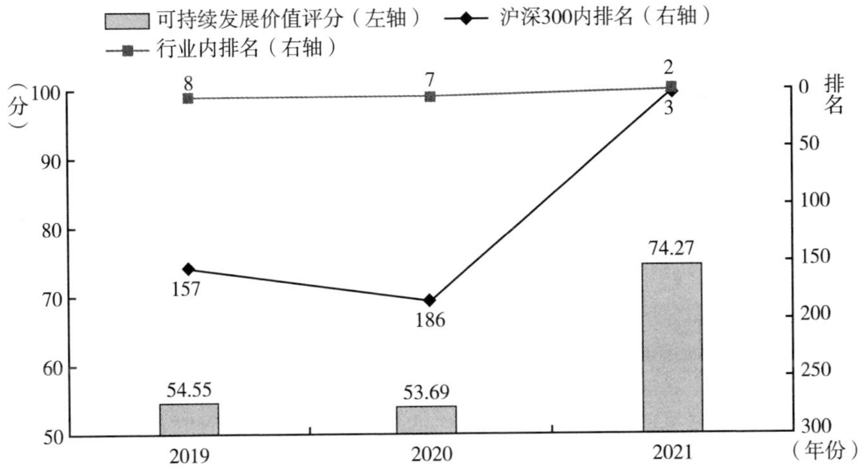


**图3　2019～2021年汇川技术（电气设备行业）评分及排名对比**

资料来源：社投盟。

3. "义利99"评分和评级（2021）

2019～2021年"义利99"评估结果显示，我国上市公司发展质量稳步提升，头部公司之间分值差距不断缩小。"义利99"和沪深300可持续发展价值评分均值2021年与2020年相比较稳定，分别为66.80分和56.53分（满分100分）。2021年"义利99"评分均值比2019年提高0.81分、比2020年低0.11分；沪深300评分均值比2019年和2020年分别提高1.31分和0.22分（见图4和表2）。

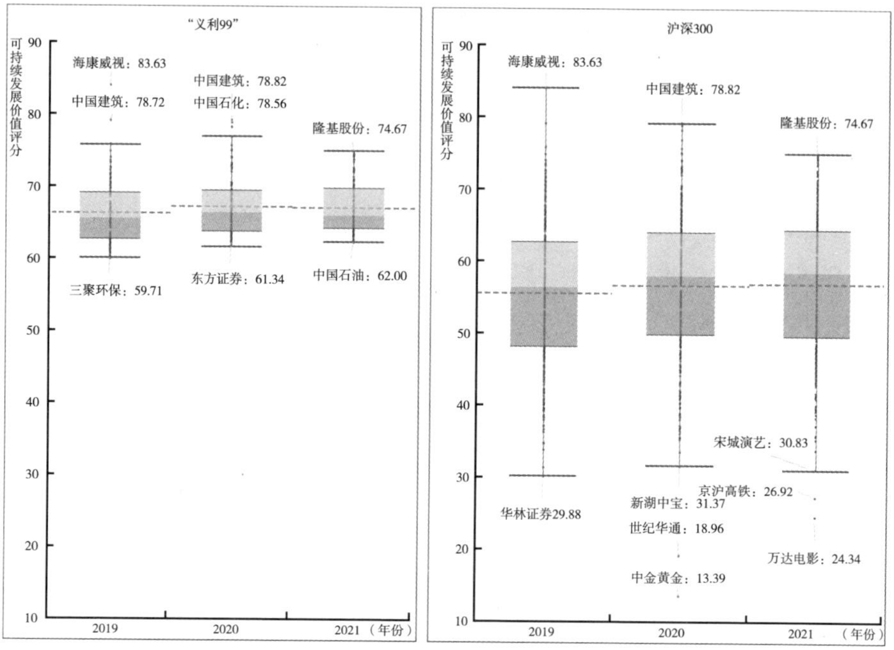


**图4　2019～2021年"义利99"与沪深300评分分布**

注：箱形图通过展示一组数据的七种数据节点进行统计分析，即将数据从大到小排列，标记其上边缘（箱形图最上一条线）、上四分位数（Q3）、平均数（箱形图中虚线）、中位数、下四分位数（Q1）、下边缘（箱形图最下一条线）和异常值。IQR为Q3和Q1之差，Q3+1.5IQR和Q1－1.5IQR之间为正常值范围，正常值范围内的最大值和最小值为上下边缘的位置，正常值范围之外数据即异常值。此处计算时未将剔除公司排除在外。

资料来源：社投盟。

"义利99"可持续发展价值评分标准差在2019～2021年逐年减小，分别为4.53分、4.22分和3.57分，但可持续发展价值最高评级从2020年的AA等级下降为2021年的AA－等级，最低评级仍保持在A－等级，说明"义利99"上榜公司之间在可持续发展方面的质量差距进一步缩小，但整体表现与2020年相比略有下降（见表2和表3）。

2019年沪深300成分股中BBB基础等级及以上的上市公司数量为198家，2020年为214家，2021年为213家，被"筛选子模型"剔除的上市公司（D等级）在2019年为14家，2020年为9家，2021年减少至7家，沪深300上市公司的可持续发展质量稳步提升。

**表 2　2019～2021 年"义利 99"与沪深 300 平均分和标准差**

单位：分

| 年份 | 平均分 | | 标准差 | |
|---|---|---|---|---|
| | "义利 99" | 沪深 300 | "义利 99" | 沪深 300 |
| 2019 | 65.99 | 55.22 | 4.53 | 9.86 |
| 2020 | 66.91 | 56.31 | 4.22 | 10.41 |
| 2021 | 66.80 | 56.53 | 3.57 | 9.80 |

资料来源：社投盟。

**表 3　2019～2021 年沪深 300 上市公司可持续发展价值评级统计**

单位：家

| 序号 | 基础等级 | 增强等级 | 2019 年 | 2020 年 | 2021 年 |
|---|---|---|---|---|---|
| 1 | AAA | AAA | 0 | 0 | 0 |
| 2 | AA | AA + | 1 | 0 | 0 |
| 3 | | AA | 2 | 5 | 0 |
| 4 | | AA - | 16 | 16 | 21 |
| 5 | A | A + | 20 | 25 | 19 |
| 6 | | A | 24 | 28 | 40 |
| 7 | | A - | 32 | 45 | 40 |
| 8 | BBB | BBB + | 41 | 38 | 40 |
| 9 | | BBB | 33 | 34 | 24 |
| 10 | | BBB - | 29 | 23 | 29 |
| 11 | BB | BB + | 31 | 25 | 24 |
| 12 | | BB | 24 | 14 | 27 |
| 13 | | BB - | 12 | 19 | 14 |
| 14 | B | B + | 15 | 9 | 8 |
| 15 | | B | 4 | 7 | 4 |
| 16 | | B - | 1 | 1 | 1 |
| 17 | CCC | CCC | 1 | 0 | 2 |
| 18 | CC | CC | 0 | 2 | 0 |
| 19 | C | C | 0 | 0 | 0 |
| 20 | D | D | 14 | 9 | 7 |
| 合　计 | | | 300 | 300 | 300 |

资料来源：社投盟。

## （二）2021年“义利99”可持续发展价值群体画像

3A 模型下设 3 个一级指标，分别是目标｜驱动力（AIM）、方式｜创新力（APPROACH）和效益｜转化力（ACTION），其中驱动力主要关注评估对象的价值理念、战略定位和业务发展；创新力主要考察评估对象在公司治理、生产技术和运营管理三方面的创新；转化力主要计量评估对象经济、社会和环境的综合价值。以下将从模型全景、目标｜驱动力（AIM）、方式｜创新力（APPROACH）和效益｜转化力（ACTION）等维度，展示 2021 年度可持续发展价值的评估结果。

1. 模型全景：可持续发展实践效果日益显著

从 2019～2021 年群体平均得分率来看，2021 年“义利 99”与沪深 300 在目标｜驱动力和方式｜创新力表现上相较 2020 年均有下滑，但效益｜转化力表现提升（见图 5 和表 4）。说明头部上市公司在战略业务改良和研发管理创新上后劲不足，发展趋缓，但可持续发展实践效果日益显著。无论是“义利 99”还是沪深 300，目标｜驱动力在 2019～2021 年的表现均为最佳，说明头部上市公司的可持续发展驱动相对成熟。“义利 99”在 2019～2021 年 3A 三力各方面平均得分率均大于沪深 300。

**表 4　2019～2021 年“义利 99”和沪深 300 模型全景指标平均得分率**

单位：%

| 年份 | “义利 99” | | | 沪深 300 | | |
|---|---|---|---|---|---|---|
| | 目标｜驱动力 | 方式｜创新力 | 效益｜转化力 | 目标｜驱动力 | 方式｜创新力 | 效益｜转化力 |
| 2019 | 70.30 | 67.89 | 64.31 | 63.47 | 54.45 | 54.22 |
| 2020 | 73.94 | 68.14 | 65.13 | 68.94 | 55.91 | 54.41 |
| 2021 | 72.78 | 62.70 | 67.86 | 60.44 | 52.99 | 57.65 |

资料来源：社投盟。

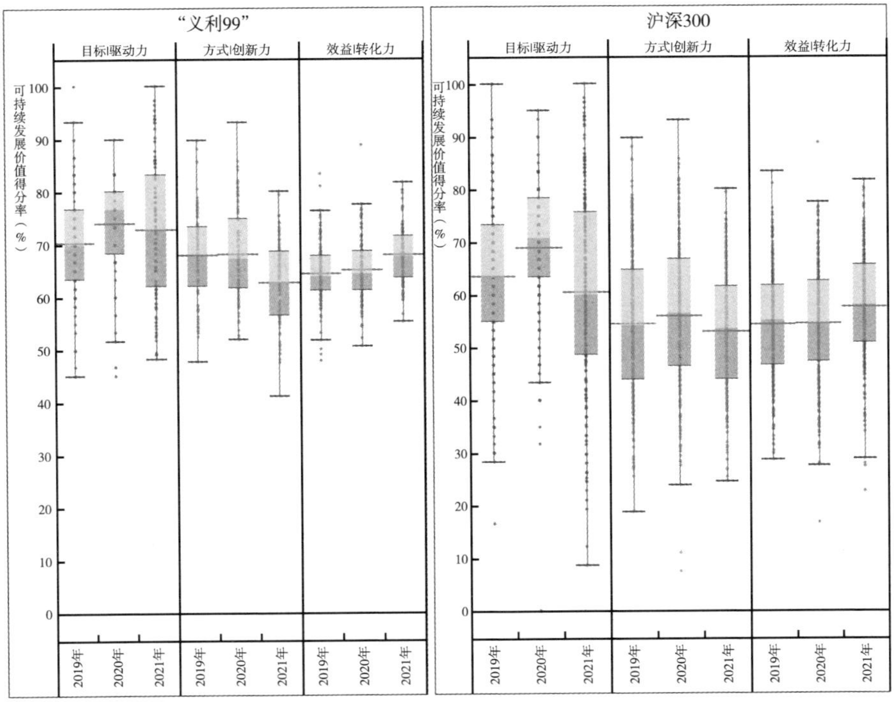


**图5　2019～2021年“义利99”和沪深300一级指标得分率分布**

资料来源：社投盟。

2. 目标丨驱动力（AIM）：可持续发展价值驱动最为强劲

目标丨驱动力（AIM）下设3个二级指标，分别是价值驱动（企业文化和商业伦理）、战略驱动（战略目标和战略规划）和业务驱动（业务定位和持续发展）。2021年“义利99”和沪深300在3个指标上的平均得分率与2020年相比均有所下降，其中业务驱动呈现三年递减趋势，分别从2019年的72.05%和68.48%降至2021年的59.78%和46.66%（见图6和表5）。“义利99”与沪深300的价值驱动在2019～2021年整体表现优于战略驱动和业务驱动，表明头部上市公司能够很好地将可持续发展理念融入企业文化和商业伦理。

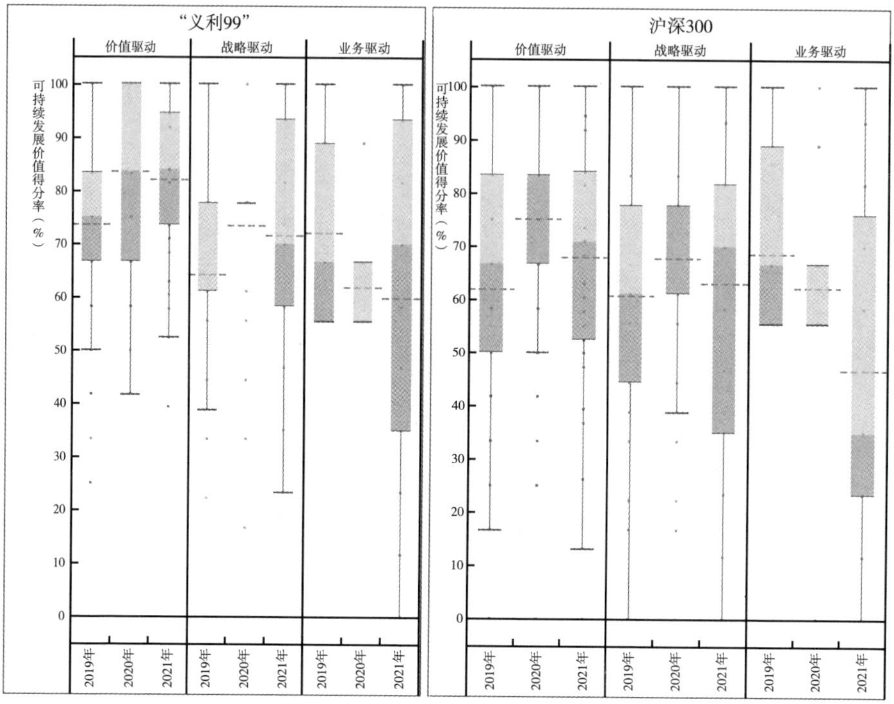


**图6　2019～2021年"义利99"和沪深300目标丨驱动力（AIM）二级指标得分率分布**

资料来源：社投盟。

**表5　2019～2021年"义利99"和沪深300目标丨驱动力（AIM）二级指标平均得分率**

单位：%

| 年份 | "义利99" | | | 沪深300 | | |
| --- | --- | --- | --- | --- | --- | --- |
| | 价值驱动 | 战略驱动 | 业务驱动 | 价值驱动 | 战略驱动 | 业务驱动 |
| 2019 | 73.57 | 64.20 | 72.05 | 61.83 | 60.65 | 68.48 |
| 2020 | 83.50 | 73.29 | 61.84 | 74.97 | 67.72 | 62.11 |
| 2021 | 82.05 | 71.55 | 59.78 | 67.92 | 63.07 | 46.66 |

资料来源：社投盟。

### 3. 方式丨创新力（APPROACH）：公司治理表现有待加强

方式丨创新力（APPROACH）下设3个二级指标，分别是公司治理

（治理结构、利益相关方和信息披露）、创新能力（研发能力、产品服务和业态影响）和运营管理（风险内控和激励机制）。“义利99”和沪深300的公司治理与运营管理平均得分率在2021年均有下降，且公司治理得分率明显降低。“义利99”公司治理平均得分率由2019年的82.16%下降至2021年的67.97%，沪深300从2019年的70.87%下降至2021年的61.25%（见图7和表6）。2021年3A模型在公司治理方面进行了较大优化，提高了上市公司对（中小）投资者保护的整体要求，是“义利99”和沪深300在公司治理上得分率大幅降低的主要原因，也说明了头部上市公司仍需在累积投票机制和投资者关系管理制度上进行完善。

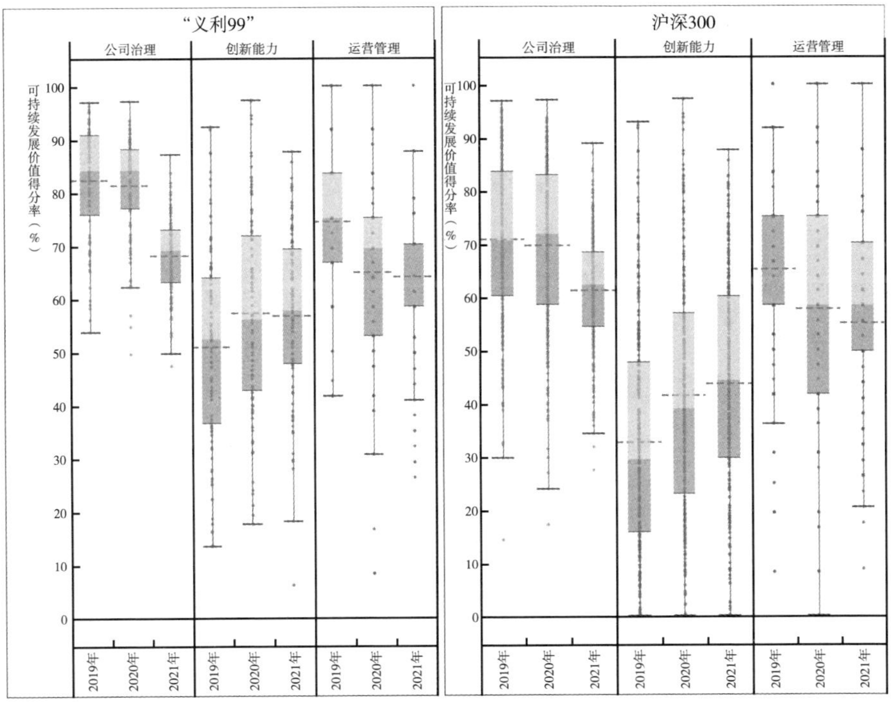


**图7　2019~2021年“义利99”和沪深300方式｜创新力（APPROACH）二级指标得分率分布**

资料来源：社投盟。

表6　2019～2021年“义利99”和沪深300方式丨创新力（APPROACH）二级指标平均得分率

单位：%

| 年份 | “义利99” | | | 沪深300 | | |
|---|---|---|---|---|---|---|
| | 公司治理 | 创新能力 | 运营管理 | 公司治理 | 创新能力 | 运营管理 |
| 2019 | 82.16 | 50.90 | 74.30 | 70.87 | 32.62 | 65.24 |
| 2020 | 81.23 | 57.23 | 64.87 | 69.68 | 41.43 | 57.73 |
| 2021 | 67.97 | 56.70 | 64.09 | 61.25 | 43.71 | 55.01 |

资料来源：社投盟。

4. 效益丨转化力（ACTION）：经济贡献表现明显回升

效益丨转化力（ACTION）下设3个二级指标，分别是经济贡献（盈利能力、运营效率、资本业务结构、效益质量、资产质量、偿债能力、成长能力和财务贡献）、社会贡献（客户价值、员工权益、合作伙伴、安全运营和公益贡献）和环境贡献（环境管理、资源利用、生态气候、污染防控和绿色金融），包含行业特色指标。

“义利99”和沪深300的经济贡献表现在2020年遭遇低谷后，2021年明显回升，平均得分率分别为66.23%和63.08%；社会贡献平均得分率在2021年降到近三年最低点，分别为68.16%和51.16%；环境贡献表现逐年大幅提升，说明头部上市公司越来越重视自身业务对外部环境的影响，并开始采取积极有效的环境保护措施（见图8和表7）。“义利99”在2019～2021年的效益丨转化力（ACTION）各个二级指标平均得分率均高于沪深300。

值得关注的是，由于评估对象处于开放的、复杂的可持续发展系统中，如不能有效保持经济发展—社会安定—环境保护三者的动态平衡，甚至“运动性”推进单一目标发展，会导致负向溢出效应，从而使整体可持续发展价值不增反降。

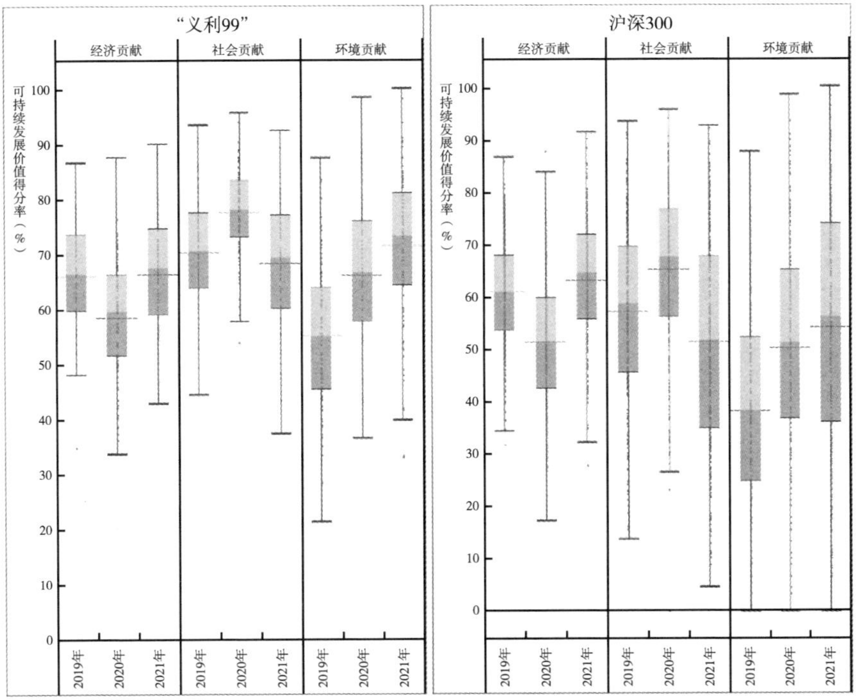


**图8　2019～2021年"义利99"和沪深300效益｜转化力（ACTION）二级指标得分率分布**

资料来源：社投盟。

**表7　2019～2021年"义利99"和沪深300效益｜转化力（ACTION）二级指标平均得分率**

单位：%

| 年份 | "义利99" | | | 沪深300 | | |
|---|---|---|---|---|---|---|
| | 经济贡献 | 社会贡献 | 环境贡献 | 经济贡献 | 社会贡献 | 环境贡献 |
| 2019 | 65.96 | 70.33 | 55.01 | 60.82 | 57.05 | 38.20 |
| 2020 | 58.37 | 77.60 | 66.18 | 51.18 | 65.05 | 50.21 |
| 2021 | 66.23 | 68.16 | 71.46 | 63.08 | 51.16 | 54.14 |

资料来源：社投盟。

## （三）2021年“义利99”市场分布特征

在以3A三力维度勾勒出“义利99”群体画像后，本部分将从行业、上市地点与板块、资产规模、营收规模、纳税总额和市值六个方面，对“义利99”市场分布特征进行阐释。

1. 行业分布：电子行业公司上榜数量最多

2019～2021年沪深300的建筑材料、采掘和建筑装饰公司“义利99”上榜率位居前三，三年平均上榜率分别为72.22%、69.45%和68.69%。在2021年，沪深300的3家建筑材料公司有2家上榜“义利99”，4家采掘公司上榜3家，6家建筑装饰公司上榜4家，上榜率分别为66.67%、75.00%和66.67%。沪深300中占比较大的非银金融和医药生物行业上榜率反而不高，三年平均上榜率分别为17.04%和27.34%，2021年上榜率分别为24.32%和26.32%（见图9）。

沪深300成分股在2019年和2020年不覆盖综合行业，在2021年不覆盖综合和纺织服装行业。“义利99”在2019年不覆盖传媒、纺织服装、国防军工、轻工制造、休闲服务和综合共6个行业。2020年三七互娱（002555.SZ）进入“义利99”榜单，实现“义利99”传媒行业覆盖；2021年中航光电（002179.SZ）和公牛集团（603195.SH）进入“义利99”榜单，实现“义利99”国防军工和轻工制造行业覆盖，而钢铁和商业贸易行业公司均未进入2021年“义利99”榜单。2021年，“义利99”公司占比最高的行业是电子行业，共上榜13家公司，沪深300中占比最高的行业是非银金融，共上榜37家公司（见表8）。

2. 上市地点与板块分布：主板上市公司居多

“义利99”和沪深300三年均以上交所主板上市公司居多，占比均超过50%，其次是深交所主板上市公司。2021年“义利99”上榜公司中，主板上市公司总共93家，其中有56家来自上交所，37家来自深交所；创业板从2020年的2家增加到2021年的6家，温氏股份（300498.SZ）和爱尔眼科（300015.SZ）保持不变，汇川技术（300124.SZ）、华大基因（300676.SZ）、

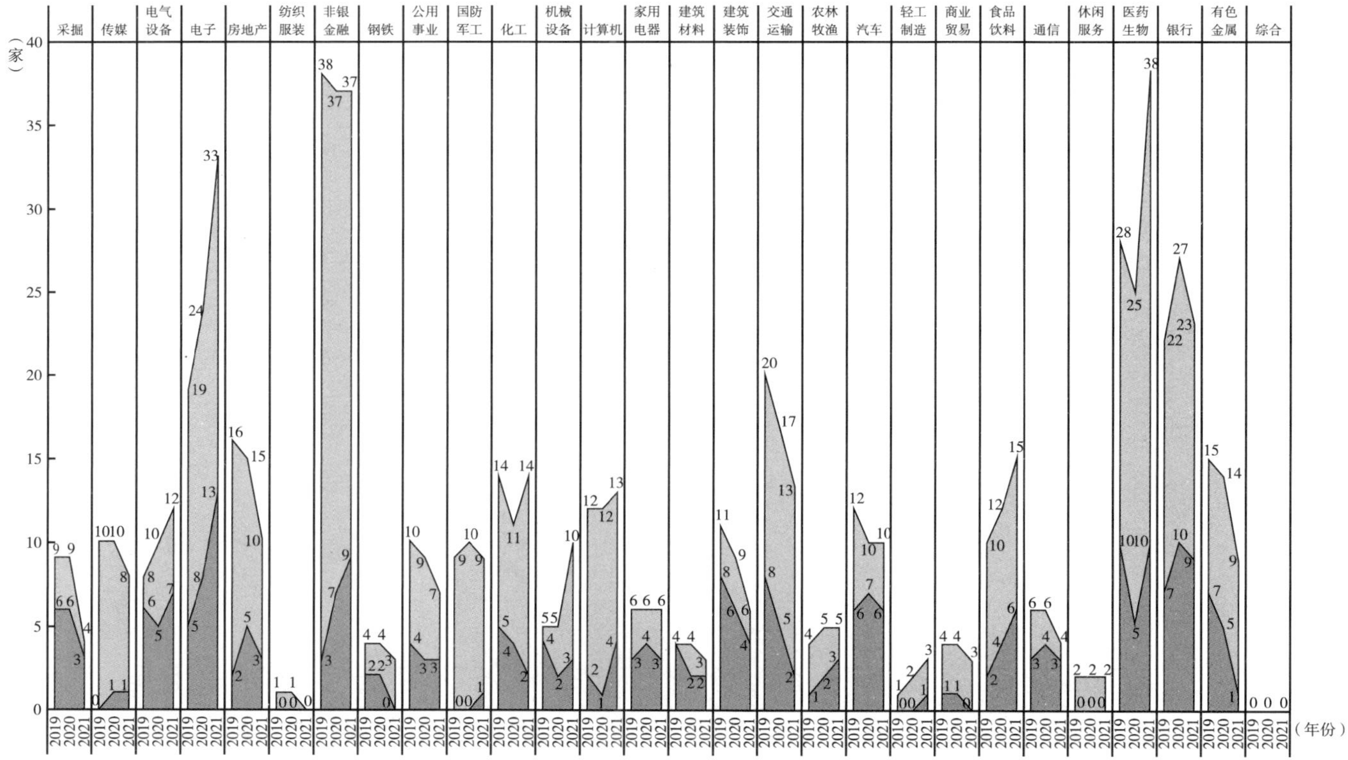


**图9　2019～2021年“义利99”和沪深300行业公司数量分布**

注：浅色面积图对应数值表示沪深300在该类别下的成分股公司数量，深色面积图对应数值表示“义利99”在该类别下的上榜公司数量。

资料来源：社投盟。

**表 8　2019～2021 年“义利 99”和沪深 300 中 28 个行业公司占比**

单位：家，%

| 行业 | “义利 99” | | | | | | 沪深 300 | | | | | |
|---|---|---|---|---|---|---|---|---|---|---|---|---|
| | 2019 年 | | 2020 年 | | 2021 年 | | 2019 年 | | 2020 年 | | 2021 年 | |
| | 数量 | 占比 | 数量 | 占比 | 数量 | 占比 | 数量 | 占比 | 数量 | 占比 | 数量 | 占比 |
| 采掘 | 6 | 6.06 | 6 | 6.06 | 3 | 3.03 | 9 | 3.00 | 9 | 3.00 | 4 | 1.33 |
| 传媒 | 0 | 0.00 | 1 | 1.01 | 1 | 1.01 | 10 | 3.33 | 10 | 3.33 | 8 | 2.67 |
| 电气设备 | 6 | 6.06 | 5 | 5.05 | 7 | 7.07 | 8 | 2.67 | 10 | 3.33 | 12 | 4.00 |
| 电子 | 5 | 5.05 | 8 | 8.08 | 13 | 13.13 | 19 | 6.33 | 24 | 8.00 | 33 | 11.00 |
| 房地产 | 2 | 2.02 | 5 | 5.05 | 3 | 3.03 | 16 | 5.33 | 15 | 5.00 | 10 | 3.33 |
| 纺织服装 | 0 | 0.00 | 0 | 0.00 | 0 | 0.00 | 1 | 0.33 | 1 | 0.33 | 0 | 0.00 |
| 非银金融 | 3 | 3.03 | 7 | 7.07 | 9 | 9.09 | 38 | 12.67 | 37 | 12.33 | 37 | 12.33 |
| 钢铁 | 2 | 2.02 | 2 | 2.02 | 0 | 0.00 | 4 | 1.33 | 4 | 1.33 | 3 | 1.00 |
| 公用事业 | 4 | 4.04 | 3 | 3.03 | 3 | 3.03 | 10 | 3.33 | 9 | 3.00 | 7 | 2.33 |
| 国防军工 | 0 | 0.00 | 0 | 0.00 | 1 | 1.01 | 9 | 3.00 | 10 | 3.33 | 9 | 3.00 |
| 化工 | 5 | 5.05 | 4 | 4.04 | 2 | 2.02 | 14 | 4.67 | 11 | 3.67 | 14 | 4.67 |
| 机械设备 | 4 | 4.04 | 2 | 2.02 | 3 | 3.03 | 5 | 1.67 | 5 | 1.67 | 10 | 3.33 |
| 计算机 | 2 | 2.02 | 1 | 1.01 | 4 | 4.04 | 12 | 4.00 | 12 | 4.00 | 13 | 4.33 |
| 家用电器 | 3 | 3.03 | 4 | 4.04 | 3 | 3.03 | 6 | 2.00 | 6 | 2.00 | 6 | 2.00 |
| 建筑材料 | 4 | 4.04 | 2 | 2.02 | 2 | 2.02 | 4 | 1.33 | 4 | 1.33 | 3 | 1.00 |
| 建筑装饰 | 8 | 8.08 | 6 | 6.06 | 4 | 4.04 | 11 | 3.67 | 9 | 3.00 | 6 | 2.00 |
| 交通运输 | 8 | 8.08 | 5 | 5.05 | 2 | 2.02 | 20 | 6.67 | 17 | 5.67 | 13 | 4.33 |
| 农林牧渔 | 1 | 1.01 | 2 | 2.02 | 3 | 3.03 | 4 | 1.33 | 5 | 1.67 | 5 | 1.67 |
| 汽车 | 6 | 6.06 | 7 | 7.07 | 6 | 6.06 | 12 | 4.00 | 10 | 3.33 | 10 | 3.33 |
| 轻工制造 | 0 | 0.00 | 0 | 0.00 | 1 | 1.01 | 1 | 0.33 | 2 | 0.67 | 3 | 1.00 |
| 商业贸易 | 1 | 1.01 | 1 | 1.01 | 0 | 0.00 | 4 | 1.33 | 4 | 1.33 | 3 | 1.00 |
| 食品饮料 | 2 | 2.02 | 4 | 4.04 | 6 | 6.06 | 10 | 3.33 | 12 | 4.00 | 15 | 5.00 |
| 通信 | 3 | 3.03 | 4 | 4.04 | 3 | 3.03 | 6 | 2.00 | 6 | 2.00 | 4 | 1.33 |
| 休闲服务 | 0 | 0.00 | 0 | 0.00 | 0 | 0.00 | 2 | 0.67 | 2 | 0.67 | 2 | 0.67 |
| 医药生物 | 10 | 10.10 | 5 | 5.05 | 10 | 10.10 | 28 | 9.33 | 25 | 8.33 | 38 | 12.67 |
| 银行 | 7 | 7.07 | 10 | 10.10 | 9 | 9.09 | 22 | 7.33 | 27 | 9.00 | 23 | 7.67 |
| 有色金属 | 7 | 7.07 | 5 | 5.05 | 1 | 1.01 | 15 | 5.00 | 14 | 4.67 | 9 | 3.00 |
| 综合 | 0 | 0.00 | 0 | 0.00 | 0 | 0.00 | 0 | 0.00 | 0 | 0.00 | 0 | 0.00 |
| 总　计 | 99 | 100.00 | 99 | 100.00 | 99 | 100.00 | 300 | 100.00 | 300 | 100.00 | 300 | 100.00 |

资料来源：社投盟。

泰格医药（300347. SZ）、芒果超媒（300413. SZ）新入榜。9 家科创板上市公司在 2021 年均未入榜（见图 10）。

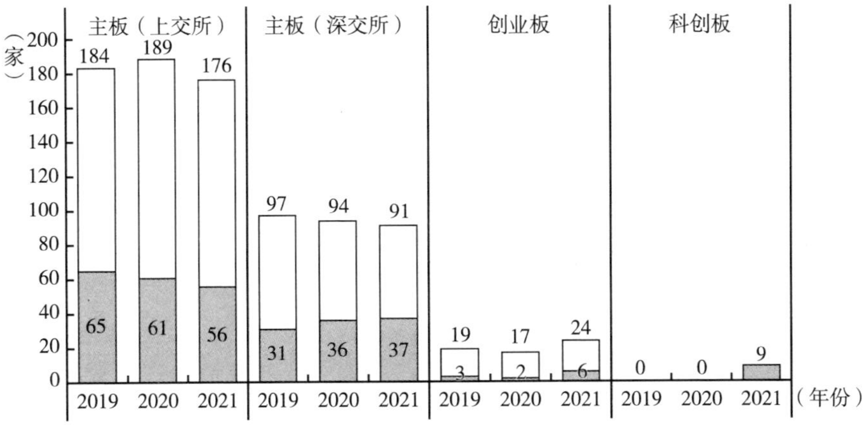


**图 10　2019～2021 年“义利 99”和沪深 300 交易所和板块分布**

注：较高柱状图对应数值表示沪深 300 在该类别下的成分股公司数量，较低柱状图对应数值表示“义利 99”在该类别下的上榜公司数量。深交所将中小企业板与主板合并，上交所新增科创板。

资料来源：社投盟、万得。

### 3. 资产规模分布：集中在100亿～10000亿元

2019～2021 年“义利 99”和沪深 300 在资产规模上分布相似，均集中在 100 亿～10000 亿元。“义利 99”在 100 亿元以下的小资产公司从 2020 年的 2 家增加至 2021 年的 5 家，2020 年为视源股份（002841. SZ）和康弘药业（002773. SZ），2021 年为浙江鼎利（603338. SH）、金域医学（603882. SH）、恒生电子（600570. SH）、广联达（002410. SZ）和沪电股份（002463. SZ）；2020～2021 年在 10 万亿元及以上的大资产公司稳定为 3 家，均为银行，相较于 2020 年，2021 年邮储银行（601658. SH）替代工商银行（601398. SH），建设银行（601939. SH）和农业银行（601288. SH）保持不变（见图 11）。

### 4. 营收规模分布：营收规模越大上榜率越高

从 2019～2021 年“义利 99”和沪深 300 的营收规模分布可以看出，沪

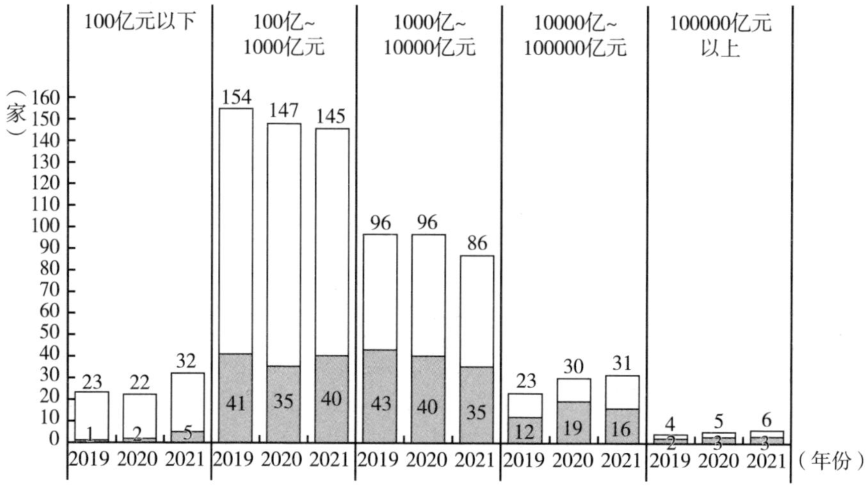


**图 11　2019～2021 年“义利 99”和沪深 300 资产规模分布**

注：财务数据时间节点均为榜单年度上一年的 12 月 31 日。较高柱状图对应数值表示沪深 300 在该类别下的成分股公司数量，较低柱状图对应数值表示“义利 99”在该类别下的上榜公司数量。

资料来源：社投盟、万得。

深 300 中营收规模越大的公司上榜“义利 99”的概率越大。2019～2021 年沪深 300 中营收规模在 1 万亿元以上的公司均上榜“义利 99”，100 亿～10000 亿元营收规模公司上榜率超六成，而 500 亿元以下营收规模的沪深 300 公司上榜率低于 30%。2019～2021 年沪深 300 均有超半数公司营收规模分布在 500 亿元以下，而“义利 99”中超半数公司营收规模在 500 亿元以上（见图 12）。相比沪深 300，“义利 99”更偏向于高营收上市公司。

5. 纳税总额分布：上榜公司平均纳税总额明显降低

与营收规模分布相似，2019～2021 年沪深 300 也有纳税额越高上榜率越高的趋势。2019～2021 年三年“义利 99”上榜公司中纳税最多的分别为中国石化（600028. SH）、中国石油（601857. SH）和中国石化（600028. SH），年度纳税总额分别为 3293. 89 亿元、3404. 49 亿元和 2821. 62 亿元。2021 年上榜公司中纳税总额最小的是牧原股份（002714. SZ），为 0. 50 亿元；2019

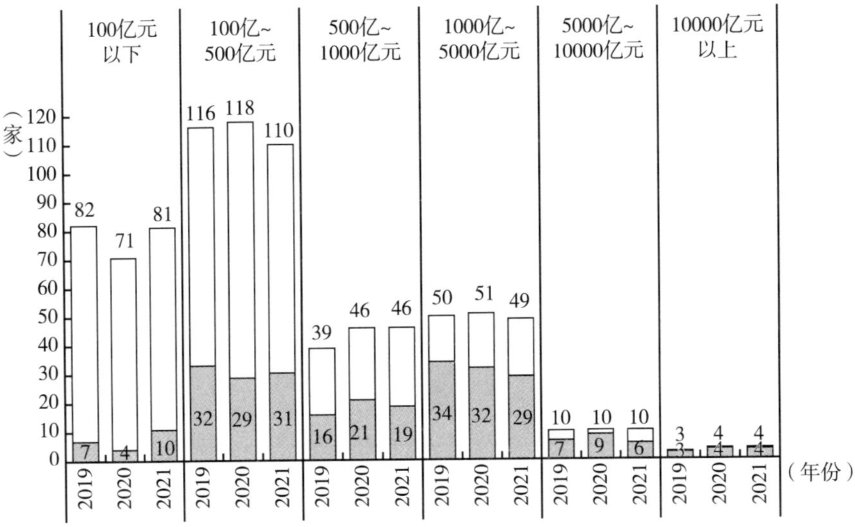


**图12　2019~2021年“义利99”和沪深300营收规模分布**

注：财务数据时间节点均为榜单年度上一年的12月31日。较高柱状图对应数值表示沪深300在该类别下的成分股公司数量，较低柱状图对应数值表示“义利99”在该类别下的上榜公司数量。

资料来源：社投盟、万得。

年和2020年上榜公司中纳税总额最小的是温氏股份（300498. SZ），纳税总额分别为2.42亿元和2.46亿元。“义利99”2020年度平均纳税额为167.12亿元，是沪深300的1.97倍，与2019年度的平均纳税额202.16亿元相比明显降低。

6. 市值分布：市值规模向1000亿元以上偏移

从图14中对比2019~2021年市值规模分布，“义利99”和沪深300的500亿元以下市值规模公司数量均逐年减少，1000亿元以上的大市值公司数量显著增加，说明“义利99”和沪深300的头部上市公司在三年里实现了市值的明显增长。2019年沪深300平均市值为970.60亿元，“义利99”平均市值是1581.55亿元，2021年沪深300平均市值增长至1607.20亿元，“义利99”平均市值增长至2461.52亿元。

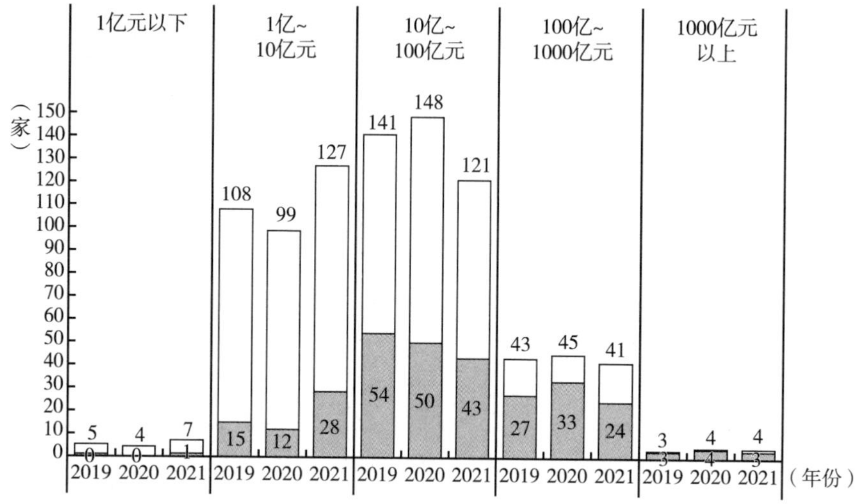


**图 13　2019～2021 年"义利 99"和沪深 300 纳税规模分布**

注：财务数据时间节点均为榜单年度上一年的 12 月 31 日。较高柱状图对应数值表示沪深 300 在该类别下的成分股公司数量，较低柱状图对应数值表示"义利 99"在该类别下的上榜公司数量。

资料来源：社投盟、万得。

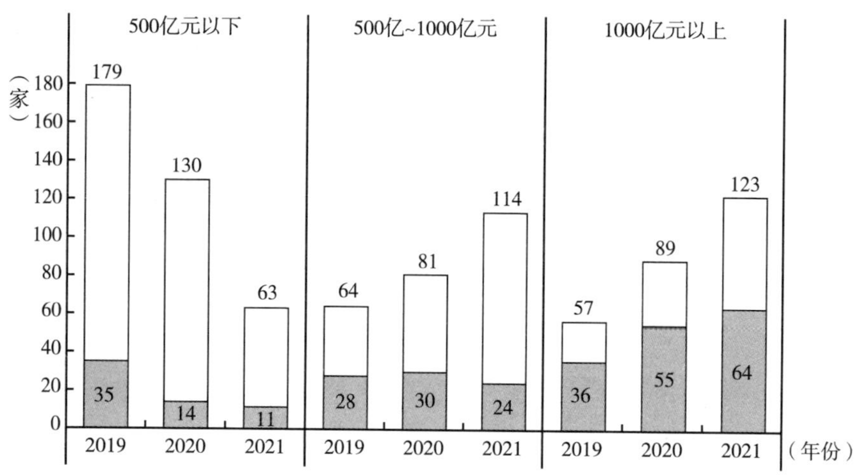


**图 14　2019～2021 年"义利 99"和沪深 300 市值规模分布**

注：财务数据时间节点均为榜单年度上一年的 12 月 31 日。较高柱状图对应数值表示沪深 300 在该类别下的成分股公司数量，较低柱状图对应数值表示"义利 99"在该类别下的上榜公司数量。

资料来源：社投盟、万得。

通过"义利99"的评估结果、群体画像和市场分布特征的实证研究，可以看见三大动态。其一，沪深300整体进步较大，与"义利99"之间的差距持续缩小。从近三年表现看，基于"评分子模型"量化评估，沪深300获BBB基础等级以上的公司稳中有增；基于"筛选子模型"的负向排除，沪深300的出榜公司则连续减少。头部企业的自身可持续发展能力持续走强。其二，企业排名发生较大变化，榜单前10中首次出现3家电气设备公司，主营光伏制造的隆基股份、新能源技术的汇川技术超越传统建筑龙头，跃升至前三，可持续发展视角下的产业格局发生了改变。其三，沪深300整体经济贡献明显回升，"义利99"的经济贡献、社会贡献、环境贡献更趋均衡和稳定。

## 二 洞见"义利99"：立体透视与综合贡献

2020年1月至2021年5月，社投盟与盟浪可持续数字科技（"盟浪"）联合进行了3A模型的中期优化。在原有3A三力逻辑基础上，归纳出FIN-ESG六大分类要素，并拓展到28个行业模型，对评分细则、阈值设定、数据标签、行业中值等进行了系统性提升。六大分类要素，即为经济贡献（Financial）、创新表现（Innovation）、价值准则（Norm）、环境贡献（Environmental）、社会贡献（Social）和治理表现（Governance）。前三大要素（FIN）主要是内部驱动，偏重于计量企业如何保障自身可持续发展；后三项（ESG）主要是外部效应，偏重于评估企业如何贡献于世界可持续发展。本部分就从义利模型（FIN-ESG Rating）中，选取经济贡献、社会贡献、环境贡献、治理结构和信披状况五个部分，洞察一下"义利99"和沪深300是如何践行可持续发展理念的。

### （一）"义利99"对国民经济的贡献

2021年1月18日国家统计局公布，我国GDP首次突破百万亿元大关，总量达101.6万亿元，同比增长2.3%，占全球GDP的17%，稳居全球第二；人均 GDP 达到 72447 元人民币，排名上升到世界第 59 位。在新冠肺炎疫情影响全球 GDP 萎缩 3.2% 的情况下，中国成为唯一实现正增长的经济体。2021 年上半年，国内生产总值达 53.2 万亿元，同比增长 12.7%。最终消费对经济增长贡献率为 61.7%，拉动 GDP 增长 7.84 个百分点；资本对经济增长贡献率为 19.2%，拉动 GDP 增长 2.4 个百分点；净出口增长 19.1%，拉动 GDP 增长 2.4 个百分点。

中国对新冠肺炎疫情的有效防控，有力促进了“中国构建起国内大循环为主体、国内国际双循环相互促进的新发展格局”。在此背景下，“义利 99”在国民经济中的地位如何，又做出了哪些贡献呢？

1. “义利99”的经济地位

按收入法[①]计算，2020 年全部 A 股上市公司的增加值为 12.70 万亿元人民币，占全国 GDP 的 12.50%；沪深 300 成分股为 8.74 万亿元人民币，占全国 GDP 的 8.60%；“义利 99”上榜公司为 5.33 万亿元人民币，占全国 GDP 的 5.25%（见图 15）。

从国民经济角度看，全部 A 股上市公司是中流砥柱，沪深 300 为龙头力量，“义利 99”则犹如冠上明珠（见表 9）。如果按三个群体创造的增加值进行全球 GDP 排名，全部 A 股上市公司以 12.70 万亿元超过加拿大，排名第十；沪深 300 以 8.74 万亿元紧随西班牙，排名第十五；“义利 99”以 5.33 万亿元超过瑞士，排名第十九，同时“义利 99”增加值也是全球排名最后的 89 个国家和地区的 GDP 总和。

伴随着 A 股扩容，上市公司总数从 2018 年的 3570 家增至 2019 年的 3764 家、2020 年的 4146 家，三年内净增 576 家。基数增加使 A 股增加值在全国 GDP 中的占比提升，从 2018 年的 12.13% 增长到 2020 年的 12.50%；沪深 300 增加值在全国 GDP 中的占比减少，从 2018 年的 8.89% 下降到 2020 年的 8.60%，“义利 99”占比也从 2018 年的 5.86% 下降到 2020 年的 5.25%。

---

① 收入法是从形成收入的角度，根据生产要素在生产过程中应得的收入反映最终生产成果的一种核算方法。按照这种核算方法，增加值由劳动者报酬、生产税净额、固定资产折旧和营业盈余四部分相加得到。

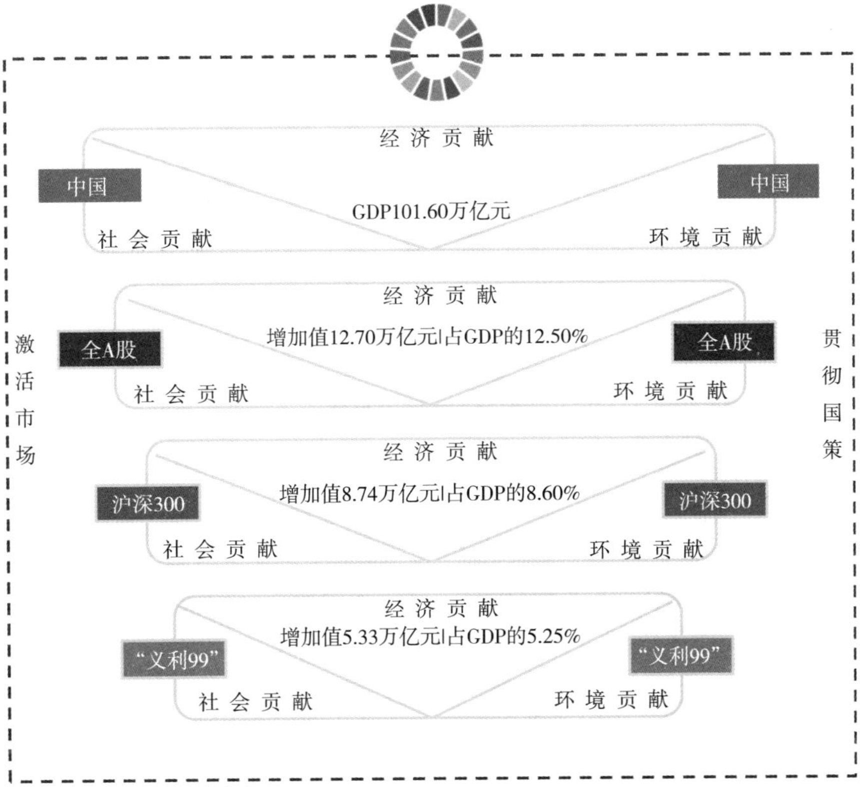


**图 15　全 A 股、沪深 300、“义利 99” 上榜公司与中国国民经济**

资料来源：社投盟，国家统计局。

**表 9　2017～2020 年全 A 股、沪深 300、“义利 99” 上榜公司与中国国民经济变动**

单位：万亿元，%

| 年份 | 中国 GDP | 增加值 | | | 增加值/GDP | | |
|---|---|---|---|---|---|---|---|
| | | “义利 99” | 沪深 300 | 全 A 股 | “义利 99” | 沪深 300 | 全 A 股 |
| 2017 | 83. 20 | 5. 51 | 7. 36 | 10. 00 | 6. 62 | 8. 85 | 12. 02 |
| 2018 | 91. 93 | 5. 39 | 8. 17 | 11. 15 | 5. 86 | 8. 89 | 12. 13 |
| 2019 | 98. 65 | 6. 32 | 8. 89 | 12. 21 | 6. 41 | 9. 01 | 12. 37 |
| 2020 | 101. 60 | 5. 33 | 8. 74 | 12. 70 | 5. 25 | 8. 60 | 12. 50 |

资料来源：社投盟，国家统计局。

2. “义利99”的经济贡献

从经济贡献来看，“义利 99” 上榜公司继续保持着盈利能力强、纳税额高、分红水平高的特点。横向对比来看，“义利 99” 上榜公司 2020 年度平均营业收入是沪深 300 的 2. 18 倍、全 A 股的 17. 99 倍；平均净利润是沪深 300 的 1. 93 倍、全 A 股的 22. 00 倍；平均纳税是沪深 300 的 2. 15 倍、全 A 股的 21. 74 倍；平均股息率是沪深 300 的 1. 12 倍、全 A 股的 1. 28 倍。

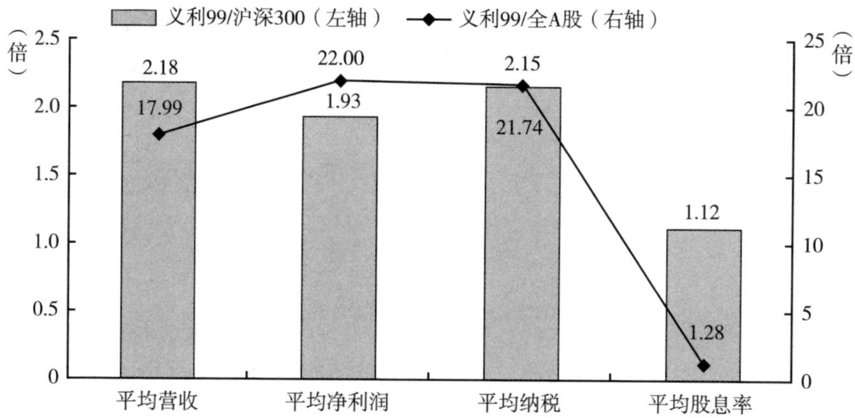


**图 16　2020 年“义利 99”经济表现**

资料来源：社投盟，万得。

3. “义利99”的财务表现

“义利 99” 价值创造能力强，但成长性较差。从盈利能力来看，2020 年“义利 99” 平均净资产收益率为 11. 03%，比沪深 300 高出 0. 23 个百分点，平均营业利润率为 12. 02%，比沪深 300 低 1. 56 个百分点；从运营效率来看，2020 年“义利 99” 平均总资产周转率为 0. 15 次、平均应收账款周转率为 11. 38 次，分别比沪深 300 快 0. 03 次和 0. 98 次；从偿债能力来看，2020 年“义利 99” 平均流动比率为 1. 20，与沪深 300 持平，平均资产负债率为 86. 15%，比沪深 300 低 0. 79 个百分点；从成长能力来看，2020 年“义利 99” 近 3 年营收复合增长率为 7. 36%、净资产复合增长率为 10. 85%，分别比沪深 300 低 1. 23 个百分点和 1. 04 个百分点。

“义利 99”和沪深 300 在财务指标上各有优劣。对比盈利性，尽管“义利 99”资本回报较高，但是营收回报不敌沪深 300；对比周转性，“义利 99”表现出明显的效率优势；对比偿付性，“义利 99”流动性及负债率与沪深 300 基本持平；对比成长性，“义利 99”营收与净资产复合增长率都低于沪深 300。

以上分析表明，“义利 99”作为产业龙头，既是国民经济的支柱、信用体系的基石，也是运营效率的标杆，但由于财务基数较大，成长速率较低。对于注重价值投资、关注风险控制的“大长金”，“义利 99”投资组合就是义利双优的“压舱石”。

## （二）“义利99”对社会福祉的贡献

世界银行发布的《中国经济报告：推动公平的经济增长》指出，2020 年中国基尼系数预计会上升到 0.47，比上年增加 0.037 个点。作为衡量一个国家或地区居民收入差距的国际通用指标，基尼系数“警戒线”为 0.4。超过基尼系数的警戒线，社会安定就会受到一定威胁。如何平衡公平与效率，是关乎社会福祉的重大议题。

2021 年 8 月 17 日，中央财经委员会第十次会议提出，要以人民为中心，正确处理效率和公平的关系，构建初次分配、再分配、三次分配协调配套的基础性制度，在高质量发展中促进共同富裕。下文从脱贫攻坚、乡村振兴和对 SDG 目标直接贡献三个维度来看一下“义利 99”对践行共同富裕所做出的贡献。

1. 脱贫攻坚

自改革开放以来，中国 7.7 亿人口摆脱绝对贫困，提前 10 年实现联合国 2030 年可持续发展议程的减贫目标。尤其是党的十八大以来，减贫工作精准高效。从脱贫攻坚的扶贫策略到“两不愁、三保障”的扶贫目标、“精准识别—精准帮扶—精准管理”的扶贫方案、1.6 万亿元各级政府专项投入的扶贫支持、组织与科技交互的扶贫体系，铸就了彪炳史册的功绩。社投盟数据库显示，在这一历程中，沪深 300 上市公司发挥了积极作用。

从扶贫攻坚的参与看，2020 年，在沪深 300 上市公司中，有 263 家披露参与了扶贫实践，占比 87.67%；在“义利 99”公司中，有 94 家披露参与了扶贫实践，占比 94.94%。此外，31 家公司披露了防止返贫实践，其中 20 家为金融机构，占比 64.52%。按所有制划分，国企和民企的扶贫参与率分别为 95.00%、78.20%；按行业划分，来自农牧林渔、建筑装饰、银行、通信业的企业参与率达 100%。

从扶贫攻坚的投入看，沪深 300 上市公司扶贫总投入超过 135 亿元，其中资金投入 133.42 亿元，物资折款 2.43 亿元，平均扶贫投入为 5756.09 万元。“义利 99”上榜公司的扶贫总投入超 84 亿元，占比 62%，平均扶贫投入为 9890.02 万元，是沪深 300 上市公司的 1.72 倍。难能可贵的是，民营企业平均扶贫投入为 6593.1 万元，超越国企。其中“义利 99”上榜公司福耀玻璃扶贫投入 15.60 亿元，列沪深 300 企业首位。农林牧渔行业扶贫投入 5.32 亿元，列沪深 300 行业首位。

2. 乡村振兴

2021 年 4 月，《中华人民共和国乡村振兴促进法》提出“三步走—六振兴—七之路”的乡村振兴整体规划。“三步走”指到 2020 年取得重大进展（基本形成制度框架和政策体系）、到 2035 年取得决定性进展（农村现代化）、到 2050 年全面振兴（农业强、农村美、农民富）；“六振兴”指产业振兴、人才振兴、文化振兴、生态振兴、组织振兴和城乡融合；“七之路”指走城乡融合发展之路、走共同富裕之路、走质量兴农之路、走乡村绿色发展之路、走乡村文化兴盛之路、走乡村善治之路、走中国特色减贫之路。

**表 10　沪深 300 上市公司参与乡村振兴的实践领域**

单位：家

| 项目 | 产业振兴 | 人才振兴 | 文化振兴 | 生态振兴 | 组织振兴 | 城乡融合 |
|---|---|---|---|---|---|---|
| 参与企业 | 203 | 109 | 21 | 72 | 44 | 226 |

资料来源：社投盟。

从乡村振兴的参与看，2020 年，在沪深 300 上市公司中，有 249 家披露参与了乡村振兴，占比 83.00%；在“义利 99”公司中，披露参与率为 100%。按所有制划分，国企和民企对乡村振兴国策的披露响应率均超过 90%；按行业划分，银行等行业参与率达 100%，建筑装饰等行业的乡村振兴实践表现最优。

从乡村振兴的方式看，2020 年，在沪深 300 上市公司中，105 家进行乡村人才培养，51 家开展了就业培训，39 家提供就业岗位，4 家银行设立专注于乡村振兴的部门或基金。

3. 对 SDG 目标直接贡献

社投盟数据库显示，在联合国颁布的 17 个可持续发展目标中，沪深 300 上市公司对无贫穷等 13 个目标做出了直接贡献，其中“义利 99”的贡献尤为卓著。

**表 11　沪深 300 公司对 SDG 目标贡献的实践**

| 目标序号 | 目标内容 | 沪深 300 实践 |
| --- | --- | --- |
| SDG1 | 无贫穷 | 15 家企业为农户直接购买了相关保险，6 家金融企业专门开设了防返贫保险 |
| SDG2 | 零饥饿 | 5 家企业为贫困地区的儿童提供了营养餐、建设爱心食堂等 |
| SDG3 | 良好的健康与福祉 | 67 家沪深 300 上市公司披露开展了健康扶贫，其中有 23 家企业参与了改善乡村医疗设施或提升乡村医生水平，24 家企业为贫困地区提供了免费体检、疾病筛查或疾病救助 |
| SDG4 | 优质教育 | 159 家企业披露开展了教育扶贫，其中有 61 家企业为贫困地区捐赠了教育物资，50 家企业帮助贫困地区进行教育基础设施建设，24 家企业开展了乡村教师培训 |
| SDG5 | 性别平等 | 23 家企业披露参与了关注乡村女性群体权益的责任实践。其中，有 6 家企业为女性提供就业培训、就业岗位等就业支持 |
| SDG6 | 清洁饮水和卫生设施 | 39 家企业开展了对乡村地区的用水设施援建与改造项目，保证当地群众安全用水、清洁饮水 |
| SDG7 | 经济适用的清洁能源 | 44 家企业参与了乡村清洁能源的建设，其中 28 家企业开展了光伏扶贫；此外，有 2 家企业帮助乡村开发风力发电项目，还有 17 家企业捐赠或修建了太阳能路灯等太阳能设施 |

续表

| 目标序号 | 目标内容 | 沪深 300 实践 |
| --- | --- | --- |
| SDG8 | 体面工作和经济增长 | 105 家企业参与了乡村的人才振兴,其中 78 家公司通过提供就业机会和技能培训为乡村贫困地区的民众解决就业问题 |
| SDG9 | 产业、创新和基础设施 | 58 家企业参与了乡村基础设施建设,有 21 家企业参与光伏发电设施建设,助力贫困地区发展 |
| SDG10 | 减少不平等 | 227 家公司进行了促进城乡融合的实践,其中 44 家企业从教育、医疗、养老服务等方面为贫困地区提供了基本公共服务,31 家企业为贫困地区人群提供了兜底保障 |
| SDG11 | 可持续的城市和社区 | 34 家企业助力乡村居民易地搬迁,提升其生活质量和环境水平 |
| SDG12 | 负责任消费和生产 | 130 家上市公司通过消费扶贫帮助乡村地区解决农产品滞销难题 |
| SDG15 | 陆地生物 | 71 家上市公司进行了生态振兴相关实践 |

资料来源：社投盟。

可以看出，在响应国策号召、实现共同富裕的历程中，沪深 300 上市公司成为中坚力量，“义利 99” 更是起到了表率作用。对于脱贫攻坚和乡村振兴等工作，它们没有浮于表面或碎片式操作，而能够结合自身核心竞争力，连续地、深入地、稳定地去践行社会责任，高效输出正向外部效应。这不仅体现出龙头企业的担当精神，而且彰显出可持续发展梦之队的专业能力。

## （三）“义利99”对环境保护的贡献

环境保护的内涵丰富，涉及自然环境、地球生物、人类环境和生态环境。在众多环保领域中，气候变化是最为重大而紧迫的议题，温室气体减排又是应对气候变化的刚需。基于社投盟的数据分析，下文从环保体系、资源利用、污染防治和应对气候变化四个方面来分析沪深 300 上市公司和“义利 99” 上榜公司的环保表现，为追踪记录今后的变迁奠定基础。

1. 环保体系

目前，约有一半的沪深 300 上市公司披露了环境管理政策，配备了组织和人员，并在不同程度上将环保理念融入运营体系。2020 年沪深 300 披露了总环保投入金额近 300 亿元。需引起重视的是，不同行业的环保体系健全度大不相同。如尽管同属第三产业，银行服务业在体系、实践和披露等方面均居前列，而休闲服务业几乎得分为0。

从环境管理来看，2020年“义利99”上榜公司平均得分率为68.05%，比沪深300高出12.4个百分点。在行业维度，建筑材料行业（85.31%）的环境管理体系最为完善，组织建设、人员配备和管理流程均优。建筑装饰行业（71.25%）次之。令人担忧的是，休闲服务业的环境管理得分率仅为19.69%，绝大部分企业尚未将环境管理纳入运营机制，甚至还未提上议程。

从环保投入来看，88家沪深300上市公司披露了2020年环保投入金额，占比29.3%。其中披露环保投入金额的有47家，总金额为299亿元，每家平均6.36亿元；披露特定项目投入金额的有33家。沪深300上市公司的环保投入分布呈“长尾现象”，披露环保投入总额的公司中，6家公司投入在10亿元以上，28家公司投入少于1亿元。

2. 资源利用

2021版《BP世界能源统计年鉴》显示，2020年我国一次性能源需求增长2.1%，可再生能源增长15%，二氧化碳排放增加0.6%。长期以来，我国人均能源占有量远低于世界平均水平，单位国内生产总值能源消耗量远高于世界平均水平。一方面，我国工业化和城市化快速发展，总体能源需求增长强劲；另一方面，我国要达成“双碳”目标，能源转型需求迫切。在双重压力下，中国企业在资源利用、能耗管理和物料管理等方面的表现亟待大幅提升。

从资源利用来看，沪深300上市公司平均得分率49.1%，其中银行业以90.33%居榜首，商业贸易业以81.46%为亚军，通信行业75.00%为季军，休闲服务业在该指标组的得分率为0，居末位。177家公司专门披露了水资源管理措施，占比59.00%。从能耗管理来看，2020年在沪深300上市公司中，247家披露了企业综合能耗管理措施，有45家企业通过了能源管理体系认证，占比为15%。从物料管理来看，2020年沪深300上市公司中，185家披露了物料管理措施，占比61.67%。

由于信息来源有限，目前尚未深入企业去考量能源的综合利用以及转型情况，亟待以案例挖掘的方式先深入了解能源效率排名靠前的机构，以便快速复制其能源高效利用的经验。

3. 污染防治

我国在“十三五”期间以政策驱动实行“铁腕治污”。2015 年出台《中共中央　国务院关于加快推进生态文明建设的意见》《生态文明体制改革总体方案》等宏观层面制度后，相继出台《大气污染防治行动计划》《水污染防治行动计划》《土壤污染防治行动计划》等中观层面制度文件。在这一形势下，数据分析显示在防污体系、“三废”减排等方面，沪深 300 和“义利 99”均呈现向好发展的可喜态势。

从防治体系来看，2020 年沪深 300 上市公司中，214 家披露了污染防治信息，平均得分率 72.74%，较上年有所提升。在行业维度，家用电器业平均得分率 98.65%，居榜首；房地产业平均得分率 5.25%，居榜尾。

从“三废”减排来看，2020 年沪深 300 上市公司中，187 家披露有“三废”治理措施，占比 63.33%，表现优于上年。其中 18 家披露了矿区治理情况，14 家拥有绿色矿山或按绿色矿山标准进行治理。

与资源利用领域相同，在污染防治方面，亟待深入企业了解其实践状况，并进行对标分析和趋势分析，以便得出更具实质性的结论。

4. “双碳”行动

在 2020 年 9 月召开的第七十五届联合国大会上，中国作为世界第一大碳排放国，首次承诺“二氧化碳排放力争于 2030 年前达到峰值、努力争取 2060 年前实现碳中和”。“双碳”目标成为所有环保议题中的热点。

社投盟数据分析显示，共有 184 家沪深 300 上市公司在 2020 年度社会责任报告中披露了应对气候变化的相关信息，占比 61.3%。基于社投盟数据，下文从战略、管理、措施和绩效披露四个方面分析上市公司如何应对气候变化。

从战略布局来看，2020 年沪深 300 上市公司中，120 家将“碳中和”、“应对气候变化”和“低碳发展”提升至公司发展战略层面，占比 40%；其中 55 家公司将其作为战略重点并予以落地实施，占比 18.3%；59 家公司将其纳入实质性议题和利益相关方分析，占比19.7%；22家对其进行风险识别和机遇分析，占比7.3%。

从管理层面来看，2020年沪深300上市公司中，59家制定了明确的减碳管理措施，占比19.7%。已采取的减碳措施包括建立应对气候变化管理体系、设立应对气候变化管理小组、开展碳排放核查和加强碳排放信息披露等。

从措施层面来看，2020年沪深300上市公司中，60家采取改善能源结构措施，占比20%；96家采取节能技改措施，占比32%；93家采取绿色办公运营即无纸化、电子会议和绿色出行，占比31%；12家采取碳汇行动，占比4%，14家参与碳交易活动；还有个别企业进行了碳捕获和封存。

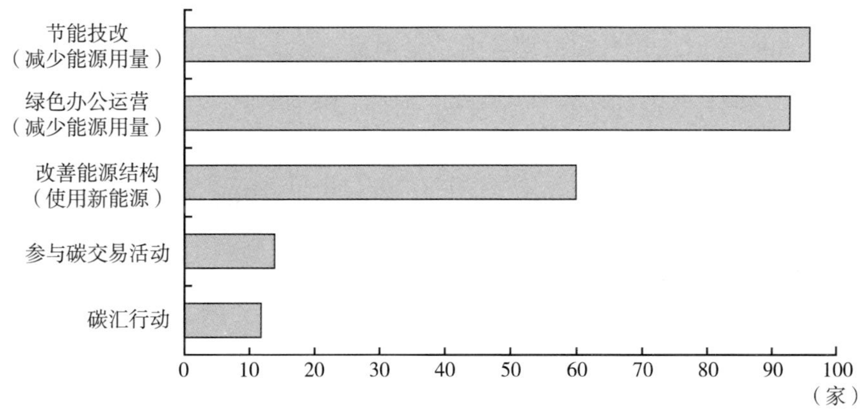


**图17　沪深300公司采用各类减碳措施的企业数量统计**

资料来源：社投盟。

从绩效披露来看，108家沪深300上市公司披露了2020年碳排放量和排放强度，占比36%。有51家企业披露了近两三年碳排放量，占比17%；其中有32家企业的数据显示2020年碳排放量较2019年有所下降。在响应“双碳”国策中，中国核电、中国石化、顺丰控股和招商银行等都有切实行动和亮眼创新。

近三年，尽管“义利99”上榜公司仍然保持着绝对优势，但沪深300

上市公司在环保领域快速发展。2020 年“义利 99”得分率为 71.46%，三年平均增长率为 14.15%；“沪深 300”得分率为 54.14%，三年平均增长率为 19.63%。在践行可持续发展过程中，“义利 99”标杆公司起到了良好的示范效应，带动沪深 300 以及其他大中型上市公司共同进步。

### （四）“义利99”的治理表现

公司治理有狭义和广义之分。20 世纪，公司治理聚焦狭义范畴，即建立所有者对经营者的监督与制衡机制，以及股东大会、董事会、监事会与管理层之间的内部规则；进入 21 世纪，公司治理则延伸至广义范畴，考量公司与利益相关者的利益协调，即股东、债权人、供应者、雇员、政府、社区之间的网络关系。

继 2018 年《上市公司治理准则》全面修订颁布后，A 股上市公司规范运作水平整体有所提升。然而社投盟和盟浪在联合优化 3A 模型过程中，将公司治理评估范畴由狭义延展到广义，考量指标增加、打分颗粒度细化，使沪深300 和“义利99”2020 年该项整体得分技术性走低。基于社投盟数据，下文从整体表现、治理结构、利益相关方和内部控制四个方面来分析沪深 300 的公司治理状况。

1. 整体表现

沪深 300 上市公司的公司治理平均得分率为 61.25%，“义利 99”上市公司的公司治理平均得分率为 72.08%，明显高于其他未上榜公司的平均得分率（55.92%）。

从行业维度看，采掘、商业贸易与建筑材料行业的公司治理水平位列前三，其得分率分别为 69.49%、68.67%、66.56%，采掘业公司在治理结构方面表现优异、商业贸易企业在利益相关方识别和参与方面表现较出色、建筑材料行业则整体表现均衡。国防军工、化工、食品饮料的得分率分别为 56.86%、55.90%、54.81%，位列后三名。

从产权维度看，央企和地方国企的公司治理水平相对较高，平均得分率分别为 63.37% 和 62.74%；民企的治理水平相对较低，平均得分率为

59.45%；其他企业治理水平相对更低，平均得分率为58.96%。下沉到指标细分，地方国企治理结构指标的平均得分率最高，为66.36%；央企的利益相关方和信息披露的平均得分率最高，分别为41.60%和81.39%。民企和其他企业无论是整体表现还是分项指标，与国企相比都有着较为明显的差距。

值得关注的是，69家A+H股公司的整体治理表现最好，平均得分率高达67.81%。从公司治理的细分指标来看，两地上市的公司在治理结构、利益相关方、信息披露三个方面均比仅在A股上市的公司的平均得分率更高。这种横向差异既来自政策驱动，即联交所针对上市公司相关法律和政策更完善、在治理结构和信息披露方面要求更严格，也来自市场驱动，即两地上市的公司面临更多元投资者的关注与约束。

2. 公司治理结构的表现

社投盟数据显示，沪深300的治理组织十分完善，然而治理多元化程度不够，对可持续发展或ESG战略的组织保障不足。

从多元化看，到2020年末，沪深300上市公司董事会和高管层的女性平均占比分别为13.59%和15.39%，均较过去有所增加。相比国际企业的女性董事占比20.6%，A股上市公司仍有较大差距。此外，目前沪深300上市公司中有71家公司董事全部为男性。

从可持续发展治理看，到2020年末，沪深300上市公司设立可持续发展专门机构的公司数量为73家，占比24.33%。“义利99”上榜公司对ESG策略提供了更为有力的组织保障，其中44家公司设立了专门的可持续发展机构。

3. 关注利益相关方的表现

2020年，沪深300上市公司披露“利益相关方”识别或参与的公司为232家，占比77.33%；同时披露“利益相关方”识别和参与的公司为167家，占比55.67%。相比之下，同期“义利99”上榜公司中，披露了“利益相关方”识别或参与的公司占比为93.95%，同时披露“利益相关方”识别和参与的公司占比为85.86%，远高于沪深300。

4. 内部控制的表现

基于沪深两大交易所的监管要求，沪深300的内控评价和审计工作稳步推进。2020年沪深300上市公司中，292家披露了内控评价报告，占比为97.33%；264家披露了由第三方参与的内控审计报告，占比为88.00%。沪深300上市公司的信息对称程度提升，透明管理持续增强。

基于上述分析，在政策和市场双驱动下，A股上市公司的治理水平持续提高，治理结构逐步完善，利益相关方识别和参与不断强化，内控规范性进一步提升。然而，在治理结构中，以女性董事和高管为表征的多元化程度还不高，独立董事勤勉履责可嘉但“花瓶效应”仍存在。此外，可持续发展策略还需进一步整合到治理结构中。

### （五）“义利99”的非财信披

1997年成立的全球报告倡议组织（GRI）发布了可持续发展报告指南，针对信披内容提出了包容性、持续性、实质性和完整性四大原则，针对信披质量提出了准确性、平衡性、清晰性、可比性、可靠性和时效性六项准则。然而历经24年发展，非财信披不足仍是困扰可持续发展价值评估的全球性挑战。

从2020年5月到2021年9月，社投盟与中国发展研究基金会联合，对全球18个主要经济体的ESG政策法规进行了深入研究，结果显示，这些国家对于非财务信息披露的制度规定都走过了从自愿（很鼓励、凭自觉）到软法（不披露、就解释）再到硬法（不披露、就违规）的历程。

2021年5月24日，国务院生态环境办公厅印发了《环境信息依法披露制度改革方案》（以下简称《改革方案》），提出逐步建立健全企业强制性披露环境信息：2021年印发环境信息依法披露管理办法、企业环境信息依法披露格式准则，2022年完成上市公司、发债企业信息披露等有关格式文件修订，2023年开展环境信息依法披露制度改革评估，到2025年基本形成环境信息强制性披露制度。相信《改革方案》的贯彻落实，将有力提升非财信披的质量。

基于社投盟数据，下文分析沪深300非财信披的四个方面，即发展程度、议题覆盖、内容质量和权威指引。

1. 非财信披的发展程度

2016年社投盟启动“义利99”项目之初，最困扰我们的就是评估数据基础薄弱。当年A股上市公司2981家，披露独立非财报告的仅790家。2020年A股上市公司增长到4123家，披露独立非财报告的有1129家[①]，报告披露的数量增长了43%。沪深300上市公司中披露独立非财报告的企业，2018年占比82.00%，2020年占比增长到82.33%；“义利99”上榜公司披露独立非财报告的企业，2018年和2020年占比均为98.99%，2019年占比更是达到100%，基本实现全覆盖。

从非财信披的质量看，在沪深300上市公司中，247家发布了2020年度独立非财报告，披露率达到82.33%。其中38家公司聘请第三方机构做了报告核验；“义利99”上榜公司98家披露了独立非财报告，其中21家公司聘请第三方机构做了报告核验。报告核验率在过去三年中基本稳定。

从吹哨人制度看，2020年沪深300上市公司中，116家公司建立并公布了员工信访和举报制度，占比38.67%；“义利99”上榜公司中则有76家公司，占比76.77%。相比之下，可持续发展价值头部机构更加重视监督制度和沟通渠道方面的建设。

2. 非财信披的议题覆盖

从全面覆盖度看，2020年沪深300上市公司对ESG主要议题信披完备度为57.24%，“义利99”公司平均数值为69.61%。

从环境议题看，2020年沪深300上市公司的环境板块整体完备度为59.57%，其中污染防控议题信披完备度为82.42%，环境治理议题信披完备度为66.34%，资源利用议题信披完备度为59.64%，拉低整体均值的是生态气候议题，信披完备度仅为29.89%。

---

① 只统计2020年12月31日前上市公司发布的报告，因此数量会比全A股披露报告少。

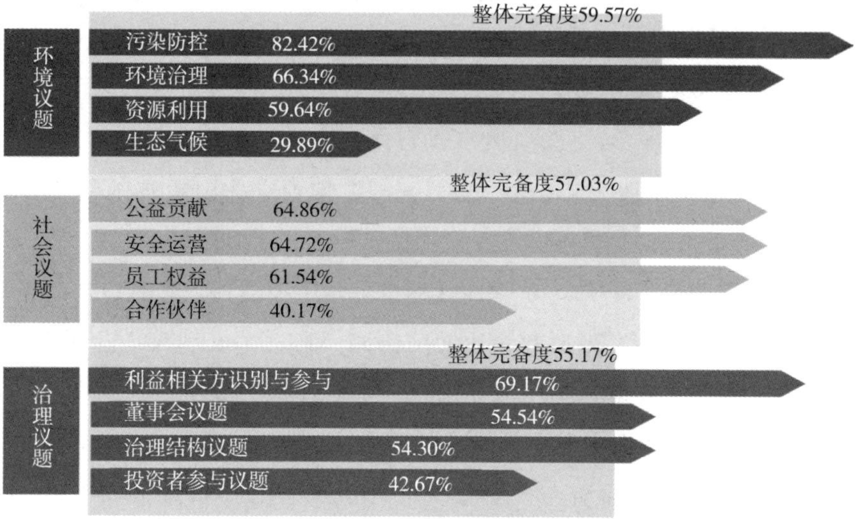


**图 18　沪深 300 对 ESG 议题信披完备度**

资料来源：社投盟。

从社会议题看，2020 年沪深 300 上市公司的社会板块整体完备度为 57.03%，其中公益贡献议题信披完备度为 64.86%，安全运营议题信披完备度为 64.72%，员工权益议题信披完备度为 61.54%，拉低整体均值的是合作伙伴议题，信披完备度仅为 40.17%。

从治理议题看，2020 年沪深 300 上市公司的公司治理板块整体完备度为 55.17%，其中利益相关方识别与参与议题信披完备度为 69.17%，董事会议题信披完备度为 54.54%，治理结构议题信披完备度为 54.30%，投资者参与议题信披完备度最低，仅为 42.67%。

3. 非财信披的内容质量

尽管沪深 300 对 ESG 议题信披覆盖度较好，但由于缺乏披露指引和工具支撑，整体信披内容的实质性和量化性有待提升。

从内容实质性看，247 家披露非财报告的沪深 300 上市公司中，140 家披露了实质性内容，占比 56.68%。只有 5 家公司进行了实质议题的动态比较分析，占比 2.02%。

从内容定量化看，247 家披露非财报告的沪深 300 上市公司中，74.09%的公司对“三废”排放、能源消耗以及水资源利用议题进行了量化披露，只有 33.20%的公司披露了具体的数据测算或统计的参考标准。在 98 家披露非财报告的“义利 99”上榜企业中，46.94%的公司披露了数据测算或统计标准，有明显优势。由于香港实行“软硬法结合”ESG 信披指引，遵循港交所指引的公司中 68.42%的披露了数据测算或统计标准，显著高于仅在 A 股的上市公司。

4. 非财信披的权威指引

A 股上市公司在编制非财报告过程中，共计参考了 10 部权威指引。其中被高频引用的前三部分别是《联合国可持续发展目标公司行动指南》(SDGs)、《全球报告倡议组织可持续发展报告标准》（GRI Standards）和香港联合交易所《环境、社会及管治报告指引》。2020 年沪深 300 上市公司中，247 家披露非财务报告，其中 222 家披露了权威指引，占比 89.88%。“义利 99”上榜公司中，98 家披露非财务报告，其中 94 家披露了权威指引，占比 95.92%。

综上所述，在过去 5 年中，沪深 300 上市公司的非财信披数量增长，议题覆盖较宽、内容实质性提升且规范性增强。然而，A 股上市公司整体非财信披状况不容乐观。究其原因，主要在于第三方参与的非财信披核查、审计、认证和应用等价值链尚未形成。对披露方而言，非财信披存在难、贵、繁、乱等顽疾；对使用方而言，相关数据还存在不够实质、不够量化、不够规范、不够及时等痛点。

在新事物蓬勃发展的阶段，问题和机遇就是一体两面。为破解非财信披的痛点和顽疾，我们相信，政策端的制度供给会不断强化，市场端的科技赋能工具也将开始涌现。

## 三　预见“义利99”：危机反思与系统构建

发现中国“义利 99”，是一个聚焦当下的研究课题，创造着“理想照入现实”的公益价值。基于该项研究成果，2019 年 11 月，中证可持续 100 股票指数在上交所挂牌；2020 年 2 月，博时中证可持续 100ETF 开始上市交易。通过对中国头部上市公司综合表现的追踪记录、对比分析和量化评估，社投盟正在捕捉群体认知的改变、促进企业行为的演进，乃至于探索资本市场投向义利并举企业的路径。

被誉为世界通哲大师的阿诺德·约瑟夫·汤因比认为，文明的起源与发展来自新旧认知的“挑战与应战”。当系统外部的挑战者转变为系统内部的赋能者，新认知就会转化为系统的“自决能力”。在系统“自决力量”的作用下，旧认知被驱逐，文明得以演进。

发现中国“义利 99”在启动时，确实出现了“义利并举”理念与“唯利是图”思潮的交锋。然而有趣（有幸）的是，在国家政策驱动下，这种方向性的交锋，迅速演变为方法面的交流，而后加速转化为实践层的交融。这说明当民心和国策指向一致时会激发起市场主体强大的“自决能力”，使“义利 99”自我催生“义利 99”的新商业文明。

## （一）可持续发展的大危机

有人称，2020 年地球开启了“灾难模式”，澳大利亚山火、美国加州大火、亚洲洪灾、土耳其地震、越南台风、加拿大暴雪、菲律宾火山喷发、美国南部龙卷风、撒哈拉沙尘暴、印度强雷击、东非蝗虫灾害、南极高温……进入 2021 年，全球极端气候现象有增无减。这些曾百年不遇的“黑天鹅”变成了肆意出没的“灰犀牛”。在成群结队的“灰犀牛”中，来势最凶的就是新冠肺炎疫情和全球变暖。伴随着自然灾害频发，社会矛盾加剧。人们整体焦虑度攀升，导致跨文化和跨地域的合作意愿降低，青年幻灭和政治纷争成为当今世界的两大显性特征。在第二次世界大战结束 70 多年后，世界和平似乎再次从“定论”转化为“疑问”。

世界经济论坛发布的《全球风险报告 2021》显示，按发生概率排名，未来十年全球前三大风险是极端天气、气候应对行动失败和人为破坏环境；按影响程度排名，未来十年全球前三大风险是全球疫情、气候应对行动失败和大规模杀伤武器。无论发生概率还是影响程度，环境问题和地缘政治都排前列。按照发生概率和产生影响的双重维度，前三大风险就是全球疫情、气候应对行动失败、极端天气。

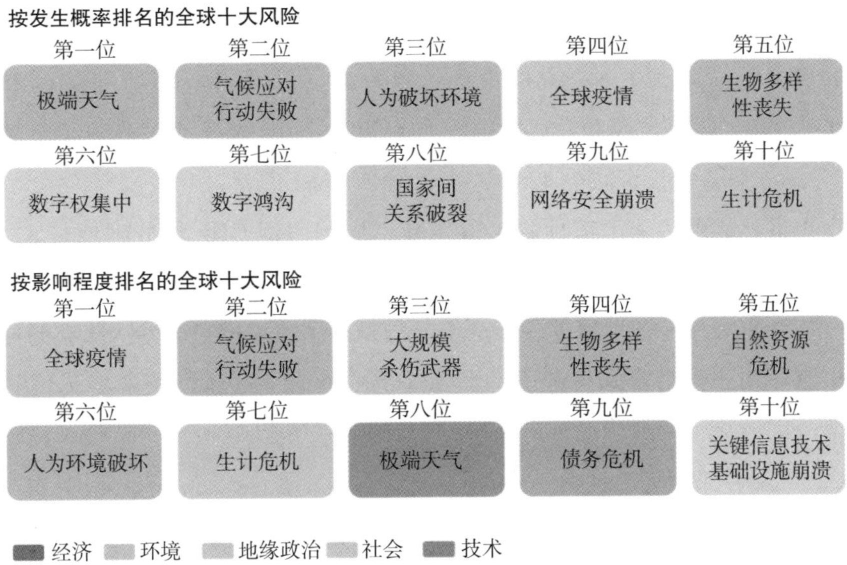


**图 19　未来十年全球十大风险预测**

资料来源：世界经济论坛《全球风险报告 2021》，社投盟整理。

1. 新冠肺炎疫情流行

到 2021 年 8 月末，新冠肺炎疫情波及 200 多个国家和地区，累计确诊 2.18 亿人，现有患者 1865 万人，死亡达 452 万人。2021 年 4 月 22 日，新冠肺炎疫情单日感染人数达到 900906 人，达到峰值。在 76 亿人煎熬的 633 天中，新冠病毒以每周一次的速度在发生变异。尽管全球已有 40 亿人次先后接种了新冠疫苗，但新增病例依然汹涌如潮。人们在想“假如疫情永不结束，我们该如何生活”。

这次全球公共卫生危机沉重打击了经济发展、社会保障和治理体系。2020 年陷入贫困的人口数量增加 1.19 亿～1.24 亿人，2.55 亿个全职工作岗位流失，饥饿人口增加 0.83 亿～1.32 亿人，青少年中文盲人数增加了

1.01 亿人。危机也加剧了现有的不平等，威胁着16亿非正规经济领域劳动者的生计，许多国家的基尼系数显著上升。

新冠肺炎疫情暴发后，各国政府累计投入16万亿美元用于刺激经济，相当于2020年全球GDP的19%。美联储、欧洲央行、日本银行和中国人民银行的资产负债表已经扩表10万亿美元。尽管全球流动性宽松、融资成本降到历史低点，2020年全球GDP仍然萎缩3.3%，其中，发达国家GDP减少了4.7%，新兴市场和发展中国家GDP减少了2.2%。全球贸易总量减少8.5%，外商直接投资减少42%。

据世界货币基金组织预测，2021年，中美两国GDP将分别增长8.2%和6.2%，在此带动下，全球GDP有望增长6.0%。尽管如此，疫情后的经济复苏会使全球经济发展进一步失衡。与发达国家相比，欠发达国家的公共卫生服务和社会保障体系薄弱，受到疫情的冲击更严重，经济复苏将非常缓慢。

2. 气候变化加剧

2021年8月9日，政府间气候变化专门委员会（IPCC）正式发布了《气候变化2021：自然科学基础》及决策者摘要（SPM）。由世界气象组织（WMO）和联合国环境规划署（UNEP）联合成立了IPCC，自1990年起每隔5年就发布一次评估报告，每份报告都对全球气候行动产生了深刻影响。

关于对“人为排放的温室气体浓度增加导致全球升温”的判断，IPCC在2007年第四次评估报告称“非常可能”，在2014年第五次评估报告称“极有可能”，时至2021年，IPCC在第六次评估报告开篇就直接宣称“毫无疑问”。

2011～2019年，全球平均气温较1850～1900年高出1.09℃，并且出现4个十年连续攀升。尽管新冠肺炎疫情导致的“全球停摆”使温室气体排放量减少了7%，并且出现了通常有降温作用的“拉尼娜气候”现象，但令人担忧的是，2020年仍然成为有记录以来的最热年份。全球平均气温升至14.9℃，南极最高气温首次达到18.3℃。2021年7月北美出现了连续50℃的“高温穹顶”，科威特最高气温飙升至“不宜人类生存”的74℃。

IPCC 对“未来温室气体排放导致地表温度升高”的 5 种情况进行了模拟测算。最乐观情况下（排放最低），21 世纪末全球平均气温可能升高 1.41℃，逼近《巴黎协定》升温 1.5℃的峰值；最悲观情况下（减排失败），21 世纪末全球平均气温可能升高 5.7℃，导致海平面至少升高 2 米。全球气候变暖会引发热浪、干旱、暴雨、台风等气象灾害，以及海洋灾害、地质灾害、森林灾害和生物灾害。更为严峻的是，气候变化的原生灾害有可能引起次生灾害，甚至诱发“生态失衡 + 社会动荡 + 经济崩溃”等复合型危机。以往罕见的自然灾害和气候现象，现在密集性地出现在地球每个角落。人类作为气候变化的施害者、受害者和施救者，正走在悬崖边上。

3. 可持续发展目标偏离

联合国发布的《2021 年可持续发展目标报告》指出，新冠肺炎疫情抹去了数十年的发展成果，全球气候危机已经来临，人类正处在关键的历史转折点。今天我们做出的决策、采取的行动，将对未来几代人产生重大影响。

**表 12　联合国可持续发展目标 2021 年达成状况**

| 序号 | 名称 | 主要发现 |
|---|---|---|
| 目标 1 | 无贫穷 | ①疫情导致全球极端贫困人口数量增加 1.19 亿~1.24 亿人<br>②2030 年全球贫困率预计为 7%，无法实现消除贫困的目标<br>③世界各国采取了 1600 项短期社会保障措施来应对疫情，但仍有 40 亿人没有被覆盖 |
| 目标 2 | 零饥饿 | ①全球疫情进一步加剧世界饥饿问题，约 7000 万至 1.61 亿人正在忍受饥饿<br>②儿童营养不良、妇女贫血情况进一步恶化<br>③2020 年，23.7 亿人没有食物或无法实现健康、均衡的饮食 |
| 目标 3 | 良好的健康与福祉 | ①疫情终止或逆转了在卫生方面取得的进展并缩短了人口预期寿命<br>②生殖健康、孕产妇、儿童健康等领域取得的进展因新冠肺炎疫情而暂停或发生逆转<br>③卫生工作者因疫情而严重短缺<br>④加大对全民健康保障的投资力度是基础任务 |

续表

| 序号 | 名称 | 主要发现 |
| --- | --- | --- |
| 目标 4 | 优质教育 | ①新冠肺炎疫情使 20 年来的教育成果化为乌有,新增 1.01 亿儿童无法达到最低阅读熟练水平<br>②学业完成率进一步降低<br>③许多国家缺乏基本的学校基础设施,无法更好地进行恢复建设:最不发达国家拥有饮用水、电、洗手设施等基本设施的学校比例分别为 56%、33% 和 40% |
| 目标 5 | 性别平等 | ①女性平等参与决策对于应对新冠肺炎疫情和恢复发展至关重要,但性别平等仍遥遥无期<br>②疫情加重女性家务负担,并将女性挤出劳动力市场。女性从事无偿家务和看护工作的时间约是男性的 2.5 倍<br>③疫情加剧了针对女性的暴力情况<br>④新冠肺炎疫情威胁到全球反对童婚的工作进展 |
| 目标 6 | 清洁饮水和卫生设施 | ①数十亿人缺乏水资源,确保安全水资源是实现疫后恢复的基础<br>②1970~2015 年,自然湿地缩减了 35%,是森林流失速度的 3 倍<br>③到 2030 年 129 个国家仍无法实现对水资源的可持续管理,该进展需要速度加倍 |
| 目标 7 | 经济适用的清洁能源 | ①世界 1/3 的人口使用危险和低效的烹饪系统<br>②7.59 亿人无法用电<br>③能效提升速度对可持续发展而言至关重要<br>④电力、热力和运输部门需要在现代可再生能源方面加快行动 |
| 目标 8 | 体面工作和经济增长 | ①疫情导致了相当于 2.55 亿个全职工作岗位的损失<br>②16 亿非正规经济工人缺少社会安全保障,受疫情影响严重<br>③疫情导致没有参加教育、就业或培训的青年人数增加<br>④经济缓慢恢复,预计要到 2022 年或 2023 年才能恢复至疫情前的水平<br>⑤2020 年国际游客数量从 15 亿人次大幅下降至 3.81 亿人次 |
| 目标 9 | 产业、创新和基础设施 | ①由于疫情,全球制造业生产急剧下降 6.8%<br>②航空旅行遭遇灾难性打击,航空旅客数下降 60%<br>③中、高技术产品制造推动经济复苏<br>④增加研发投入是消除疫情影响的关键<br>⑤加强农村公路连接有助于减少贫困发生率 |

续表

| 序号 | 名称 | 主要发现 |
| --- | --- | --- |
| 目标 10 | 减少不平等 | ①疫情可能会使金融危机以来在减少收入不平等方面取得的进展发生逆转<br>②新冠肺炎疫情估计会使新兴市场和发展中国家的平均基尼系数增加 6%<br>③汇款费用处于历史最低水平的 6.5%(2020),为实现目标还需要开展更多工作<br>④全球难民占比增加了 1 倍多 |
| 目标 11 | 可持续城市和社区 | ①疫情加剧贫民窟居民的困境<br>②疫情使安全、便捷和可靠的公共交通需求得到关注<br>③城市地区分配给街道和开放公共空间的全球平均比例为 16%,未达到目标值<br>④156 个国家制定了国家城市政策,但其中只有一半的政策进入实施阶段<br>⑤世界有一半的城市人口能够享受便捷的公共交通 |
| 目标 12 | 负责任消费和生产 | ①全球“物质足迹”增长了 70%(2000~2017 年)<br>②发展中国家在利用可再生能源方面潜力巨大<br>③电子废物继续激增,并且没有完好地被回收和利用<br>④化石燃料补贴继续对《巴黎协定》和 2030 年议程的落实造成威胁<br>⑤《可持续消费和生产十年方案框架》显示了截至 2020 年 83 个国家和欧盟的共计 700 项政策和执行活动 |
| 目标 13 | 气候行动 | ①气候危机加剧:温室气体排放量不断上升,要求实现碳中和<br>②支持气候资金增加了 10%,达到年均 487 亿美元<br>③154 个发展中国家中有 125 个正在制定和执行国家气候适应计划 |
| 目标 14 | 水下生物 | ①海洋的可持续性受到严重威胁,包括塑料/海洋污染、渔业崩溃、海洋酸化和富营养化<br>②海洋死亡区面积正以惊人的速度增加<br>③50% 以上的海洋生物多样性重点区域未得到保护<br>④全世界约 50% 的国家采取了具体举措来支持渔民发展<br>⑤平均只有 1.2% 的国家研究预算被分配给海洋科学 |
| 目标 15 | 陆地生物 | ①世界自然保护联盟红色名录评估的物种中超过 1/4 的正濒临灭绝<br>②保护生物多样性重点区域的工作在过去 5 年中停滞不前<br>③几乎所有国家都已立法预防或控制外来入侵物种<br>④可持续的森林管理取得进展,但全世界在 20 年内丧失了面积达 1 亿公顷的森林 |

续表

| 序号 | 名称 | 主要发现 |
| --- | --- | --- |
| 目标 16 | 和平、正义与强大机构 | ①疫情正加剧儿童受剥削的风险,1/3 的贩运受害者是儿童<br>②人权维护者被杀害的事件报道增加,比 2019 年增加 18%<br>③只有 82 个国家拥有符合国际标准的独立国家人权机构(2020)<br>④低收入国家贿赂发生的可能性至少是高收入国家的 5 倍 |
| 目标 17 | 促进目标实现的伙伴关系 | ①2020 年官方援助净额达到历史最高值 1610 美元<br>②尽管发生了疫情,2020 年汇款流量增长势头依然强劲。2020 年官方记录流向低收入和中等收入国家的汇款达到 5400 亿美元,仅比 2019 年的水平低 1.6%<br>③尽管疫情期间对网络连接有巨大需求,但全球有 37 亿人仍未上网<br>④63% 的低收入和中低收入国家需要额外的资金用于数据方面以应对疫情带来的挑战 |

资料来源：联合国《2021 年可持续发展目标报告》，社投盟整理。

由于缺乏足够的资金支持和有效的治理体系，即使在新冠肺炎疫情暴发前，联合国可持续发展目标已经发生偏离，而疫情又雪上加霜，使进程偏离度进一步扩大。要遏制倒退重回正轨，全球须做出以下三个方面的努力。首先，为所有国家的复苏创造平等的条件，包括分享新冠疫苗和治疗方法，建立全球经济复苏计划，发达国家增加官方援助，强化国际货币基金组织特殊提款权以及减免债务等，确保发展中国家经济复苏；其次，需采取措施提供全民社会保障、医疗服务和教育，确保短期灾难损失不转化为永久性能力丧失；最后，需合理利用科学知识和新技术的发展，全面提供清洁能源，保障可持续粮食安全，消除数字鸿沟，以实现疫情后的“经济—社会—环境”全面复苏。

在环境恶化引发的自然灾害、社会动荡激增的隐患面前，经济繁荣所依存的系统正面临着崩坍的可能。

## （二）可持续发展的巨系统

20 世纪 90 年代，钱学森提出的系统分类法，将规模巨大、元素繁多、本质各异、关系复杂多变且作用机制不清的系统称为“复杂的巨系统”。这类系统具有开放性（物质、能量、信息的交换）、复杂性（子系统的种类繁多、多种形式交互）、涌现性（系统出现自组织或演化出新形态）、层次性（系统与功能有层次关系）和巨量性（数目极大）。在信息技术酶化作用下，系统链接、交互和反馈呈指数型增长，“涌现”出意想不到的质变。比如，2020 年在新冠肺炎疫情蔓延初期，美国百姓抢购的不是口罩而是枪支；2018 年法国加征原油税，不仅招致巴黎“黄马甲运动”，还引发了全球的民粹狂潮。

从系统论视角我们就能深刻理解到：企业这个“简单子系统”始终在和“复杂巨系统”之间进行着能量、物质和信息的交换。“义利 99”所创造的经济财富、社会福祉和环境价值，不仅使“可持续发展”系统受益，受益的“可持续发展”系统也在反馈着“义利 99”。对 A 股上市公司进行量化评估，就是在帮助母子系统之间实现正反馈，从而激发企业义利并举、促进义利转化、实现义利双升。

1. 可持续发展巨系统与三大支柱

人类可持续发展的三大支柱是经济发展、社会包容和环境保护。与其说是三大支柱，不如说是一个复杂巨系统中的三个从属系统。在本报告开篇，我们以“饺子—桌子—房子”的隐喻，阐释了“经济—社会—环境”在巨系统中发挥着不同作用。如果不能维系生态平衡，一旦“房子”坍塌，人类就无处安身；如果不能有效协作，一旦“桌子”不稳，社会就难以安定；如果不能创造经济价值，一旦“饺子”断供，市场就会萧条。饺子断供不见得会引起房子坍塌，但如果房子坍塌，砸坏桌子，饺子也肯定吃不成。由此可见，经济、社会和环境系统必须协同，才能推进可持续发展巨系统的演进。

为什么自工业革命以来，人类会为经济繁荣而持续投入，对社会安定只是关注而已，而对生态危机几乎视而不见呢？回到“饺子—桌子—房子”的隐喻，我们需要从不同维度去理解人类行为。“饺子”是既得利益且权责清晰。它不仅关乎当下温饱和个人得失，而且享有包括公司组织、市场体系、政策工具和计价方法等在内的平台性保障。“桌子”具有中期效应但权责不清。尽管有主权国家作为全球治理的基石，然而社会问题成因复杂且随机传导，只有多元主体和不同阶层达成妥协，才存在维持动态平衡的可能。“房子”则是穿越时空且无法问责的宏大议题。在过去近300年，生态保护既没有明确的责任方，也没有清晰的游戏规则，更没有必要的保障体系，由此就出现人类过度攫取资源、大肆污染环境的行为。

行为金融学家理查德·泰勒提出了“狭隘框架”概念，即由于固守局部视角，做出错误决策，从而影响整体最优化。这位2017年诺贝尔经济学奖的获得者，从行为经济学的角度，揭示出人类在“以有限认知去应对无限挑战”时的窘境。

2. 可持续发展巨系统与人类反思

2021年9月9日，在深圳前海举行的盟浪可持续数字科技公司（“盟浪”）成立发布会上，一个短视频刷新了人们对可持续发展的认知：“太阳存在了46亿年、地球存在了40亿年、人类存在了3300万年、商业文明存在了2000年、资本文明存在了400年、工业文明存在了276年……当赖以生存的环境不复存在，当创造福祉的社会不再运转，经济的意义何在？人类该如何实现可持续发展？”

其实60年前，世界就开始了对工业革命的反思。1962年美国生物学家莱切尔·卡逊的《寂静的春天》引发了历时15年的全球大讨论：增长是否等于发展，地球承载能力是否有极限，人类与环境如何共处等。1987年，世界环境与发展委员会在《我们共同的未来》中，首次提出了“可持续发展”的概念，指既满足当代人的需求，又不对后代人满足其需求的能力构成危害的发展。可持续发展须满足公平性、持续性、共同性原则，以实现共同、协调、公平、高效、多维发展。

值得注意的是，“可持续发展”是人类以自身利益为中心、以自身延续为目的、以依存协同为手段的生存方式，是人类试图越出狭隘框架后的集体反思，以及对人与人、人与社会、人与自然相互依存的系统认知。

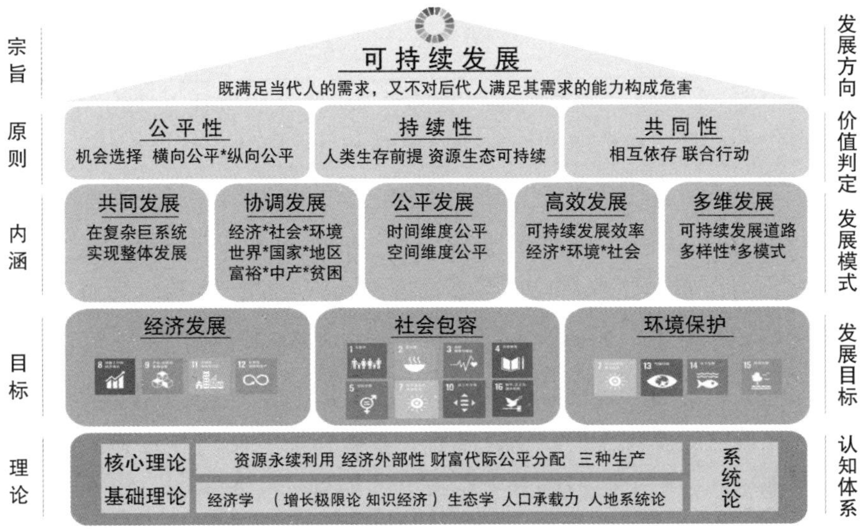


**图 20　可持续发展理念框架**

资料来源：社投盟。

3. 可持续发展巨系统与新商业文明

有人会问，难道企业不应该专注于盈利吗？有人还会搬出法律条文，说新冠肺炎疫情的“黑天鹅”和气候变暖的“灰犀牛”，都属于不能预见、不能避免并不能克服的“不可抗力”。在经济合同中，洪水、飓风、地震、旱灾、战争、禁令、罢工等不可抗力事件一旦发生，经济权责关系就会取消或变更。既然如此，企业履行社会责任、关注环境保护的现实利益何在呢?！这个问题很有价值。我们通过回答这个问题，就能找到解决问题的入口；我们建立起长效的解决问题机制，就能探索出“义利并举”新商业文明的发展路径。

在经济繁荣、社会安定和环境保护三个系统之间，存在“期限错配”和“权责错配”的问题。所谓“期限错配”，是指经济周期可以“年度”为单位，一代人或有生之年就能完成变现；社会效应通常需要以“年代”为单位，几代人才能实现一次大循环；环境效应至少要以“世纪”为单位，才能判断出人类活动对气候变化的影响。在没有公权力影响的情况下，“局部既得利益”即“变现的诱惑”，通常大于“整体远期利益”。所谓“权责错配”，是指经济活动产权清晰，社会问题就很难寻因，环境保护则无从问责。因此经常出现企业产生的社会和环境成本由公众（当代或后代）承担，生成的经济收入由企业享有。

正是由于两大错配，使得“唯利是图”的旧商业文明兴盛，“义利并举”的新商业文明如此难产。从系统论维度上，我们就能深刻理解到：企业这个“简单子系统”始终在和可持续发展的“复杂巨系统”之间进行着能量、物质和信息的交换。对企业的可持续发展价值进行量化评估，就是在帮助大小系统之间实现正向反馈，破解“期限错配”和“权责错配”的困境，从而激发企业去平衡财物和非财收益，实现“义利并举—义利转化—义利双升”的新商业文明。

### （三）可持续发展的新动能

置身于可持续发展的复杂巨系统，如何找到新动力机制，使企业有效化挑战为机遇呢？我们围绕中国可持续发展的顶层设计、主要业绩、关键承诺、市场张力和前景预期五个方面做初步探讨。

1. 中国推进可持续发展的顶层设计

从历史看，华夏文明承载着可持续发展基因。从“格物致知、修齐治平”的个人可持续，到和衷共济、守望相助的社会可持续，再到“不竭泽而渔、不焚林而猎”的生态可持续，都将天地人视为一个有机整体，即《淮南子》所讲的“天地运而相通，万物总而为一”。

从当代看，可持续发展是中国政府、企业和民众的共识，经济繁荣、社会安定和环境美好是政策所指、民心所向和市场所驱，这种共同价值观是推进可持续发展的动力。

基于可持续发展战略和生态文明建设的顶层设计，中央和地方政府、经济主体和社会力量相互促进，在复杂的巨系统“涌现”出了强大合心力。这种合心力通过“监督—指引—评估—交流—传播—共享”的传导机制，对脱贫攻坚、抗击疫情和“双碳”减排等重大议题发挥了巨大的推动作用（见图21）。

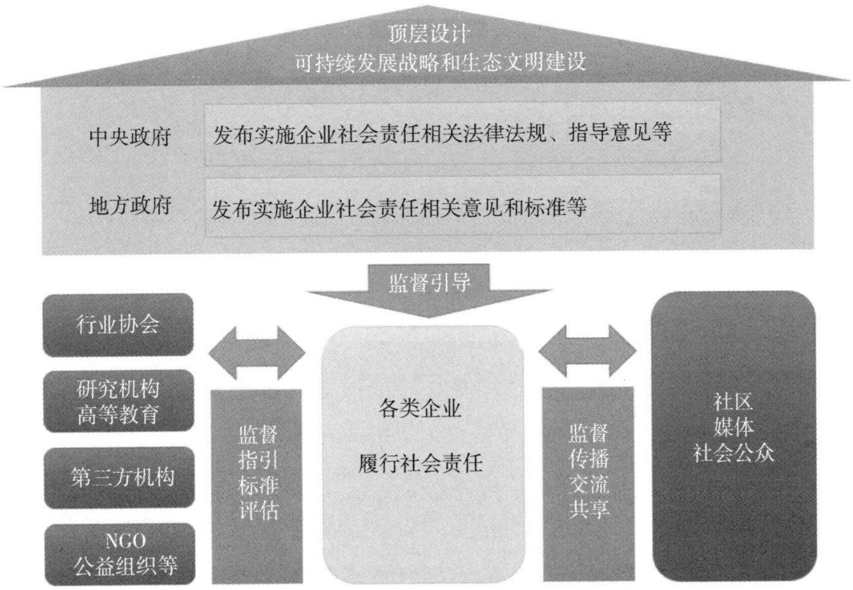


**图21　中国推进可持续发展战略的实施架构图**

资料来源：社投盟。

2. 中国推进可持续发展的主要业绩

在2021年6月递交联合国的《中国落实2030年可持续发展议程国别自愿陈述报告》中，中国以翔实的数据对脱贫攻坚、气候行动、疫情防控、经济发展、粮食安全和基础设施六大议题进行了介绍。在全球可持续发展进程倒退的情况下，中国不仅提前10年完成了首项目标“无贫穷”，而且在其他16个目标上也取得了巨大进步。在国内经济发展、社会福祉和环境保护强劲提升的情况下，还通过“一带一路”、“南南合作”以及参与国际多边治理等多种机制，助力欠发达国家抗击新冠肺炎疫情及减贫发展。

3. 中国推进可持续发展的关键承诺

联合国能源规划署研究数据显示，2013年以来，全球碳排放量持续增长，到2019年已达343.6亿吨。尽管受疫情影响大量经济社会活动停滞，

| SDGs议题 | SDGs映射 | 主要业绩（2015~2020年） | 未来规划 |
|---|---|---|---|
| 脱贫攻坚 | 1 5 | √5575万人口脱贫，对世界减贫贡献超过70%<br>√义务教育100%覆盖，改造10.8万所学校<br>√基本医疗100%覆盖<br>√住房安全100%覆盖<br>√饮水保障100%覆盖<br>√基础设施通电99.3%、通信99.9%、通网98%、通水83% | ★防止规模性返贫<br>★实施乡村振兴<br>★汇聚全球合理<br>★深化国际合作 |
| 气候行动 | 6 12 14 15 13 7 | √森林覆盖率由21.66%提高到23.04%<br>√森林储量由151亿立方米提高到175亿立方米<br>√城市优良天数比例升至87%<br>√水环境大幅改善<br>√生活垃圾处理率提升<br>√海洋环境改善<br>√气候韧性增强<br>√水土流失面积和强度双降<br>√碳强度累计下降18.8%<br>√全国碳市场启动<br>√清洁能源增至24.3% | ★2030年前碳达峰2060年前碳中和<br>★海陆统筹污染防治<br>★生态修复<br>★积极参与全球气候环境治理 |
| 疫情防控 | 3 10 | √3个月控制住疫情<br>√疫情防控投入1218亿元<br>√基本医疗保险覆盖超13亿人<br>√婴儿死亡率下降到5.4‰<br>√5岁以下儿童死亡率下降到7.5‰<br>√教育医疗公共服务水平提高<br>√城乡差距缩小 | ★加快全民疫苗接种<br>★常态化防控<br>★构建人类卫生健康共同体 |
| 经济发展 | 8 11 | √GDP从70万亿元增加到100万亿元<br>√第三产业增加值占GDP的比重从51.6%增至54.5%<br>√城乡新增就业超过6000万人<br>√2020年GDP增长2.3%，全球唯一实现净增长的主要经济体 | |
| 粮食安全 | 2 10 | √连续6年粮食产量稳定在6.5亿吨以上<br>√人均占有量400公斤<br>√营养状况持续改善<br>√农业现代化加快推进<br>√农业可持续发展能力增强<br>√农村居民人均可支配收入17131元，增长6% | ★确保粮食产量1.3万亿斤<br>★加快农业绿色发展<br>★巩固脱贫攻坚与乡村振兴<br>★加强农业国际合作 |
| 基础设施 | 5 7 9 11 | √基础设施网络体系日益完善<br>√移动宽带用户13.5亿，固定宽带用户4.84亿<br>√能源基础设施建设<br>√2018年全国城市建成区可便捷使用交通的人口比例平均为80.56%<br>√“互联网+交通”<br>√低碳交通铁路电气化率达74.9% | ★加快建设交通强国<br>★加快建设新型基础设施<br>★推动国际互联共通 |

**图 22　2015～2020 年中国落实联合国可持续发展目标进展**

资料来源：社投盟整理。

2020 年全球碳排放仍高达 322.8 亿吨。作为全球第一大碳排放国，中国碳排放占全球的 30.7%。

与发达国家相比，我国实现“双碳”目标更具挑战性。一是时间紧，发达国家“双碳”窗口期有 70～80 年，而我国只有 30 年；二是基础差，作为主要碳源的煤炭能源，发达国家占比 27%，而中国占比高达 57%；三是底子薄，碳达峰时人均 GDP，发达国家约 5 万美元，而中国仅为 1.5 万美元；四是任务重，发达国家第三产业占比高，而我国以往经济增长依赖高碳模式。

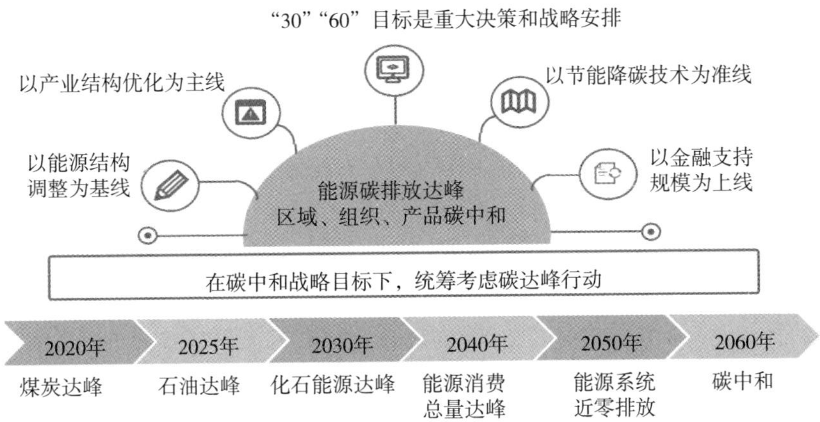


**图23　中国实现“双碳”目标线路**

资料来源：社投盟整理。

尽管面临多重挑战，中国迅速制定了“双碳”目标的实施路线，即以能源结构调整为基线、以产业结构优化为主线、以节能降碳技术为准线、以金融支持规模为上线，在2020年实现煤炭达峰、2025年实现石油达峰、2030年实现化石能源达峰、2040年实现能源消费总量达峰、2050年实现能源系统近零排放，从而在2060年实现碳中和。

2020年10月以来，“双碳”目标适配的政策陆续出台。由生态环境部颁布的《碳排放权交易管理办法（试行）》于2021年2月1日起实施，全国碳排放权交易市场（碳市场）于7月16日正式开始线上交易。全国碳市场采用了“双城记”模式，碳配额交易中心设在上海，碳配额登记结算中心设在武汉。2225家发电企业成为碳市场首批覆盖的交易方，年排放二氧化碳超过40亿吨，我国碳市场有望成为全球同类最大的碳交易中心。

中国以政策驱动力激发市场驱动力，以市场实践促进政策供给，在可持续发展的复杂巨系统中，开启了经济系统和环境系统之间的正向循环。

4. 中国推进可持续发展的市场张力

为进一步破解“期限错配”和“权责错配”的问题，激发起企业创造“经济—社会—环境”价值的原生动力，基于对沪深300上市公司连续八年的数据追踪，我们整理了“沪深 300 践行可持续发展”议题分布和“沪深 300 践行可持续发展意愿 + 能力矩阵”。

以“可持续发展议题与复杂巨系统相关性”（“系统”）为横轴，以“可持续发展议题与企业日常运营相关性”（“企业”）为纵轴，我们梳理出企业与系统交互的分布关系，并对议题覆盖进行了高、中、低分层呈现。在不考虑产业属性和偏好的情况下，环境类主要议题（包括碳排放、产品碳足迹、生物多样性、水资源等）对系统的影响更大，但与企业的相关度不高；社会类议题如抗击疫情、反腐败等对系统和企业相关度双高，而信息安全和隐私保护、反垄断、社会公益对系统影响大，但对企业贡献度较小；治理类议题中合规经营、投资者保护等对系统影响和系统相关度中等；经济类议题如风险管理、供应链管理等对企业影响较大，但对系统直接影响较小（见图 24）。由于所处的可持续发展系统开放且复杂，未来企业对议题选择或将出现较大变动。

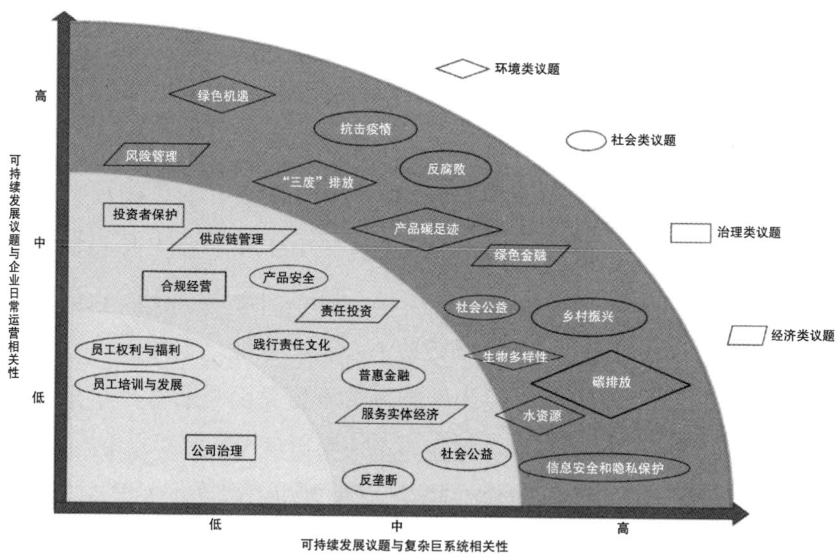


**图 24　沪深 300 践行可持续发展的议题**

资料来源：社投盟。

尽管如此，无论是民企还是国企，沪深300上市公司对国策的响应度和执行力均保持较高水平。对于碳减排、乡村振兴等核心议题，尽管与企业自身日常运营关联度不高，其仍然能够投入人力、物力、财力和智力，持续稳定地做出贡献。与此同时，我们也看到，对于数据安全、反垄断、公司治理等议题，企业还亟待提升重视程度，对于ESG风险管理、中小投资者保护等议题，企业还处于发育初期。

以“贡献可持续发展能力”（“能力”）为横轴、“贡献可持续发展意愿”（“意愿”）为纵轴，我们梳理出企业“践行可持续发展意愿+能力矩阵”；同时，从政策、市场、风控、服务和传播五个方面，初步整理了可使用的内部和外部激励和约束工具（见图25）。

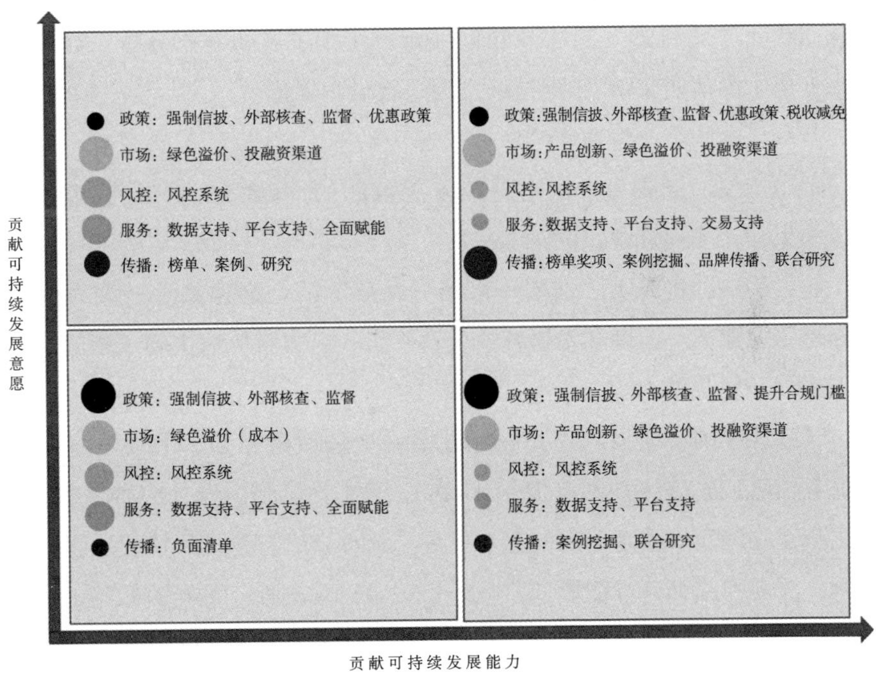


**图25　沪深300践行可持续发展意愿+能力矩阵**

资料来源：社投盟。

对于能力+意愿双高的企业，可主要采取产品创新、绿色溢价等市场激励，以及案例挖掘、品牌传播、榜单奖项、联合研究等传播激励；对于能力高+意愿低的企业，可主要采取强制信披、外部核查、提升合规门槛等政策约束，以及引导其捕捉绿色普惠机遇、领跑产业和产品创新、外部效应内部成本化等市场激励和约束；对于能力低+意愿高的企业，可主要加强数据支持、平台支持等赋能类的第三方服务供给，以及协助拓展ESG发展机遇并提升ESG风控水准；对于能力低+意愿低的企业，需采取政策、市场、风控、服务和传播全方位的激励、约束和赋能方式。

5. 中国推进可持续发展的前景预期

发现中国"义利99"这项实证研究，以立足当下、聚焦龙头、透视系统的方式，对推进可持续发展的策略、计划、执行进行系统性思考。基于对沪深300和"义利99"过去八年间践行可持续发展的数据分析，社投盟对未来五年中国落实2030年可持续发展议程做出展望。

其一，中国企业将锁定"主要议题"的推进模式。"双碳目标—乡村振兴—常态抗疫"会成为中国可持续发展议题的"铁三角"，虹吸政策、资金、知识和人才等资源。

其二，中国将夯实"政府—市场—民众"的合力体系。三大力量将会配合得更加默契。借助学术研究或公益平台，三方将针对主要议题的重点和难点事项开展共创。

其三，中国将加强"中央—地方"政府的政策驱动。中央政府会围绕非财务信息披露等"基础设施"、碳减排等主要议题出台并完善法律法规，并逐步建立起发改委牵头下的窗口指导。地方政府将建设可持续发展的小生态圈。深圳和成都有可能形成"政—产—金—学—社"的群聚效应。

其四，大批企业将追赶"义利99"实践业绩。在过去九年中，沪深300在践行可持续发展中，走过了"响应政策—试点项目—关注信披—协同网络—融入战略"五个里程。在学习"义利99"经验的基础上，腰部上市公司（尤其是政策利好企业）将在信息披露、样板项目等方面迅速赶上头部上市公司。

其五，中国可持续发展金融占比将激增。在未来三年内，以“绿色+普惠”为主的可持续发展金融占比有望超过30%，ESG投资将成为基金和资管的业务组合的必选组成部分。可持续发展金融的主题产品创新将放量增长。头部金融机构在可持续发展金融业务总量上占绝对优势，但肩部金融机构将在该领域的探索中成为先锋力量，部分金融机构会将可持续金融作为核心业务。

其六，中国将强制上市公司进行非财信披。在全球主要经济体已实现强制非财务信披、中国实行“双碳”目标路途艰辛的双重条件下，中国将在未来2~3年内实行非财信息强制披露，并引入信息核查或审计制度。

其七，中国将加速可持续发展数据大基建。地方政府主导、市场和学术力量参与构建融通商务数据、政务数据、社交数据和另类数据的ESG数据大基建。以自然语义分析为主的人工智能技术将被深度应用于可持续发展数据分析。

其八，中国将激增“可持续发展+”的应用场景。不仅在市场端，“可持续发展+”将成为产品创新和品牌构建的主议题，也将成为海峡两岸暨香港、澳门开展经贸、金融、社会、文化、学术和公益等合作的主渠道，并成为“一带一路”全球合作的主旋律。

其九，中国将出现可持续发展价值评估的新赛道。以可持续发展为主题、以科技为手段、以数据处理为基础、以计量评估为核心的新经济企业将崛起，并将有力遏制“洗持续”的现象，并促进整个生态的蓬勃发展。

《吕氏春秋·慎大览》曰“胜非其难也，持之者其难也”。胜在一时，不过白云苍狗；持续发展，方成万代之业。祈愿中国“义利99”！世界善可持续！

## 参考文献

IEA:《可再生能源2020：至2025年的分析和预测》，2020年11月11日。

WEF, "The Global Risks Report 2021," https://www.weforum.org/reports/the-global-risks-report-2021, 19 January, 2021.

UN, "The Sustainable Development Goals Report 2021," https://easterncaribbean.un.org/index.php/en/135632-sustainable-development-goals-report-2021, 6 July 2021.

UNCTAD, "Key Statistics and Trendstrade Trends Under the COVID-19 Pandemic in International Trade 2020," 2021.

Boffo, R., and R. Patalano, "ESG Investing: Practices, Progress and Challenges," OECD Paris, https://www.oecd.org/finance/ESG-Investing-Practices-Progress-and-Challenges.pdf, 2020.

United Nations Environment Programme, "Making Peace with Nature: A Scientific Blueprint to Tackle the Climate, Biodiversity and Pollution Emergencies," Nairobi, https://www.unep.org/resources/making-peace-nature, 2021.

International Monetary Fund, "World Economic Outlook: Managing Divergent Recoveries. Washington," DC, April, 2021.

WEF, "Fostering Effective Energy Transition 2021," Edition, April 2021.

# 行 业 篇

Industry Reports

# B.2

# 2021年沪深300上市公司电气设备行业可持续发展价值评估

摘 要： 本报告以2020年沪深300上市公司中电气设备行业的12家公司为研究对象，以其中7家“义利99”上榜公司为重点，探讨电气设备行业可持续发展价值。电气设备行业的可持续发展价值平均得分率在26个行业中排名第6。其可持续发展特点如下：驱动力优于全部行业平均水平，业务驱动力居行业居第一；创新力处于全部行业平均水平，研发能力行业居第三；经济贡献处于全部行业上游水平，成长能力得分优异；社会贡献优于全部行业平均水平，安全运营重视率低等。电气设备行业积极响应联合国可持续发展目标17项中的9项，作出以下贡献：风险合规管理表现良好；科技研发的投入和研发人员数量均不断增加，研发转化能力提高；推行可持续供应链，与上游企业协同合作；构建绿色制造体系，有效控制“三废”排放和降低温室气体排放强度等。

关键词： 电气设备行业 可持续供应链 科技创新 绿色制造

## 一 电气设备行业相关情况

电气设备①是电能的生产、传输、分配、使用和电工装备制造等领域涉及的各种设备的统称。根据申万行业分类标准，电气设备行业下设 4 个二级行业分类、14 个三级行业分类。截至 2021 年 6 月，沪深 300 上市公司中有 12 家为电气设备公司，其中有 7 家进入 2021 年“义利 99”榜单，相比 2020 年新增 2 家电气设备公司；在 12 家电气设备行业上榜公司中，电源设备有 9 家、电气自动化设备有 2 家、高低压设备有 1 家，详见表 1。

**表 1 电气设备行业 A 股上市公司分布情况**

单位：家

| 一级行业 | 二级行业 | A 股 | 沪深 300 | “义利 99” |
|---|---|---|---|---|
| 电气设备 | 电源设备 | 91 | 9 | 4 |
| | 电气自动化设备 | 56 | 2 | 2 |
| | 高低压设备 | 75 | 1 | 1 |
| | 电机 | 18 | 0 | 0 |
| 合计 | | 240 | 12 | 7 |

资料来源：万得，社投盟整理。

### （一）电气设备行业现状

电气化②是指将使用化石燃料的技术替换为使用电力作为能源技术的总

① 《电气设备行业 2021 年度信用展望》，http：//www.shxsj.com/uploadfile/kanwu/2021/20210125－6.pdf，2021 年 1 月 25 日。

② Electrification，https：//www.rff.org/publications/explainers/electrification－101/，2019 年 12 月 5 日。

体过程。电力能源的使用作为电气化进程的核心评估指标，通过新的技术融合，使更多的清洁能源被有效利用，同时不断地降低能源消耗，积极促进电气化转型。

1. 清洁能源发电装机容量持续提升

2020 年，在电力供应侧我国对于太阳能和风能的电力装机容量不断提升。如图 1 所示，虽然 2016～2019 年太阳能容量增速持续下滑，但在 2020 年增速企稳回升，太阳能容量为 253. 8 千兆时。2020 年，风能容量为 282 千兆时，较 2019 年同比增速 34. 61%，创历史新高。持续增长的清洁能源发电装机容量，体现出我国不断加快清洁能源基础建设，扩大清洁能源规模。

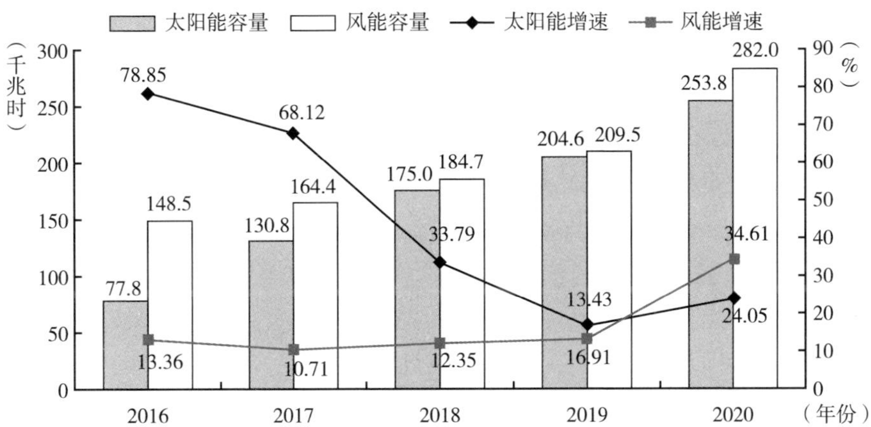


**图 1　2016～2020 年全国太阳能和风能容量情况**

资料来源：2021 版《BP 世界能源统计年鉴》（英文版），https：//cec. org. cn/detail/index. html？3－293198，2021 年 7 月 8 日，社投盟整理。

2. 我国持续推动能源结构电气化改革

2020 年，在电力消费端我国持续推进电能替代和提高电能占终端消费的比重，进一步推动我国在电气化方向的发展。2020 年全国替代电量达到 2252 亿千瓦时，同比增长 9%。[①] 此外，电能替代的主要能源是可再生能

① 《中国电力行业年度发展报告 2021》，https：//cec. org. cn/detail/index. html？3－298428，2021 年 7 月 9 日。

源，以便推动可再生能源的使用替代，降低化石能源使用的比例，减少污染。根据国家能源局印发的《2020 年能源工作指导意见》，2020 年电能占终端消费的比重为 27%，我国持续推动电能代替传统化石能源，使终端消费的能源结构不断电气化。

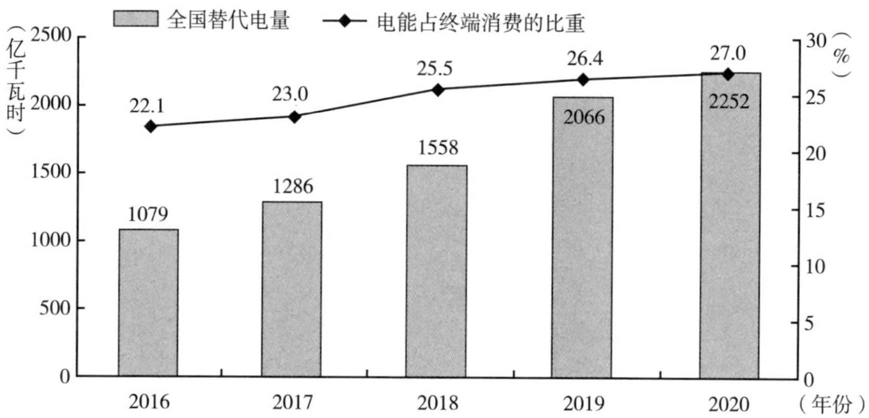


**图 2　2016～2020 年全国替代电量和电能占终端消费的比重情况**

资料来源：中电联，社投盟整理。

3. 我国单位发电量的二氧化碳排放持续降低

传统化石能源是目前发电中必不可少的能源，伴随着电气化的推进，降低整体单位发电量所产生的二氧化碳排放量成为我国电气化的重要目标之一。在可持续发展方面，我国通过增加非化石能源的使用来降低供电煤耗和提高清洁能源的使用率，全国单位发电量二氧化碳排放量自 2014 年以来呈下降趋势。2020 年全国单位发电量二氧化碳排放量为 565 克/千瓦时，同比下降 2. 1%。以 2005 年为基准年，我国累计减少排放二氧化碳约 185. 3 亿吨。我国在发电方面不断推进电气化，同时不断减少电气化本身所带来的环境污染问题，积极为达到“双碳”目标做出贡献。

## （二）电气设备行业相关政策

电力部门深度脱碳是我国实现“双碳”目标的关键。而电气设备行业

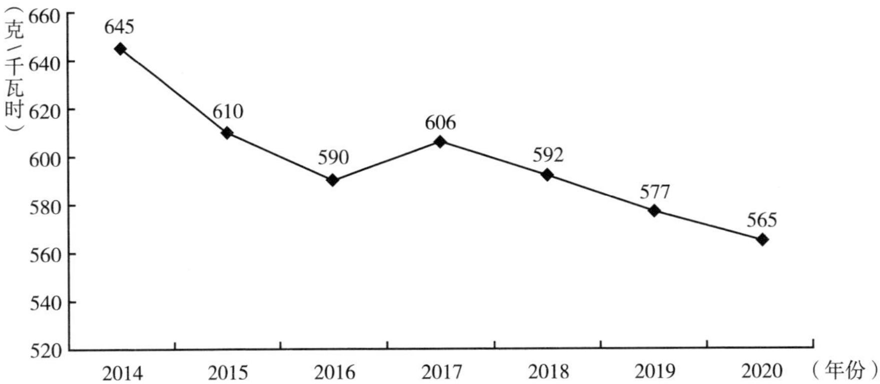


**图3 2014～2020年全国单位发电量二氧化碳排放情况**

资料来源：中电联，社投盟整理。

是为电力部门制造和提供发电机、电力线路等基础设备的行业，是我国电力部门在能源供给端实现低碳化的关键行业。

本报告梳理了近些年电气设备行业的相关政策并总结如下。

1. 促进优化产业结构推动转型升级

产业转型升级是电气设备行业的发展重点。“十三五”以来，国家出台了《电力发展“十三五”规划》《能源发展“十三五”规划》等政策，提倡全面优化电力系统，着力调整电力结构，提高电力系统效率，大力发展新能源。为进一步规范光伏产业发展、推动产业转型升级，2018年，国家出台《智能光伏产业发展行动计划（2018—2020年）》，推动光伏产业智能化升级，鼓励互联网、大数据、人工智能与光伏产业深度融合。

2. 提升“风光”发电等可再生能源比重

2021年，国家发布《中华人民共和国国民经济和社会发展第十四个五年规划和2035年远景目标纲要》，明确发展非化石能源的必要性，提倡大力提升风电、光伏发电规模，鼓励建设一批多能互补的清洁能源基地，推进以电代煤，将非化石能源占能源消费总量的比重提高到20%左右。

3. 加大对可再生能源的金融支持力度

为促进风电和光伏等行业健康有序发展，2021年2月，国家印发《关于引导加大金融支持力度促进风电和光伏发电等行业健康有序发展的通知》，强调商业化、市场化、法治化等原则，促使金融机构对可再生能源行业进行金融支持；支持金融机构与短期无法偿付但未来前景好的可再生能源企业协商展期或续贷，并核发绿色电力证书适当弥补企业分担的利息成本，一定程度缓解行业资金压力；支持条件完备地方先行试点，鼓励地方创新。

4. 推动“风光”发电等可再生能源市场化改革

“十三五”以来，我国可再生能源规模持续扩大，技术水平不断提高，开发建设成本持续降低，风电、光伏发电成本也逐渐下降。在可再生能源消纳状况持续好转的背景下，项目的经济性稳步提升，为国家实施补贴退坡机制、完善可再生能源价格机制提供了有利的条件。自 2019 年起，国家陆续出台《关于积极推进风电、光伏发电无补贴平价上网有关工作的通知》《关于完善光伏发电上网电价机制有关问题的通知》《关于 2019 年风电、光伏发电项目建设有关事项的通知》《关于 2020 年光伏发电上网电价政策有关事项的通知》，风电、光伏发电补贴不断退坡，提高了光伏发电产业竞争力，光伏上网标杆电价也连续三年大幅下调，减轻了社会负担；推动了风电、光伏发电高质量发展，有利于可再生能源行业早日摆脱补贴依赖。

## 二　电气设备行业可持续发展价值评估结果

电气设备行业可持续发展评分是指对沪深 300 中 12 家电气设备上市公司的评分。电气设备行业上榜公司（以下简称“上榜公司”）是指沪深 300 成分股中进入 2021 年“义利 99”榜单的电气设备行业公司。2021 年电气设备行业评分情况如下。

12 家公司进入“沪深 300”（占比 4%）。

7 家公司上榜“义利 99”（占比 7.07%），上榜率 58.33%。

8 家公司发布独立的社会责任报告。

数据完备度73.04%，排名第8/26。

可持续发展价值得分率62.61%，排名第6/26。

根据“义利99”评估模型：

目标｜驱动力平均得分率74.11%，排名第4/26。

方式｜创新力平均得分率58.38%，排名第10/26。

效益｜转化力平均得分率62.81%，排名第6/26。

评估亮点：业务驱动排名第1/26，研发能力排名第3/26，成长能力排名第4/26。

评估暗点：信息披露排名第23/26。

可持续发展价值居前三的公司：①隆基股份（601010.SH）；②汇川技术（300124.SZ）；③国电南瑞（600406.SH）。

可持续发展价值提升幅度居前三的公司：①汇川技术（300124.SZ）；②中环股份（002129.SZ）；③亿纬锂能（300014.SZ）。

通过对评分数据的分析，我们发现电气设备行业的可持续发展价值评分具有以下特征。

## （一）驱动力优于各行业平均水平

2021年，电气设备行业在目标｜驱动力方面的表现优异，列全行业第4位。其中，目标｜驱动力下的业务定位和持续发展表现突出，业务定位的排名列行业第1。在业务驱动平均得分率方面，电气设备行业比沪深300高37个百分点，表现出色，其中上榜公司比未上榜公司高出9.3个百分点。电气设备行业的价值驱动和战略驱动的平均得分率均高于沪深300，处于全部行业中上游位置，得分率分别高出1.4个和5.2个百分点。上榜公司的价值驱动和战略驱动的平均得分率均高于未上榜公司，其中上榜公司的价值驱动平均得分率比未上榜公司高33.4个百分点，而在战略驱动的平均得分率方面，上榜公司比未上榜公司高6.9个百分点。

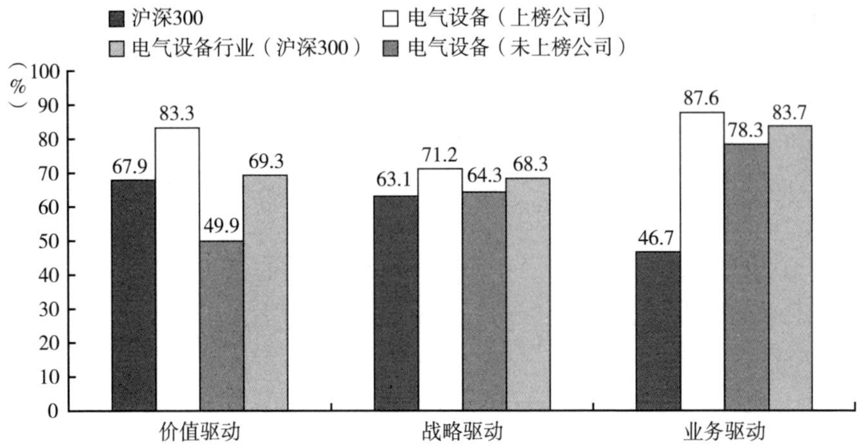


**图4　2021年电气设备行业目标｜驱动力平均得分率情况**

资料来源：社投盟。

## （二）创新力处于各行业平均水平

2021年，电气设备行业的方式｜创新力平均得分率列全行业第10位。创新能力平均得分率为57.9%，比沪深300高出14.2个百分点，排名第6。其中，创新能力下的三级指标中研发能力表现突出，列行业第3位。而二级指标的公司治理平均得分率为62.3%，比沪深300高1.0个百分点，位列行业第13。2021年，电气设备行业的运营管理平均得分率为51.5%，比沪深300低3.5个百分点，有待提高。

上榜公司的3个二级指标的平均得分率均高于未上榜公司。在公司治理、创新能力和运营管理的平均得分率方面，上榜公司比未上榜公司分别高出16.5个、15.7个和11.3个百分点。电气设备行业在方式｜创新力方面的整体表现优异。

## （三）经济贡献各指标表现一般

2021年，电气设备行业的经济贡献平均得分率列全部行业第7位。从经济贡献下的三级指标来看，电气设备行业的成长能力处于沪深300所有行

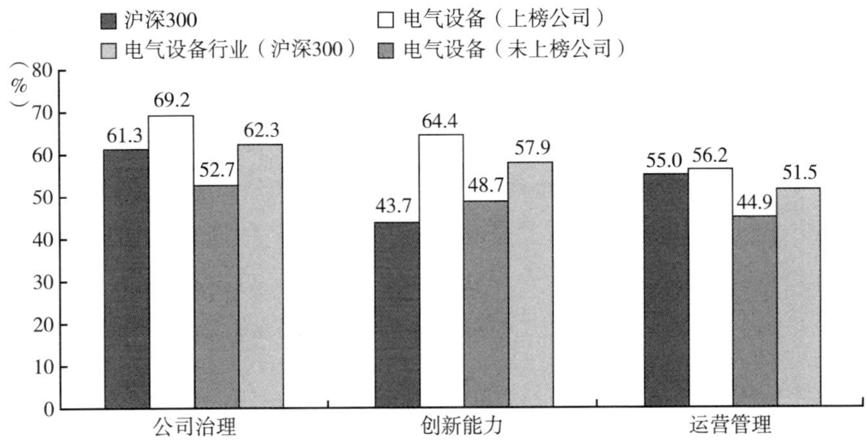


**图5　2021年电气设备行业方式Ⅰ创新力平均得分率情况**

资料来源：社投盟。

业中的领先地位，平均得分率为75.6%，比沪深300高19.4个百分点，排名第4，主要体现在近3年营业收入和净资产的复合增长率。此外，电气设备行业在三级指标盈利能力的平均得分率也略高于沪深300，为63.5%，比沪深300高2.1个百分点。而在运营效率、偿债能力和财务贡献方面，电气设备行业平均得分率均比沪深300略低，分别低2.0个、0.1个和1.6个百分点。总体来说，电气设备行业在经济贡献方面表现不算出色，但成长能力和盈利能力平均得分率高于沪深300平均水平。

上榜公司在财务贡献平均得分率方面比未上榜公司高出9.0个百分点，而其他二级指标平均得分率均低于未上榜公司平均得分率，其中在偿债能力方面，上榜公司比未上榜公司低19.9个百分点。

### （四）社会贡献优于各行业平均水平

2021年电气设备行业社会贡献下三级指标的平均得分率列全行业第9位。其中合作伙伴方面表现突出，平均得分率为59.2%，比沪深300高18.7个百分点。在安全运营和公益贡献方面的平均得分率分别为61.0%和58.5%，均低于沪深300的平均得分率。平均得分率情况表明，电气设备行

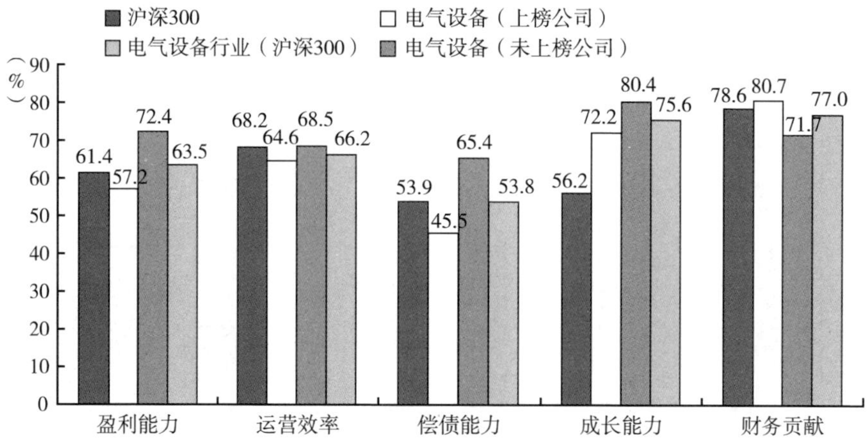


**图6　2021 年电气设备行业效益丨转化力下经济贡献三级指标平均得分率情况**

资料来源：社投盟。

业在安全运营的相关制度建设和对社会的积极贡献方面相对低于全部行业平均水平。电气设备行业客户价值和员工权益的平均得分率分别为 54.9% 和 58.5%，均高于沪深 300 平均水平。

上榜公司的社会贡献三级指标平均得分率均高于未上榜公司。其中，三级指标下表现突出的是合作伙伴指标，上榜公司的平均得分率与未上榜公司相比差距显著，相差 74.4 个百分点，体现出电气设备行业上榜公司对于上下游供应商的重视。此外，上榜公司的客户价值和员工权益的平均得分率分别比未上榜高 41.4 个和 56.7 个百分点。安全运营方面，上榜公司平均得分率为 73.8%，相较于未上榜公司，高出 30.7 个百分点。在公益贡献方面，上榜公司的平均得分率比未上榜公司高出 35.0 个百分点。由此可见，电气设备行业上榜公司在社会贡献三级指标方面表现优于未上榜公司。

### （五）环境贡献得分位列中游

2021 年电气设备行业在环境贡献方面表现有待提升，列全部行业第 11 位。从环境贡献下的三级指标来看，电气设备行业在污染防控方面始终处于领先位置，2021 年的平均得分率为 82.1%，比沪深 300 高出 9.4

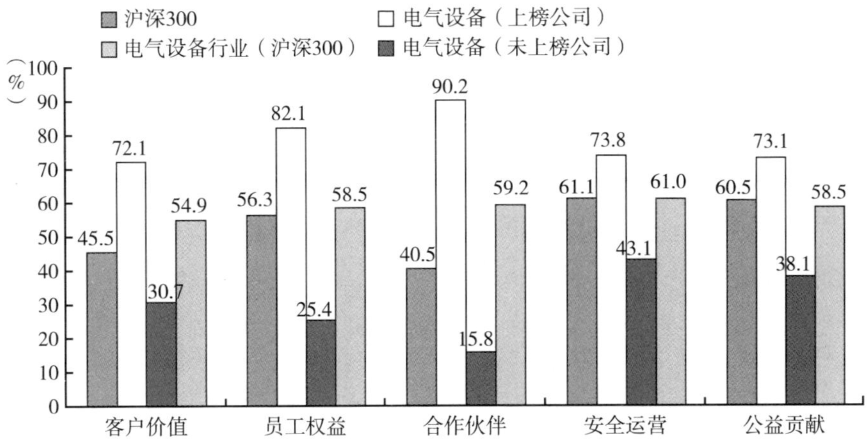


**图 7　2021 年电气设备行业效益 | 转化力下社会贡献三级指标得分率情况**

资料来源：社投盟。

个百分点，表现突出。环境管理的平均得分率为 67.3%，比沪深 300 高出 11.7 个百分点。资源利用和生态气候的平均得分率稍显不足，与沪深 300 平均得分率接近，而生态气候的平均得分率为 33.1%，比沪深 300 高出 2.0 个百分点。

上榜公司的环境贡献的平均得分率均高于未上榜公司，其中上榜公司的资源利用平均得分率比未上榜公司高出 47.1 个百分点。根据环境管理、生态气候和污染防控的平均得分率情况，电气设备行业上榜公司在各个方面表现均优于未上榜公司。

## 三　电气设备行业可持续发展价值特征及贡献分析

本部分将从风险管理、科技创新、客户权益、可持续供应链和绿色发展五个方面进行分析研究，分析电气设备行业在我国可持续发展进程中作出的贡献。电气设备行业对联合国可持续发展目标（SDGs）的贡献与本部分内容的对应情况见表 2。

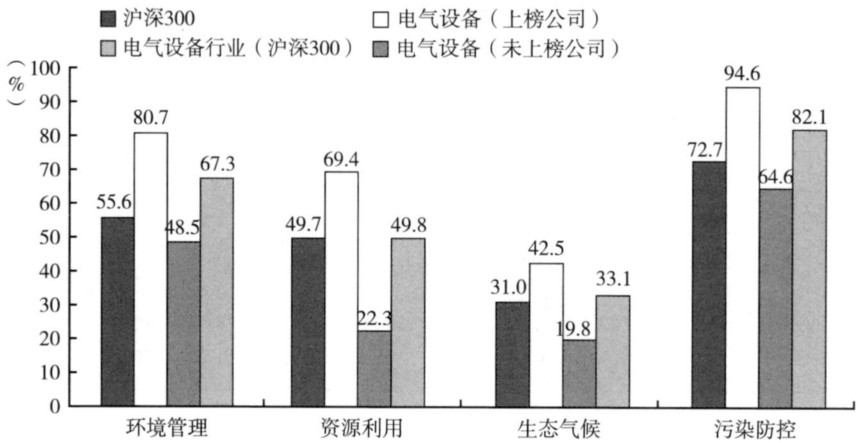


**图 8　2021 年电气设备行业效益丨转化力下环境贡献三级指标平均得分率情况**

资料来源：社投盟。

**表 2　电气设备行业对 SDGs 的贡献与本部分内容的对应情况**

| 目标序号 | 目标内容 | 本部分对应情况 |
|---|---|---|
| SDG7 | 经济适用的清洁能源 | （二）、（三）、（五） |
| SDG9 | 产业、创新和基础设施 | （一）、（二）、（三）、（四） |
| SDG12 | 负责任消费和生产 | （一）、（四）、（五） |
| SDG13 | 气候行动 | （五） |
| SDG16 | 和平、正义与强大机构 | （一） |
| SDG17 | 促进目标实现的伙伴关系 | （四） |

## （一）保障风险合规管理

对电气设备行业公司而言，通过落实内部风险管理，合规管理和维护知识产权等重要管理体系能够持续提升风险防控能力，促进企业稳健发展，持续为股东和社会创造价值。

1. 完善风险管理体系

在风险管理控制方面，电气设备公司在可持续发展报告中不同程度地提及行业政策风险、市场竞争风险、汇率波动风险、海外经营风险、技术创新风险、原材料价格波动风险、供应链风险等。其中，7 家上榜公司对于风险管控的披露更加完整。行业政策风险与市场竞争风险是电气设备公司最关注的问题，公司分别通过密切关注政策变化，结合自身的战略规划稳固发展和持续投入技术创新，对前瞻性技术进行创新，确保行业领先地位。拥有海外经营业务的隆基股份、国电南瑞、上海电气等公司针对海外经营风险进行了识别与应对，例如，隆基股份通过设立多个海外生产制造基地，实施海外生产布局优化措施来积极应对在国际贸易之间所存在的相关壁垒风险。在 12 家电气设备公司中有 3 家上榜公司特别披露了供应链风险，随着疫情、国家贸易壁垒等不可抗力因素导致的全球贸易发展不平衡，积极促使供应链之间的高度协同和高效运营，有助于降低物流成本以及提高物流效率与安全。

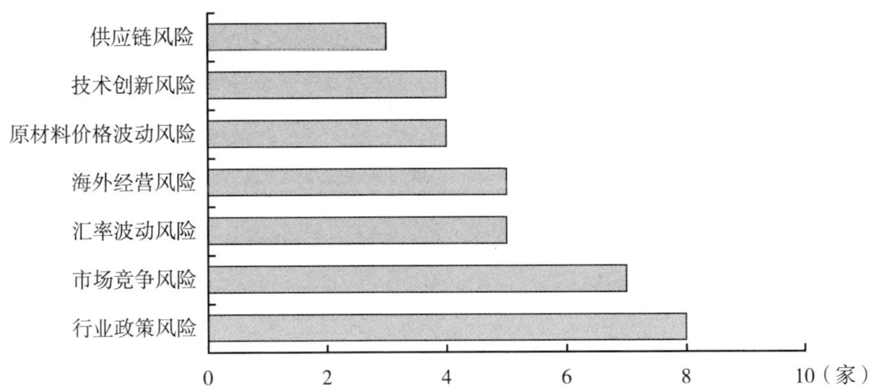


**图 9　2020 年电气设备公司各类风险识别情况**

资料来源：沪深 300 公司财务报告，社投盟整理。

2. 积极实行合规管理

为协助企业内部开展反腐败工作，部分电气设备公司建立健全投诉或举报机制，开展合规培训以及廉洁教育，与合作供应商或者员工内部签订承诺书等。2021 年上榜的 7 家电气设备公司均开展了合规培训和廉洁教育，有 6 家制定内部合规排查制度，有 5 家与员工签订相关廉洁承诺书，有 5 家设立了投诉举报机制，有 5 家对信息公开工作机制进行了披露。其中，只有中环股份、隆基股份、国电南瑞与供应商签订了廉洁协议，以增强双方廉洁自律意识。例如，隆基股份制定《供应商廉洁管理工作细则》，通过对142家供应商开展现场、电话和邮件问卷等回访活动，收集双方在合作过程中的反馈问题并且向供应商推广举报投诉渠道。

3. 建立完整知识产权体系

根据中共中央办公厅、国务院办公厅印发的《关于强化知识产权保护的意见》，部分电气设备公司不断加强对专利的知识产权保护。[①] 在维护自身专利技术方面，6家上榜公司建立了知识产权保护体系和专职负责团队，加强公司重点知识产权布局，强化核心技术的保护工作。在技术引进与合作研发过程中，只有上海电气和金风科技披露了尊重以及避免侵犯他人知识产权的信息内容。其中，金风科技在技术引进和合作过程中，不断地对国内外同类技术进行研究与评估，了解知识产权范围和相关法律信息。

## （二）科技创新点亮可持续发展经济[②]

科技进步和创新是增强公司和行业综合实力的决定性因素，也是推动行业可持续发展的主要动力。数字化转型是电气设备行业从传统产业向新兴产业转型的导向，一定的研发投入以及研发人员是提升企业科技研发能力的前提。

1. 科技研发投入加大

研发支出方面，沪深300中有11家电气设备公司的研发投入逐年上升，且相比之下上榜公司在科技研发方面投入更大，其中2020年上海电气研发支出高达48.87亿元。2018～2020年隆基股份的研发支出同比增长率更是高达110.56%，由于2019～2020年隆基股份营业额激增，研发支出占营业收入总额的比例有所下降。从研发支出占营业收入总额的比例来看，亿纬锂

① 中共中央办公厅、国务院办公厅印发《关于强化知识产权保护的意见》，http://www.gov.cn/xinwen/2019-11/24/content_5455070.htm，2019年11月24日。

② 《构建绿色低碳循环发展经济体系是实现碳达峰碳中和的关键举措》，https://www.ndrc.gov.cn/xxgk/jd/jd/202102/t20210223_1267739.html，2021年2月25日。

能和汇川技术表现更出色，反映出公司对科技研发的重视。

2020 年沪深 300 电气设备行业在研发人员数量方面的总体表现优秀。其中，7 家上榜公司中有 4 家公司的研发规模较大，研发人员配置更充足，上海电气的研发人员数量最高。

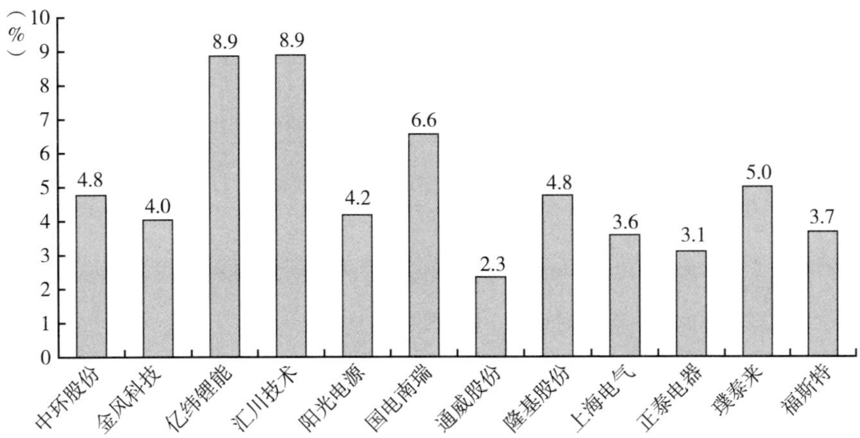


**图 10　2020 年电气设备公司研发支出占营业收入总额的比例**

资料来源：沪深 300 公司财务报告，社投盟整理。

2. 研发转化能力更高

本报告通过有效专利授权数量及有效专利增长率来量化研发转化能力。2020～2021 年，电气设备公司有效专利授权数量均只增不减，值得注意的是，国电南瑞 2021 年的有效专利授权数量达到 17210 项。从行业总体的情况来看，上榜公司在有效专利授权数量上比未上榜公司更胜一筹。

在量化研发转化能力的过程中，本报告还根据有效专利数量增长率来反映公司的研发情况。从图 14 可以看出，中环股份、汇川技术、国电南瑞、隆基股份以及亿纬锂能的有效专利量增长率均超 60%，且汇川技术的有效专利量增长率达到 94.51%。此外，中环股份、汇川技术和隆基股份虽然在有效专利量上表现并没有十分出色，但较高的增长率可以反映出公司对研发的重视和公司的发展进程。

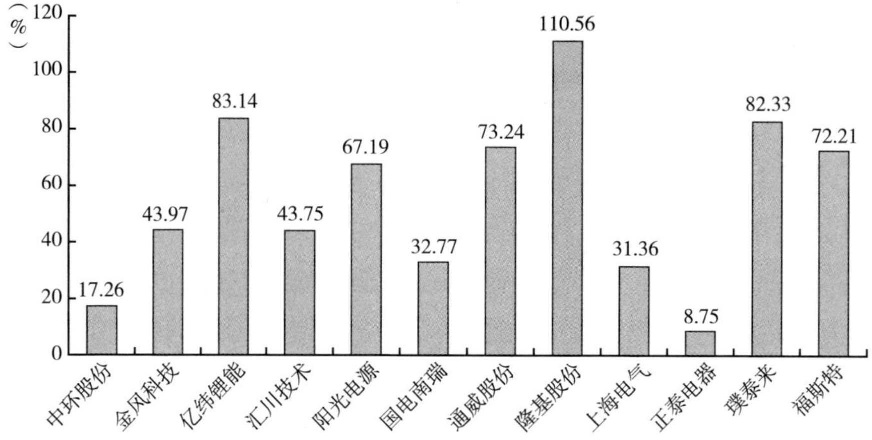


**图 11 2018～2020 年电气设备行业研发支出增长率**

资料来源：沪深 300 公司财务报告，社投盟整理。

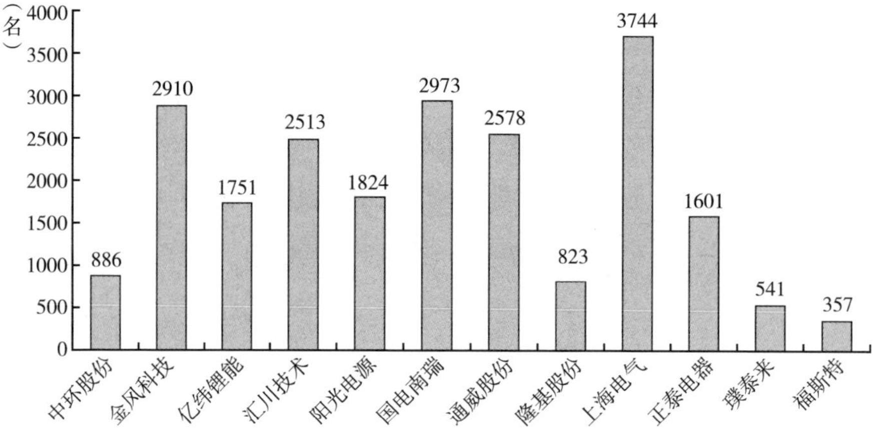


**图 12 2020 年电气设备公司研发人员数量**

资料来源：沪深 300 公司财务报告，社投盟整理。

### 3. 数字化建设与转型升级

电气设备公司在数字化建设和转型升级方面主要体现为自动化与信息化的深度融合、努力全面实现数字化生产、全力落实智能制造，以智能化应用为主线，积极推进智能工厂建设以及智能生产、智能仓储、智能管理等。沪

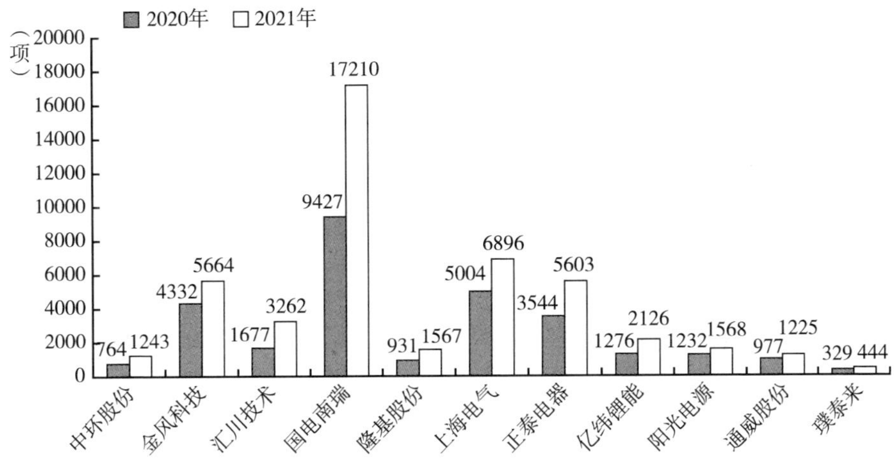


**图 13　2019～2020 年电气设备行业有效专利授权数量**

资料来源：沪深 300 公司财务报告，社投盟整理。

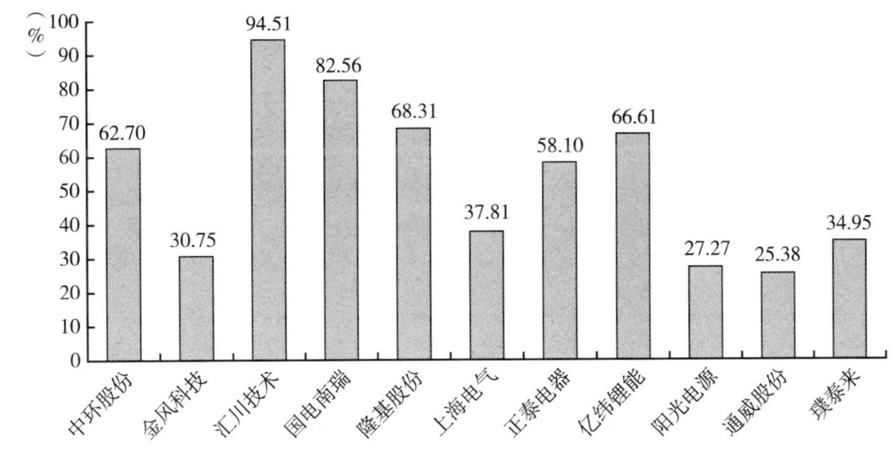


**图 14　2019～2020 年电气设备行业有效专利量增长率**

资料来源：沪深 300 公司财务报告，社投盟整理。

深 300 的电气设备公司在公司财务报告和可持续发展报告中均披露了关于数字化转型升级的内容且大部分公司实施了相应的措施。其中不乏像汇川技术、中环股份和国电南瑞这样建立了智能工厂和数字化工厂的企业。上海电气建立了独家“星云智汇”工业互联网平台并举办“工业 App”大赛。隆基股份推出了公司首个装配式 BIPV 产品——“隆顶”，且在全球开展绿色转型项目，助力全球绿色转型。

7 家上榜公司均展示了明确的数字化转型目标，且对行业数字化绿色转型做出了相应的贡献，而其余电气设备公司在数字化转型方面表现还不够突出。公司积极参与行业数字化转型以及推动行业绿色发展转型将有助于行业整体的转型升级，此外，对于有待提升的公司意识并有所行动，不断推动电气设备行业的发展。

**表 3　电气设备行业公司数字化建设及绿色发展转型措施**

| 公司名称 | 具体措施 |
|---|---|
| 隆基股份 | 装配式 BIPV 产品——“隆顶”；助力全球绿色转型项目 |
| 上海电气 | “星云智汇”工业互联网平台；“工业 App 大赛”；“智能转型 + 能源转型”双轮驱动 |
| 正泰电器 | 从智能制造与电力能源能效 SAAS 应用入手，打造工业物联网与能源物联网；推动机器换人（机器代替人工开展具有危险性的工作） |
| 中环股份 | 智能工厂；工业 4.0 战略升级 |
| 金风科技 | 数字化智慧水务平台系统；可靠绿色电力 |
| 汇川技术 | 组建“数字工厂”和“设备智能服务”两大业务部门 |
| 国电南瑞 | 二次电气设备产品全寿命周期数字化工厂；能源转型——能源—电力—排放—社会行为混合仿真技术的大能源系统动态仿真平台；股份有限公司“大云物移智链” |

资料来源：沪深 300 公司财务报告和可持续发展报告，社投盟整理。

## （三）注重质量服务保障客户权益

电气设备行业公司作为电力的提供和运输中不可或缺的一部分，维护客户权益、注重电力设备的质量至关重要。

1. 建立完善质量管理体系

在质量管理体系方面，有 8 家电气设备公司制定了完善的质量管理体系，占比 66.67%，其中 7 家为上榜公司。上榜公司均制定了完善的质量管理制度，其中6家公司建立了质量管理体系或质量管理模式，占比85.71%。除正泰电器以外，上榜公司均获得了ISO的相关证书，获取相应机构的认证从而保障产品的质量。大多数电气设备公司的质量管理体系均从多个维度对产品质量进行管控，同时通过文化引导等多种方式加强员工质量管理意识。只有推动完善质量管理系统，才能帮助公司做出更好的产品来满足顾客的需求，从而树立良好的公司形象。

**表4　电气设备行业公司质量管理体系认证情况**

| 公司名称 | 具体内容 |
| --- | --- |
| 中环股份 | 建立覆盖客户服务全流程的质量管理体系；获得ISO9001质量管理体系认证 |
| 金风科技 | 联合国际知名第三方培训公司，帮助关键供应商完成人员能力提升，编制关键元器件质量管理标准，制定管理规范 |
| 汇川技术 | 建立质量管理体系，由专职的质量部门按照体系文件要求进行管理，把质量管理要求贯穿于公司的研发、生产、销售、安装调试和售后服务全过程 |
| 国电南瑞 | 获得ISO9001、ISO14001、ISO45001、ISO27001、ISO20000、ISO10012、GB/T 50430七标管理体系认证，获得3C、UL、CE认证，全面推进工序标准化建设，完善生产文件与标准文件，加强生产环节监控 |
| 隆基股份 | 制定并执行《质量综合管理制度》《关键特性统计控制（SPC）管理规范》《质量改善项目及QCC管理规范》等制度文件 |
| 上海电气 | 获得ISO9001质量管理体系认证 |
| 正泰电器 | 以客户为中心，围绕产品实现主过程建设一次做对的质量流程管理 |
| 璞泰来 | 9家子公司，均获得ISO9001《质量管理体系认证证书》、ISO 14001《环境管理体系认证证书》、OHSAS18001《职业健康安全管理体系认证证书》，以及NQA（恩可埃认证）、ICAS（英格尔认证）等国际专业第三方认证机构颁发的质量管理、环保管理、职业健康安全管理体系认证 |

资料来源：沪深300公司财务报告和可持续发展报告，社投盟整理。

2. 建立优质客户服务体系

电气设备行业有6家公司建立了客户服务体系、平台、机制，均为上榜公司。多家公司提倡一站式服务，无论是售前、售中还是售后，客户都能享受全流程的高品质服务。例如，隆基股份通过建立“客户投诉平台”“备品备件平台”“失效分析平台”三大支撑平台，达到承诺的“121”服务时效，即1天内及时响应，2个工作日内针对客户反馈的问题提供定制化解决方案；若解决方案无法匹配客户需求，1 周内完成退换货处理。

客户反馈的问题及意见对公司的发展尤为重要，通过客户反馈情况可以更好地提高产品的质量。隆基股份将客户反馈的问题及意见划分为“管控问题”、“标准问题”和“客户沟通”三类，明确管理主体责任，推动问题整改和服务提升。

## （四）构建可持续供应链致力共赢①

可持续的供应链不仅包括产品质量和成本优势等传统议题，还涉及环境影响、劳动权益与人权、商业道德、健康与安全等可持续发展议题。沪深 300 公司中多数的电气设备行业公司将可持续发展理念融入供应商管理和审核过程，在自身积极承担社会责任的基础上，引导和带动供应商履行社会责任，构建负责任的、绿色环保的、安全可靠的可持续发展供应链。

1. 推动供应商行为合法合规

为保障供应商的各项权益，营造公平、公正、公开、透明的商业环境，多数电气设备行业公司在自身建立完善的采购制度、明确和公开采购招标流程的基础上，将供应商签订遵守商业道德规范相关协议作为签订采购合同的必要前提，防止不正当利益输送，维护供应商合法权益，促进公司与供应商各项业务健康有序地开展。

上榜的 7 家公司均做到采购流程公开透明，保障采购流程的合规性，并要求供应商签订《供应商行为准则》。比如，隆基股份订立的《供应商行为准则》就将商业道德等可持续发展要求纳入供应商管理范畴，要求供应商了解并遵守国内外相关法律法规及隆基的廉洁合作要求和不从事任何形式的贪污贿赂行为。金风科技将供应商是否签订《阳光合作协议》作为供应商签订采购合同的必选项。

① 可持续供应链，UN Global Compact，http：//cn. unglobalcompact. org/SustainableSupplyChain. html。

2. 携手供应商构建绿色供应链

为帮助供应链伙伴优化环境绩效和提升环保贡献，实现更深远的产业可持续发展目标，沪深300的电气设备行业部分公司倡导“绿色供应链”理念，加强绿色采购和绿色供应商管理，引导和协助上下游企业通过生产工艺改进、能源结构优化等方式进行低碳转型。

在上榜的7家公司中，有2家公司明确提出了“绿色供应链”理念，有3家公司要求供应商严格按照环境法定标准与国际标准行事。其中，隆基股份在做好自身供应链建设的同时，还与150多家供应商联合发起《隆基绿色供应链减碳倡议书》，协同供应商共同努力构建绿色供应链。在新供应商准入审核中，中环股份要求供应商达到ISO14000环境管理系列标准。

## （五）绿色制造助力绿色发展

绿色制造涉及清洁能源的供应、资源循环利用、废弃物管理和应对气候变化等行业可持续发展议题。部分电气设备公司能够积极履行对环境保护的义务，加大环保费用支出，优化自身生产能源使用结构，践行绿色制造，降低碳排放量。

1. 构建环境管理体系

环境保护管理体系是公司可持续发展的重要议题之一，电气设备公司有6家建立环境保护管理体系，均为上榜公司，明确了公司围绕环境保护的职能及责任。隆基股份、上海电气和金风科技在报告期内设立了绿色工厂，并且获得行业认证，成为绿色制造体系公司。在环境保护费用方面，有4家上榜公司披露了相关环境保护费用支出。2020年，中环股份是沪深300中环境保护费用支出最多的电气设备公司，为29220.17万元，同比增长45.36%，占2020年营业收入的1.53%。

此外，3家上榜公司隆基股份、国电南瑞和金风科技评估了新建项目对生态环境影响并采取相应措施，避免影响生物多样性及生态环境。金风科技通过制定《生物自然资源可持续管理办法》，明确风电项目开发过程中对生

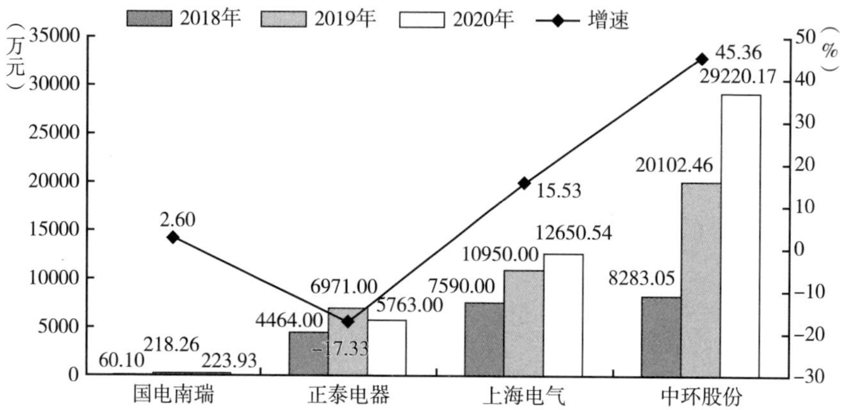


**图 15　2018～2020 年电气设备行业部分公司的环境保护费用支出统计**

资料来源：国电南瑞、正泰电器、上海电气和中环股份可持续发展报告，社投盟整理。

态保护的具体要求，包括识别与分析具体生态环境区域、避免新建项目对动植物及其栖息地的影响。

2. 持续优化生产能源结构

为降低生产综合能耗，电气设备公司积极提高能源利用率，设定分级节能目标，推行技术改造项目。表 5 列举了上榜公司上海电气和金风科技的万元营业收入综合能耗情况，2020 年相比 2018 年度分别下降 61.2%、31.8%，总体呈下降趋势。此外，隆基股份启用了能源管理系统，对各种能耗数据进行收集和监测并与政府在线检测系统对接。

**表 5　上海电气与金风科技万元营业收入综合能耗比较**

单位：吨标准煤/万元

| 公司名称 | 2018 年 | 2019 年 | 2020 年 |
|---|---|---|---|
| 上海电气 | 0.02474 | 0.0089 | 0.0096 |
| 金风科技 | 0.0173 | 0.0168 | 0.0118 |

资料来源：上海电气和金风科技可持续发展报告，社投盟整理。

根据“十四五”规划，大力推动使用非化石能源使用，电气设备公司不仅持续降低生产能源总耗，也积极推进可再生能源的使用，降低用能成本，提升用能效率。金风科技与隆基股份在2020年报告期内使用可再生能源占比分别达到63%、41.83%，特别是隆基股份在云南的生产工厂绿色能源使用比例达到98.58%，达到区域性碳中和的基础条件。

为提升绿色核心竞争力，电气设备公司不断降低水电资源的总体消耗。其中，有4家上榜公司披露了2019年度与2020年度用电量和耗水量的数据。国电南瑞在2020年生产过程中的用电量和耗水量同比均下降3%以上。值得注意的是，由于隆基股份在2020年度业绩激增，生产需求急剧上升，在2020年的能源消耗同比增加了70%以上。此外，在各生产单元用电单耗与用水单耗方面，隆基股份同比分别下降2.45%、3.39%，并以2020年为基准年制定了五年能源管理目标。

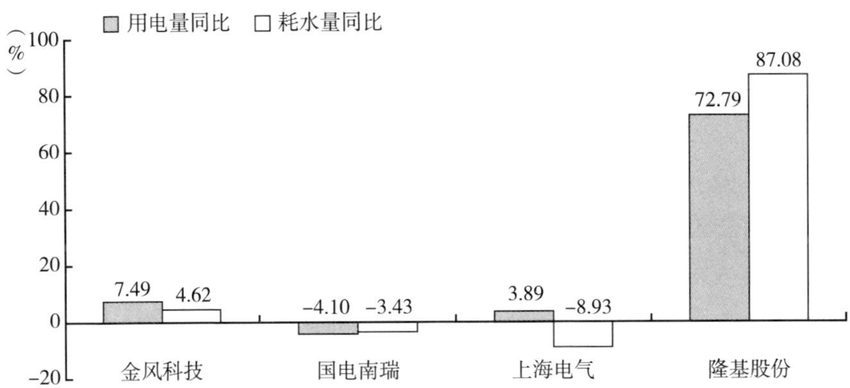


**图16　2020年电气设备公司用电量与耗水量同比变化情况**

资料来源：沪深300公司可持续发展报告，社投盟整理。

3. 有效控制“三废”排放

秉持着绿色发展的理念，沪深300电气设备行业公司采取废水、固体废弃物、废气的排放管理措施。基于相应的废弃物管理制度进行统一处理，同时提升对废弃物的可再利用率，倡导绿色包装等。

2020年，12家电气设备行业公司中，中环股份、隆基股份和上海电气3家上榜公司披露了废水排放量，其中中环股份的废水排放量为941.9万吨/立方米，而隆基股份和上海电气的废水排放量相对比较少，分别为

202.1万吨/立方米和24.8万吨/立方米。在有害废弃物排放量方面，2020年度电气设备行业公司总体同比增加，值得注意的是，中环股份同比下降4%。在“三废”减排方面，电气设备行业公司仍需努力，应积极披露“三废”资源排放信息以及落实减排政策措施。

**表6　上海电气、国电南瑞、隆基股份和金风科技有害废弃物排放量情况**

单位：吨，%

| 年份 | 金风科技 | 隆基股份 | 国电南瑞 | 上海电气 |
|---|---|---|---|---|
| 2019 | 103.21 | 1067.17 | 7.3 | 3574 |
| 2020 | 103.74 | 29001.76 | 11.53 | 3431 |
| 同比变化 | 0.51 | 2617.63 | 57.95 | -4.00 |

资料来源：上海电气、国电南瑞、隆基股份和金风科技可持续发展报告，社投盟整理。

2020年，有10家公司均披露关于“三废”的管理及排放举措，其中7家为上榜公司，包括制定详细的管理回收制度和实施优化措施。隆基股份和国电南瑞等公司相继提出了绿色包装的理念，例如，隆基股份制定《隆基可循环标准包装方案》，达到100%产品包装回收利用，相当于降低7万吨碳排放量。此外，多数公司都坚持分类排放和分类回收的原则，进一步降低“三废”对环境的影响。在保证产品质量的前提下，包装的合理循环利用，能够大幅度减少废弃物，降低碳排放。

**表7　沪深300电气设备公司“三废”举措**

| 公司名称 | 具体措施 |
|---|---|
| 隆基股份 | 制定《废旧物资管理制度》《化学品管理制度》《危险废物管理制度》，推动绿色包装 |
| 上海电气 | 制定《清洁生产和清洁生产审核实施细则》《固体废弃物管理实施细则》等管理制度。针对废气、废水及废弃物分类管理 |
| 正泰电器 | 公司对生活污水、厂界噪声、工业废气、固体废物、能源利用等实施优化措施，严格按照规定和程序进行环境影响评价，认真落实各项环境保护措施，加强环保设施等关键性设备的运行维护管理 |

续表

| 公司名称 | 具体措施 |
| --- | --- |
| 中环股份 | 制定废气减排措施、废水排放标准、污水处理设备维护保养管理规定、污水站外包管理规定、废水减排及处置措施和《无害废弃物类型及处置》、《危废类型及处置、危废仓库管理规定》等,并组织员工学习固废法 |
| 金风科技 | 修订完善集团环境因素识别及管理控制程序和集团废水、废气、环境噪声、固体废物管理制度。公司严格按照"分类回收、集中保管、统一处理、综合评价"的原则,妥善处理各类废弃物 |
| 汇川技术 | 提高能源利用能效、减少废弃物排放(通过工艺改进,使危废年产废率同比下降30% ~50%)、循环利用水资源,采用环保材料及设计工艺,增强资源综合回收利用意识 |
| 国电南瑞 | 公司采用定期检测或在线监测的方式对废水、噪声、废气等环境因子进行监测和记录,对厂区废气处理设施进行升级改造,委托有资质的第三方机构对固体废物、危险废物进行转移和处置;提倡绿色包装 |
| 通威股份 | 废水治理设施主要有生活污水处理装置、污水处理站、高盐废水浓缩装置,均正常运行;废气治理设施主要有工艺废气淋洗装置、除尘系统等,均正常运行;固废相关设施主要有废渣棚、危废暂存间等,日常严格按照环保要求进行管理 |
| 亿纬锂能 | 工业废水通过自建废水处理设施处理后用于冷却系统补水,减少新鲜水资源消耗7.8万立方米,减小水环境容量压力 |
| 璞泰来 | 各子公司已根据经营活动需求设置污水处理站、废弃物仓库等环保设施设备,并由职工或委托第三方有资质的机构进行规范操作和管理;危险固废委托第三方有资质的机构处置 |

资料来源：沪深300公司可持续发展报告，社投盟整理。

4. 降低二氧化碳排放强度

在电气设备行业，有5家公司披露了温室气体排放方面的内容，均为上榜公司。隆基股份作为温室气体排放强度最大的公司，其推行使用可再生能源替代，使得温室气体当期排放量降低135626吨，降低34.5%的二氧化碳排放量。另外，上海电气和金风科技披露了2020年万元营业收入二氧化碳排放量的情况，分别为0.02427吨和0.0249吨，同比分别下降10.6%和26.1%。电气设备行业公司在不断降低二氧化碳排放，为我国实现碳中和目标作出积极贡献，并且引领行业在温室气体排放方面采取更加积极的措施。

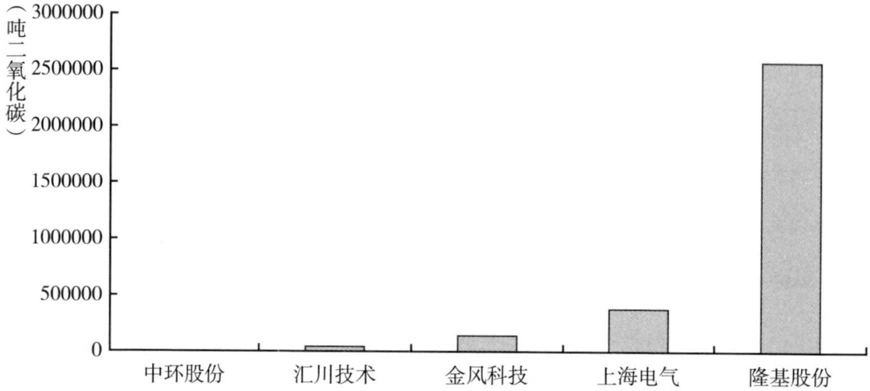


**图 17　电气设备行业公司温室气体排放情况**

资料来源：沪深 300 公司可持续发展报告，社投盟整理。

## 四　电气设备行业可持续发展价值展望

2020 年，电气设备行业发展水平不断提升，为实现“双碳”目标做出巨大的贡献。结合“义利 99”评分与行业可持续发展价值贡献，未来的行业可持续发展价值将会在以下几个方面进一步提升。

2021 年上榜公司在科技创新和数字化转型方面表现出色，随着国家不断推进能源系统的绿色低碳转型，并致力于提高整体社会电气化水平，实现“双碳”目标，未来电气设备行业的研发水平有望进一步提升。在技术创新层面，行业加大科技创新力度，向促进能源利用低碳化，提高电气设备的能源转换效率和存储能源技术水平，降低生产、传输及储存环节的能源消耗等发展方向迈进，拓展新能源的长期发展空间。在数字化转型层面，电气设备行业公司持续将重心放在高效深度地融合自动化与信息化，努力建设现代化、智能化的绿色工厂。

值得注意的是，电气设备行业的信息披露工作需要加强。信息披露作为行业公司承担社会责任的重要方式之一，也是促进行业公司可持续发展的关键。未来，电气设备行业在不断发展的同时应该加强信息披露的体系化建设，改善行业的整体信息披露状况，包括对财务、非财务信息及重大事项的披露。

## 参考文献

《电气设备行业 2021 年度信用展望》，http：//www. shxsj. com/uploadfile/kanwu/2021/20210125 -6. pdf，2021 年 1 月 25 日。

Electrification，https：//www. rff. org/publications/explainers/electrification - 101/，2019 年 12 月 5 日。

2021 版《BP 世界能源统计年鉴》（英文版），https：//cec. org. cn/detail/index. html? 3 -293198，2021 年 7 月 8 日。

《中国电力行业年度发展报告 2021》，https：//cec. org. cn/detail/index. html? 3 -298428，2021 年 7 月 9 日。

《构建绿色低碳循环发展经济体系是实现碳达峰碳中和的关键举措》，https：//www. ndrc. gov. cn/xxgk/jd/jd/202102/t20210223_ 1267739. html，2021 年 2 月 25 日。

# 附录

**附表 1　电气设备行业“义利 99”上榜公司名单**

| 公司名称 | 排名 | 申万一级行业 | 申万二级行业 |
|---|---|---|---|
| 隆基股份 | 1 | 电气设备 | 电源设备 |
| 汇川技术 | 3 | 电气设备 | 电气自动化设备 |
| 国电南瑞 | 4 | 电气设备 | 电气自动化设备 |
| 金风科技 | 23 | 电气设备 | 电源设备 |
| 正泰电器 | 53 | 电气设备 | 高低压设备 |
| 上海电气 | 75 | 电气设备 | 电源设备 |
| 中环股份 | 85 | 电气设备 | 电源设备 |

**附表 2　电气设备行业可持续发展相关重要政策**

| 出台时间 | 政策名称 | 政策要点 |
| --- | --- | --- |
| 2015 年 5 月 | 《中国制造 2025》 | • 推进新能源和可再生能源装备、先进储能装置、智能电网用输变电及用户端设备发展 |
| 2016 年 3 月 | 《中华人民共和国国民经济和社会发展第十三个五年规划纲要》 | • 加快开放电力等行业的竞争性业务<br>• 统筹水电开发与生态保护，继续推进风电、光伏发电发展，完善发电扶持政策<br>• 优化电力需求侧管理，加快智能电网建设，提高电网与发电侧、需求侧交互响应能力 |
| 2016 年 7 月 | 《工业绿色发展规划（2016—2020 年）》 | • 高耗能通用设备改造<br>• 推广应用新型电力电子器件等信息技术<br>• 实施工程机械、农机、内河船舶用柴油机能效提升改造 |
| 2016 年 11 月 | 《电力发展“十三五”规划》 | • 加强统筹协调，加强科技创新，加强国际合作<br>• 着力调整电力结构，着力优化电源布局，着力升级配电网，着力增强系统调节能力，着力提高电力系统效率，着力推进体制改革和机制创新<br>• 加快调整优化、转型升级，构建清洁低碳、安全高效的现代电力工业体系 |
| 2016 年 12 月 | 《能源发展“十三五”规划》《可再生能源发展“十三五”规划》 | • 争取 2020 年光伏用电侧实现平价上网<br>• 2020 年太阳能发电装机达 1.1 亿千瓦时<br>• 光伏发电装机年均增长 1200 万千瓦时 |
| 2016 年 12 月 | 《能源生产和消费革命战略（2016—2030）》 | • 大力发展战略性新兴产业，实施智能制造工程，加快节能与新一代信息技术等先进制造业发展<br>• 推动城乡电气化发展<br>• 结合新型城镇化、农业现代化建设，同步推进电气化和信息化建设，开创面向未来的能源消费新时代 |
| 2016 年 12 月 | 《“十三五”节能减排综合工作方案》 | • 要求“强化重点用能设备节能管理”，全面提升重点用能设备能效 |
| 2017 年 10 月 | 《关于印发发挥民间投资作用推进实施制造强国战略指导意见的通知》 | • 支持具有国际竞争力的光伏<br>• 积极加强国际布局，提供政策支持与金融服务<br>• 推动民营企业稳妥有序拓展新兴国家市场 |

续表

| 出台时间 | 政策名称 | 政策要点 |
| --- | --- | --- |
| 2018 年 4 月 | 《智能光伏产业发展行动计划(2018－2020 年)》 | • 推进供给侧结构性改革,进一步提升光伏产业发展质量和效率<br>• 实现光伏智能创新驱动和持续健康发展,支持清洁能源智能升级及应用 |
| 2018 年 5 月 | 《关于 2018 年光伏发电有关事项的通知》 | • 合理把握发展节奏,优化光伏发电新增建设结构<br>• 加快光伏发电补贴退坡,降低补贴强度<br>• 发挥市场配置资源的决定性作用,进一步加大市场化配置项目力度 |
| 2019 年 1 月 | 《关于积极推进风电、光伏发电无补贴平价上网有关工作的通知》 | • 明确了优化平价上网项目和低价上网项目投资环境<br>• 鼓励平价上网项目和低价上网项目通过绿证交易获得合理收益补偿,进一步推进风电、光伏发电平价上网 |
| 2019 年 5 月 | 《关于 2019 年风电、光伏发电项目建设有关事项的通知》 | • 积极推进平价上网项目建设,严格规范补贴项目竞争配置<br>• 优先建设补贴强度低、退坡力度大的项目 |
| 2020 年 3 月 | 《关于 2020 年风电、光伏发电项目建设有关事项的通知》 | • 对集中式光伏发电继续制定指导价<br>• 降低工商业分布式光伏发电补贴标准,降低户用分布式光伏发电补贴标准 |
| 2020 年 5 月 | 《关于建立健全清洁能源消纳长效机制的指导意见》 | • 推动大容量、高安全和可靠性储能发展应用<br>• 鼓励建设新一代电网友好型新能源电站,探索市场化商业模式 |
| 2020 年 6 月 | 《关于公布 2020 年光伏发电项目国家补贴竞价结果的通知》 | • 新增 434 个项目纳入 2020 年国家竞价补贴范围,各项目按要求建成并网后依政策纳入国家竞价补贴范围,享受国家补贴<br>• 鼓励未纳入竞价补贴范围的申报项目在企业自愿的基础上转为平价上网项目 |
| 2021 年 2 月 | 《关于引导加大金融支持力度促进风电和光伏发电等行业健康有序发展的通知》 | • 制订 10 条解决光伏、风电欠补、补贴来源等方面的措施,为“十四五”光伏、风电大发展注入源源不断的动能 |
| 2021 年 3 月 | 《中华人民共和国国民经济和社会发展第十四个五年规划和 2035 年远景目标纲要》 | • 加快电网基础设施智能化改造和智能微电网建设<br>• 提升清洁能源消纳和存储能力 |

资料来源：中国政府网，各部委网站，社投盟整理。

# B.3
# 2021年沪深300上市公司电子行业可持续发展价值评估

**摘　要：** 电子行业作为我国国民经济的支柱行业，具有创新力较强、渗透性较广的特征，不仅是节能降耗的重要阵地，更是发挥自身强大科技创新优势、驱动国民经济绿色发展、实现“双碳”目标的中坚力量。2021年电子行业可持续发展价值得分率在26个行业中居第17位。本报告以沪深300上市公司中的33家电子公司作为样本进行可持续发展价值分析，结果显示，电子行业持续加大研发投入，科研人员队伍不断壮大；头部企业积极探索先进技术以实现产业绿色化发展；在安全生产方面表现差异较大；电子企业积极进行能源结构调整、加强“三废”管理、不断探索电子废弃物的处理方式以助推“双碳”目标的实现；供应链管理表现出众；在员工权益保护方面不断加强。

**关键词：** 电子行业　可持续发展　研发创新　碳减排　安全生产

## 一　电子行业相关情况

根据《电子信息产业统计工作管理办法》，电子行业是利用电子技术和信息技术所从事的与电子信息产品相关的设备生产、硬件制造、系统集成、软件开发以及应用服务等作业过程的集合。

根据申万行业分类标准，电子行业下设 5 个二级细分行业。截至 2021 年 6 月 30 日，“义利 99”上榜公司（简称“上榜公司”）共有 13 家，其中，2 家属于半导体，3 家属于元件，3 家属于光学光电子，5 家属于电子制造。

**表 1　电子行业上市公司分布情况**

单位：家

| 一级行业 | 二级行业 | A 股 | 沪深 300 | “义利 99” |
| --- | --- | --- | --- | --- |
| 电子行业 | 半导体 | 72 | 9 | 2 |
| | 元件 | 47 | 6 | 3 |
| | 光学光电子 | 90 | 5 | 3 |
| | 电子制造 | 79 | 11 | 5 |
| | 其他电子 | 35 | 2 | 0 |
| 合计 | | 323 | 33 | 13 |

资料来源：万得，社投盟整理。

## （一）电子行业现状

1. 电子行业增加值增长平稳

电子行业在推进智能制造、制造业绿色转型以及实现碳中和等国家战略中具有重要的地位。我国电子行业增长平稳，发展形势良好。得益于 5G、人工智能和物联网等新兴技术的发展与疫情下电子产品需求的增加，电子行业正朝向技术密集及高附加值方向升级。如图 1、图 2 所示，截至 2020 年末，电子行业增加值同比增长 7.7%，同时电子行业增加值占 GDP 增加值的比重也在稳步提高，占比达 4.13%。

2. 后疫情时代电子市场回暖

新冠肺炎疫情对全球经济带来了巨大的冲击，由于电子行业部分细分行业过度依赖于全球供应链，其营收与利润在疫情影响下下滑严重。如图 3 所

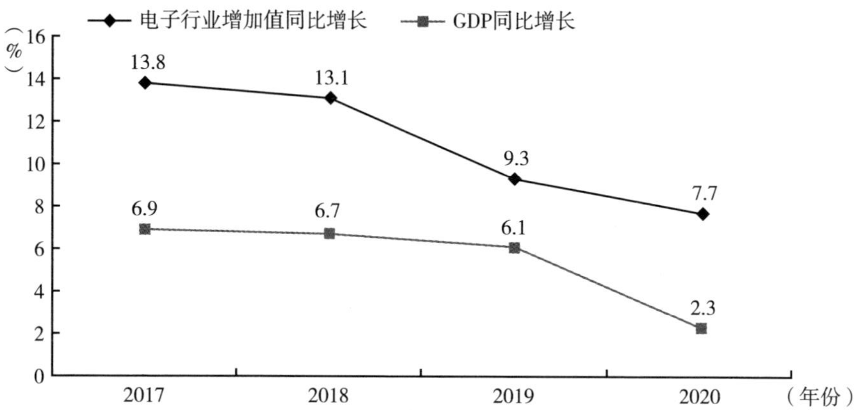


**图 1　2017～2020 年电子行业增加值增速均高于 GDP 增速**

资料来源：工业和信息化部，国家统计局，社投盟整理。

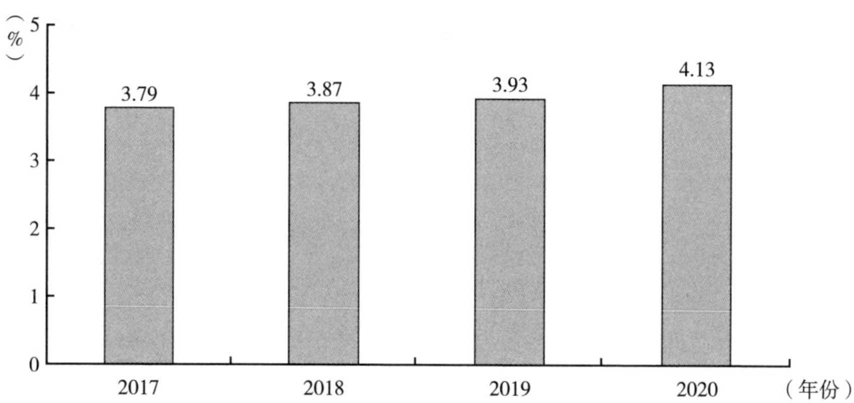


**图 2　2017～2020 年电子行业增加值占 GDP 的比重**

资料来源：工业和信息化部，国家统计局，社投盟整理。

示，2020 年 1～2 月电子行业营业收入下降 14.7%，利润总额也下降 87%。随着企业复工复产以及疫情防控常态化，产业实现了快速复苏。根据工信部统计，截至 2020 年末，规模以上电子信息制造业营业收入与利润增速恢复至疫情前的水平并实现平稳增长。

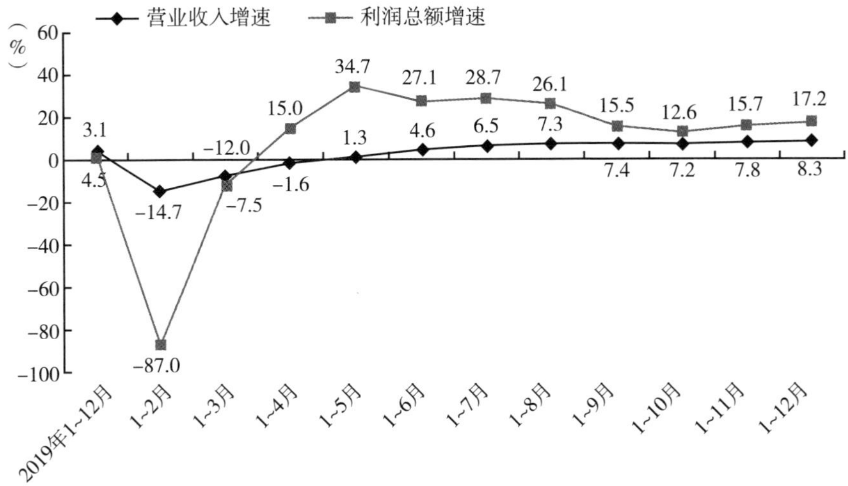


**图 3　2020 年电子行业营业收入与利润总额增速保持稳定**

资料来源：工业和信息化部，社投盟整理。

3. 国产替代迎来新机遇

电子行业属于全球化产业，自 2018 年起中美贸易摩擦导致电子行业供应链出现了一定程度的供需失衡，如集成电路进口的器件技术含量高且单价高而出口的器件技术含量低且价格低，2018 年的集成电路贸易逆差达 2200 亿美元以上。受美国对华出口管制影响，一些处于上游的中国企业被列入美国禁限“实体清单”，头部企业向美国厂商采购芯片的需求转向国内半导体厂商，加速了半导体国产化进程。如表 2 所示，全球前十大芯片买家中有 5 家来自中国，截至 2020 年末总采购金额达 656 亿美元，占总采购额的 15%。

**表 2　部分中国企业半导体采购量**

单位：百万美元，%

| 公司 | 2019 年采购金额 | 2020 年采购金额 | 采购额同比增速 |
| --- | --- | --- | --- |
| 华为 | 24933 | 19086 | -23.45 |
| 联想 | 16773 | 18555 | 10.62 |
| 步步高 | 11653 | 13393 | 14.93 |
| 小米 | 6974 | 8790 | 26.04 |
| 鸿海精密 | 5816 | 5730 | -1.48 |
| 总计 | 66149 | 65554 | -0.90 |

资料来源：高德纳咨询，社投盟整理。

这客观上加速了我国电子行业高附加值领域的国产化代替进程。IC Insights 数据显示，2019 ~2020 年中国半导体芯片自给率上升，2020 年自给率为 15. 87%，预测 2025 年自给率将达 19. 37%。

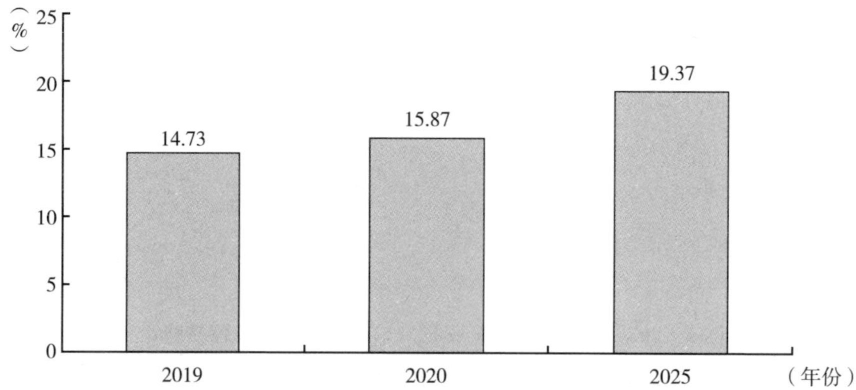


**图 4　中国半导体芯片自给率增长情况预测**

资料来源：IC Insights，社投盟整理。

## （二）电子行业相关政策

2021 年是“十四五”规划的开局之年，电子行业需以技术创新、产业升级为基础来实现智能化、绿色化发展。2021 年 1 月工信部印发《基础电子元器件产业发展行动计划（2021—2023 年）》（以下简称《计划》）对电子行业的发展进行了部署规划。

1. 提升产业创新能力

“十四五”规划强调加强原创性、引领性科技攻关，集中优势开发关键元器件及零部件和基础材料领域关键核心技术。同时，工信部的《计划》明确指出，中国电子元器件产业存在创新能力不足的问题，作为新时代攻坚克难的重点，计划将提升创新能力列为首要工作，将攻克关键核心技术、构建多层次联合创新体系、完善知识产权布局作为主要的工作内容。

2. 加快产业转型升级

“十四五”规划明确，以制造强国为战略，以基础再造、产业链现代化、制造业优化和降本减负为核心，补齐基础零部件及元器件等瓶颈短板，培养一批具有生态主导力和核心竞争力的龙头企业；实施智能制造和绿色制造工程，鼓励企业应用先进技术，建设智能制造示范工厂。《计划》指出，引导电子产业转型升级，优化生产工艺及质量管控系统，开展智能工厂建设，提升企业智能化水平。

3. 强化市场应用推广

2018 年 7 月工信部与发展改革委员会联合印发《扩大和升级信息消费三年行动计划（2018—2020 年）》，强调利用先进技术推动电子产品智能化升级。2021 年工信部的《计划》再次强调强化市场应用推广，协同产业上下游，加速元器件产品迭代升级。

**表 3　电子行业相关政策文件**

| 时间 | 政策文件 |
|---|---|
| 2016 年 6 月 | 《工业绿色发展规划(2016—2020 年)》 |
| 2016 年 12 月 | 《智能制造发展规划(2016—2020 年)》 |
| 2017 年 1 月 | 《信息产业发展指南》 |
| 2021 年 1 月 | 《基础电子元器件产业发展行动计划(2021—2023 年)》 |

资料来源：中国政府网，社投盟整理。

## 二　电子行业可持续发展价值评估

电子行业可持续发展价值评分是指对沪深 300 中 33 家电子上市公司的评分。2021 年电子行业评分概况如下。

33 家公司进入沪深 300（占比 11%）。

13 家公司上榜“义利 99”（占比 13.13%）。

24 家公司发布独立的可持续发展报告。

数据完备度 69.46%，全行业排名第 14/26。

可持续发展价值平均得分率 56.01%，排名第 17/26。

根据“义利99”评估模型：

目标｜驱动力平均得分率60.56%，排名第17/26。

方式｜创新力平均得分率50.74%，排名第18/26。

效益｜转化力平均得分率57.88%，排名第15/26。

评估亮点：研发能力排名第4，业务定位排名第5，业务驱动排名第6。

评估暗点：价值驱动排名第22，业态影响排名第23，公益贡献排名第24。

可持续发展价值居前三的公司：①海康威视（002415.SZ）；②环旭电子（601231.SH）；③京东方（000725.SZ）。

可持续发展价值提升幅度居前三的公司：①韦尔股份（603501.SH）；②东山精密（002384.SZ）；③领益智造（002600.SZ）。

下文将从以下五个方面对电子行业可持续发展价值进行分析。

## （一）驱动力得分下滑

2021年电子行业目标｜驱动力平均得分率为60.56%，列全行业第17名，排名较为靠后。目标｜驱动力下3个二级指标的平均得分率数据显示，2019~2021年价值驱动和战略驱动平均得分率呈现先升后降的趋势，2021年平均得分率相比2020年分别下滑19.65%和12.06%，分别居全行业第22名和第21名；业务驱动2019~2021年平均得分率呈现先降后升的趋势，2021年平均得分率小幅上升1.65%，居全行业第6名，排名较为靠前，但其上升幅度不足以弥补其他两个指标的下滑幅度，故总体得分率下降幅度较大。

## （二）创新力排名靠后

2021年电子行业方式｜创新力平均得分率为50.7%，在26个行业中排名第18，位居中下游。下属二级指标中公司治理表现较好，沪深300电子企业平均得分率为60.45%，与沪深300的平均得分率仅差0.80个百分点；上榜公司平均得分率为69.80%，比沪深300高8.55个百分点。创新能力的公司表现差异较大，上榜公司平均得分率高于未上榜公司17.51个百分点，比沪深300高8.64个百分点，这与日益提升的研发能力相呼应。

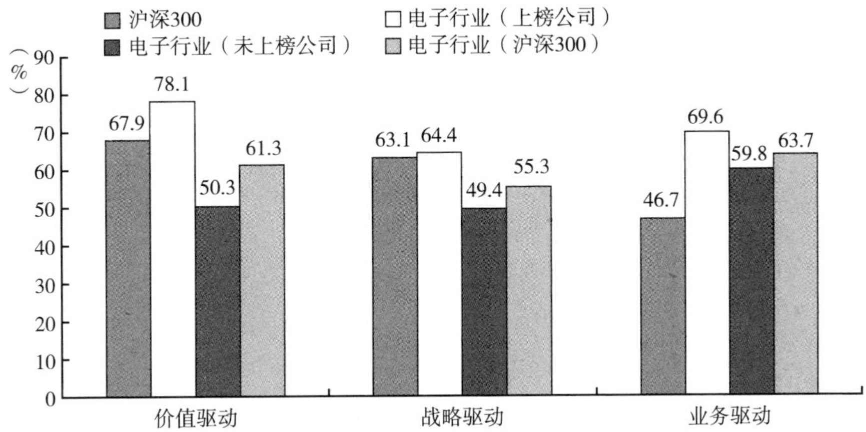


**图5　2021年电子行业目标｜驱动力二级指标得分率情况**

资料来源：社投盟。

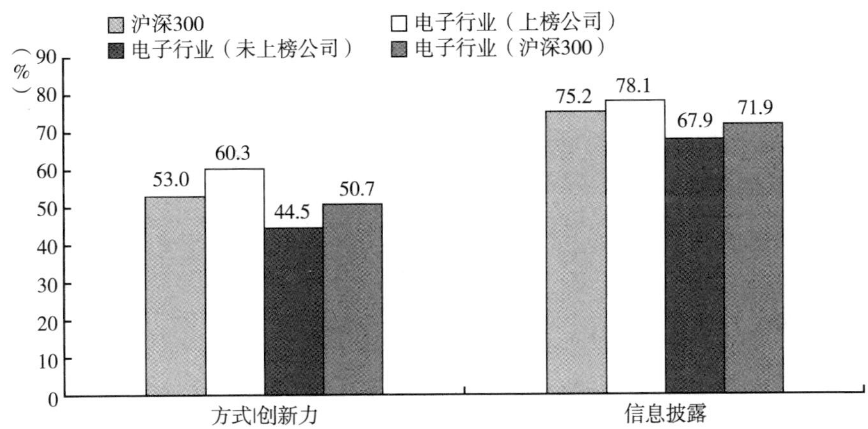


**图6　2021年电子行业方式｜创新力平均得分率情况**

资料来源：社投盟。

## （三）经济贡献得分回升

2021年电子行业效益｜转化力下经济贡献二级指标得分率为63.53%，比沪深300高0.46个百分点，居全行业第16名。经济贡献下的主要三级指标数据显示，2021年电子行业整体的盈利能力、成长能力和财务贡献平均得分率与沪深300相比差距较小，运营效率比沪深300低1.9个百分点，偿债能力比沪深 300 高 1.0 个百分点。电子行业上榜公司整体表现较好，盈利能力、运营效率和财务贡献平均得分率分别是未上榜公司的 1.09 倍、1.20 倍和 1.11 倍。2019～2021 年，电子行业经济贡献平均得分率呈现先降后升的趋势，除成长能力指标外，其他 4 个三级指标平均得分率都有不同程度的回升。其中财务贡献平均得分率的回升幅度最大，2021 年该指标平均得分率是 2020 年的 1.63 倍，上榜公司的平均得分率是沪深 300 的 1.06 倍。

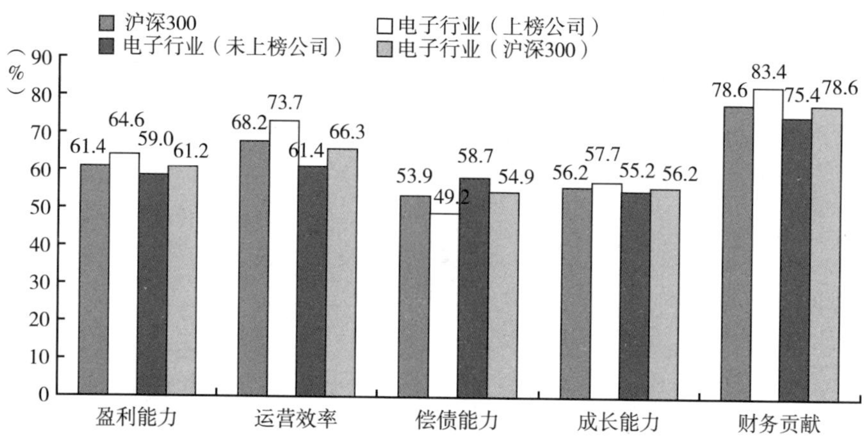


**图 7　2021 年电子行业经济贡献下三级指标平均得分率情况**

资料来源：社投盟。

## （四）社会贡献表现欠佳

2021 年电子行业效益丨转化力下社会贡献二级指标平均得分率为 50.20%，比沪深 300 低 0.96 个百分点，居全行业第 16 名。2019～2021 年电子行业社会贡献平均得分率呈现先上升后下降的趋势，2021 年平均得分率同比下降 13.17%。社会贡献下的子指标数据显示，电子行业的客户价值、员工权益和公益贡献平均得分率低于沪深 300，但合作伙伴指标的平均得分率较高，比沪深 300 高 12.7 个百分点。电子行业上榜公司的社会贡献表现相对较好，其中合作伙伴指标表现最为突出，上榜公司平均得分率分别是电子行业的 1.60 倍和沪深 300 的 2.11 倍。

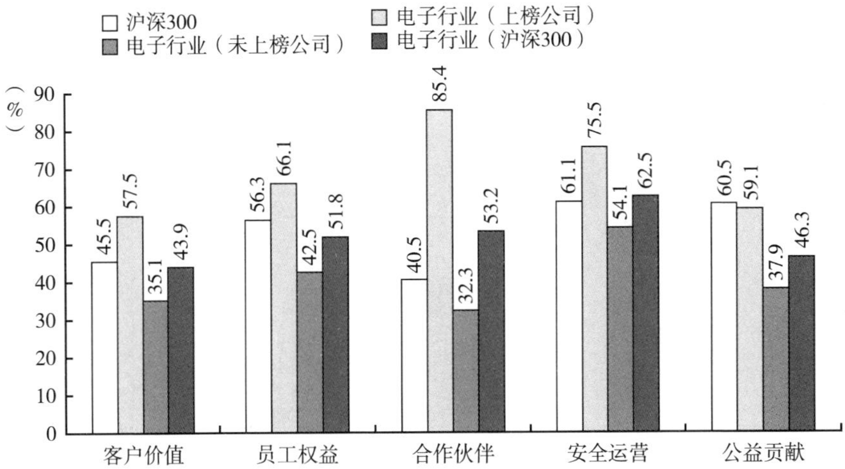


**图8　2021年电子行业社会贡献下三级指标平均得分率情况**

资料来源：社投盟。

### （五）环境贡献得分稳定

2021年电子行业效益｜转化力下环境贡献二级指标平均得分率为54.00%，居全行业第14名。环境贡献下的子指标数据显示，2019～2021年电子行业的环境管理、资源利用、生态气候以及污染防控四项指标平均得分率均实现小幅稳步增长，其中环境管理指标表现良好，较沪深300高出10.8个百分点，但在资源利用及污染防控方面表现欠佳。上榜公司在资源利用平均得分率方面表现突出，不仅与电子行业整体的平均得分率差距显著，高出28.1个百分点，并且同比上升14.03%。

## 三　电子行业可持续发展特征及贡献分析

本部分将从电子行业在研发创新、企业转型升级、安全生产、节能减排、供应链管理和员工权益六个方面的实践着手，分析电子行业在推进中国可持续发展进程中作出的贡献。电子行业对联合国可持续发展目标（SDGs）的贡献与本部分内容的对应情况见表4。

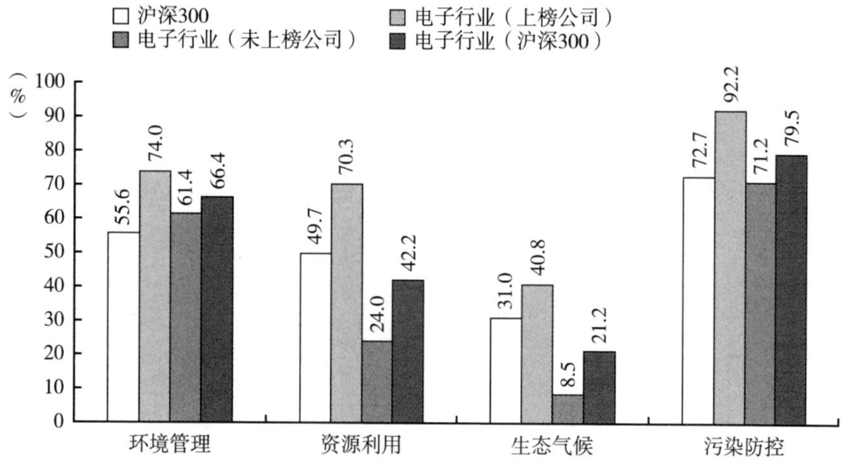


**图 9　2021 年电子行业环境贡献下三级指标平均得分率情况**

资料来源：社投盟。

**表 4　电子行业对 SDGs 的贡献与本部分内容的对应情况**

| 目标序号 | 目标内容 | 本部分内容对应情况 |
|---|---|---|
| SDG3 | 良好的健康与福祉 | （六） |
| SDG6 | 清洁饮水和卫生设施 | （四） |
| SDG7 | 经济适用的清洁能源 | （四） |
| SDG8 | 体面工作和经济增长 | （六） |
| SDG9 | 产业、创新和基础设施 | （一）、（二）、（五） |
| SDG12 | 负责任消费和生产 | （二）、（五） |
| SDG13 | 气候行动 | （四） |
| SDG16 | 和平、正义与强大机构 | （三） |

## （一）研发推动技术创新

电子行业研发投入得分名列前茅，对我国经济发展做出了重要贡献。电子行业的发展和市场竞争力提升需要不断地技术创新。以下从研发投入、知识产权布局和科研人员管理三个方面进一步分析电子行业技术创新表现。

1. 持续加大研发投入

电子行业对技术创新水平的要求较高，因此电子企业在研发投入和创新效率上具有一定的竞争力。如图 10 所示，上榜公司研发支出占营业收入总额的比例在 3% ~27%，其中北方华创的研发投入占比最高，占营业收入总额的 26.56%。

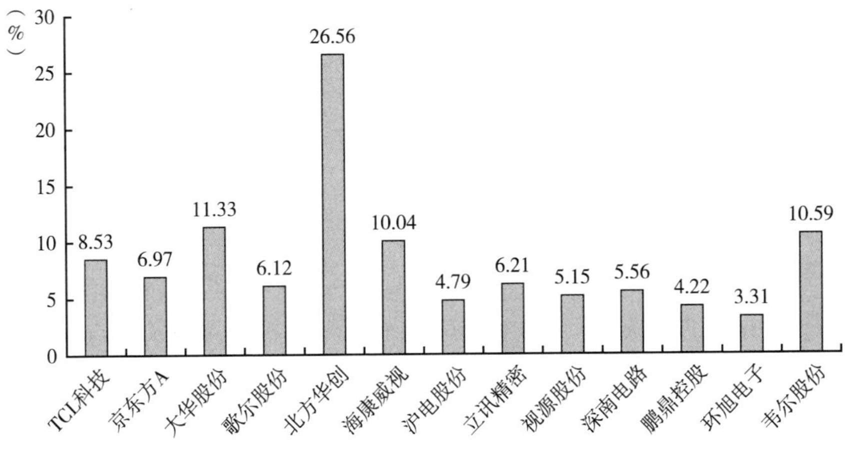


**图 10　2020 年电子行业上榜公司研发支出占营业收入的比例**

资料来源：沪深 300 电子行业财务报告及可持续发展报告，社投盟整理。

为强化创新能力，电子行业高度重视科技研发投入。在 33 家沪深 300 电子企业中，有 26 家的研发支出在 2018 ~2020 年实现了连续增长，同期，在上榜的 13 家公司中，有 10 家公司的研发支出实现三年连续增长（见图 11）。以歌尔股份为例，该公司 2018 ~2020 年研发投入分别为 18.92 亿元、20.23 亿元和 35.33 亿元，不仅实现了逐年增长，涨幅也不断加大，2020 年研发支出同比涨幅达到了 74.65%。

2. 不断完善知识产权布局

2020 年电子行业在研发技术的知识产权管理方面表现良好。上榜公司的知识产权在“质”与“量”上都有所提升，不仅专利申请量逐年增长，而且新增专利与技术不断涉及人工智能、大数据等关键创新领域。如图 12

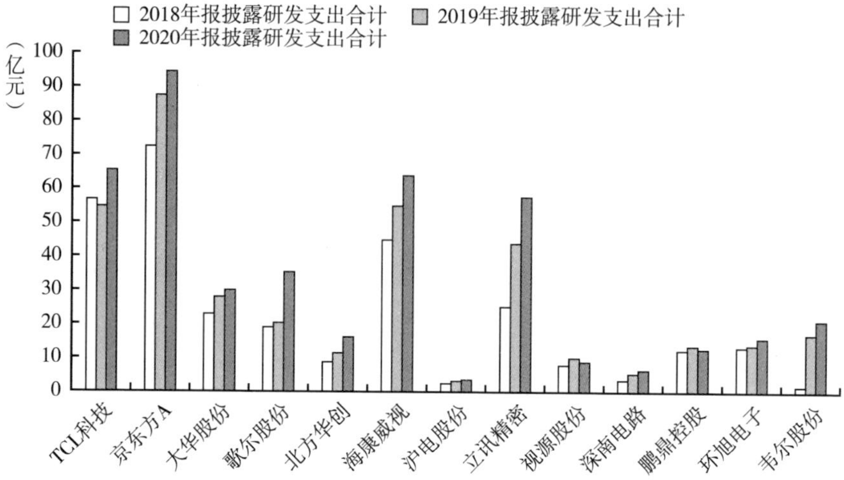


**图 11　2018～2020 年电子行业上榜公司研发支出变化情况**

资料来源：沪深 300 电子行业财务报告及可持续发展报告，社投盟整理。

所示，电子行业 13 家上榜公司有效专利量合计 92063 项，其中京东方表现尤为亮眼，总数达到了 44040 项，其次是拥有 15282 项专利的歌尔股份和有 10280 项专利的 TCL 科技。2020 年，京东方专利布局能力不断加强，年度新增专利申请超 9000 件，柔性 OLED、传感等创新领域新增专利申请超 4500 件，其中新增发明专利超 90%，新增海外专利超 35%，覆盖美国、欧洲、日本、韩国等多个国家和地区。

3. 不断加强科研人员管理

电子行业正处于快速发展时期，电子技术的研发创新离不开科研人员的集体智慧，因此电子企业非常重视对科研人员的管理。2018～2020 年 33 家电子企业中研发人员数量较上年增长的有 28 家；13 家上榜公司中，有 11 家公司科研人员总数实现了增长，其中 7 家公司实现连续三年增长（见图 13）。

如图 14 所示，2020 年大华股份、韦尔股份和海康威视的研发人员数量占比较高，分别为 52. 16%、49. 95% 和 48. 25%。以韦尔股份为例，该公司 2020 年共有研发人员 1644 人，占员工总人数的 49. 95%，公司员工中拥有硕士及以上学历的占比 35. 55%，拥有本科学历的占比 38. 62%。

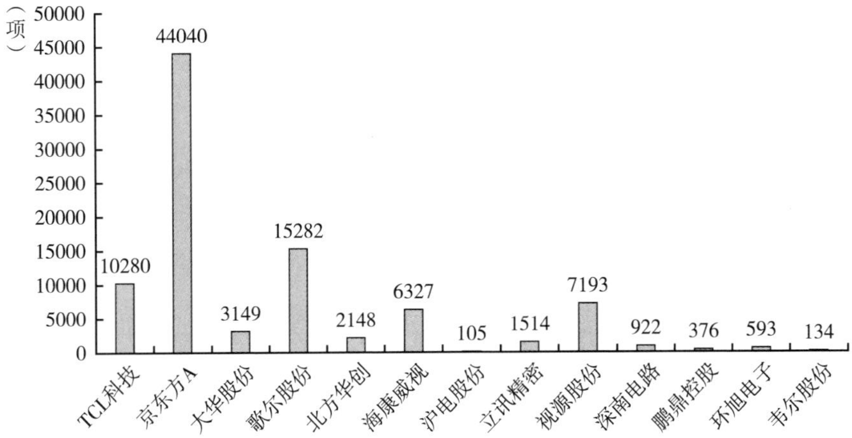


**图12　2020年电子行业上榜公司有效专利量**

资料来源：沪深300电子行业财务报告及可持续发展报告，社投盟整理。

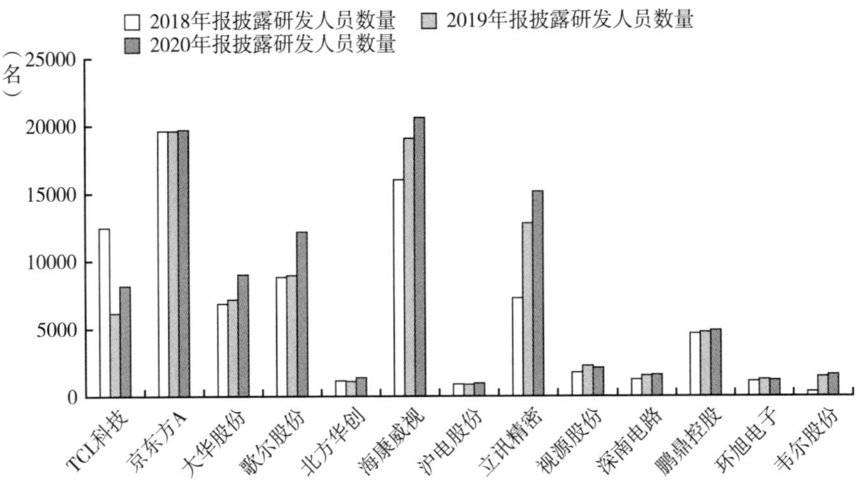


**图13　2018～2020年电子行业上榜公司研发人员数量变化情况**

资料来源：沪深300电子行业财务报告及可持续发展报告，社投盟整理。

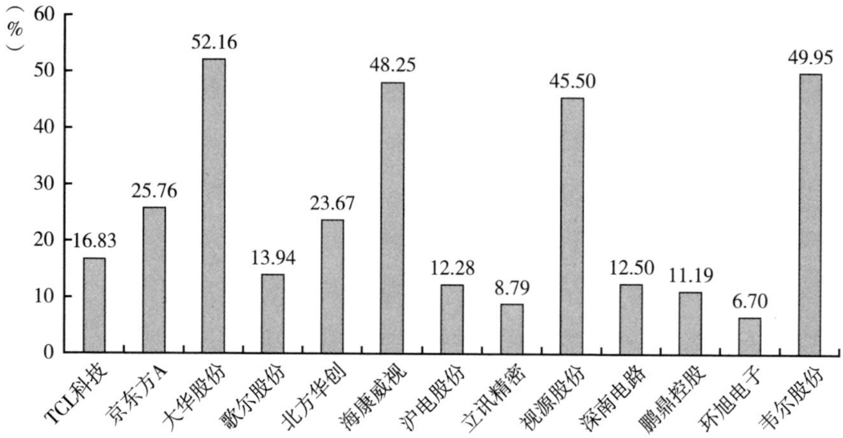


**图 14　2020 年上榜公司研发人员数量占比**

资料来源：沪深 300 电子行业财务报告及可持续发展报告，社投盟整理。

## （二）智能化促进绿色转型

5G、云计算、大数据等新兴技术为电子行业绿色化转型带来了无限的机遇。电子企业希望通过推进智能制造的普及和绿色工厂的建设，推动全生产流程的可持续发展。以下从电子企业战略层面以及智能化转型工作方面进一步分析。

1. 制定智能化发展战略

近年来，电子企业已深刻意识到产业智能化转型以及绿色生产的重要性，纷纷制定有关智能化转型以及建设绿色工厂的战略规划。为深入贯彻绿色发展理念，电子公司期望通过现代信息化手段，改善传统的生产方式，逐步实现轻量化、无害化生产，并带动电子行业整体的绿色转型。

如图 15 所示，2020 年沪深 300 电子行业中共有 16 家制定了智能化转型战略，同时 12 家制定了建设绿色工厂战略。上榜公司中，76. 92% 的公司制定了智能化战略，61. 54% 的公司制定了建设绿色工厂战略，战略内容主要包括实施绿色采购、生态设计、绿色生产、无害包装、低碳运输，多方面推动产品全生命周期的绿色化。

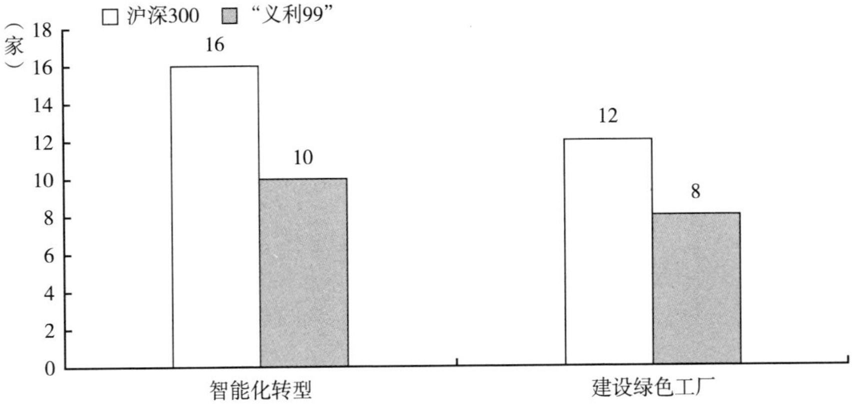


**图15　2020年上榜公司与沪深300中披露智能化转型与绿色工厂战略公司数量**

资料来源：沪深300电子行业财务报告及可持续发展报告，社投盟整理。

2. 智能化物联网技术升级

电子企业转型升级是发展的必然。《工业绿色发展规划（2016—2020年）》和《“十四五”工业绿色发展规划》都强调制造业的绿色发展。第四次工业革命的智能化变革让物联技术成为科技新时代的主角，其能改变生产管理模式，助力企业的绿色化转型升级。上榜公司中已有部分企业利用物联网技术打造智慧园区，将智能化与绿色发展相结合。海康威视自主研发的桐庐基地智慧园区系统，能够实现能耗及相关数据的实时监测，进行精细化的运维管理以实现能源节约的环保目标；大华股份自主研发智慧（物联网）产业园区能源管理系统，可实现用电、用水、用气、排污数据线上园区统一采集，并根据区域、能耗和时间进行能耗评估管理及数据分析，基于数据来支持节能降耗的工作。

## （三）安全运营保障生产

我国电子行业仍然处于由人员密集型转向技术密集型的阶段，需要雇用大量员工进行组装、封装、质检等生产活动。从公司层面上，企业重视对工人的安全保障可以避免公司的损失及潜在的法务风险；从国家监管上，2021年9月新《安全生产法》的实施将加大对违法违规行为的处罚力度，企业将面临更加严厉和有针对性的监管，更需时刻警惕“发展绝不能以牺牲人的生命为代价”的红线。

1. 强化安全生产意识

电子行业的生产活动存在安全风险，事故的发生不仅损害工人的身心健康，也会影响企业自身的商誉及生产效率。因此为了有效提高员工安全意识，企业应通过开展安全生产培训来督促员工养成安全习惯，增强员工安全知识技能，避免生产安全事故的发生。

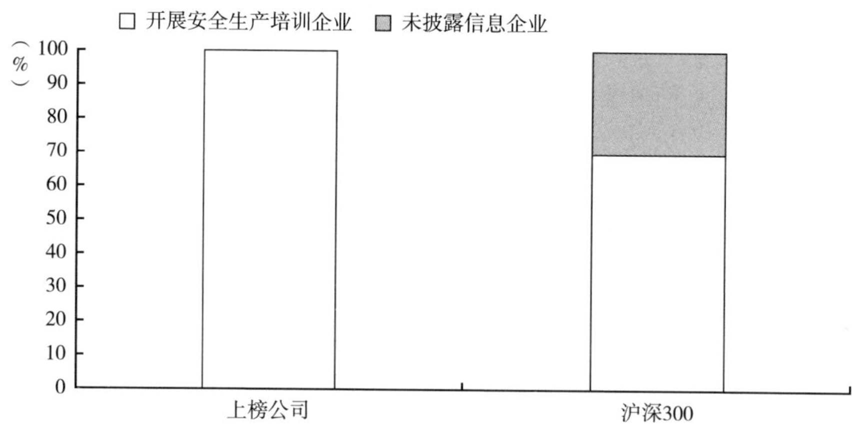


**图16　2020年上榜公司与沪深300中开展安全生产培训公司情况**

资料来源：沪深300电子行业财务报告及可持续发展报告，社投盟整理。

如图16所示，2020年上榜公司均对员工进行了安全生产培训，而该比例在沪深300电子企业中仅为70%。在开展安全生产培训的公司中，培训内容主要包括消防演练、危险品泄漏演习、安全隐患排查、急救技能培训等。为提高员工的参与度和帮助员工掌握安全知识，企业采用多样化的培训方式，如以安全知识比赛或游戏的形式鼓励员工参与。以韦尔股份为例，公司通过组织“安全生产月”活动营造浓厚的安全文化氛围，涉及各类安全培训内容，通过增强培训的趣味性来提高培训的参与度。

2. 完善安全生产制度

安全生产制度属于公司安全生产管理体系，以细化具体安全管理要求、制定奖惩措施、加快公司安全生产制度化建设为目的。多数公司设立的安全生产制度的主要内容分为安全生产管理、危害辨识与风险评估、应急与事故/事件管理三方面。

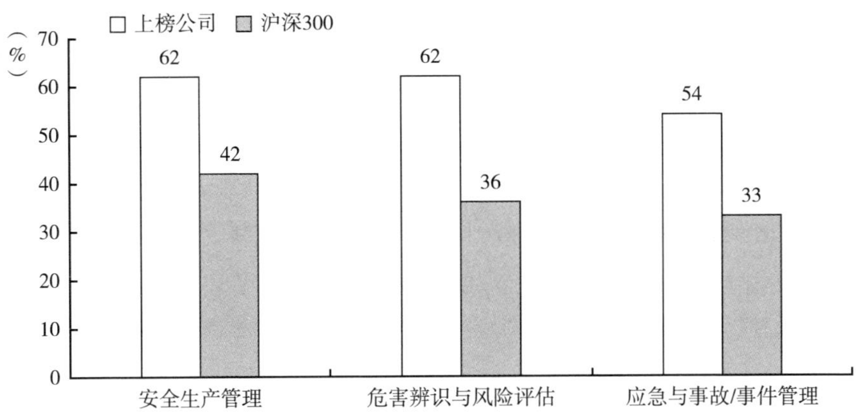


**图 17　2020 年上榜公司与沪深 300 中建立三类安全生产制度统计**

资料来源：沪深 300 电子行业财务报告及可持续发展报告，社投盟整理。

如图 17 所示，2020 年 13 家上榜公司中，有 8 家披露了安全生产管理、8 家披露了危害辨识与风险评估、7 家披露了应急与事故/事件管理等信息；而 23 家未上榜公司中，三者分别仅为 6 家、4 家和 4 家。由此可见，上榜公司在制度建设方面的表现优于沪深 300，安全管理体系也更加完善。上述数据同时表明电子企业在应急管理方面的制度化建设仍有较大进步空间，日后有望进一步完善相关制度。京东方在 2020 年获得“安全文化建设示范企业”“安全生产先进单位”等荣誉称号；在应急管理方面，京东方发布《应急管理指导手册》，2020 年共组织应急演练 2924 次，组织现场安全检查 8237 次，全年发生重伤及以上生产安全责任事故数为零。

## （四）绿色发展助推“双碳”目标

“十四五”规划明确提出要把“碳达峰”“碳中和”纳入生态文明建设布局。因部分企业存在技术设备落后以及产业结构不合理等问题，电子行业具有高耗能、高污染的特点。以下将从改善产业结构、降低污染排放以及电子废物回收三个方面分析电子行业可持续发展特征及贡献。

1. 优化产业结构

电子企业碳排放量主要来源于生产过程中的直接排放、由企业购买的能源产生的间接排放以及企业价值链①中其他的碳排放。因此，电子行业实现可持续发展的关键在于节能减排和从源头上进行能源替代。

上榜公司积极践行绿色环保的可持续发展理念，制定节能目标，通过盘查内部温室气体排放情况，进行用能管理以及生产设备环保改造，致力于减少环境污染与碳排放。部分公司建设清洁能源设施，或直接采购绿电代替传统能源消耗，降低用电带来的碳排放量。

其中，歌尔股份的目标是在三年内能效利用率提高 20%，通过对产品线中的空压系统、流水线系统发展及照明系统等进行能效改造，2020 年节省 7% 的能效。此外，歌尔股份利用闲置屋面发展分布式光伏发电，采用合同能源管理模式，产生清洁电力 3433 万千瓦时的同时节省标准煤 4219 吨。

2. 加强“三废”管理

面对越来越大的环保压力，电子企业加大环保投入，“三废”管理成效显著。废物管理方面，上榜公司承诺对于危险废弃物将严格分类处理，并设立固定地点放置，进行密封保存，防止二次污染；废水管理方面，上榜公司安装实时废水检测设备，并建设配套废水处理设施；废气管理方面，上榜公司承诺将废气集中收集，并使用喷淋装置或吸附装置等方式处理，保证排放符合排放法规要求。

2020 年 TCL 科技环保投入居上榜公司中的第一位，“三废”管理成效显

① 企业价值链中其他的碳排放包括产品运输、市场营销、售后服务等过程中产生的碳排放。

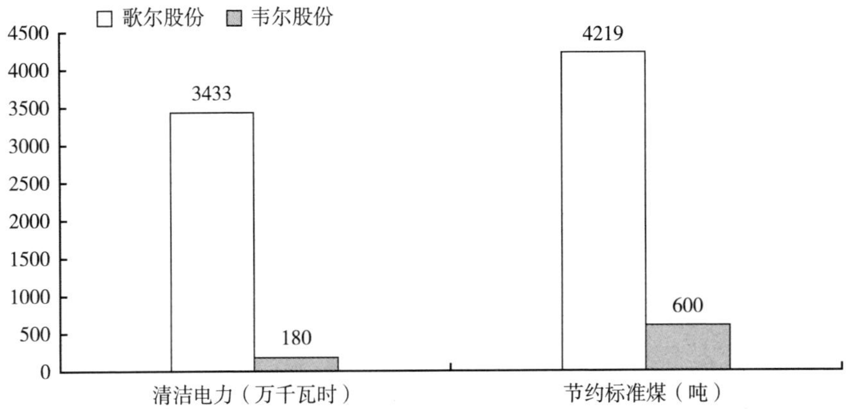


**图 18　2020 年部分电子企业新能源替代情况**

资料来源：沪深 300 电子行业财务报告及可持续发展报告，社投盟整理。

著。TCL 科技建立了 SRS 回收系统，采用负压蒸馏与精馏回收技术，废液回收率达 90%。公司首创低浓度铜蚀刻废液回收技术，每年回收铜金属 105 吨以上，回收率高达 95%，减少危险废物 3936 吨。同时，公司采用污泥高效调理技术和高压板框脱水技术，截至 2020 年末共减少污泥 26300 吨。

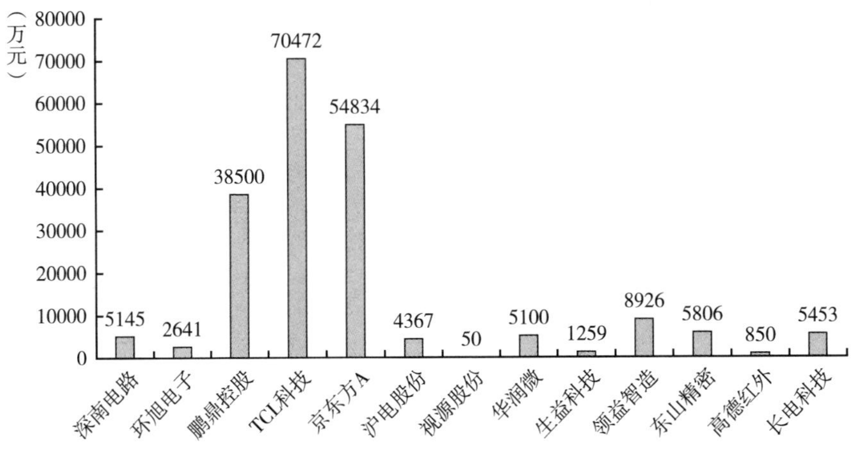


**图 19　2020 年电子公司环保投入情况**

资料来源：沪深 300 电子行业财务报告及可持续发展报告，社投盟整理。

3. 电子废弃物处理亟待加强

随着人们生活水平的提高，中国作为电子产品最大的生产国及消费国，电子废弃物数量飞速增长。国家早于2009年就出台了《废电器电子产品回收利用通用技术要求》等多项国家标准，推动电子废弃物回收体系的完善。

即便如此，电子产品理论报废量与实际处理量之间仍存在差距。中国家用电器协会与中国生态环境部数据显示，近四成电子废弃物并未得到正规处理。电子废弃物的非正规处理在拆解过程中可能释放危险物质，对工人以及周围居民的健康带来影响。

沪深300电子公司在电子废弃物处理方面披露较少，仅有少数公司承诺在源头上通过回收处理因质量问题或是产品过期而产生的电子废物。然而上榜公司不仅披露相关战略，并且制定了废物回收处理计划，严格规定电子废弃物需交由正规处理商收集、拆解、回收、处理。其中，立讯精密在电子废弃物正规化回收方面表现突出，通过制定《产品回收分解循环再利用指南》，指导员工正确拆解电子废弃物，达到100%回收再利用。

## （五）供应链管理助力可持续发展

公司的高速发展离不开上下游合作伙伴的协助。公司应重视与供应商之间的沟通，在业务合作中用可持续发展的方式破解发展中遇到的难点和瓶颈，实现合作共赢。以下从公司对供应商的廉洁管理和绿色管理两个维度进行分析。

1. 防范供应商腐败行为

为落实供应链管理，营造诚信经营的氛围，上榜公司多数要求供应商签订社会责任承诺书，落实反腐倡廉的要求，并对作业流程、惩治措施等进行了详细的规定，如要求供应商不得向公司员工赠送礼物等。

如图20所示，2020年13家上榜公司中12家企业披露要求供应商签订廉洁承诺书，而在沪深300电子企业中仅有58%的企业披露相关信息，上榜公司对供应商的廉洁要求更加明确，在防腐败方面的表现优于其他公司。上榜公司中，海康威视通过要求供应商签订廉洁承诺或廉洁协议，向合作伙

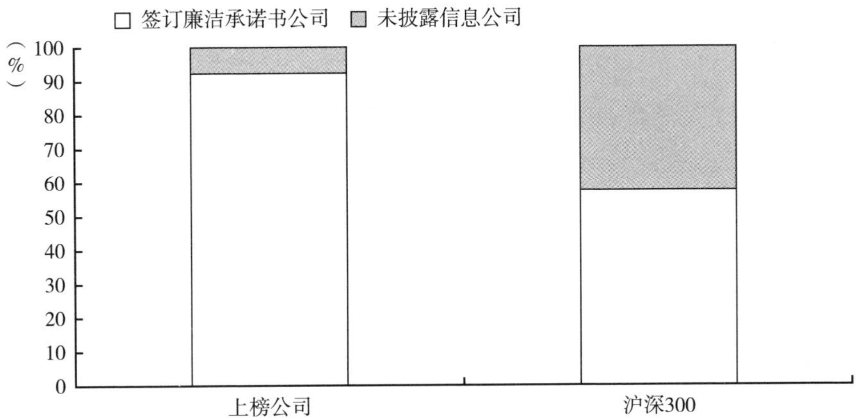


**图 20　2020 年要求供应商签订廉洁承诺书公司情况**

资料来源：沪深 300 电子行业财务报告及可持续发展报告，社投盟整理。

伴传递公司的廉洁诚信要求，使其充分认识应遵循的廉洁责任和义务；2020 年，海康威视在重要且风险较高的业务模块如采购业务，《供应商诚信廉洁协议》签订比例接近 90%。

2. 限制有害原材料使用

作为 CSR 管理的重要一环，企业不仅应对自身绿色生产和制造提出高要求，而且应将绿色环保理念贯穿于供应链。通过限制原材料无危害，从源头上推动电子行业整体的可持续发展。企业的绿色采购理念直接影响到供应商对各种环保措施的关注度，不断优化采购标准和制度并对供应商活动的及时介入能够有效地减少环境污染。

为避免电子原材料中有害化学物质超标，企业会要求供应商提供的产品达到 RoHS（《关于限制在电子电气设备中使用某些有害成分的指令》）标准或遵守 REACH（《化学品注册、评估、授权和限制制度》）法规。

如图 21 所示，13 家上榜公司中 77% 的公司要求供应商限制使用有害原材料；而未上榜公司中仅有 20% 的企业对供应商有此要求。为保证物料的绿色及环保，供应商需向企业提供 RoHS 检测报告或者完成 REACH 申报；企业为保障报告的真实性会对原材料进行抽查送检。例如，海康威视是少数

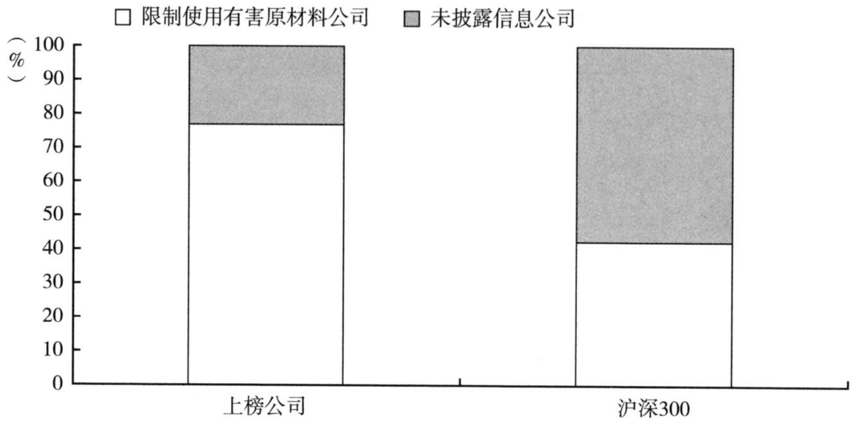


**图 21　2020 年要求供应商限制使用有害原材料公司情况**

资料来源：沪深 300 电子行业财务报告及可持续发展报告，社投盟整理。

在供应商筛选和导入过程中，将 HSF（无危害物质）、RoHS 2.0 和 REACH 全部列为必须达标项目的公司；环旭电子及时跟进全球环保法令并于 2020 年导入专业的绿色价值链管理平台，使供应商及时获知最新的环保规范、更新产品标准。

## （六）以人为本重视健康与培养

员工是企业之本、事业之基，电子企业重视员工权益，关注员工的职业健康，加强人才培养与管理，以实现员工与企业共同发展。

1. 加强职业危害因素检测

由于作业场所中化学品等危害因素威胁员工健康，电子行业从业人员患职业病的风险较高。电子企业应重视员工的职业健康问题，在工作场所开展职业安全相关检测，识别职业病危害岗位，从源头进行防治，保障员工健康。如图 22 所示，2020 年上榜的 13 家公司中，9 家公司都对员工工作场所中的危害因素进行了定期检测，职业健康防护情况良好，其中海康威视采取有效防控措施，职业危害因素检测率达到 100%，为员工营造安全、健康的工作环境。未上榜公司中只有 3 家披露了职业危害因素检测与评估情况。

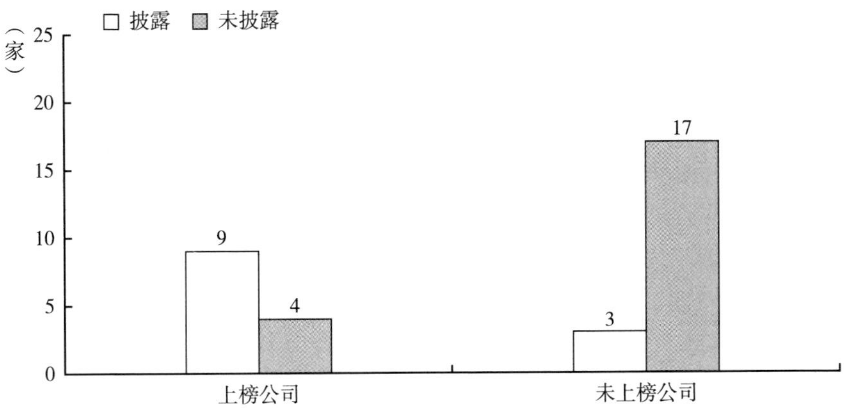


**图 22　2020 年电子企业职业危害因素检测披露情况**

资料来源：沪深 300 电子行业财务报告及可持续发展报告，社投盟整理。

2. 落实职业健康管理工作

随着员工健康问题受到重视，电子行业坚持做好职业健康管理工作，将职业病的预防与监管落到实处。电子企业通过优化生产技术与工艺、为员工配备劳动保护用品等方式守护员工健康。例如，大华股份通过智能化改进生产流程的方式避免员工与引发职业病危害的因素直接接触，降低员工受伤害的可能性。

此外，电子企业大力推行健康管理，定期组织职业健康知识培训及体检，提高员工的健康意识。上榜公司职业健康管理工作表现良好，全部进行了员工体检。公司尤其关注职业危害岗位员工的体检工作，预防职业病的发生，如图 23 所示，69% 的上榜公司 2020 年未发现职业病病例；未上榜公司披露体检的占比为 60%，且仅有 10% 披露了职业病病例为 0。

3. 完善人才培养与激励机制

电子企业为确保人尽其才，坚持职业培训教育与考核激励并重，以用好现有人才、吸收和培养高科技人才为目标，完善公司人才培养与激励机制。

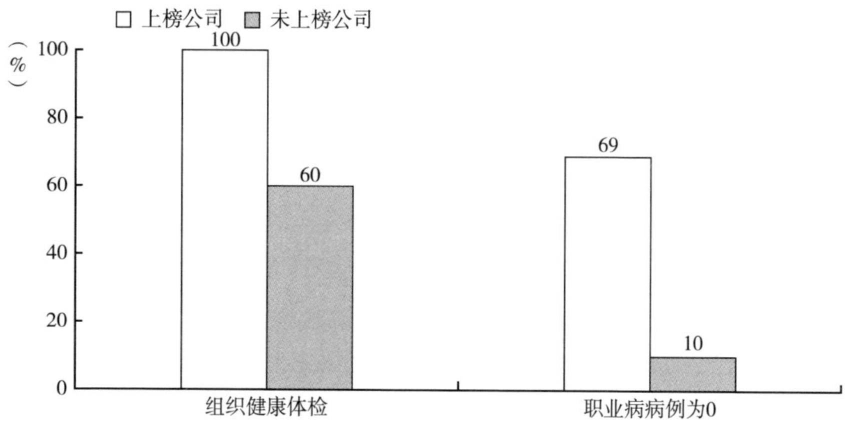


**图 23　2020 年电子企业职业健康管理情况**

资料来源：沪深 300 电子行业财务报告及可持续发展报告，社投盟整理。

电子行业以科技创新为核心发展动力，重视高科技人才的培养与发展。高科技人才具备一定的专业技能，对自我价值的实现和认可有较高的期望。因此电子企业采取多样化的培养模式和差异化的激励机制以吸引、留住人才，并提高其工作积极性。上榜公司中，8 家企业披露了为科技人才提供的培养项目，占比达 61.54%。以北方华创为例，该公司创办了华创大学，开设多种系列课程，为科研人才的发展提供平台；韦尔股份通过实行员工推荐、发明创造及专利申请等人才激励制度，留住高质量人才。

## 四　电子行业可持续发展价值展望

2020 年，电子行业高速增长，并持续成为拉动我国经济发展的第一大行业。但在可持续发展方面起步较晚，传统的电子行业耗能较大、环境污染风险较大，产业绿色化转型需要加大资本投入，因此在除研发能力外的可持续发展指标方面表现并不突出。电子行业高度重视科技研发，在研发投入以及知识产权布局方面表现良好；积极推动智能化转型，为实现产业绿色化发展大量采用物联网技术，在节能降耗方面成效显著；注重提高员工安全意识，落实安全生产，但在应急管理方面仍有待加强；改善产业能源结构，加大环保投入，实现“三废”排放的大幅减少；将可持续发展理念延伸至供应链，保障全产业链的合规与绿色；以人为本，重视高科技人才的安全及培养。电子行业响应国家碳中和号召，正努力朝着高质量方向发展。

2021 年，“十四五”规划提出制造业需深入实施智能制造与绿色制造工程，推动行业高端化、智能化、绿色化。在头部企业的示范下，电子行业步入智能化转型带动绿色发展的正轨，因此进一步深化绿色制造已成为电子行业的重要发展方向。中国电子学会绿色数据中心与绿色制造标准化委员会将进一步完善我国电子企业可持续发展工作标准体系，未来将发布《电子行业可持续发展指南》《电子行业可持续发展评价方法》，引导电子企业的可持续发展工作，促进电子行业的可持续发展。

## 参考文献

中国银河证券研究院：《美国持续加大对中国制裁力度　风险偏好进一步提升存不确定性》，http：//pdf. dfcfw. com/pdf/H3_ AP202007011388711680_ 1. pdf，2020 年 6 月 29 日。

《国务院关于印发新时期促进集成电路产业和软件产业高质量发展若干政策的通知》，http：//www. gov. cn/zhengce/content/2020 - 08/04/content_ 5532370. htm，2020 年 8 月 4 日。

《工业绿色发展规划（2016—2020 年）》，https：//www. miit. gov. cn/n1146285/n1146352/n3054355/n3057267/n3057272/c5118197/part/5118220. pdf，2016 年 6 月 30 日。

Martin Eugster、Duan Huabo（段华波）、Li Jinhui（李金惠）等：《中国和世界电子产品可持续发展：中国电子产品链可持续发展分析》，https：//www. iisd. org/system/files/publications/china_ sd_ eproducts_ ch. pdf，2008。

王煦：《〈电子电器行业绿色供应链管理企业评价指标体系〉解读》，《信息技术与标准化》2019 年第 3 期。

张雪峰：《电子制造企业安全生产管理研究》，浙江工业大学学位论文，2017。

Vanessa Forti、Cornelis Peter Baldé、Ruediger Kuehr、Garam Bel：《全球电子废弃物监测报告》，2020。

# 附录

**附表1　电子行业“义利99”上榜公司名单**

| 公司名称 | 排名 | 申万一级行业 | 申万二级行业 |
| --- | --- | --- | --- |
| 海康威视 | 11 | 电子 | 电子制造 |
| 环旭电子 | 22 | 电子 | 电子制造 |
| 京东方A | 29 | 电子 | 光学光电子 |
| 深南电路 | 40 | 电子 | 元件 |
| 视源股份 | 52 | 电子 | 光学光电子 |
| 韦尔股份 | 60 | 电子 | 半导体 |
| 大华股份 | 70 | 电子 | 电子制造 |
| 立讯精密 | 72 | 电子 | 电子制造 |
| TCL科技 | 77 | 电子 | 光学光电子 |
| 歌尔股份 | 86 | 电子 | 电子制造 |
| 北方华创 | 88 | 电子 | 半导体 |
| 鹏鼎控股 | 89 | 电子 | 元件 |
| 沪电股份 | 97 | 电子 | 元件 |

# B.4

# 2021年沪深300上市公司银行业可持续发展价值评估

摘　要：　本报告以2021年沪深300上市公司中23家银行为研究对象，以9家“义利99”上榜银行为核心，探讨银行业的可持续发展价值。银行业可持续发展价值平均得分率在26个行业中排名第9。其在可持续发展价值上的特点体现为：目标Ⅰ驱动力行业领先，战略驱动和业务驱动表现优异；方式Ⅰ创新力得分居中，风险内控居行业第二；公司治理表现突出，信息披露排名第一；环境贡献居行业第一，资源利用和生态气候表现卓越等。同时，银行业助力实现联合国可持续发展目标17项中的9项，在绿色金融、普惠金融、金融科技、风险管理、疫情防控五大核心可持续发展议题上，有如下贡献：绿色信贷仍占主要地位；普惠贷款可得性逐年上升；应对疫情协助企业复工复产等。

关键词：　银行业　可持续发展　绿色信贷　普惠金融　金融稳定

## 一　银行业相关情况

根据《银行法》，商业银行是指依法设立的吸收公众存款、发放贷款、办理结算等业务的企业法人。根据申万行业分类标准，如表1所示，截至

2021 年 6 月，沪深 300 上市公司中共有银行 23 家，“义利 99”榜单中共有银行 9 家，按照排名分别为建设银行、招商银行、平安银行、邮储银行、农业银行、南京银行、民生银行、兴业银行、光大银行。

**表 1　A 股上市公司商业银行分布情况**

单位：家

| 行业 | 分类 | A 股 | 沪深 300 | “义利 99” |
|---|---|---|---|---|
| 银行 | 大型商业银行 | 6 | 6 | 3 |
| | 股份制商业银行 | 9 | 9 | 5 |
| | 城市商业银行 | 16 | 7 | 1 |
| | 农村商业银行 | 9 | 1 | 0 |
| 合计 | | 40 | 23 | 9 |

资料来源：万得，社投盟整理。

## （一）银行业可持续金融相关宏观政策

在国家的总战略中，“改革”一直是对银行业的主要政策方针。“十二五”规划强调推动主要银行改革。“十四五”规划则进一步强调优化金融体系结构、深化国有商业银行改革、规范发展非银行金融机构以及增强金融普惠性。

1. 中国人民银行加速构筑绿色金融体系助力实现“双碳”目标

绿色信贷在中国起步较早，政策体系较为完善，从宏观战略层面的计划到中观执行层面的指引再到微观评价层面的指标，我国均出台了相关政策。2021 年 5 月 27 日，中国人民银行发布的《银行业金融机构绿色金融评价方案》提出气候和环境风险压力测试、信息披露、金融科技等议题，明确了“双碳”目标下绿色金融发展的具体方向，要求进一步落实 2016 年《关于构建绿色金融体系的指导意见》。事实上，我国早在 2012 年《绿色信贷指引》中便要求银行业至少每两年开展一次绿色信贷的全面评估工作。

2. 国家战略重视普惠金融调配社会资源平衡发展

国家政策从优化监管政策等外部激励着手，在提供融资担保等方面进行改革，致力于为银行业发展普惠金融构建起良好的外部环境。2020年6月1日，中国人民银行发布《关于进一步强化中小微企业金融服务的指导意见》。指导意见鼓励银行业提升中小微企业服务能力，加大普惠金融考核力度，即“将普惠金融在分支行综合绩效考核中的权重提升至10%以上”。为了积极解决发展过程中存在的不平衡、不健全等问题，国家在2013年党的十八届三中全会上首次将普惠金融列入国家政策。2017年11部门印发《大中型商业银行设立普惠金融事业部实施方案》鼓励大中型商业银行率先设立普惠金融事业部，明确了普惠金融服务主体重点是“中小微企业”。2021年，“乡村振兴”成为深化普惠金融的重要方向，围绕“两增”① 目标，《2021年进一步推动小微企业金融服务高质量发展的通知》要求“五家大型银行（除邮储银行）要努力实现普惠型小微企业贷款全年增长30%以上”，可见国家对银行业发展普惠金融的关注度之高。

3. 银保监会完善公司治理机制防范化解金融风险

在国务院“六稳”“六保”的工作部署下，2018年银保监会出台了《商业银行银行账簿利率风险管理指引（修订）》，以加强银行业金融风险管理；2020年8月，为初步构建起具有中国特色的银行业公司治理机制，《关于印发健全银行业保险业公司治理三年行动方案（2020—2022年）的通知》正式发布；随着金融科技不断发展，2021年1月，中国人民银行和银保监会联合发布《关于规范商业银行通过互联网开展个人存款业务有关事项的通知》，以督促银行业加强网络安全防护。一系列风险管理政策紧跟市场发展，切实履行了“稳金融”的中央战略。

① 单户授信总额1000万元以下（含）小微企业贷款同比增速不低于各项贷款同比增速，贷款户数不低于上年同期水平。

## （二）银行业2020年整体表现

2020 年，新冠肺炎疫情突袭而至导致银行业业绩不如往年，总体表现为：总资产增长稳定、净利润受疫情影响增长放缓、净资产收益率有所下降；银行业在社会融资中占据主导地位；银行信贷业务仍担负着拉动国家经济增长的作用。

1. 总资产稳步增长而盈利增速放缓

总资产方面，银行业金融机构继续稳步增长。如图 1 所示，截至 2020 年 12 月 31 日，商业银行总资产为人民币 259 万亿元，较 2019 年末新增人民币 26.66 万亿元，同比增长 11.47%。受疫情影响，净资产收益率方面，虽然银行近三年净资产收益率小幅下降，但总体趋于稳定，在 10% ~13% 的区间浮动。而净利润方面，2020 年度商业银行净利润为人民币 1.94 万亿元，较 2019 年的 1.99 万亿元下降 2.51%，而 2019 年度商业银行累计实现净利润同比增长 8.91%。

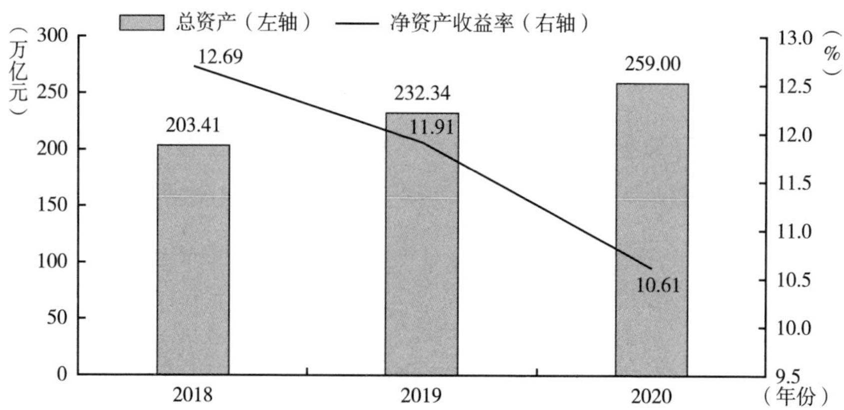


**图 1　2018 ~2020 年商业银行总资产规模净资产收益率**

资料来源：万得、银保监会，社投盟整理。

2. 银行信贷在社会融资中占据主导地位

银行业金融机构仍是我国金融体系中的绝对主力军，信托、保险等非银行金融机构飞速发展与银行业金融机构相互增益、相互补充。如图2所示，截至2021年6月，中国社会融资规模中，61.96%的是银行信贷；其次是政府债券（16%），其大部分也属于银行资产。此外，银行在委托和信托贷款业务中发挥通道作用，并且是大多数资产支持证券产品的发起机构。

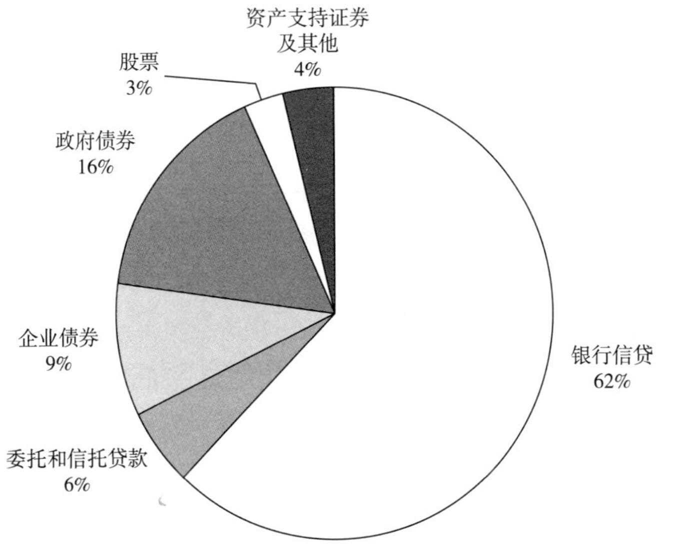


**图2　截至2021年6月中国社会融资存量结构**

资料来源：中国人民银行，社投盟整理。

3. 银行信贷稳步增长助力经济恢复

如图3所示，2015～2019年，信贷对中国经济增长的拉动率稳定在0.40～0.65。而在2020年疫情的影响下，我国GDP增量显著下降；银行业则受到国家出台的相关优惠政策引导，支持国内企业复工复产，国内人民币信贷业务增量较大，从而导致2020年中国信贷对经济增长拉动率的大幅下降。大量研究表明，银行信贷仍然能够在一定程度上拉动经济增长。只是由于信贷增加所促进的GDP增长具有滞后性，可能无法在当年得以体现。

**图3　2015～2020年中国信贷对经济增长的拉动率**

资料来源：国家统计局，中国人民银行，社投盟整理。

## 二　银行业可持续发展价值评估结果

银行业可持续发展价值评分是指对沪深300中23家上市公司的评分。银行业上榜公司（以下简称“上榜银行”）是指沪深300成分股中进入2021年“义利99”榜单的银行业公司。2021年银行业评分情况如下。

23家公司进入“沪深300”（占比7.67%）。

23家公司均发布独立的企业社会责任报告。

9家公司上榜“义利99”（占比9.09%）。

4家公司被筛选子模型剔除。

数据完备度73.44%，排名第6/26。

可持续发展价值得分率61.33%，排名第9/26。

根据“义利99”评估模型：

目标丨驱动力平均得分率80.32%，排名第2/26。

方式丨创新力平均得分率56.03%，排名第11/26。

效益丨转化力平均得分率60.82%，排名第10/26。

评估亮点：战略驱动、业务驱动、运营管理排名第2/26，环境贡献、可持续发展、信息披露、资源利用排名第1/26。

评估暗点：经济贡献、治理结构排名第23/26，盈利能力排名第24/26，研发能力排名第26/26。

可持续发展价值居前三的公司：①建设银行（601939. SH）；②招商银行（600036. SH）；③平安银行（000001. SZ）。

可持续发展价值提升幅度居前三的公司：①邮储银行（601658. SH）；②南京银行（601009. SH）；③青农商行（002958. SZ）。

通过对评分数据的分析，我们发现银行业的可持续发展价值评分具有以下特征。

## （一）目标｜驱动力行业领先

银行业目标｜驱动力表现亮眼，成绩突出，平均得分率为80. 32%，列全行业第2名。如图4所示，从目标｜驱动力下3个二级指标得分情况看，银行业价值驱动列全行业第10位，比沪深300高3. 5个百分点；战略驱动列全行业第2位，比沪深300高21. 0个百分点；业务驱动列全行业第2位，比沪深300高36. 7个百分点。

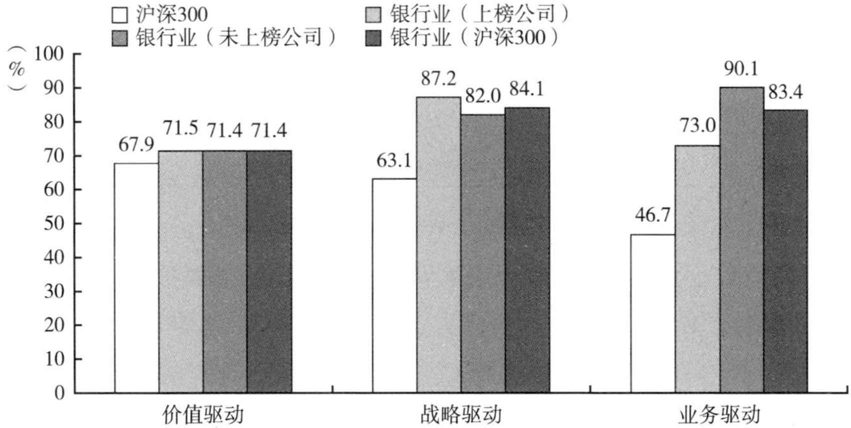


**图4　2021年银行业目标｜驱动力下二级指标平均得分率情况**

资料来源：社投盟。

上榜银行与未上榜银行的表现也有所差异。尽管在价值驱动方面，两者不相上下，但在另外两个二级指标下，两者表现则各有千秋。上榜银行在战略驱动指标下领先未上榜银行 5.2 个百分点，而未上榜银行在业务驱动指标下领先上榜银行 17.1 个百分点。

## （二）方式 | 创新力得分居中

在方式 | 创新力方面，银行业表现居中上游，排名第 11，以较小的优势超过沪深 300，高出 3.04 个百分点；上榜银行与未上榜银行相比没有显著优势，仅高出 4.55 个百分点。

如图 5 所示，2021 年，银行业风险内控得分表现十分突出，位列全行业第 2。银行作为国家金融机构的重要组成部分，其稳定性和风险内控的重要性不言而喻，而数据显示银行业对这方面相较于其他行业确实更为重视。2021 年，在风险内控的平均得分率方面，银行业比沪深 300 高 17.0 个百分点，上榜银行比未上榜银行高 8.2 个百分点。

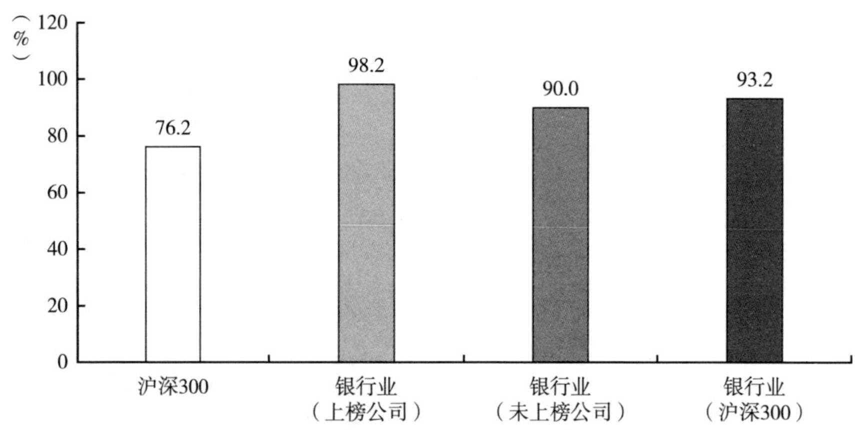


**图 5　2021 年银行业运营管理下三级指标风险内控平均得分率情况**

资料来源：社投盟。

## （三）公司治理表现突出

沪深 300 中的银行全部都发布了非财务报告。金融稳定离不开金融机构完善的公司治理，银行作为金融机构的基础，其公司治理水平尤其重要。企业如何通过更好的公司治理让社会受益，是公司治理效益的根本性体现。

如图 6 所示，银行业公司治理二级指标下三级指标治理结构、利益相关方、信息披露平均得分率分别为 59.6%、45.2%、87.1%。在治理结构上，上榜银行平均得分率为 61.8%，比银行业高 2.2 个百分点。上榜银行在利益相关方的平均得分率是 44.0%，比银行业低 1.2 个百分点。在信息披露上，上榜银行比银行业的平均得分率高 0.1 个百分点，得分差距很小，银行业整体在信息披露上的得分居第一。

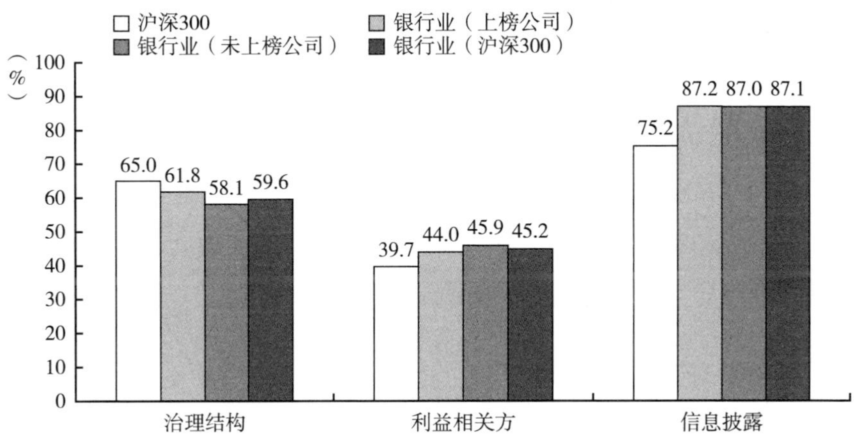


**图 6　2020 年公司治理下三级指标得分率情况**

资料来源：社投盟。

## （四）经济贡献表现欠佳

如图 7 所示，在经济贡献上，银行业的表现相对不如其他行业突出。银行业在经济贡献下的 5 个三级指标的平均得分率基本低于沪深 300，其中，盈利能力低 11.5 个百分点，偿债能力低 0.6 个百分点，成长能力低 0.7 个百分点，财务贡献低 8.0 个百分点。

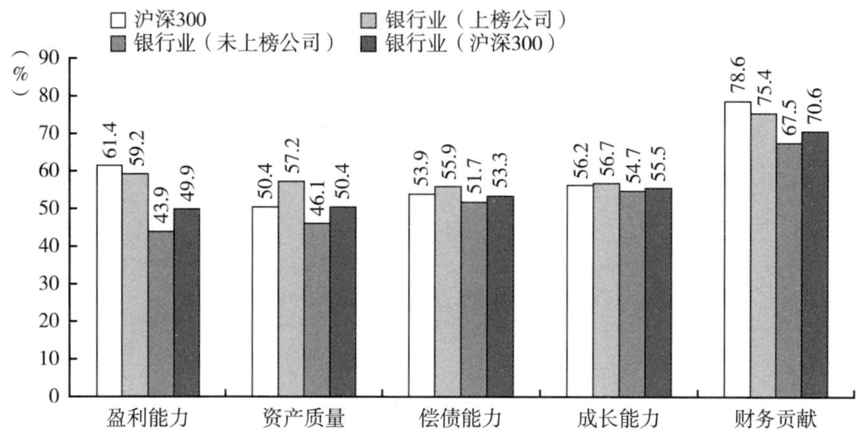


**图7　2021 年银行业经济贡献下三级指标平均得分率情况**

资料来源：社投盟。

上榜银行在经济贡献上的得分率均高于未上榜银行，其中，盈利能力高 15.3 个百分点，资产质量[①]高 11.1 个百分点，偿债能力高 4.2 个百分点，成长能力高 2.0 个百分点，财务贡献高 7.9 个百分点。

## （五）社会贡献表现尚可

如图 8 所示，在社会贡献平均得分率方面，银行业除三级指标合作伙伴比沪深 300 低 12.2 个百分点外，其他三级指标的平均得分率均高于沪深 300，其中，客户价值比沪深 300 高 2.5 个百分点，员工权益比沪深 300 高 7.4 个百分点，安全运营比沪深 300 高 0.8 个百分点，公益贡献比沪深 300 高 18.8 个百分点。

上榜银行在社会贡献上的平均得分率均高于未上榜银行，其中，客户价值高 7.6 个百分点，员工权益高 14.4 个百分点，合作伙伴高 11.0 个百分点，安全运营高 8.6 个百分点，公益贡献高 7.7 个百分点。

---

① 资产质量为银行业特色指标。

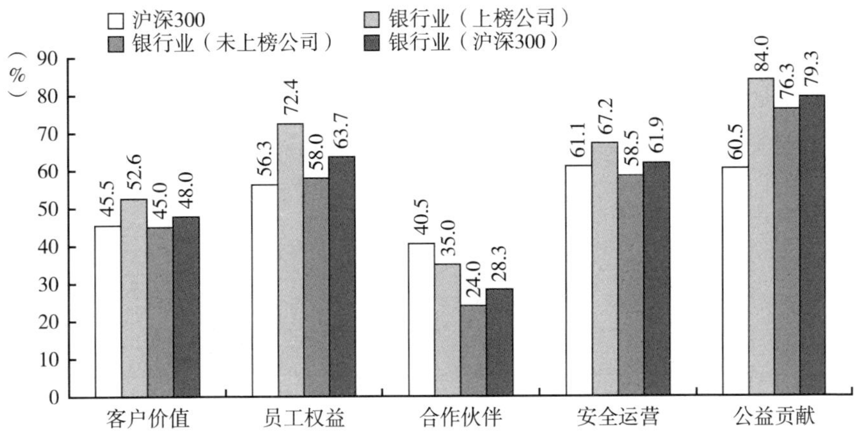


**图 8　2021 年银行业社会贡献下三级指标平均得分率情况**

资料来源：社投盟。

## （六）环境贡献居行业第一

银行业在环境贡献方面的表现行业领先，平均得分率居第 1 位。其中，环境贡献下的三级指标资源利用、生态气候均列全行业第 2 位。如图 9 所示，在环境管理方面，银行业的表现稍逊，比沪深 300 低 15.7 个百分点，资源利用和生态气候的表现则优于全行业，分别比沪深 300 高 40.6 个百分点和 29.3 个百分点。绿色金融是金融机构的特色指标，银行业的平均得分率为 100%，比沪深 300 金融机构高 13.8 个百分点。

上榜银行与未上榜银行在环境管理、资源利用上的平均得分率相近，在环境管理上上榜银行的平均得分率比未上榜银行高 4.7 个百分点，在资源利用上低 1.7 个百分点。不过，上榜银行在生态气候方面比未上榜银行表现得更出彩，平均得分率高出 35.8 个百分点。

① 绿色金融是金融机构的特色指标，按照申万行业分类金融机构分为银行业和非银金融业。

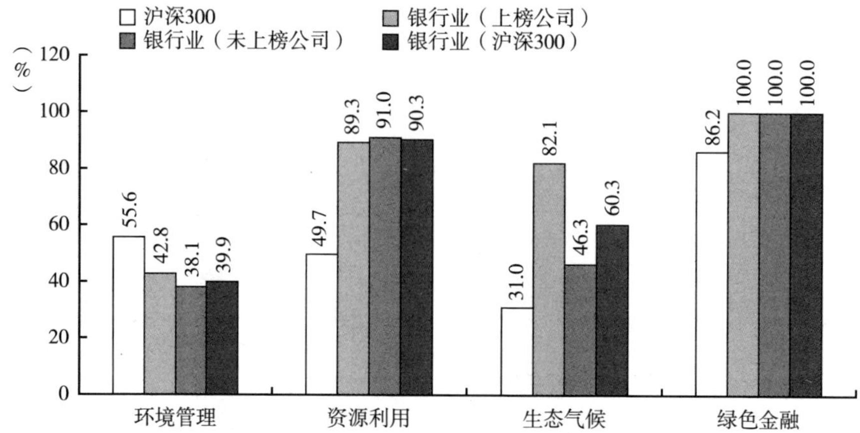


**图 9　2021 年银行业环境贡献下三级指标平均得分率情况**

资料来源：社投盟。

## 三　银行业可持续发展价值特征及贡献分析

本部分将从银行业在绿色金融、普惠金融等方面的表现，以及发展金融科技、升级风险管理体系、助力企业抗疫等方面的实践着手，分析银行业在推进中国可持续发展进程中作出的贡献。银行业对联合国可持续发展目标（SDGs）的贡献与本部分内容的对应情况见表 2。

**表 2　银行业对 SDGs 的贡献与本部分内容的对应情况**

| 目标序号 | 目标内容 | 本部分内容对应情况 |
|---|---|---|
| SDG1 | 无贫穷 | （二） |
| SDG2 | 零饥饿 | （二） |
| SDG7 | 经济适用的清洁能源 | （一） |
| SDG8 | 体面工作和经济增长 | （二）、（五） |
| SDG9 | 产业、创新和基础设施 | （二）、（三）、（四）、（五） |
| SDG11 | 可持续城市和社区 | （二）、（五） |
| SDG12 | 负责任消费和生产 | （四） |
| SDG13 | 气候行动 | （一） |
| SDG17 | 促进目标实现的伙伴关系 | （三） |

## （一）引导金融资源，推动绿色发展

绿色金融在政策制定、行业监管、金融机构竞合的三方驱动下，已经成为我国实现“双碳”目标的重要金融手段之一。在政策的鼓励下，银行业金融机构大力开展绿色信贷、绿色债券等相关金融服务，建立健全企业白名单等金融评价机制，在各个业务层面推进我国绿色金融发展。据银保监会统计，2020 年末，我国绿色信贷余额已经突破 11.59 万亿元人民币，居世界第一。国新网报道的数据显示，我国绿色债券存量约 1.2 万亿元人民币，位居世界第二。

1. 增长幅度明显，绿色信贷仍占主要地位

绿色信贷仍然是我国未来很长一段时间内最主要的绿色金融产品，是实体经济绿色低碳发展的主要资金来源。据银保监会统计，绿色信贷每年可支持节约标准煤超过 3.2 亿吨，减排二氧化碳当量超过 7.3 亿吨。沪深 300 银行业公司中除兴业银行外均披露了 2020 年绿色信贷余额数据，其中工商银行、农业银行、中国银行、建设银行、交通银行、邮储银行六大银行的绿色信贷余额总额已超过了全国绿色信贷余额的一半，占沪深 300 银行业的 83.43%。9 家上榜银行中，已披露数据的有 8 家，绿色信贷余额总额约为 3.59 万亿元，占银行业总体绿色信贷余额的 47.99%（见图 10）。

如图 11 所示，在已披露的绿色信贷余额占比方面，沪深 300 银行业公司的平均值为 5.10%，上榜银行业公司平均值为 5.34%，略高于沪深 300。上榜公司中，农业银行、南京银行占比均在 10%，数值最高。另外，国有银行的绿色信贷占比明显高于股份制商业银行。

随着绿色信贷的不断发展，其可持续发展成效不断显现。根据农业银行披露，其安徽分行用绿色信贷支持清洁能源领域项目近 80 个，项目年均节约标准煤约 400 万吨、减少二氧化碳排放约 1600 万吨。另外，南京银行披露了其有效改善长江沿线生态环境的情况，通过向某水利综合整治工程项目发放贷款，升级河坡防护以满足防洪除涝需求。

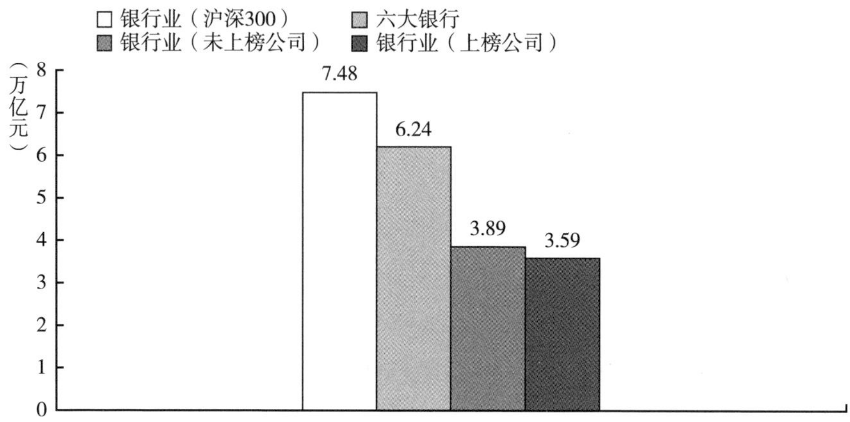


**图 10　银行业绿色信贷余额统计**

注：六大银行是指工商银行、农业银行、中国银行、建设银行、交通银行、邮储银行。
资料来源：沪深 300 银行财务报告及可持续发展报告、万得，社投盟整理。

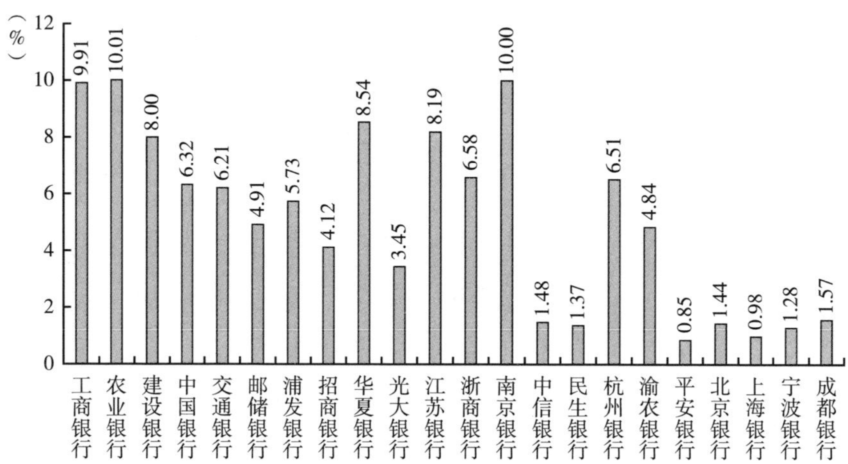


**图 11　沪深 300 银行业绿色信贷余额占比情况**

资料来源：沪深 300 银行财务报告及可持续发展报告、万得，社投盟整理。

2. 细化市场需求，绿色金融产品多元化

银行业积极响应国家政策，将绿色发展理念融入公司战略。例如，建设银行提出“将绿色金融放在更加突出的战略位置”；平安银行在发布的《三年发展战略规划（2020－2022）》中明确指出要深入推进绿色金融，打造绿色银行。与此同时，伴随银行业金融机构在绿色金融领域的不断探索，其金融产品呈现快速和多元化发展态势。如表3所示，多家上榜公司细化了市场需求，从绿色转型升级、环境保护等角度推出了多款绿色金融产品，丰富了产品线。比如，农业银行承销的全国首单工业污水收费收益权质押的绿色ABN①，以污水处理厂作为基础资产，可完成年减排化学需氧量（COD）2753.32吨、总磷（TP）9.59吨、氨氮含量（NH3-N）120.03吨。邮储银行推出的“碳汇贷”产品，支持苦竹的生产与经营。苦竹生态系统具有突出的生态调节作用，“碳汇贷”2020年所支持的竹林年固碳量约9500吨，取得了较好的环境效益。

**表3　上榜银行创新性绿色金融产品摘录**

| 银行名称 | 商品名称 | 投资领域 |
|---|---|---|
| 建设银行 | 承销市场首单银行间市场绿色建筑熊猫债、首批碳中和绿色债券、首笔“美丽城镇”绿色债券 | |
| 邮储银行 | 创新开发“碳汇贷”等产品 | 支持苦竹的生产和经营 |
| 农业银行 | 主承销国内首单工业污水收费收益权质押的绿色ABN；发放生态修复贷、“绿色金融制造贷” | 环境治理；绿色制造；生态保护 |
| 南京银行 | “逸稳”绿色金融理财产品；光伏贷；固废贷；排污权质押贷款 | 环保节能；清洁能源；环境治理 |
| 民生银行 | 主承销国开行首单“应对气候变化”专题“债券通” | 低碳运输等绿色项目 |
| 兴业银行 | 首款ESG产品；绿票通；绿创贷；绿色防疫债 | 绿色转型；扶持绿色企业；环境治理 |
| 光大银行 | 发行深圳首单“双绿”资产支持票据 | |

资料来源：沪深300银行财务报告及可持续发展报告，社投盟整理。

## （二）服务小微企业，加强普惠金融

对于小微企业，《关于进一步强化中小微企业金融服务的指导意见》明确指出商业银行可以通过基于专项信贷计划、金融科技手段等，提升中小微

① 新苏环保产业集团有限公司2020年度第一期绿色资产支持票据规模5.55亿元。

企业金融服务能力。2020 年，银行继续加大普惠小微企业服务力度，不断完善公司策略，推进科技平台应用，普惠贷款可得性逐年提升。

对于农村客群，国家战略已从全力支持脱贫攻坚转向全面推动乡村振兴，《关于实现巩固拓展脱贫攻坚成果同乡村振兴有效衔接的意见》明确指出二者衔接为国家的重点工作，其中“持续改善脱贫地区基础设施条件”“进一步提升脱贫地区公共服务水平”等尤为重要。2020 年，银行业线上平台发展迅速，线下布局有待进一步优化。

1. 主动降息缩减流程，普惠贷款可得性逐年上升

在普惠金融方面，银行业金融机构单列小微企业专项信贷计划，即普惠型小微贷款，通过主动贷款降息、适当下放审批权限、加速审批流程等方式，增加小微企业贷款可得性。银保监会数据显示，2019 年，普惠型小微贷款达到 11.67 万亿元，2020 年达到 15.27 万亿元，增速为 30.85%，继续保持较快增长趋势。截至 2021 年 6 月末，我国银行业普惠型小微贷款约 17.75 万亿元，同比增长 29.28%。①

2020 年上榜银行普惠型小微企业贷款余额如表 4 所示。其中，建设银行、农业银行、邮储银行表现突出，贷款余额均超过 8000 亿元，前两者的贷款余额增速超过 50%，分别达到了 50.50% 和 62.30%，兴业银行的增速也十分迅猛，高达 61.25%。

**表 4　2020 年“义利 99”上榜银行的普惠型小微企业贷款余额及增速**

单位：亿元，%

| 银行 | 普惠型小微企业贷款余额 | 增速 |
|---|---|---|
| 建设银行 | 14500.00 | 50.50 |
| 招商银行 | 5306.50 | 17.06 |
| 平安银行 | 2828.30 | 38.80 |
| 邮储银行 | 8012.47 | 22.70 |
| 农业银行 | 9615.20 | 62.30 |

① 《2021 年银行业金融机构普惠型小微企业贷款情况表》，http：//www.cbirc.gov.cn/cn/view/pages/ItemDetail.html？docId＝1001072&itemId＝954&generaltype＝0。

续表

| 银行 | 普惠型小微企业贷款余额 | 增速 |
|---|---|---|
| 南京银行 | 507.94 | 32.65 |
| 民生银行 | 4527.62 | 12.00 |
| 兴业银行 | 2032.50 | 61.25 |
| 光大银行 | 2012.51 | 29.51 |

资料来源：沪深300银行财务报告，社投盟整理。

银行业基于普惠金融模式引入科技力量不断创新，从而提升普惠金融的可得性。以建设银行推出“建行惠懂你”App为例，该App为小微企业、个体工商户等普惠金融客户打造一站式金融服务平台，集在线精准测额、预约开户、贷款办理等功能于一体，让客户享受一站式线上化服务，便利地获得贷款。截至2020年末，“建行惠懂你”访问量突破1.1亿次，下载量超过1500万次，授信金额约4400亿元。

2. 落实金融扶贫方案，精准扶贫有效性不断提高

2020年，沪深300的23家银行中共有14家披露了精准扶贫贷款余额①，上榜公司披露比例更大，9家银行中有7家披露了相关数据。沪深300已披露的14家银行的精准扶贫贷款余额达到1.21万亿元，其中上榜的7家银行达到7615.13亿元，约占62.85%。农业银行占39.91%，是已披露银行中精准扶贫贷款余额最大的银行。

农业银行创新推出金融扶贫产品27款，在国家扶贫重点县实施25种金融扶贫模式，满足各地扶贫企业和贫困户差异化融资需求。例如，其西藏分行根据高原产业特点，推出“牦牛贷”“青稞贷”“藏茶贷”“幸福家园贷”等惠农产品，截至2020年底，20余款特色产品累计发放贷款2.81亿元；截至2020年底，西吉支行发放“惠农e贷”子产品3.9亿元，将所在县传统农业产业化，贷款覆盖西吉县1/3的农户，带动近万名农户实现脱贫致富。

① 统计过程中，年报中披露涉及金融精准扶贫贷款余额、扶贫贷款余额等均算作精准扶贫贷款余额。

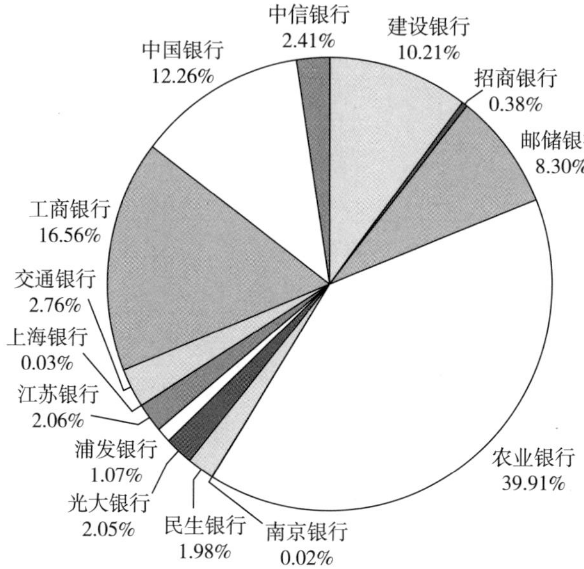


**图 12　沪深 300 公司 2020 年精准扶贫贷款余额占比**

资料来源：沪深 300 银行财务报告及可持续发展报告，社投盟整理。

3. 构建线上金融体系，基层建设系统化仍待加强

为了保障小微企业和农村客群的金融服务效果，银行进行线上线下多方位布局。线上布局可加速小微企业获得贷款，并通过金融科技优化信贷审批发放流程，减少信息不对称，提高客户识别和信贷投放能力，在一定程度上缓解了小微企业“融资难”的问题；对于农村客群，银行发展农村数字普惠金融，农民可通过线上金融平台享受多样化的涉农产品，如表 5 所示。

**表 5　上榜银行针对小微企业及农村客群的金融科技助力方案**

| 银行 | 金融科技助力小微企业与农村客群 |
| --- | --- |
| 建设银行 | “建行惠懂你”向智能的综合金融服务终端迈进<br>“裕农通”乡村振兴综合服务平台实现“政务 + 生态 + 金融”的全场景线上自助服务 |
| 招商银行 | 招贷 App：小微用户可完成贷款申请、押品估值、视频实调及在线审批，贷款最快于申请当日发放 |
| 平安银行 | 小企业数字金融，打造数据征信金融服务体系<br>新一贷，降低融资成本<br>数字口袋，助力提效降本 |

续表

| 银行 | 金融科技助力小微企业与农村客群 |
|---|---|
| 邮储银行 | “信易贷”实现小微企业客户全线上操作的“银政”合作模式<br>大力推进基于移动展业的小额贷款全流程数字化改造 |
| 农业银行 | “惠农 e 贷”网络融资产品实现农户全线上贷款流程<br>农村集体资金资产资源“三资”管理平台等多种数字化场景<br>推出“增信 e 贷”帮助企业通过企业网银在线完成贷款提款、还款等操作 |
| 南京银行 | 持续优化开展农业金融线上业务新模式——“鑫农保”模式 |
| 民生银行 | 打造特色农产品权益服务平台——民生农场<br>深圳分行推动互联网金融平台获客、审批、放款、贷后管理网络化 |
| 兴业银行 | “金服云”通过“金融 + 科技 + 数据 + 政策”有机融合解决中小微企业融资问题<br>推出“快易贷”“快押贷”“合同贷”“e 票贷”等小微企业线上融资系列产品 |
| 光大银行 | 推出普惠金融业务的自主大数据分析系统——阳光普惠智能运营系统<br>“阳光 e 粮贷”实现小微企业贷款全流程线上体验 |

资料来源：沪深 300 银行财务报告及可持续发展报告，社投盟整理。

在线下布局方面，银行加快贫困地区支付基础设施建设，扩大助农取款服务在贫困地区及乡村的覆盖面，持续深化农村支付服务环境体制建设，让农民享受更加全面的现代化金融服务。然而，贫困地区线下金融服务水平仍需进一步提高，在衡量线下布局的成果上，部分指标如县域网点，没有统一披露信息或规范化做法。上榜银行中，平安银行在这方面披露信息较为全面，“2020 年，平安银行新增网点 18 个，新增覆盖县域 14 个，累计覆盖 14 个省份的 89 个县域，为 330 万名农村客户提供金融服务，贷款余额 232 亿元，本年度增幅高达 41.24%”。

## （三）发展金融科技，引领“智慧浪潮”

2019 年 8 月，中国人民银行发布《金融科技（FinTech）发展规划（2019—2021 年）》大力推动科技赋能金融的创新工作。金融科技将人工智能、大数据、自然语言识别等科技技术与传统业务深度融合，加快银行业开展普惠金融、绿色金融、抗疫协助等工作向数字化、信息化、智能化方向转型，金融市场焕发创新型经济增长活力，最终服务实体经济发展。

1. 加大科技投入，金融科技发展势不可挡

国内银行业在金融科技领域的投入逐年增加，银行金融科技生态体系不断完善。如表6所示，2020年，沪深300中23家银行共有16家披露了科技投入数据①，银行业在不断加大对金融科技的研发投入，加强科技人才的招募，并积极成立金融科技子公司。截至2020年底，大型商业银行中，五大行（除邮储银行）均披露已成立科技子公司，股份制商业银行中，兴业银行、招商银行、光大银行、民生银行、华夏银行也已成立金融科技子公司，浦发银行正在筹备中。

招商银行营业收入的4.45%投向金融科技的研发与应用，在沪深300中占比最高，其甚至修订了公司章程，规定金融科技的投入预算比例不得低于上一年营业额的3.5%。数据显示，大多数银行的科技投入占营收的比例为2.0%~4.5%，2020年银行业科技投入增速加快，光大银行增速最高，为51.29%。在总投入规模上，工商银行和建设银行的金融科技投入分别高达238.19亿元和221.09亿元。银行业对金融科技的不断投入，体现了其对金融科技的重视，以及金融科技对银行业未来发展的重要性。

**表6　2020年沪深300银行在金融科技的资金投入**

单位：亿元，%

| 银行 | 科技投入 | 增速 | 占营业收入的比重 |
|---|---|---|---|
| 建设银行 | 221.09 | 25.38 | 2.93 |
| 招商银行 | 119.12 | 27.25 | 4.45 |
| 邮储银行 | 90.27 | 10.35 | 3.15 |
| 农业银行 | 183.00 | 43.08 | 2.78 |
| 民生银行 | 37.02 | —* | 2.10 |
| 兴业银行 | 48.62 | 36.38 | 2.39 |
| 光大银行 | 51.50 | 51.29 | 3.61 |
| 浦发银行 | 57.15 | 38.71 | 2.91 |
| 华夏银行 | 29.20 | 9.94 | 3.06 |
| 北京银行 | 22.00 | 22.20 | 3.40 |

① 统计过程中，年报中披露涉及数字化科技投入、信息科技投入、金融科技投入等均算为科技投入。

续表

| 银行 | 科技投入 | 增速 | 占营业收入的比重 |
|---|---|---|---|
| 上海银行 | 15.49 | 8.09 | 3.14 |
| 交通银行 | 57.24 | 13.45 | 2.85 |
| 工商银行 | 238.19 | 45.47 | 2.70 |
| 成都银行 | 6.29 | —** | 4.30 |
| 中国银行 | 167.07 | 43.36 | 2.95 |
| 中信银行 | 69.26 | 24.43 | 3.56 |

注："*"民生银行2020年年报中未披露具体投入数据。"**"成都银行2020年年报中未披露具体投入数据。

资料来源：沪深300银行财务报告，社投盟整理。

2. 建设智能平台，搭建基础提升各处效能

2020年，在疫情下，银行业线上金融服务发展迅速，积极打造智能数字化银行，涉及支付结算、信贷审批、投资理财等多种线下常规服务，在从办公到交易环节"无纸化""智能化"、为中小微企业带来更高效和快捷的金融服务、大幅降低疫情下人群聚集的风险等方面成效显著，不仅提升了银行运行效率、减少了信息不对称，也为节能降耗、绿色普惠等可持续发展方向搭建了基础性智能服务平台。

招商银行数字化运营的成绩突出，2020年招行App月活跃用户达6126.38万，掌上生活App累计用户数也达到1.10亿。其推行"非接触银行"服务，上线各类专业化服务场景，运用先进技术，在账户、外汇、支付结算等业务环节中替代了人工操作多达2723万笔；现金自助设备和银行卡的智能化管理，累计实现节约运营成本达到2448万元，全方位提高了银行业的管理经营效率。在对公企业客户的服务中，提供现金管理平台、发票云、AI智能客服等智能化服务，帮助对公客户实现数字化转型。

随着国家政策力度加大，银行业在绿色金融、普惠金融等可持续发展方面的评价体系逐步完善，金融科技作为"端口"使国家与行业联动，促进经济发展。

### （四）防范金融风险，智能风控升级

由于银行业掌握金融行业90%以上的资产，实现风险管控与经济收益

平衡发展、维护银行业金融体系的稳定十分重要。2020 年以来，结构调整和转型升级带来巨大风险，为迎接改革转型带来的挑战，防范化解金融风险，实现可持续经营，保证回报率，银行需通过不断完善各个层面的风险监控与预警机制，全面优化风控体系，以实现稳定运行。

1. 贯彻风险管理，加强金融系统稳定

银行业整体的资产质量有明显的改善。如图 13、图 14 所示，上榜银行整体的不良贷款率近五年呈现降低的趋势，截至 2020 年末均值仅为 1.29%。与此同时，上榜银行的资本充足率也逐年提升，2020 年末均值达到 14.72%。

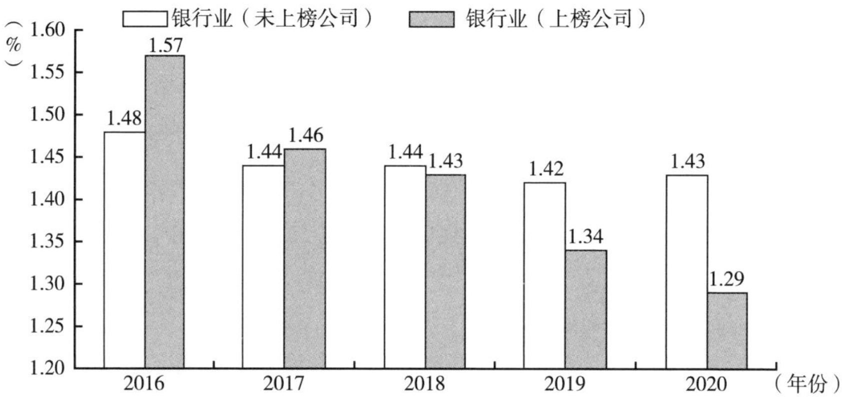


**图 13　2016～2020 年上榜银行与非上榜银行不良贷款率情况**

资料来源：沪深 300 银行财务报告，社投盟整理。

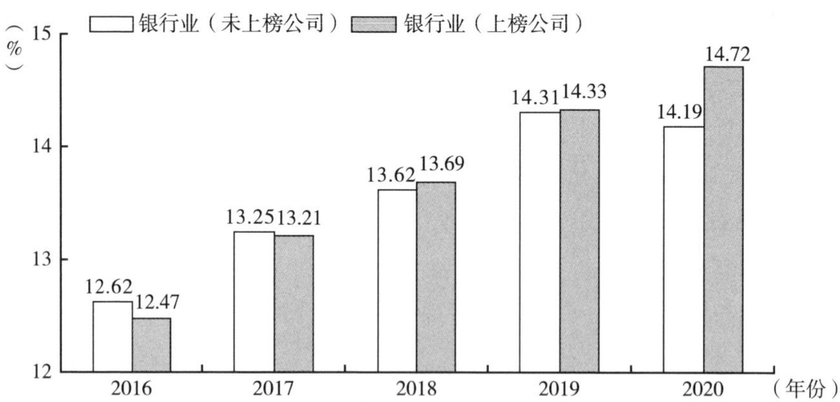


**图 14　2016～2020 年上榜银行与非上榜银行资本充足率情况**

资料来源：沪深 300 银行财务报告，社投盟整理。

根据沪深300银行业的信息披露，各银行均设立风险与管理委员会或相关部门，针对不同业务，对信用风险、市场风险、流动性风险、操作风险、信息科技风险等主要风险进行监督和评估。此外，银行业在防范化解金融风险方面进行方案及模式创新。例如，平安银行发挥互联网平台传播的优势，提示并引导社会公众自觉远离非法金融活动；与国际社会接轨，参与中国银行业协会的ESG与高质量发展课题研究，寻求更高质量的信息披露工具或方法与领先的实践，提升其有效防范和化解金融风险的能力。招商银行则化转型风险为新的投融资发展机遇，抓住实体经济绿色低碳转型的方向，大力发展绿色信贷、绿色债券等绿色金融业务；同时，为控制转型金融及实体经济面临的新风险，招行逐步探索建立防范和管理气候风险的相关机制，着手制定减缓和适应气候变化的方案。

2. 依托科技手段，促进风险防控升级

“智能风控”不仅是对银行传统风险管理体系的赋能提升，还对传统银行业在数字化智能化转型发展过程中遇到的新风险场景进行风险管控。为提升线上金融业务风险防范能力，银行业加速应用大数据处理、神经网络、区块链、人工智能等技术，以提高风控模型的准确度，完善模型的预警系统和及时干预防护机制。

如表7所示，“义利99”上榜银行打造了各自的智能风控系统，有针对性地利用金融科技提升传统风险管理的效率；加强网络安全风险管控以及加大信息数据的保护力度；保证用户私人信息、交易信息等数据资产安全。

**表7　上榜银行中出色的智能风控系统**

| 上榜银行 | 智能风控系统功能 | 智能风控系统效果 |
| --- | --- | --- |
| 建设银行 | ①智能风控嵌入B、C、G、M（内部管理）四端，打造移动风控、RPA、反欺诈、反洗钱四大能力<br>②线上业务风险排查系统（RSD）应用，覆盖普惠、住房金融、信用卡等业务条线，统一全行准入底线<br>③推广风险决策支持系统（RMD），有效提高基层机构风险监测分析能力 | 依托金融科技提升授信审批质效，全行信用额度平均审批耗时同比减少26.8% |

续表

| 上榜银行 | 智能风控系统功能 | 智能风控系统效果 |
|---|---|---|
| 招商银行 | 打造智能风控平台"天秤",以用户视角集成多个模块,整合打通底层系统数据,实现客户基础信息、风险信息、关系图谱信息一键查询,风险报告、预授信报告自动生成 | "天秤"将非持卡人伪冒及盗用金额比例降至千万分之三;对公智能预警系统对有潜在风险的公司客户预警准确率达75.21%,能够在客户不良前平均20个月发出预警信号,对新出现不良的覆盖率为86.75% |
| 平安银行 | 智慧风控平台:智能审批、智能控制、智能放款、智能预警、智慧分析和智能监控 | 国内银行业金融机构中首获2020年亚太区 Gartner 金融服务创新奖 |
| 邮储银行 | "金睛"信用风险监控系统,接入征信、反欺诈等数据,部署应用财务类、环境风险类等风险预警规则和模型,实施客户精准风险画像,开展智能化监控预警分析 | "金睛"系统接入电网电力数据,开展"国网智能图谱风控产品""基于链式传导的企业风险管理平台"等监管沙盒项目 |
| 农业银行 | 智能反欺诈平台实现对重点交易领域和农银 e 贷系列产品的统一监控,欺诈风险一体化管控模式日趋成熟 | 日均监测交易量2.5亿笔 |
| 民生银行 | 以"数据 + 模型"应用审批驱动新型民生民易贷及合作贷款业务发展,多渠道拓展整合合规有效的外部数据,搭建自主风控模型和策略体系 | 不良贷款率从0.92%下降到0.52%,场景化自主风控消费金融规模同比增长21.17% |
| 光大银行 | 阳光预警平台广泛应用于贷前、贷中和贷后的授信管理全流程,帮助经营单位解决授信管理信息不对称、信息滞后等问题 | 启用预警模型143个,黑灰名单40张,实现公司、零售、金融市场、资产管理全业务板块统一监测,共监测法人及零售客户2748.70万户 |

资料来源：沪深300银行财务报告及可持续发展报告，社投盟整理。

### （五）应对疫情新举措，协助企业恢复生机

保障金融服务的顺畅，维持银行服务的稳定，在疫情期间显得尤为重要。2020年，中国人民银行会同有关部门出台了30项金融支持疫情防控的专门措施，分层次、有梯度推出3000亿元抗疫保供再贷款、5000亿元

复工复产再贷款和 1 万亿元普惠性再贷款再贴现，有力支持了统筹疫情防控和经济社会发展。[①] 对此，银行积极开展贷款利息及本金延期业务。根据年报披露，2020 年报告期内招商银行累计办理延期还本付息的客户贷款金额为 1525.72 亿元；农业银行累计为超过 8 万户、10.9 万笔到期贷款实施延本延息，金额达 1316 亿元；南京银行通过转贷、续贷、减息、降费等多种方式，全年为超 4000 户中小企业办理了延期还本，本金累计总额近 500 亿元，减费让利 20 亿元；兴业银行共为 19.8 万名受疫情影响客户提供延期还款服务，涉及余额 59.24 亿元。

同时，银行业积极为客户提供临时性服务、建设绿色服务通道及创新服务模式，保证受困行业能够通过银行服务平稳渡过疫情这一艰难时期。例如，光大银行出台关于批发零售、住宿餐饮、物流运输、文化旅游等受疫情影响较大行业[②]的服务指导意见，制定受困行业重点支持企业白名单，全年针对四大受困行业表内外累计投放资金超过 2600 亿元。根据疫情下的新市场环境及需求，结合防疫实际情况，银行业积极开辟疫情相关的创新型服务与产品，解决客户面临的实质性困难，具体如表 8 所示。

**表 8　上榜公司疫情相关创新产品及服务（部分）**

| 银行名 | 产品名 | 产品主要特点 |
|---|---|---|
| 南京银行 | 南京农副（疫情防控债） | 5 亿元成功发行，全国首单农副产品保供疫情防控中期票据，也创下了同评级、同期限、同品种利率新低 |
| | “鑫农保”业务 | 累计发放贷款近 2 亿元，为超 80 家下游客户解决了复工前期融资需求问题 |
| | 疫情定制类产品“同鑫贷” | 报告期内已实现超 10 亿元投放。针对疫情保障类客户，企业可凭有效的采购订单，获得最高 1000 万元的信用贷款，享受优惠、便捷、特事特批 |

① http：//www.pbc.gov.cn/redianzhuanti/118742/4122386/4122510/4162288/index.html.

② 政策指出，受疫情影响较大的困难行业企业，包括交通运输、餐饮、住宿、旅游（指旅行社及相关服务、游览景区管理两类）四大类。

续表

| 银行名 | 产品名 | 产品主要特点 |
|---|---|---|
| 建设银行 | “云义贷”专项产品 | 针对受疫情影响的企业，特别是医疗全产业链的新特征，精准助力小微企业复工复产 |
| 兴业银行 | 承销“疫情防控债” | 共计182.86亿元，先后落地全国首批和湖北省首单疫情防控债、市场首单疫情防控资产证券化产品等 |
| 光大银行 | “助力湖北　为鄂下单”“爱心助农”专区 | 以全场助农帮助解决因疫情导致的湖北地区及集团定点扶贫地区农畜产品滞销难卖等问题，仅一个多月共销售湖北农产品7.19万件，销售额563.42万元，占所有100余家中央和国家机关销售湖北农产品总和的10.58% |

资料来源：沪深300银行财务报告及可持续发展报告，社投盟整理。

综上，在应对疫情方面，银行业通过创新业务模式，发挥服务平台作用，实现降低企业融资成本、协助企业顺利复工复产等重要目标。

## 四　银行业可持续发展价值展望

根据“十四五”规划，银行业应在深化改革、完善治理结构、提高治理能力、化解金融风险等方面继续努力。2020年银行业整体表现良好，实现了“稳金融”的基础性职能，依照政策指引，遵循了国家产业指导的要求；制定了严格的流程管理办法；设立了绿色、普惠等相关指标；大力发展金融科技、评估重大风险等，为信贷等工作保驾护航，为经济、社会及环境的可持续发展做出了应有的贡献。

2021年，乡村振兴是我国进一步巩固拓展精准扶贫成果的重点，接续推动脱贫地区发展和乡村全面振兴，已成为银行业的重要业务方向。同时，银行业持续深化绿色金融体系建设。2021年7月起，中国人民银行负责对24家主要银行需开展绿色金融评价工作，由绿色信贷评价向绿色金融评价方案的转变使得绿色金融评价体系更加完善。随着银行业在绿色金融领域的产品更加丰富，未来绿色信贷可能出现总额度提升但其在绿色金融业务中占比下降的趋势。开展评价工作对银行业绿色金融的发展起到监督和促进的作用，当前政策只适用于我国境内的绿色金融产品，依据本报告的分析结果，随着此领域的发展，绿色金融将很快迈入更加系统化、标准化、国际化的时代。此外，2021 年《银行保险机构公司治理准则》首次列出 10 条良好公司治理标准，风险管理与金融科技的相关政策中尤为强调互联网渠道的管理，银行业需在大力发展科技的同时，将科技升级与风险管理体系相结合，确保行业安全稳定的运行。

## 参考文献


Cheng, X. , Degryse, H. , " The Impact of Bank and Non-bank Financial Institutions on Local Economic Growth in China," *Journal of Financial Services Research*, 2010 (37) .

潘敏、缪海斌：《银行信贷、经济增长与通货膨胀压力》，《经济评论》2010 年第 2 期。

苏冬蔚、连莉莉：《绿色信贷是否影响重污染企业的投融资行为?》，《金融研究》2018 年第 12 期。

朱向东、朱晟君、黄永源、黄海峰：《绿色金融如何影响中国城市环境污染？——以雾霾污染为例》，《热带地理》2021 年第 1 期。

Ambec, S. , Cohen, M. , Elgie, S. and Lanoie, P. , "The Porter Hypothesis at 20: Can Environmental Regulation Enhance Innovation and Competitiveness?" *Review of Environmental Economics and Policy*, 2013 (1) .

王娇阳：《我国绿色金融发展中存在的问题及对策研究》，《财税金融》2021 年第 3 期。

北京绿色金融与可持续发展研究院、保尔森基金会：《金融科技推动中国绿色金融发展：案例与展望（2021 年）》，2021 年 6 月 18 日。

# 附录

附表1　银行业“义利99”上榜公司名单

| 公司名称 | 排名 | 申万一级行业 | 申万二级行业 |
|---|---|---|---|
| 建设银行 | 27 | 银行 | 银行 |
| 招商银行 | 34 | 银行 | 银行 |
| 平安银行 | 42 | 银行 | 银行 |
| 邮储银行 | 57 | 银行 | 银行 |
| 农业银行 | 69 | 银行 | 银行 |
| 南京银行 | 79 | 银行 | 银行 |
| 民生银行 | 82 | 银行 | 银行 |
| 兴业银行 | 83 | 银行 | 银行 |
| 光大银行 | 93 | 银行 | 银行 |

附表2　沪深300披露绿色信贷数据摘录

单位：亿元，%

| 银行 | 绿色信贷余额 | 同比增加 | 总贷款余额 | 绿色信贷占比 |
|---|---|---|---|---|
| 工商银行 | 18457. 19 | 36. 64 | 186243. 08 | 9. 91 |
| 农业银行 | 15149. 00 | 27. 20 | 151361. 21 | 10. 01 |
| 建设银行 | 13400. 00 | 13. 96 | 167457. 68 | 8. 00 |
| 中国银行 | 8967. 98 | 21. 59 | 141814. 73 | 29. 14 |
| 交通银行 | 3629. 09 | 21. 59 | 58484. 24 | 6. 32 |
| 邮储银行 | 2809. 36 | 10. 51 | 57162. 58 | 6. 21 |
| 浦发银行 | 2600. 00 | 15. 47 | 45339. 73 | 4. 91 |
| 招商银行 | 2071. 33 | 15. 04 | 50291. 28 | 5. 73 |
| 华夏银行 | 1800. 43 | 17. 17 | 21089. 93 | 4. 12 |
| 光大银行 | 1037. 23 | 125. 49 | 30094. 82 | 8. 54 |
| 江苏银行 | 984. 02 | 14. 36 | 12016. 09 | 3. 45 |
| 浙商银行 | 785. 26 | 14. 48 | 11942. 62 | 8. 19 |
| 南京银行 | 674. 71 | 45. 75 | 6745. 87 | 6. 58 |
| 中信银行 | 661. 95 | 50. 76 | 44733. 07 | 10. 00 |
| 民生银行 | 526. 69 | 1. 61 | 38539. 31 | 1. 48 |
| 杭州银行 | 314. 83 | 63. 29 | 4836. 49 | 1. 37 |
| 渝农商行 | 245. 67 | 95. 16 | 5078. 86 | 6. 51 |
| 平安银行 | 227. 00 | 36. 43 | 26662. 97 | 4. 84 |

续表

| 银行 | 绿色信贷余额 | 同比增加 | 总贷款余额 | 绿色信贷占比 |
|---|---|---|---|---|
| 北京银行 | 225.00 | -9.92 | 15677.21 | 0.85 |
| 上海银行 | 107.87 | -21.20 | 10981.24 | 1.44 |
| 宁波银行 | 88.36 | 15.11 | 6877.15 | 0.98 |
| 成都商行 | 44.37 | 17.42 | 2830.93 | 1.28 |

资料来源：沪深300银行财务报告及可持续发展报告、万得，社投盟整理。

# B.5
# 2021年沪深300上市公司医药生物行业可持续发展价值评估

摘　要：本报告以医药生物行业发展情况为背景，以2020年沪深300中的38家医药生物公司为样本，探讨医药生物行业可持续发展价值。“义利99”上榜医药生物公司共10家，本年度医药生物行业可持续发展价值评估表现稳定，在26个行业中排名第9，其可持续发展价值特点如下：在目标丨驱动力与社会贡献方面表现欠佳，方式丨创新力与环境贡献成效平平，经济贡献较为突出。医药生物行业响应联合国可持续发展17项目标，助力其中11项目标的实现，做出了一系列贡献：研发相关人才与资金投入较大；数字化应用、“互联网+”发展与AI等高新技术与业务逐步融合；政策响应度处于高水平；节能减排与环保建设成效明显。在2020年抗击新冠肺炎疫情中，医药生物行业也担负起了相当的责任，表现出色。

关键词：医药生物　研发创新　数字化应用　健康中国

## 一　医药生物行业概况

根据申万行业分类标准，医药生物行业可细分为6个二级行业。截至

2021 年 6 月 30 日，沪深 300 中共有 38 家医药生物行业公司。2021 年 “义利 99” 榜单中共有医药生物公司 10 家，较上年增加 5 家，行业上榜公司数量变化较大。

**表 1　行业上市公司分布情况**

| 一级行业 | 二级行业 | A 股 | 沪深 300 | “义利 99” |
|---|---|---|---|---|
| 医药生物 | 化学制药 | 119 | 8 | 2 |
| | 中药 | 71 | 4 | 2 |
| | 生物制品 | 47 | 10 | 1 |
| | 医药商业 | 28 | 3 | 0 |
| | 医疗器械 | 93 | 7 | 1 |
| | 医疗服务 | 27 | 6 | 4 |

资料来源：万得，社投盟整理。

## （一）医药生物行业现状

### 1. 供需端保持双向增长

医药生物行业与人的生命健康息息相关，其需求端受人口结构、疾病演变等相关因素影响。在人口结构方面，国家统计局数据显示，我国 2010～2020 年 65 岁以上的老龄人口数从 1.19 亿（8.90%）增至 1.91 亿（13.50%）。而据联合国统计司（United Nations Statistics Division）统计，同期世界老龄人口数从 5.27 亿（7.57%）增至 7.28 亿（9.33%）。相较于世界老龄人口占比，我国老龄人口占比较高，人口老龄化程度较深。在疾病方面，根据世界卫生组织国际癌症研究机构数据，我国食管癌、胃癌、肺癌等恶性肿瘤发病率远高出世界平均水平，2020 年我国癌症死亡人数高达 300 万人，占全球癌症死亡总人数的 30%。随着生活水平提升，人们更重视健康，我国对医药、医疗的需求会不断增加（见图 1）。

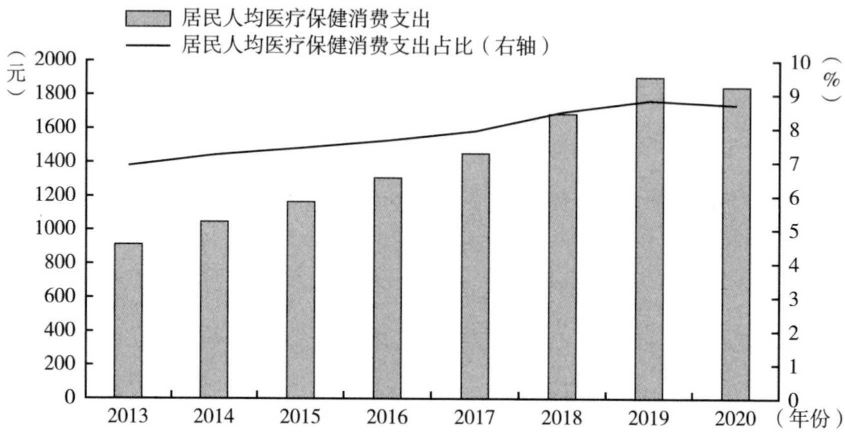


**图1　2013～2020年我国居民人均医疗保健消费支出及其占比情况**

注：居民人均医疗保健消费支出占比为居民人均医疗保健消费支出占人均可支配收入的比例。

资料来源：国家统计局，社投盟整理。

我国医药供给端逐步增加。以医疗卫生机构及床位数为例，近年我国每万人拥有医疗资源逐年增加（见图2）。

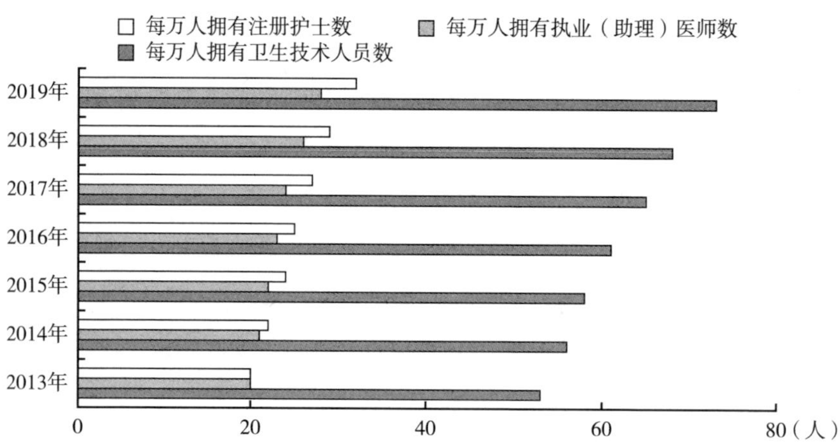


**图2　2013～2019年我国每万人拥有医疗资源情况**

资料来源：国家统计局，社投盟整理。

2. 新冠肺炎疫情下的机遇和挑战

新冠肺炎疫情对医药生物行业影响较大。医药生物行业大部分资源向抗疫倾斜，一定程度上影响了非疫情相关医药的研发和生产。2020 年起，医药生物行业对新冠检验试剂、疫苗、药物等相关研发投入和生产投入激增。

疫情对行业的冲击涉及全产业链，隔离停工措施促使行业改进升级供应模式，更加重视“互联网+”数字化医疗产业链的建设，重塑整个产业链上下游生态，构造全新医药商业模式。同时，短时间对抗新冠肺炎疫情的制药和研发疫苗需求，以及对抗变异新冠病毒需求，使我国更加重视药物的创新和医疗资源的整合。

疫情使检测试剂、治疗器械和药物、疫苗等需求激增，从证券市场看，相关二级行业如生物制品、医疗器械等受益较多，中药行业则受到较大负面影响（见图 3）。

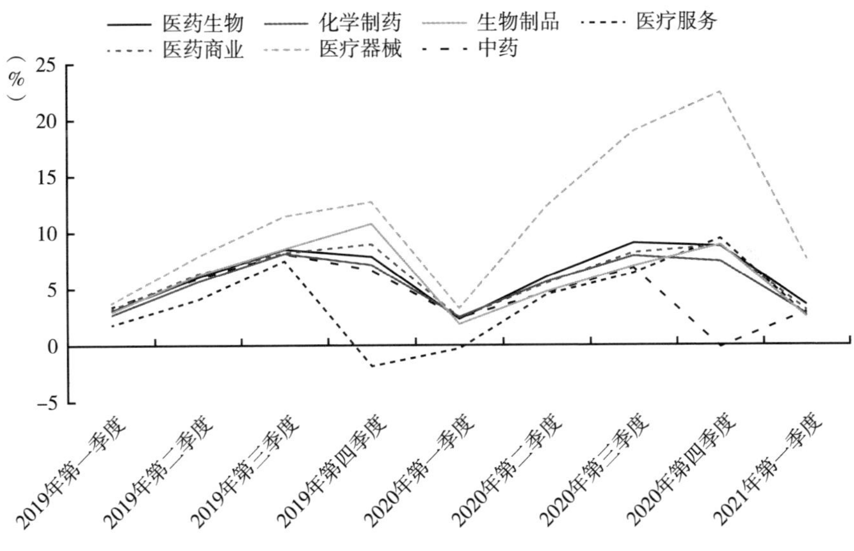


**图 3　我国医药生物子行业净资产收益率（整体法）情况**

资料来源：万得，社投盟整理。

3. “健康中国+医保改革”指引医药生物行业未来发展

“健康中国”是习近平主席 2017 年 10 月 18 日在党的十九大报告中提出

的重要发展战略。人民健康是民族昌盛和国家富强的重要标志。2019 年 7 月，国务院印发《国务院关于实施健康中国行动的意见》，成立健康中国行动推进委员会，出台《健康中国行动组织实施和考核方案》，从政策上保障"健康中国"的推行。[①]

不断改革精进的医疗保险制度与"健康中国"战略并驾齐驱，为国民健康生活护航：截至 2020 年末，全口径基本医保人数达 136100 万人，参保覆盖面稳定在 95% 以上。其中参加职工基本医疗保险人数 34423 万人，同比增加 1498 万人，增幅 4.6%；参加城乡居民基本医疗保险人数 101677 万人，同比减少 806 万人，降幅 0.8%。[②] 2020 年，我国也实施了一系列健全体系、服务民生的医保制度改革，为公民的健康生活予以保障。

2020 年，我国在疫情下出色的管控与防治已然体现了制度的优越与医疗系统的有效性。2021 年，我国正式开展了新冠病毒疫苗全民免费接种工作，截至 9 月 7 日，全国新冠病毒疫苗已累计接种超过 21 亿剂次。

无论是"健康中国"的宏观战略，还是医保制度的细分政策，都将对医药生物行业产生深远影响。习近平主席提出的"普及健康生活、优化健康服务、完善健康保障、建设健康环境、发展健康产业"五大核心更是对医药生物行业做出了指导与要求，全行业向着响应政策、扎根实际的方向迈进。

## （二）医药生物行业相关政策

由图 4 可以看到，2011 年之前，医药生物行业处于快速发展期，收入累计增速呈现上升趋势。2011 年之后，随着"新农合"和城镇居民医保体系基本达到全覆盖，筹资水平开始上规模，医药行业面临的控费、降价等压力凸显，医药生物行业增速开始趋于平缓。2016 ~ 2021 年为改革政策密集落地期，公立医院改革、药监体系改革及药品耗材招标制度改革陆续推进，行业内部分化程度加深。

---

① http://theory.people.com.cn/n1/2018/0823/c413700 - 30246291.html.

② 《2020 年医疗保障事业发展统计快报》。

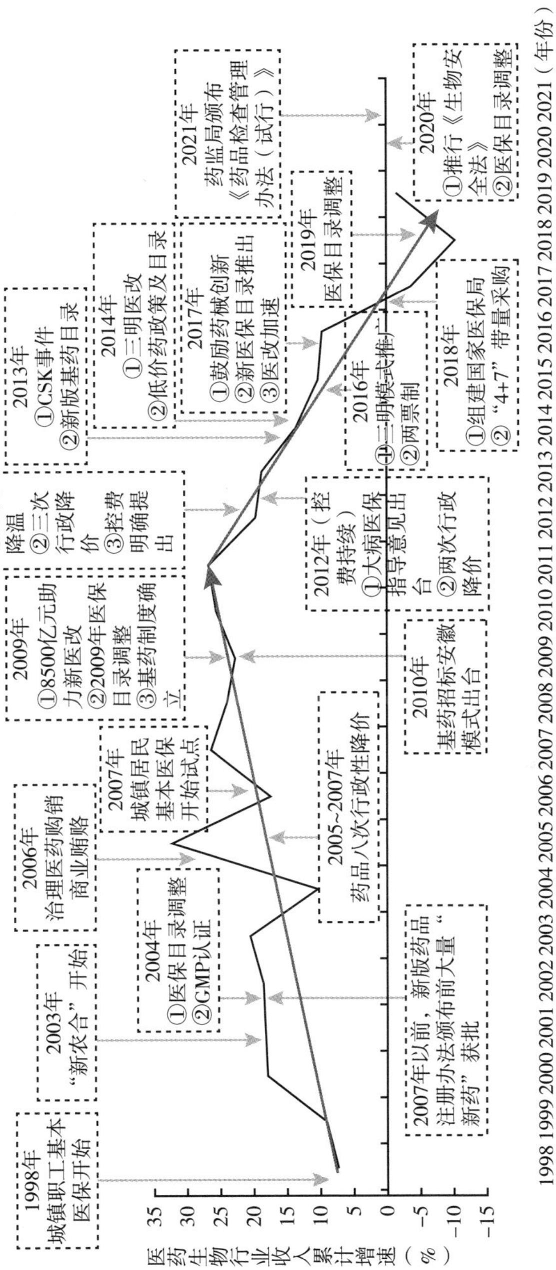


**图 4　医药生物行业收入累计增速和行业政策统计**

资料来源：万得、国家统计局、中国政府网、国务院官网、国家医疗保障局官网、国家卫健委官网，社投盟整理。

1. “十四五”规划引领医药变革

虽然我国仍然存在看病难、看病贵、医药控费及降价压力大、医保目录不全面不清晰、医药三方博弈激烈等问题，但近年我国医药生物行业不断发展，并按“十四五”规划推行变革，如医药创新促转型、普惠医药促民生、“三废”减排等（见表2）。

表2 “十四五”发展目标及医药生物行业发展特征

| “十四五”新目标 | 医药生物行业发展特征 |
| --- | --- |
| 经济发展取得新成效 | 更加重视产业的高级化、从仿制药到创新药的转型，并且“互联网＋数字化”被有效运用到行业全价值链，优化了产业链 |
| 改革开放迈出新步伐 | 我国对医药生物行业的监管、公司治理和信息披露的要求更加严格，有利于建立公平竞争制度 |
| 社会文明程度得到新提高 | 医药伦理在我国逐步受到重视，在新药研制和临床实验中更尊重生物生命，并加强法规约束和监督管理 |
| 生态文明建设实现新进步 | 医药生物公司更加重视环境的可持续发展，均采取相应“三废”减排、节约能源的举措，违反环境保护法律和规定的现象减少 |
| 民生福祉达到新水平 | “普惠健康”的概念深入全行业，许多医药生物公司在提升基础医药服务水平、健康扶贫工作中都作出了贡献；医疗保险制度也不断向全人群普惠的方向完善 |
| 国家治理效能得到新提升 | 众多医药生物公司在我国疫情初期作出积极响应，提升了我国突发公共事件应急能力，并为全球抗疫不断努力 |

资料来源：中国政府网，社投盟整理。

2. 立法鼓励生物科技创新

2020年10月17日国家通过《中华人民共和国生物安全法》（以下简称《生物安全法》），鼓励先进生物科技创新，发展生物产业。《生物安全法》在总则中第五条直接指出国家鼓励生物科技创新，同时，在第四章中明确强调了生物技术的研究、开发与应用安全，实现生物科技创新全流程监管。

表 3 《生物安全法》中生物科技创新相关内容

| 条例 | 具体内容 |
|---|---|
| 总则第五条 | 国家鼓励生物科技创新,加强生物安全基础设施和生物科技人才队伍建设,支持生物产业发展,以创新驱动提升生物科技水平,增强生物安全保障能力 |
| 第四章第三十五条 | 从事生物技术研究、开发与应用活动的单位应当对本单位生物技术研究、开发与应用的安全负责,采取生物安全风险防控措施,制定生物安全培训、跟踪检查、定期报告等工作制度,强化过程管理 |
| 第四章第三十七条 | 从事生物技术研究、开发活动,应当遵守国家生物技术研究开发安全管理规范 |
| 第四章第三十九条 | 国家对涉及生物安全的重要设备和特殊生物因子实行追溯管理。购买或者引进列入管控清单的重要设备和特殊生物因子,应当进行登记,确保可追溯,并报国务院有关部门备案 |
| 第四章第四十一条 | 国务院有关部门依法对生物技术应用活动进行跟踪评估,发现存在生物安全风险的,应当及时采取有效补救和管控措施 |

资料来源：中国政府网，社投盟整理。

3. 药品质量管理体系持续完善

为贯彻《药品管理法》《疫苗管理法》，进一步规范药品检查行为，推动药品监管符合疫情下新态势的需求，国家药监局于 2021 年 5 月组织制定了《药品检查管理办法（试行）》（以下简称《办法》）。此次制定的《办法》相较于 2019 年 8 月 26 日修订的《中华人民共和国药品管理法》，更进一步要求省级药品监督管理部门督促本行政区域内药品上市许可持有人等建立和完善药品质量保证体系，强化药品质量管理和风险防控能力，保障药品生产经营持续合法合规，切实履行药品质量主体责任。

《办法》作为药品检查领域的重要规范性文件，体现了我国对于药品监管的重视程度，也是帮助药品检查体制走向法治化、职业化的重要一步，有利于医药生物行业的健康发展，保障了公众的用药安全。

## 二　医药生物行业可持续发展价值评估

医药生物行业可持续发展价值评分是指对沪深 300 中 38 家医药生物上市公司的评分。2021 年行业评分概况如下。

38 家公司进入沪深 300（占比 12.67%）。

10 家公司上榜“义利 99”（占比 10.10%）。

28 家公司发布独立的社会责任报告。

数据完备度：67.54%，排名第 17/26。

可持续发展价值平均得分率 55.00%，排名第 18/26。

根据“义利 99”评估模型：

目标 | 驱动力平均得分率 50.63%，排名第 21/26。

方式 | 创新力平均得分率 51.12%，排名第 17/26。

效益 | 转化力平均得分率 57.66%，排名第 16/26。

评估亮点：偿债能力排名第 5/26，成长能力排名第 6/26，污染防控排名第 7/26。

评估暗点：业态影响排名第 25/26，财务贡献排名第 24/26，生态气候排名第 22/26。

可持续发展价值居前三的公司：①复星医药（600196. SH）；②白云山（600332. SH）；③华大基因（300676. SZ）。

可持续发展价值提升幅度前三的公司：①泰格医药（300347. SZ）；②沃森生物（300142. SZ）；③白云山（600332. SH）。

通过对评分数据的分析，我们发现医药生物行业的可持续发展价值评分具有以下特性。

## （一）目标 | 驱动力表现欠佳

2021 年医药生物行业目标 | 驱动力平均得分率为 50.63%，列全行业第 21 名，排名较为靠后。从目标 | 驱动力下 3 个二级指标平均得分率情况看，价值驱动列全行业第 21 名，比沪深 300 低 5.2 个百分点；战略驱动列全行业第 18 名，比沪深 300 低 4.8 个百分点；业务驱动列全行业第 20 名，比沪深 300 低 20 个百分点。

上榜与未上榜公司表现差异较大。价值驱动平均得分率方面，上榜公司比未上榜公司得分高 21.1 个百分点，在战略驱动和业务驱动平均得分率方面，上榜公司比未上榜公司分别高 8.0 个和 12.9 个百分点。

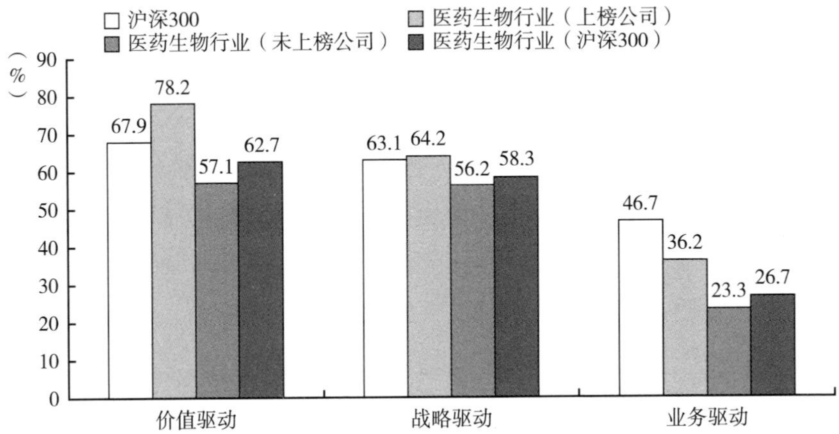


**图5　2021年医药生物行业目标｜驱动力下二级指标平均得分率情况**

资料来源：社投盟。

## （二）方式｜创新力水平一般

2019～2021年创新力相关指标中，医药生物行业平均得分率均逊于沪深300，在公司治理、创新能力与运营管理平均得分率方面分别低0.2个、2.0个、5.0个百分点。

上榜公司与非上榜公司差异较大，上榜医药生物公司的方式｜创新力三个指标的平均得分率均优于未上榜医药生物公司、医药生物行业及沪深300。

## （三）经济贡献整体表现良好

2021年医药生物行业经济贡献在全行业中排第9名，居前列。2019～2021年在沪深300经济贡献下各三级指标中，医药生物行业的运营效率、财务贡献的平均得分率均低于沪深300，分别相差6.8个、7.7个百分点，表现出较大差距；而盈利能力、偿债能力与成长能力的平均得分率则均高于沪深300，分别相差3.5个、13.6个、9.4个百分点，表现十分突出，由此可见医药生物公司在经济贡献方面的潜力。

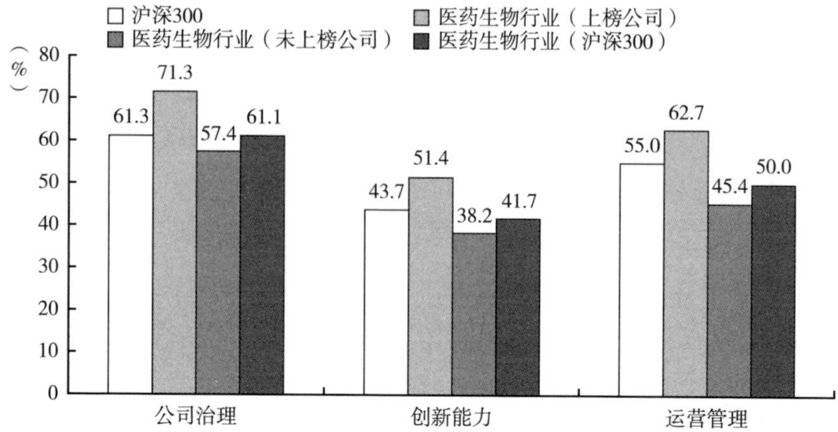


**图6　2021 年医药生物行业方式Ⅰ创新力平均得分率情况**

资料来源：社投盟。

上榜公司与非上榜公司在经济贡献细分指标中表现各有优劣，整体而言上榜公司更胜一筹。上榜医药生物公司的盈利能力、运营效率与财务贡献的平均得分率高于非上榜公司，但成长能力的平均得分率略低于非上榜公司，偿债能力的平均得分率则明显低于非上榜公司。

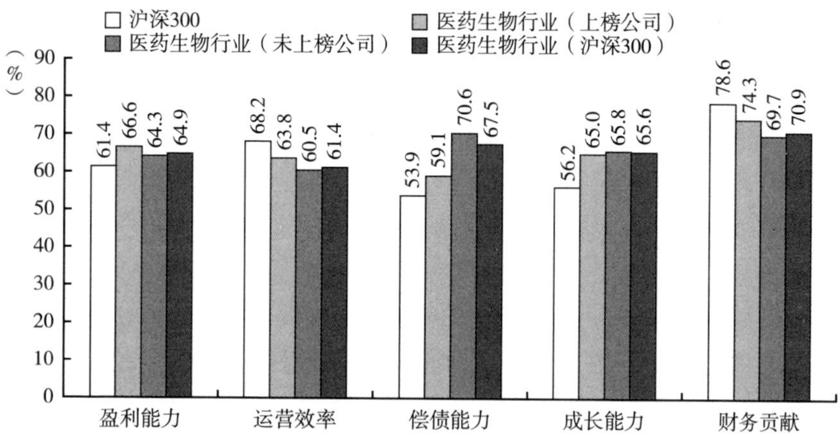


**图7　2021 年医药生物行业经济贡献下三级指标平均得分率情况**

资料来源：社投盟。

## （四）社会贡献总体表现欠佳

近三年来医药生物行业社会贡献在全行业中排第17名，处于中下游水平。2019~2021年在沪深300经济贡献下各三级指标中，医药生物行业除了公益贡献的平均得分率略高于沪深300外，客户价值、员工权益、合作伙伴和安全运营的平均得分率均表现出明显差距。其中员工权益和安全运营的平均得分率与沪深300均相差约5个百分点，由此可见医药生物公司整体在社会贡献方面还需做出进一步努力。

上榜公司与非上榜公司在社会贡献细分指标中表现有明显差距，所有社会贡献指标的平均得分率均为上榜公司更胜一筹。其中上榜医药生物公司在合作伙伴方面的平均得分率高出未上榜公司48.1个百分点，优势较明显。

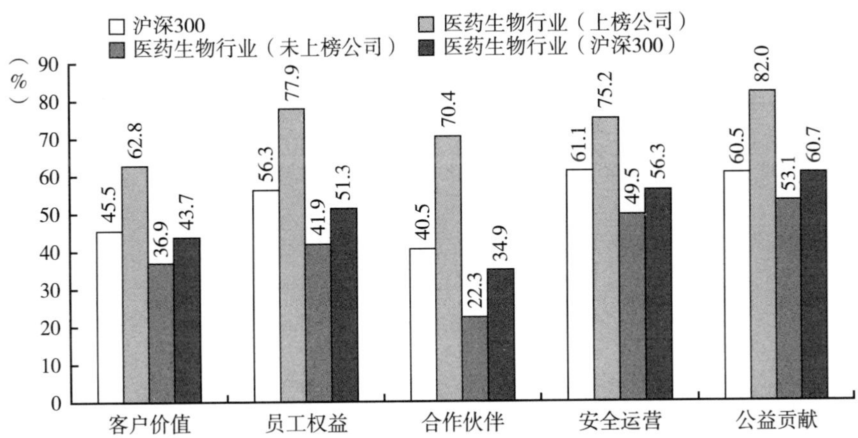


**图8　2021年医药生物行业社会贡献下三级指标平均得分率情况**

资料来源：社投盟。

## （五）环境贡献得分平平

近三年，医药生物行业环境贡献在全行业中排第15名，处于中游水平。

医药生物行业在资源利用及生态气候方面稍显不足，其中生态气候方面差距最大。但在环境管理和污染防控指标表现优异，污染防控的平均得分率较沪深300 高出 11.9 个百分点。

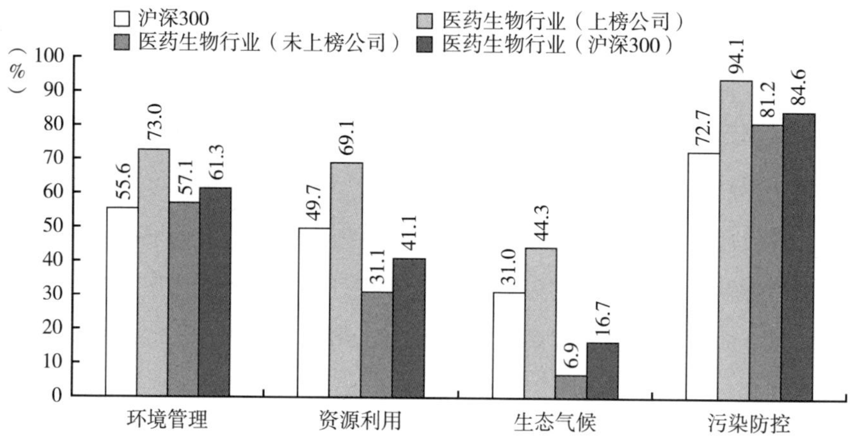


**图 9　2021 年医药生物行业环境贡献下三级指标平均得分率情况**

资料来源：社投盟。

上榜公司与非上榜公司在环境贡献细分指标中表现有明显差距，所有环境贡献指标的平均得分率均为上榜公司更胜一筹。其中上榜医药生物公司在生态气候方面的平均得分率高出非上榜公司 37.4 个百分点，优势较明显。

## 三　医药生物行业可持续发展特征及贡献分析

本部分将基于医药生物行业的研究发明、互联网及数字化方面的创新，以及发展普惠医疗、推进节能环保、抗击疫情等方面的表现，分析医药生物行业在推进中国可持续发展进程中作出的贡献。医药生物行业对联合国可持续发展目标（SDGs）的贡献与本部分内容的对应情况见表 4。

表4　医药生物行业对SDGs的贡献与本部分内容的对应情况

| 目标序号 | 目标内容 | 本部分对应情况 |
|---|---|---|
| SDG1 | 无贫穷 | （三）、（五） |
| SDG3 | 良好的健康与福祉 | （三）、（五） |
| SDG7 | 经济适用的清洁能源 | （四） |
| SDG8 | 体面工作和经济增长 | （一）、（二）、（五） |
| SDG9 | 产业、创新和基础设施 | （一）、（二）、（五） |
| SDG10 | 减少不平等 | （五） |
| SDG11 | 可持续城市和社区 | （五） |
| SDG12 | 负责任消费和生产 | （一）、（二）、（四） |
| SDG13 | 气候行动 | （四） |
| SDG14 | 水下生物 | （四） |
| SDG15 | 陆地生物 | （四） |

## （一）资金、人才供给稳步增长促进研发创新

研发创新是医药生物行业发展的核心竞争力，也是实现该行业可持续发展的重要因素之一。虽然医药生物行业研发创新具有回收周期长、研发投入大、研发结果难以预测等问题，有较大的研发风险，但许多公司逐渐采取应对措施，全行业资金和人才供给呈现增加趋势。

1. 研发投入逐年增长

我国医药生物行业正处于由仿制药向创新药转型的重要阶段，研发投入可以直接反映公司对医药创新的重视程度，由图10可见近年我国医药研发投入持续增长。

2018～2020年，医药生物行业平均研发投入均低于沪深300，上榜公司与沪深300之间的差距较大（见表5）。2020年公司财务报告显示，部分上榜公司研发投入同比明显增长。华大基因研发投入同比增长90.33%，片仔癀研发投入同比下降18.32%。2020年上榜公司研发投入占营业收入的比例同比整体有所下降，这与新冠肺炎疫情冲击有关。

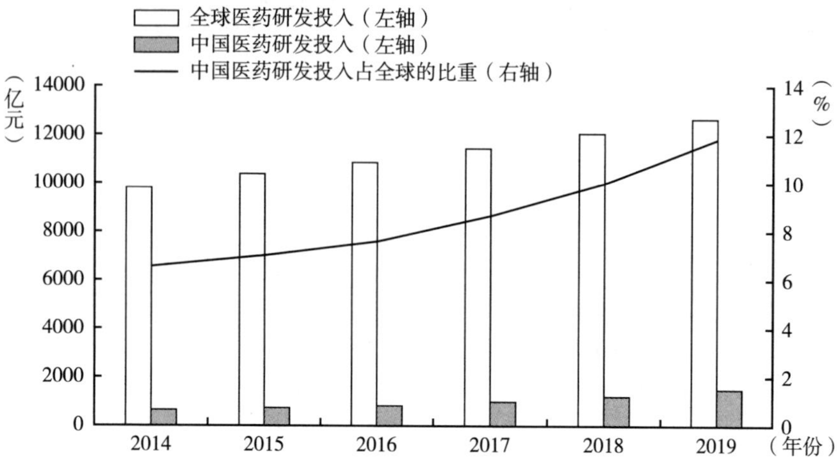


**图 10　2014～2019 年全球和中国医药研发投入情况**

资料来源：前瞻产业研究院，社投盟整理。

**表 5　2018～2020 年沪深 300 及医药生物公司平均研发投入情况**

单位：亿元

| 项目 | 2018 年 | 2019 年 | 2020 年 |
|---|---|---|---|
| 沪深 300 平均研发投入 | 14. 54 | 17. 64 | 20. 43 |
| 医药生物行业平均研发投入 | 4. 03 | 5. 10 | 6. 37 |
| 上榜医药生物公司平均研发投入 | 5. 60 | 7. 30 | 8. 37 |

资料来源：沪深 300 公司财务报告，社投盟整理。

2. 人才重视程度提升

创新驱动实质上是人才驱动，科研人员对创新发展起到重要推动作用，行业内公司对招募科研人员数量及要求逐渐提升，同时对培养人才、留住人才更加重视。2018～2021 年，上榜公司在人才重视度方面表现突出，医药生物行业研发人员平均数逐年上升，且仍有上升空间（见表 6）。

**表 6　2018～2020 年沪深 300 及医药生物公司研发人员平均数情况**

单位：人

| 项目 | 2018 年 | 2019 年 | 2020 年 |
| --- | --- | --- | --- |
| 沪深 300 研发人员平均数 | 3301 | 3506 | 3676 |
| 医药生物行业研发人员平均数 | 1118 | 1202 | 1446 |
| 上榜医药生物公司研发人员平均数 | 2338 | 2548 | 3030 |

资料来源：沪深 300 公司财务报告，社投盟整理。

上榜公司中，有 8 家公司研发人员数量有所上升，6 家公司研发人员数量占公司总人数的比例上升。同时，各公司招聘人员的学历水平总体有所提升，本科学历及以上人员占比增加。截至 2020 年末，泰格医药本科学历及以上人员占比居上榜公司首位，高达 86.21%。上榜公司中药明康德博士最多，达到 1141 人，占比 4.32%。

同时，医药生物公司重视激励及培养各类人才，其中，上榜公司采取了一系列多样化的人才措施（见表 7）。

**表 7　2020 年上榜公司主要人才措施**

<table>
<tr><th colspan="2">措施</th><th>上榜公司</th></tr>
<tr><td>尊重权益</td><td>明文指出严格遵守《劳动法》《劳动合同法》</td><td>华东医药、爱尔眼科、华大基因、白云山、华海药业、药明康德</td></tr>
<tr><td rowspan="3">职业发展</td><td>产学联合</td><td>泰格医药、华大基因、复星医药、华海药业、金域医学</td></tr>
<tr><td>4IN 战略</td><td>复星医药</td></tr>
<tr><td>人才晋升和绩效管理方案</td><td>药明康德、金域医学、华大基因、复星医药、片仔癀等</td></tr>
<tr><td rowspan="2">福利补贴</td><td>住房补贴</td><td>药明康德、金域医学等</td></tr>
<tr><td>股权激励</td><td>爱尔眼科、华大基因、泰格医药、药明康德、金域医学等</td></tr>
</table>

资料来源：上榜公司财务报告及可持续发展报告，社投盟整理。

## （二）“互联网＋数字化”层层覆盖推动产业升级

上榜公司凭借在数字化与“互联网＋”方面的投入与发展，接连实现数字化转型与互联网化应用，为医疗服务智能化、药物开发数字化、生物科研 AI 化做出了较大的努力。与此同时，通过使数字化科技与远程医疗结合，医药生物行业也在全时全面服务民生方面做出了行业的表率。在抗击新冠肺炎疫情期间，凭借产业升级与技术落实，医药生物行业贡献良多，为保卫人民的生命健康付诸行动。

1. 数字创新全面推进

数字化医疗是我国“十四五”规划的重点领域。医药数字化创新不是局限于某个环节、某项技术，而是从产业链全局视角，实现全流程、多项技术的融合创新。从医药原料供应到医药服务，数字化创新正在重塑整个行业的架构和价值链条，为人们提供更好的服务。相关统计数据显示，2016～2019 年，中国数字化医疗市场的用户渗透率由 38% 增长到 70%，对应的市场规模则由 110 亿元增长到 270 亿元。[①] 2020 年新冠肺炎疫情更是催化了医疗领域的数字化发展，尤其在临床试验遇到巨大挑战的情况下，数字化技术力量在危急时刻推动临床试验发展，新冠疫苗得以快速研发上市。

上榜的 10 家公司在数字化创新方面表现较为出色。2021 年，上榜公司的方式 | 创新力指标平均得分率为 61.14%，显著优于医药生物行业与沪深 300 平均水平，而上榜医药公司更是在数字化创新实践发展方面做出了努力。例如，爱尔眼科在 2020 年已初步建成较为完善的、满足眼科专科医院需求、具有爱尔特点的数字化体系，智慧医院功能日趋完备，医疗质量控制、人力资源、财务、审计风控、供应链、科研等集团管理方面的数字化程度大幅提升；而金域医学则将在 2021 年全面启动数字化转型系列工作，并在业界率先发布“医检 4.0”愿景，以疾病诊断和健康服务为中心，由数据和技术驱动实现医检服务全程智能化、生物医学与新一代信息技术融合创新、打造开放式创新平台。

2. 互联 AI 逐步推广

政府高度重视“AI + 医疗”发展，持续释放政策红利。从政策层面来

① 《医药数字化发展到了哪一步》，https：//news. yaozh. com/archive/33516. html。

说，2017 年国务院发布的《新一代人工智能发展规划》提出要推广应用人工智能治疗新模式、新手段，建立快速精准的智能医疗体系。①

互联网的应用不仅推动了医疗产业的发展，对于医保政策改革的深入与医保的普惠也起到了一定的协同作用。借助互联网营销渠道，减少了推广和销售的成本，缩短了产品迭代周期，应用大数据反馈机制，提高了百万医疗险的开发效率，使其缩短至仅需 15 ~ 30 天。

上榜公司在互联网与 AI 应用方面也表现出色，超过 50% 的上榜公司披露了 2020 年在互联网与人工智能应用方面的实践方案与措施，超 80% 的公司将互联网 AI 作为今后的重要发展方向。以复星医药为例，公司积极研发基于互联网的新医疗服务和产品，建设从社区到医院的服务网络，旗下多家医院已获得互联网医院牌照，构建线上与线下服务闭环；同时，在业务中台方面，建设以研发项目管理系统为核心的研发数字化平台；完成智能制造顶层设计和规划，形成智能工厂标准指南及星级工厂评价体系；打造依托于互联网医院和新零售的数智营销平台。

3. 远程医疗服务民生

医疗资源配置不均衡是一个全球性困境，乡村等偏远地区的老百姓看病难，治疗重大疾病需要前往城市的大医院，这也是我国致力于解决的一大医疗难题，随着条件逐渐成熟，远程医疗在我国开始兴起。

近年来，国家在远程医疗方面不断出台相关政策，从 2009 年的《关于深化医药卫生体制改革的意见》到 2018 年的《国务院办公厅关于促进“互联网 + 医疗健康”发展的意见》，可以看出我国政府对远程医疗事业的重视。其中《国务院办公厅关于促进“互联网 + 医疗健康”发展的意见》明确提出鼓励医疗联合体向基层提供远程会诊、远程心电诊断、远程影像诊断等服务。②

---

① 《国务院关于印发新一代人工智能发展规划的通知》（国发〔2017〕35 号），http：//www. gov. cn/zhengce/content/2017 - 07/20/content_ 5211996. htm，2017 年 7 月 20 日。

② 前瞻产业研究院：《2020 年中国远程医疗行业市场现状及发展前景分析　未来五年市场规模将突破 800 亿元》，https：//bg. qianzhan. com/trends/detail/506/200619 - 4ba769fc. html，2006 年 1 月 9 日。

受2020年新冠肺炎疫情影响，远程会诊咨询需求进一步增加。2020年1月31日晚，武汉火神山医院首个“远程会诊平台”调试成功。此外，疫情加速“互联网+医疗”发展，2020年2月上海市徐汇区中心医院—贯众互联网医院挂牌成功，成为上海市首家获得互联网医院牌照的公立医院。“云挂号”“云咨询”“云问诊”，加上“云处方”“云配药”，整个就医环节被全部打通，开启人们全新的就医模式体验。

2020年初，我国远程医疗在5G技术的支持下，得到更加广泛的应用。中兴通讯与四川电信助力四川大学华西医院与成都市公共卫生临床医疗中心首次实现两例新型冠状病毒肺炎5G远程会诊。

### （三）普惠医疗响应政策服务社会民生

随着国家越来越重视医疗方面的普惠性，医药生物公司也积极响应国家号召，持续关注普惠医疗和健康扶贫，为打赢全方位的脱贫攻坚战奠定了健康基础。与此同时，医药伦理话题在国内也逐渐兴起，但整体来看我国医药生物公司在医药伦理方面还处于初步发展阶段。

1. 普惠医疗受到重视

对普惠医疗直观的理解就是基本服务的人人享有、人人保障，看得起病、看得好病，其基本目的是保障全国各地区的医疗公平性，尽量减轻患者的负担，做到病有所医。在沪深300医药生物行业中，共有13家公司有普惠医疗案例，占34.21%；有14家公司采取了普惠医疗措施，占36.84%；有17家公司在普惠医疗上有显著成效，占44.74%。可以看到在沪深300医药生物行业中，已经有相当数量的公司开始重视普惠医疗并采取相关措施。

以上榜公司爱尔眼科为例，公司建立了“中心城市医院——省会城市医院——地级市医院——县级医院”的分级连锁模式。这种分级诊疗平台的模式扩大了诊疗范围，覆盖了从中心城市到县级医院的患者，惠及数千万人，也践行了普惠医疗中医疗公平性的理念。

表 8 沪深 300 医药生物公司普惠医疗情况

单位：家，%

| 指标 | 数量 | 占比 |
|---|---|---|
| 普惠医疗案例 | 13 | 34. 21 |
| 普惠医疗措施 | 14 | 36. 84 |
| 普惠医疗效果 | 17 | 44. 74 |

资料来源：沪深 300 医药生物公司财务报告及可持续发展报告，社投盟整理。

2. 健康扶贫服务社会

健康扶贫的核心思想是让贫困人口有地方看病、有医生看病、有制度保障看病、少生病，与普惠医疗的基本目的有相似之处。习近平主席在扶贫考察、会议座谈等重要场合多次对健康扶贫作出重要指示批示，强调要深入实施健康扶贫工程，提高贫困地区医疗卫生服务能力，实现基本医疗有保障。[①] 而为了贯彻以习近平主席为首强调的坚决打赢脱贫攻坚战的战略部署，国家卫生健康委员会持续推进健康扶贫工程的发展，为全面打好脱贫攻坚战奠定了坚实的健康基础。

为了响应国家的号召，上榜公司均以主营业务为基础开展健康扶贫工程。以爱尔眼科为例，爱尔眼科公司眼健康扶贫行动遍布全国 30 个省份，助力国防、深入学校及老少边穷地区开展视力健康筛查、眼健康知识宣教，并为中小学生及贫困人口建立眼健康档案，且针对患有可避免盲症和视力损害的中小学生及贫困人口提供精准医疗救助。截至 2020 年 12 月底，集团全年投入资金共计 7552. 58 万元，帮助贫困致盲性眼病患者恢复视力。

3. 医药伦理探索发展

医药伦理话题近年来逐渐兴起，但是总体来看国内在医药伦理方面的法

① 《马晓伟：以人民为中心　以健康为根本》，http：//www. liuzhi. gov. cn/newsite/zwgk_5753282/qzbmxxgk/tqwsjkj_5753626/zwgk_5760174/zdlyxxgk_5760189/jbfk_5760197/202011/t20201118_65291181. html，2020 年 11 月 18 日。

规制度均处于初步发展阶段，国内关于医药伦理的工作文件主要是2010年制定的《药物临床试验伦理审查工作指导原则》和2016年制定的《涉及人的生物医学研究伦理审查办法》。相较于国际上自1982年就开始不断更新完善的CIOMS准则和1964年开始采用的《世界医学大会赫尔辛基宣言》，我国在医药伦理方面还处于探索阶段。

在沪深300医药生物行业中，共有6家公司采取了医药伦理方面的措施，占15.79%；有2家公司在医药伦理方面有显著成效，占5.26%。可以看到，大部分医药生物公司对于医药伦理还不够重视，但也有小部分公司开始意识到其重要性并采取了措施。

**表9　沪深300医药生物公司医药伦理指标数据**

单位：家，%

| 指标 | 数量 | 占比 |
|---|---|---|
| 医药伦理措施 | 6 | 15.79 |
| 医药伦理效果 | 2 | 5.26 |

资料来源：沪深300医药生物公司财务报告及可持续发展报告，社投盟整理。

## （四）节能环保不断重视护卫绿色家园

随着全球变暖、资源短缺、环境污染等问题加剧，医药生物行业的社会责任担当意识增强，更多的公司开始关注可持续发展，但上榜公司情况和行业整体情况存在差异，全行业节能环保举措有待完善。

1. 环境管理有待加强

研究数据显示，2020年在沪深300医药生物公司中，有36家披露了与环境保护有关的信息，占94.74%。29家披露了污染物排放及环境治理的详细数据，占76.32%。2020年，医药生物公司环境保护信息披露情况有所好转，但披露工作的全面性和内容的详细度仍有很大提升空间，且环境管理及能耗管理有待加强。

**表 10 医药生物行业环境管理情况**

单位：家，%

| 指标名称 | 医药生物行业企业数量 | 医药生物行业占比 | 上榜公司数量 | 上榜公司占比 |
|---|---|---|---|---|
| 通过 ISO14001 环境管理认证 | 13 | 34.21 | 6 | 60.00 |
| 通过 ISO50001 能源管理认证 | 3 | 7.89 | 1 | 10.00 |
| 建立 EHS 体系 | 13 | 34.21 | 5 | 50.00 |
| 发生环境违法事件 | 0 | 0.00 | 0 | 0.00 |

资料来源：沪深 300 医药生物公司财务报告及可持续发展报告，社投盟整理。

2. 节能减排情况向好发展

2020 年，生物医药行业环境贡献排第 15 名，平均得分率 50.92%，较 2019 年平均得分率略有上升。为实现保护环境、绿色发展目标，许多医药生物公司采取了实质性举措（见表 11）。复星医药表现突出，将碳管理、调整能源结构作为主要行动策略，并将能源管控纳入企业管理人员年度考核内容，推进企业内部能源指标目标的稳定实现和管理方案的有效落实。

此外，研究表明，在沪深 300 医药生物 38 家公司中，18 家公司披露了能耗管理效果，共节约电约 1263.82 万度，节约蒸汽约 9785.00 吨。

**表 11 医药生物行业节能减排情况**

单位：%

| 项目 | 主要措施 | 医药生物行业占比 | 上榜公司占比 |
|---|---|---|---|
| 绿色理念 | 明文提出遵守《环境保护法》《环境保护税法》 | 44.74 | 50.00 |
| | 碳中和概念深入企业环境保护管理方法 | 10.53 | 30.00 |
| 节约能源 | 节能技改 | 50.00 | 90.00 |
| | 节能教育 | 55.26 | 90.00 |
| “三废”减排 | 废水治理 | 89.47 | 100.00 |
| | 废气治理 | 86.84 | 100.00 |
| | 废固治理 | 89.47 | 100.00 |

资料来源：沪深 300 医药生物公司财务报告及可持续发展报告，社投盟整理。

3. 气候变化应对差异较大

气候变化是近年全球广泛关注的话题，2021 年医药生物行业应对气候变化指标的平均得分率低于沪深 300 平均水平（见表 12），得分率为 0 的医药生物公司有 24 家，而上榜公司表现较出色。

**表 12 沪深 300 及医药生物公司应对气候变化情况**

单位：%

| 项目 | 应对气候变化指标的平均得分率 |
| --- | --- |
| 沪深 300 | 36.98 |
| 医药生物行业 | 21.61 |
| 上榜医药生物公司 | 56.75 |

资料来源：社投盟。

上榜公司都积极应对气候变化并采取应对措施。其中泰格医药建立了较为全面的气候变化管理体系，将气候变化议题列为该公司 ESG 关注重点，加强监管，并围绕碳排放制定行动路径。复星医药从气候变化的风险出发，将其主要分为实体风险及转型风险两类，并从应急预案、能源、建筑和物流四个方面提出风险应对措施。

## （五）共克时艰，支援研发推动疫情抗击

医药生物行业在抗击疫情中表现较出色，积极支援抗疫。许多公司参与新冠疫苗及药物的研发，助力全球应对疫情。面对病毒变异等持续性问题，医药生物行业对新型疫苗及特效药的研发不可松懈，同时也应强化风险应对措施。

1. 抗疫支援贡献巨大

虽然疫情对医药生物行业造成了冲击，但沪深 300 医药生物公司都积极参与了抗击疫情，主动承担社会责任，在新冠研发、医护支援、捐赠物资等方面，做出了巨大贡献。华大基因、爱尔眼科等上榜公司抗疫表现尤为显著（见本报告附表 2）。

此外，我国积极推动全球抗疫进程，截至2021年7月13日，中国已向全球提供5亿剂新冠疫苗和原液，相当于全球新冠疫苗总产量的1/6。

2. 新冠特效药研发仍需跟进

据万得数据，截至2021年7月29日我国已大量使用4家公司研制的疫苗，疫苗累计接种达到16.01亿剂次，居全球新冠疫苗接种剂量第一，美国接种3.42亿剂次位居第二。但新冠肺炎病毒变异株在世界各地出现，并且存在病毒变异速度快、传播范围广导致疫苗无效的问题。同时，我国现大量使用的疫苗保护时间为六个月左右，这意味着疫苗接种后仍存在深度研发及量产量购的需求。此外，秋冬季的来临将增加新冠肺炎疫情反弹的风险。

应对病毒变异问题，相较于传统技术（灭活、减毒、重组蛋白）路线，mRNA技术路线具备无须细胞培养或动物源基质、合成快、相同流程和设备可生产不同疫苗等优势。[①] 但我国在mRNA技术应用方面仍存在不足，应更加重视该技术在新冠疫苗研发中的应用（见本报告附表3）。

我国新冠疫苗特效药研发仍处于体外实验和临床试验阶段，尚未有上市使用的特效药。虽然美国研制的瑞德西韦对新冠病毒有较好的抑制作用，但世界卫生组织于2020年11月指出瑞德西韦对提高新冠肺炎患者的存活率没有显著影响。2021年2月，以色列的免疫治疗药物EXO-C24进入一期临床实验，英国的托珠单抗也进入临床阶段。特效药的研发需要经历更耗时耗力的临床试验，我国仍应加强对新冠特效药研发的重视。

3. 风险防控有待加强

新冠肺炎疫情带来的突发性风险极大，该行业应重视风险防控。应对疫情，部分上榜公司采取了相应的风险防控举措。例如，金域医药积极参与国家疫情防控工作，依托自身强大的病毒检测能力，充分发挥产能规模大、网络广、资源调度能力强等突出优势，在国内多地开展新冠

① 东兴证券：《医药行业2021年度策略：后疫情时代，医药发展新动力》，2021年1月6日。

核酸检测。

药明康德注重行业的协同抗疫力量，在业内率先并多次举办新冠系列线上论坛，汇聚全球医药行业的先锋力量，同步介绍最新的检测和新药进展。为了保障业务的开展，药明康德在原有 BCP 基础上，进一步按区域、按部门针对性地构建了防疫管理体系架构，利用现代化的通信手段实现多渠道沟通，从而快速响应各国、各地不同的疫情和当地政府政策，通过跨区域、跨部门的合作，实现了统一指挥、互相支援、有效落实防疫策略和措施。

## 四　医药生物行业可持续发展价值展望

2020 年，医药生物行业整体发展水平不断提升，对于消费者本身和社会的可持续发展做出了巨大的贡献。结合“义利 99”评分和医药生物行业可持续价值模型，未来行业的可持续发展价值将会在以下几个方面得到进一步的提升。

技术创新和模式创新仍然是医药生物行业发展的重要驱动力。从技术创新来看，一方面，医药生物公司仍在不断加大研发投入，加强对人才的重视；另一方面，国家出台的“十四五”规划和《生物安全法》均强调了生物科技的创新。结合“义利 99”的评分，医药生物行业技术还有提升空间，未来行业创新研发水平有望进一步提高。从模式创新来看，数据化医疗服务的用户渗透率不断上升，“互联网 + 医疗”受到国家政策的大力支持，而“义利 99”上榜企业在这两方面也都表现出色。“互联网 + 数字化”进程仍将不断推动医药生物行业转型升级，不断提高医药卫生产品的普惠性，助力消费者健康。

普惠医疗概念逐渐兴起，助力我国医药生物行业可持续发展水平进一步提高。党的十八大以来，以习近平主席为核心的党中央坚持以人民为中心的发展思想，多次在重要场合强调重视普惠医疗和健康扶贫。从沪深 300 医药生物行业的普惠医疗指标也可以看到，已经有超过三成的公司开始在这方面采取措施，未来有较大发展空间。

此外，从国内新冠肺炎疫情防控态势不难得出，我国现在正处于后疫情时代，新冠疫苗成为抗疫的一大重点。通过对医药生物行业的研究分析也可以看到，包括复星医药、沃森生物等在内的多家企业都针对新冠病毒进行了不同技术路线的疫苗研发并取得了成果。而新冠疫苗研发的推进，也带动了对其他疫苗研究的重视，再结合国家的战略和出台的相关政策，疫苗研究未来也将迎来高速发展期。

## 参考文献

《易恒健康发布〈大健康行业市场研究与发展前景报告〉透析健康产业发展趋势》，https：//xueqiu. com/8339891910/181491724，2021 年 5 月 24 日。

《国务院关于印发新一代人工智能发展规划的通知》（国发〔2017〕35 号），http：//www. gov. cn/zhengce/content/2017 – 07/20/content_ 5211996. htm，2017 年 7 月 20 日。

前瞻产业研究院：《2020 年中国远程医疗行业市场现状及发展前景分析　未来五年市场规模将突破 800 亿元》，https：//bg. qianzhan. com/trends/detail/506/200619 – 4ba769fc. html，2006 年 1 月 9 日。

《马晓伟：以人民为中心　以健康为根本》，http：//www. liuzhi. gov. cn/newsite/zwgk_ 5753282/qzbmxxgk/tqwsjkj_ 5753626/zwgk_ 5760174/zdlyxxgk_ 5760189/jbfk_ 5760197/202011/t20201118_ 65291181. html，2020 年 11 月 18 日。

# 附　录

附表1　医药生物行业"义利99"上榜公司名单

| 公司名称 | 排名 | 申万一级行业 | 申万二级行业 |
|---|---|---|---|
| 复星医药 | 18 | 医药生物 | 生物制品 |
| 白云山 | 31 | 医药生物 | 中药 |
| 华大基因 | 43 | 医药生物 | 医疗器械 |
| 金域医学 | 47 | 医药生物 | 医疗服务 |
| 泰格医药 | 48 | 医药生物 | 医疗服务 |
| 药明康德 | 67 | 医药生物 | 医疗服务 |
| 华东医药 | 71 | 医药生物 | 化学制药 |
| 华海药业 | 90 | 医药生物 | 化学制药 |
| 片仔癀 | 91 | 医药生物 | 中药 |
| 爱尔眼科 | 94 | 医药生物 | 医疗服务 |

附表2　部分上榜医药生物公司抗击疫情行动

| 公司 | 派遣医护人员 | 资金、物资捐赠 | 其他抗疫贡献 |
|---|---|---|---|
| 华东医药 | — | 共捐赠价值超过2000万元的防疫物资；执行省厅调拨令106份、配送令150多份，完成市级配送任务91批次，配送各类口罩2800多万只，防护服、隔离衣和一次性手术衣47万多件等 | 高速对接省市卫健与医保部门，省内首家推出"线上医保结算+送药到家服务"，打通"互联网+诊疗"全通道 |
| 爱尔眼科 | 2000余名医护人员投入各级政府组织的各条防控战线，230位医护人员直接奔赴武汉方舱医院等各地新冠肺炎患者的救治一线 | 紧急采购了呼吸机、口罩、防护服、核酸检测试剂等抗疫物资捐赠给德国、美国、新加坡、马来西亚、日本、世界卫生组织（WHO）西太平洋区域办事处等 | 联合世界眼科医院协会向约翰·霍普金斯医院、印度亚拉文（Aravind Eye Hospital）等全球数十家眼科机构分享眼科医院防控新冠肺炎疫情经验，实现新冠肺炎防控经验成果"云共享"，为世界范战胜疫情作出贡献 |

续表

| 公司 | 派遣医护人员 | 资金、物资捐赠 | 其他抗疫贡献 |
| --- | --- | --- | --- |
| 泰格医药 | — | 2020 年累计捐款捐物总金额达 682.67 万元 | 2020 年 2 月，公司组织专业临床团队驰援武汉，开展新冠肺炎相关治疗药物的临床研究工作，助力新药研发 |
| 华大基因 | 派遣医护人员到检测单位进行核酸采样 | 2020 年向全国累计捐赠 13 万人份新冠试剂盒 | 为解决各地区新冠病毒检测通量不足的问题，公司推出了“火眼”实验室一体化综合解决方案；2020 年 4 月，公司在国际发布了基于自主平台测序的万例 WGS 疫情样本测序服务，为国际上从事新冠病毒研究的科研用户提供全面多组学解决方案 |
| 复星医药 | 2020 年 2 月，派出 30 名医护人员支援抗疫一线 | 向疫区捐赠的现金或医用无创呼吸机、负压救护车等医疗设备和生活物资累计价值超过 3000 万元 | 集团成员佛山禅城医院、武汉济和医院分别被当地指定/挂牌为定点收治医院、发热患者集中救治定点医院 |
| 白云山 | — | 累计向湖北、广东、伊朗等地捐赠药品、防护物资超 2000 万元，累计供应各类抗疫相关物资超 1 亿件；2021 年 6 月，为抗击广州疫情捐赠夏桑菊颗粒等药物 | 2021 年 6 月，集结党员突击队、志愿者，支援全员核酸检测，并走进校园联防联控 |
| 片仔癀 | — | 紧急转产“清肺排毒汤”颗粒，先后生产 43 万剂“清肺排毒汤”颗粒，无偿捐赠给国家中医药管理局、外交部和湖北、新疆等部门和地区，并捐赠给俄罗斯、意大利等国家。同时，公司还向武汉等地捐赠片仔癀胶囊、藿香正气水等药品 | 公司紧急扩产口罩。公司的一线生产实行三班倒，全力抓好口罩生产、收储、调拨工作，尽力满足国内疫情防控需求 |
| 华海药业 | — | 积极发动全球分子公司采购防疫物资，分 8 批支援国内防控指挥部 | 组建科研团队研发抗新冠病毒药物 |

资料来源：上榜公司财务报告及可持续发展报告，社投盟整理。

**附表 3　国内外新冠疫苗研发进度**

| 区域 | 技术路线 | 研发企业 | 临床阶段 | 批准情况 |
|---|---|---|---|---|
| 国内 | 灭活 | 中国生物 | 三期 | 国内获批 |
| | 灭活 | 科兴生物 | 三期 | 国内批准紧急使用 |
| | 腺病毒载体 | 康希诺 | 三期 | 国内有条件批准 |
| | 重组蛋白 | 智飞生物 | 三期 | 国内批准紧急使用 |
| | RNA | 复星医药(BioNTech) | 三期 | |
| | RNA | 沃森生物(苏州艾博) | 二期 | |
| 国外 | RNA | 辉瑞(BNT) | 三期 | FDA 批准紧急使用 |
| | RNA | Moderna | 三期 | FDA 批准紧急使用 |
| | RNA | Curevac | 三期 | |
| | 腺病毒载体 | 阿斯利康 | 三期 | |
| | 腺病毒载体 | 强生 | 三期 | |
| | 腺病毒载体 | Gamaleya | 三期 | 俄罗斯批准 |
| | 重组蛋白 | Novavax | 三期 | |

资料来源：东兴证券研究所、国信证券经济研究所，社投盟整理。

# 专 题 篇

Special Reports

## B.6

# 2021年沪深300上市公司治理实践研究

摘 要： 本报告以沪深300上市公司为样本，结合定量分析和创新实践案例，展示A股上市公司治理的最新进展，并探究治理体系对企业可持续发展表现的影响。结果显示，近年来公司治理政策法规的完善引导上市公司治理水平提高，其中“义利99”上榜公司治理表现突出。从公司治理关键指标看，治理结构逐步完善，整体呈现规范化和专业化的趋势，女性在治理结构中的影响力增强、独立董事勤勉履职水平提高、近1/4的沪深300公司设立可持续发展专门机构。从行业角度看，采掘、商贸与建筑材料行业治理成绩优异。从产权性质看，外资企业和国有企业治理表现相对民营企业更佳。从上市地点看，“A＋H股”跨境上市公司治理架构更为完善。然而，部分关键治理指标表现仍待优化。识别范围与参与渠道仍需拓展，非财务报告第三方审验披露有待加强。公司治理优秀企业把可持续发展纳入治理体系，发挥市场引领作用，其实践案例为中国公司治理优化提供了可参考的蓝本。

关键词： 公司治理 上市公司 利益相关方 可持续发展价值

随着上市公司对于资本市场与商业繁荣的重要性进一步凸显，上市公司治理水平的提升成为提高上市公司质量、优化资本市场运作与促进企业可持续发展的关键议题。公司治理是一系列公司内外部制度安排，核心在于界定企业中最主要利益主体之间的相互关系，清晰地划分企业目标制定、执行和监督的责任。

大力提高上市公司质量，是“十四五”时期深化金融供给侧结构性改革的重要一环，也是近年来资本市场改革的核心要务。2019 年中央经济工作会议明确提出：“要通过深化改革，打造一个规范、透明、开放、有活力、有韧性的资本市场，提高上市公司质量”。健全完善、公开透明、制衡有效的公司治理是上市公司持续健康发展的重要保障。A 股上市公司经营规模大、企业质量高、涉及产业链广泛，具有突出的社会影响力与显著的外部性，其治理水平不仅涉及企业自身能否可持续发展，更影响到国民经济的健康发展与稳定运行。

公司治理的有效性深刻影响着企业的财务、环境与社会绩效，治理结构中是否嵌入对可持续发展的考量，决定着企业是否能实现长期发展价值；尤为重要的是，公司如果忽视对自身产生的负外部性问题的治理，会造成持续的社会和环境负担。近年来频发的上市公司违规丑闻，不仅对投资人造成损失，使公司经营陷入困顿，更产生恶劣的社会影响。

本报告基于社投盟 3A 三力评估模型，从治理结构、利益相关方、内部控制和信息披露四个方面讨论上市公司治理水平，并以沪深 300 上市公司为样本，结合统计分析和创新实践案例，展示A股上市公司治理的最新进展，并探究治理体系对企业可持续发展表现的影响。

本报告的创新之处在于：一是明确从利益相关方视角探讨公司治理内涵，通过分析利益相关方识别和参与、可持续发展专门负责制等治理安排的影响，深刻揭示企业在可持续发展目标主导下如何实现长期发展价值；二是结合中国上市公司最新政策法规，多维度反映A股上市公司治理动态；三是通过文献研究与案例分析，深度解读中国上市公司治理安排的趋势性变化。

## 一 公司治理内涵及相关政策法规概览

本部分结合全球公司治理发展与中国特色公司治理实践，明确了公司治理的内涵及其重要性，梳理了中国上市公司治理相关的政策法规。

### （一）公司治理的内涵

公司治理的内涵与企业角色定位、经济体制形态紧密相连。对公司治理的理解有狭义和广义两种，分别围绕“股东中心论”与“利益相关方理论”展开。[①] 狭义的公司治理是一系列有关维护股东利益及股东在董事会中决策权配置的制度实践，其理论基础是股东中心论。狭义的公司治理基于新古典产权学派“企业是一种契约形式”的观点，认为企业的所有权包括剩余索取权和剩余控制权，强调公司经营目标需首要体现股东意志，股东大会是公司的最高权力机构，董事会受股东委托监督管理层的行为和决策。

然而，在企业角色日渐多元化的背景下，利益相关方逐渐被纳入公司治理框架。在经济社会不断发展的过程中，私人成本和社会成本不一致导致的

① Margaret M. Blair, *Ownership and Control: Rethinking Corporate Governance for the Twenty-First Century*, Brookings Institution Press, June 1995.

企业负外部性问题进一步凸显，即企业经营活动带来了社会和环境损害，企业却并未承担相应的责任。利益相关方理论认为，企业利益相关方参与了企业价值增长的过程并承担了相应的风险，因此公司除了回馈股东外，还需要重视其他利益相关者的诉求，实现各利益相关者的利益均衡。

本研究采用广义的公司治理内涵，即“涉及公司处理管理层、董事会、股东和其他利益相关者之间关系的一系列规则和流程，旨在确定公司设定目标的结构、实现这些目标的途径和监控公司绩效的方式”。①

## （二）中国上市公司的公司治理政策背景

在中国资本市场四十多年的发展中，公司治理发生了深刻、全面的变化，一方面积极探求与国际标准接轨，另一方面不断探寻公司治理的本土化实践。近年来，国家在顶层设计中对公司治理改革给予充分重视和积极引导。因此，了解上市公司治理相关政策法规有助于把握中国公司治理改革的主要方向及其实践中具有的本土特色。近年上市公司治理相关的重要政策法规如表 1 所示。

表 1　中国上市公司治理相关政策法规

| 生效日期 | 名称 | 发布机构 | 主要内容和意义 |
|---|---|---|---|
| 2017 年 4 月 24 日 | 《国务院办公厅关于进一步完善国有企业法人治理结构的指导意见》 | 国务院办公厅 | 强调要从理顺出资人职责、加强董事会建设、激发经理层活力、完善监督机制、坚持党的领导等方面规范主体权责 |
| 2018 年 9 月 30 日 | 《上市公司治理准则》(2018 版) | 中国证券监督管理委员会 | 2018 版新准则重点提出了新发展理念,确立了 ESG 信息披露的基本框架;加强对控股股东约束,保护中小投资者合法权益;鼓励机构投资者依法合规参与公司治理 |

① OECD, G20/OECD Principles of Corporate Governance, OECD Publishing, Paris, http: //dx. doi. org/10. 1787/9789264236882 - en, 2015.

续表

| 生效日期 | 名称 | 发布机构 | 主要内容和意义 |
|---|---|---|---|
| 2018 年 10 月 26 日 | 《中华人民共和国公司法(2018 年修订)》 | 全国人民代表大会 | 完善股份回购制度,增加股份回购情形,允许上市公司为维护公司整体价值及广大中小投资者股东权益进行股份回购 |
| 2019 年 11 月 25 日 | 《银行保险机构公司治理监管评估办法(试行)》 | 中国银行保险监督管理委员会 | 银行保险机构公司治理监管评估内容涉及八个方面,具体包括 163 项指标 |
| 2020 年 3 月 1 日 | 《中华人民共和国证券法(2019 年修订)》 | 全国人民代表大会 | 完善了一系列证券监管制度,包括:显著提高证券违法违规成本、完善投资者保护制度、进一步强化信息披露要求等 |
| 2020 年 3 月 1 日 | 《深圳证券交易所上市公司规范运作指引(2020 年修订)》 | 深圳证券交易所 | 精简了中小板公司治理方面的要求,并重点强化对控股股东、实控人监管、董监高的监管 |
| 2020 年 10 月 5 日 | 《国务院关于进一步提高上市公司质量的意见》 | 国务院 | 提出四个"进一步":进一步提高控股股东和实际控制人诚信履责的能力;进一步强化公司治理底线要求;进一步倡导上市公司治理最佳实践;进一步提高公司治理的透明度 |
| 2021 年 6 月 8 日 | 《银行保险机构公司治理准则》 | 中国银行保险监督管理委员会 | 明确了各治理主体的职责,强化了治理机制运行的规范性;在独立董事选任、专门委员会组成、监事选任及履职、激励约束机制、信息披露制度以及风险管理等方面提出了更高的要求 |

资料来源：中国政府网、中国人大网、证监会官网、银保监会官网、深交所官网，社投盟整理。

上市公司治理实践的顶层设计主要包括《公司法》、《证券法》以及2018 年修订后的《上市公司治理准则》（以下简称“新《准则》”），三者共同对公司治理进行约束和指导。

中国上市公司治理政策主要关注股东、董事、监事和高级管理人员四大主体的职责分配与利益协同。董事会和监事会两大主体并称为“双会制”。“双会制”是具有中国特色的公司治理架构。其中，独立董事和监事构成我国公司治理中的双轨监督机制。独立董事的职责主要包括维护公司整体利益，尤其是维护中小股东利益等。新《准则》将设立审计委员会作为强制要求，并且鼓励上市公司根据需要设立战略、提名、薪酬与考核等委员会。而监事会在双轨监督中仍显弱势，其实质性监督效果不明显。截至2020年末，除了银行保险类公司对监事的履职提出了一定的要求外，大多数上市公司仍缺乏对监事会的评估和问责制度。

在利益相关方层面，机构投资者在规范企业治理方面起着重要的外部制约作用。而中小投资者利益易受到损害，为此，其得到越来越多政策法规的重视与保障，如鼓励实行累积投票制、披露利润分配政策尤其是现金分红政策、鼓励独立董事在利润分配中保护中小投资者合法权益以及对中小投资者表决应当单独计票并及时予以公开披露等。

在非财务绩效披露方面，证监会在2018年首次要求上市公司应按照法律法规和有关部门要求，披露环境信息以及履行扶贫等社会责任相关情况。深交所在2020年对社会责任报告应至少包含的内容做出了更加细致的规定，并且要求企业披露其存在的问题和不足以及原因、列出改进措施和具体时间安排。

2020年《证券法》的修订显著加大了针对上市公司在信息披露等方面的违规行为的惩罚力度。同年，国务院《关于进一步提高上市公司质量的意见》对公司治理和内部控制、信息披露质量等提出了更高的要求。

整体来看，我国公司治理政策日渐完善，并在治理架构、内部控制、信息披露等多方面推动着上市公司整体治理水平的提高，形成了引导与惩罚并施的思路，为上市公司治理实践与市场评估上市公司治理质量提供了相关的依据和标准。

## 二　沪深300上市公司的公司治理情况分析

本部分基于沪深300上市公司分析A股上市公司的治理水平变化与横

向差异。一方面通过分析沪深300上市公司在3A可持续发展价值评估体系下的公司治理平均得分率来揭示不同行业、产权性质和上市地点安排的企业之间的治理水平差异；另一方面通过分析治理结构、利益相关方、信息披露和内部控制等公司治理相关指标来反映上市公司不同维度下的治理实践的纵向变化（见表2）。

**表2　公司治理四大维度、七项指标含义说明**

| 维度 | 指标名称 | 指标含义 |
| --- | --- | --- |
| 治理结构 | 董事会及高管团队性别多元化水平 | 董事会及高管团队构成人员中的女性占比 |
| | 可持续发展专门机构设立情况 | 董事会是否设立可持续发展专门委员会或工作部门 |
| | 独立董事参会情况 | 独立董事是否全部出席董事会会议 |
| 利益相关方 | 利益相关方识别与参与情况 | 公司在年报或可持续发展报告中是否披露关键利益相关方以及利益相关方参与的具体渠道 |
| 信息披露 | 非财务报告第三方审验披露情况 | 披露非财务报告的公司是否披露第三方审验报告 |
| 内部控制 | 内部控制披露情况 | 公司是否披露内部控制评价报告和内部控制审计报告 |
| | 信访举报制度 | 公司是否设立内部员工举报或信访制度 |

资料来源：社投盟。

## （一）“义利99”上榜公司治理表现突出

在2021年上市公司3A可持续发展价值评估模型中，沪深300上市公司的公司治理平均得分率为61.25%（见图1），其中2021年“义利99”上榜公司的公司治理平均得分率为72.08%，明显优于未上榜公司（55.92%），反映了可持续发展价值突出的公司对治理因素的关注和创新实践。

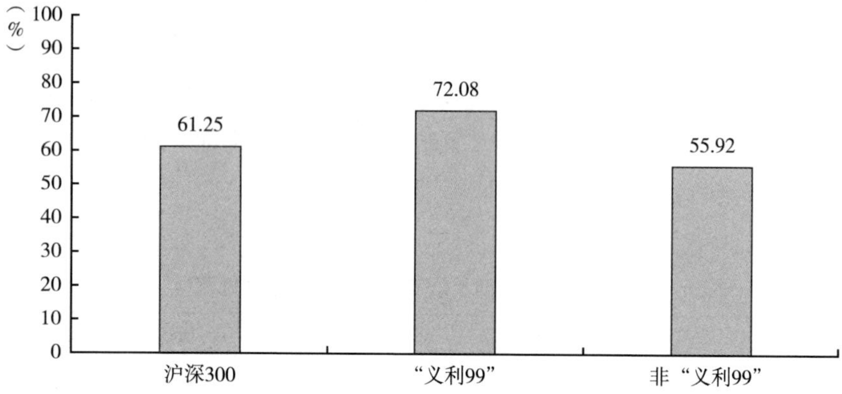


**图 1　2021 年沪深 300 上市公司的公司治理表现**

资料来源：社投盟。

## （二）治理结构呈现规范化、专业化趋势

当前 A 股上市公司治理结构逐步完善，具体体现在企业董监高设置逐渐完善、女性在治理结构中的影响力增强、独立董事勤勉履职水平提高、可持续发展专门机构开始设立，整体呈现规范化和专业化的趋势。

在治理结构性别多元化方面，截至 2020 年末，沪深 300 上市公司董事会中女性董事平均占比为 13.59%，较 2016 年的 12.06% 有所提高；高管团队中女性占比为 15.39%，较 2016 年的 13.94% 有小幅上升（见图 2）。女性高管的占比较女性董事的占比更高。但整体而言，沪深 300 上市公司性别多元化程度仍有待提高，与全球董事会女性成员平均占比 20.6% 相比仍有较大差距——2020 年仍有近 1/4（71 家）的沪深 300 上市公司未有女性董事任职。

相关研究显示，女性对决策细节的敏感度和严谨度往往强于男性，在企业战略决策过程中能发挥关键的领导力作用;[①] 女性高管比例较高的企业投

① Huang, J. , & Kisgen, D. J. , "Gender and Corporate Finance: Are Male Executives Overconfident Relative to Female Executives?" *Journal of inancial Economics*, 2013, 108 (3).

资回报率相对较高、公司治理整体水平更高、违规行为更少且企业可持续发展与社会责任绩效更佳。目前，董事会和高管层的多元化建设仍受制于东方传统思想影响和缺乏明确的制度引导，公司治理在多元化方面尚未取得实质性进步。但可预见的是，随着教育机会平等、社会观念进步和监管指引的优化，女性董事比例有望继续提高，治理结构中的性别差异将进一步弱化，多元化建设将是渐进式的。

**图2　沪深300上市公司董事会及高管团队性别多元化趋势**

资料来源：CSMAR数据库，社投盟整理。

独立董事制度对完善上市公司治理结构起着关键作用。A股上市公司监管条例规定独董成员至少占董事会的1/3，这对于强化独立董事监督职能有着积极作用。实际中，沪深300上市公司独立董事比例为35%～38%，每年仅有20～35家公司的独立董事占比大于等于50%。[①]

独立董事出席董事会议不仅是规章制度的要求，而且是其履职的主要内容之一。从独立董事履职情况来看，2020年度沪深300上市公司独立董事

① 数据来源于CSMAR数据库董监高个人特征文件。

的董事会平均出席率达 98.94%①。近五年，独立董事的董事会出席率一直处于较高水平，平均出席率呈上升趋势（见图 3）。

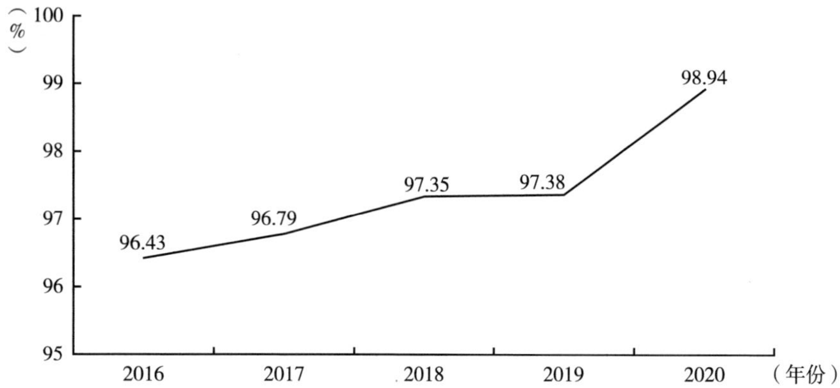


**图 3　沪深 300 上市公司独立董事参会情况**

资料来源：CSMAR 数据库，社投盟整理。

虽然在《上市公司独立董事履职指引》中对于独立董事工作时间和工作场所有明确要求，但也有研究表明，独立董事参会情况与公司绩效的相关性并不显著，② 独立董事参会有可能流于形式，不能有效地发挥其监督作用。值得指出的是，独立董事发表的独立意见中，唯有勤勉意见才能证明独立董事真正参与了公司治理，而一般意见无法证明其发挥了监督作用。③ 因此，独立董事出席率仅能作为独立董事勤勉履职的必要条件之一。

近年来，国内企业开始设立可持续发展专门机构④，旨在优化公司治理结构，加强公司在环境、社会、公司治理方面的管理能力，提升公司的可持续发展水平。截至 2020 年末，沪深 300 上市公司中设立可持续发展专门机

① 委托出席与缺席均视为未出席。

② 胡晓明、曹一丹：《独立董事特征与公司绩效的相关性研究——来自中国上市公司的经验证据》，《南京审计学院学报》2013 年第 6 期。

③ 史春玲：《独立董事出席会议与发表意见：合规性履职还是有效性履职》，《财会月刊》2020 年第 14 期。

④ 可持续发展专门机构包括可持续发展委员会、可持续发展小组、社会责任委员会、社会责任小组等。

构的有 73 家，占比为 24. 33%（见图 4）；“义利 99”上榜公司中有 44 家公司设立了可持续发展专门机构，占比为 44. 44%。

有研究表明，社会责任委员会对企业社会责任绩效与可持续发展能力产生积极影响，它的设立并非只具有象征性。在高管团队中设置可持续发展官既能提高公司的社会责任绩效，又能减少企业的社会非责任行为；当公司在董事会中设立可持续发展委员会时，可持续发展官的正面影响将更大。

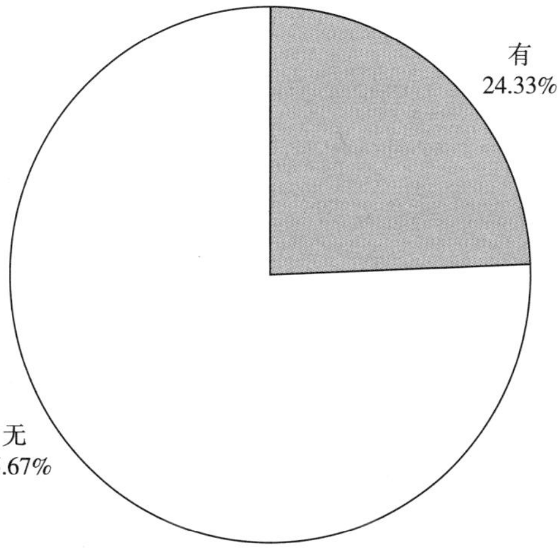


**图 4　2020 年沪深 300 上市公司中可持续发展专门机构设立情况**

资料来源：社投盟。

## （三）公司内部控制水平和透明度逐步提高

企业的内部控制（以下简称“内控”）是通过对影响企业目标实现的各种风险因素进行分析和应对，从而帮助企业实现目标的过程。内控的缺陷和不健全将会降低公司治理的效率，显著影响公司治理水平，而高透明度的信息披露有助于完善公司治理机制[①]。非财务报告主要披露的是在会计准则范围之外的数据，降低企业与外部利益相关方的信息不对称程度，内外部共同

① 公司治理专题报告重点研究公司治理对于企业可持续发展的影响，强调利益相关方的利益实现，因此本报告将重点关注非财务信息的透明度。

促进企业可持续发展。

在内控评价报告披露方面，2020 年度沪深 300 上市公司中共有 292 家披露了内控评价报告，占比为 97.33%（见图 5）。2016～2020 年，披露内控评价报告的公司数量整体呈上升趋势。从内控审计报告披露情况来看，截至 2020 年末，沪深 300 上市公司中共有 267 家披露了内控审计报告，占比为 89.00%。2016～2020 年，披露内控审计报告的公司数量都在 270 家以上，占比为 90% 左右。①

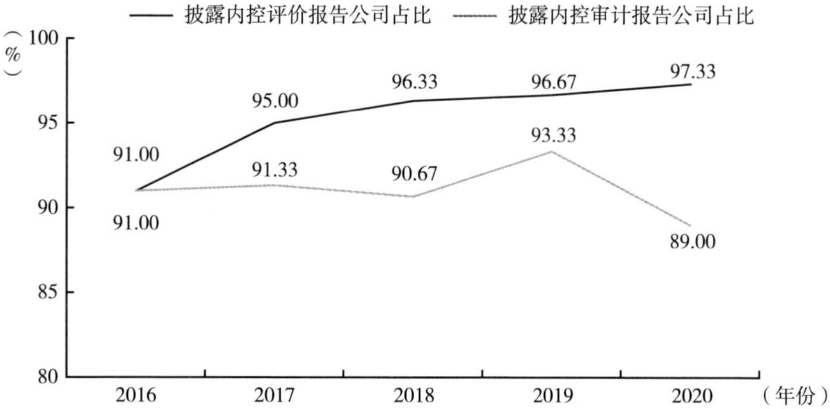


**图 5　沪深 300 上市公司内部控制披露情况**

资料来源：CSMAR 数据库，社投盟整理。

信访举报制度是加强上市公司规范化运作和管理、提高信息披露质量制度的重要一环。除监管执法机构中制定上市公司信访举报制度外，内部人举报制度已经成为成熟资本市场中遏制企业违规的核心机制之一，也逐渐成为我国上市公司内部控制的重要方式。举报制度的建立，也强化了利益相关方监督公司经营管理的渠道建设，并保护了信访举报人的合法权益。截至 2020 年末，

① 根据上交所《上市公司定期报告工作备忘录　第一号　年度内部控制信息的编制、审议和披露（2015 年 12 月修订）》和深交所《主板信息披露业务备忘录第 1 号—定期报告披露相关事宜》相关规定："新上市公司应于上市当年开始建设内控体系，并在上市的下一年度年报披露的同时，披露内控评价报告和内控审计报告"，所以 2016～2020 年的样本公司数量分别为 300 家、292 家、295 家、298 家、297 家。

沪深300上市公司中有116家公司（占比38.67%）已建立了员工信访和举报制度，而在“义利99”上榜公司中则有76家公司（占比76.77%）。

### （四）采掘、商贸与建筑材料行业治理表现优异

不同行业[①]的公司治理水平存在明显的差异。采掘、商业贸易与建筑材料行业的公司治理水平列前三位，平均得分率分别为69.49%、68.67%、66.56%，而国防军工、化工、食品饮料行业则排倒数，平均得分率分别为56.86%、55.90%、54.81%（见图6）。采掘公司在治理结构方面表现优异，尤其是董事会治理体现出明显的规范性与完整性，在信息披露方面也体现出规范性；商业贸易企业则在利益相关方识别与参与方面有较出色的表现，广泛关注对企业长期发展影响较大的相关方；建筑材料行业则在公司治理的三大维度上均表现较好，体现出各类治理实践的均衡性。国防军工、化工、食品饮料企业在利益相关方识别与参与方面表现较差，对利益相关方缺少清晰的认识和互动，公司治理平均得分率整体较低。另外，这三个行业内部得分率差异较大，具有明显的头部效应。以化工行业为例，中国石化在公司治理上表现优异，平均得分率83.56%，但有7家化工公司的平均得分率低于50%，差距较大。

### （五）央企和地方国企治理表现相对更佳

从产权维度[②]看，央企和地方国企的公司治理水平相对较高，平均得分率分别为63.37%和62.74%；民企的公司治理水平相对较低，平均得分率为59.45%；其他企业的公司治理水平相对更低，平均得分率为58.96%。下沉到指标细分，地方国企治理结构指标的平均得分率最高，为66.36%；央企的利益相关方和信息披露的平均得分率最高，分别为41.60%和81.39%。民企和其他企业无论是整体表现还是分项指标表现，与国企有着较为明显的差距（见图7）。

① 此处行业分类与“义利99”模型一致，采用申万一级行业分类。

② 上市公司产权数据来源于社投盟，根据公司实际控制人分为央企、地方国企、民企和其他企业，其中其他企业包括外资公司以及无法判断产权性质的24家公司。

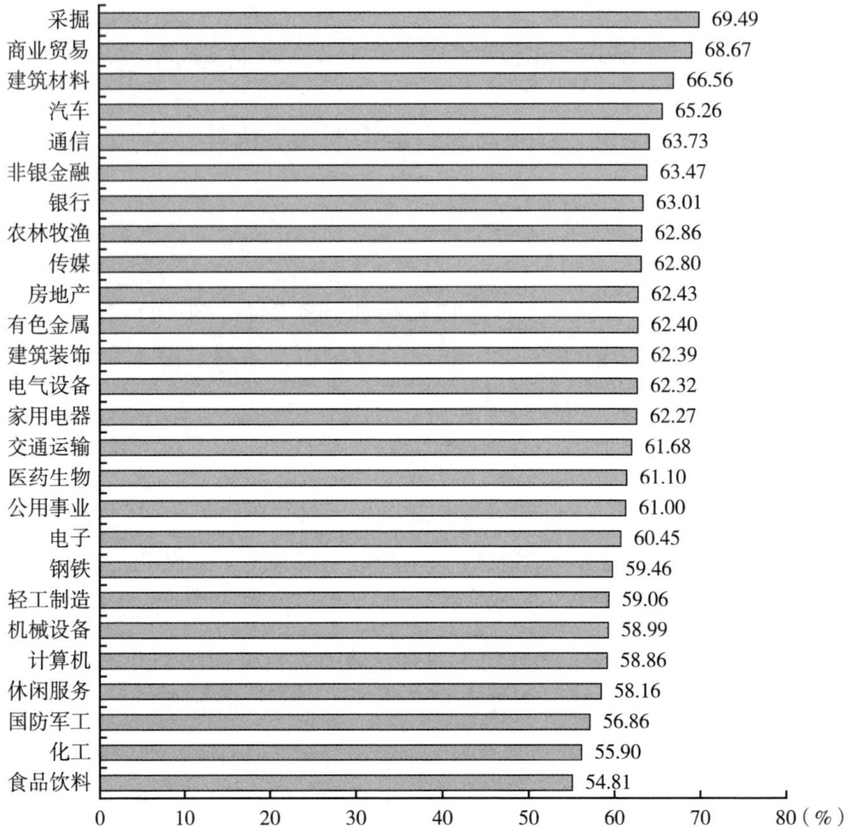


**图 6　2020 年沪深 300 上市公司按行业划分的公司治理表现**

资料来源：社投盟。

央企与地方国企都属于国有企业，它们在治理方面的突出表现根植于国有企业更广泛关注社会利益的“基因”，也源于近年来股权结构优化带来的治理结构完善。一方面，国有企业除了通过经营活动实现国有资产增值外，还服务于经济发展、社会福祉和环境保护等关系到国家发展的战略目标，与政治目标挂钩的激励机制也决定着国有企业的董事会和管理层有更大的动力兼顾各利益相关方的诉求。另一方面，随着国有企业混合所有制改革稳步推进，国有企业积极引入民营资本、外资等非公有资本，实现产权主体多元化，降低“一股独大”的风险，对完善治理架构、提升治理水平起到了重要的作用。

央企与地方国企的公司治理表现整体差异不大，但央企的信息披露水平相对地方国企更高，原因在于，央企作为国有经济的骨干力量和中坚力量，处于关系到国家安全和国民经济命脉的重要行业和关键领域，国务院国资委等相关部门高度重视推进社会责任信息披露机制完善的工作，央企相较于地方国企在信息披露方面更具系统性和完善性。

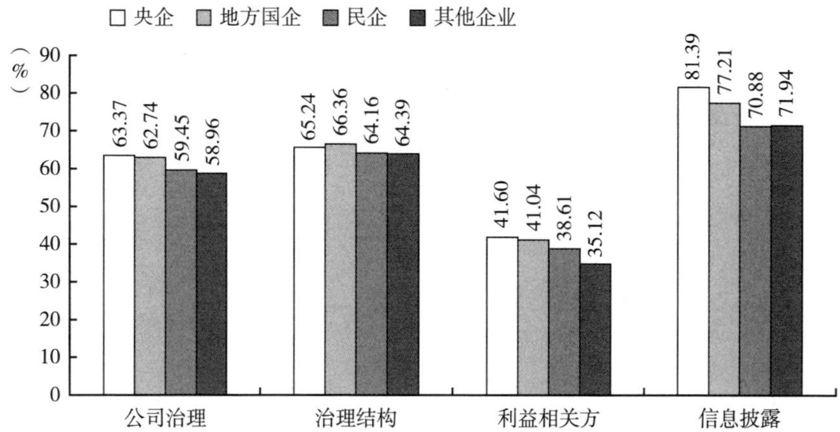


**图7 2020年沪深300上市公司按不同产权性质划分的公司治理表现**

资料来源：社投盟。

## （六）“A+H股”跨境上市公司治理架构更为完善

沪深300指数中有部分公司选择在上海证券交易所（或深圳证券交易所）和香港联合交易所（以下简称“联交所”）发行股票，形成同时发行“A+H股”的特殊结构（以下简称“两地上市”）。从2021年“义利99”模型评估结果来看，同时在A股与H股上市的69家公司[①]治理水平整体较高，平均得分率为67.81%。从公司治理的细分指标来看，两地上市的公司在治理结构、利益相关方、信息披露三个方面均比仅在A股上市的企业平均得分率更高（见图8）。

① 两地上市公司数据来源于CSMAR数据库。

研究发现，这种横向差异来源于政策驱动和市场驱动的双重影响。从政策驱动方面来看，联交所相对于内地两个证券交易所而言，上市公司相关的法律和政策更为完善，在治理结构和信息披露方面都对上市公司提出了更严格的监管要求。[①] 从市场驱动方面来看，两地上市的企业面临更多元化的投资者的关注与约束。联交所的国际投资者和机构投资者更多，机构投资者积极参与公司治理并行使股东权利以提升企业治理水平。[②] 因此，两地上市企业在两地监管约束和投资者要求下的企业治理水平整体较高。

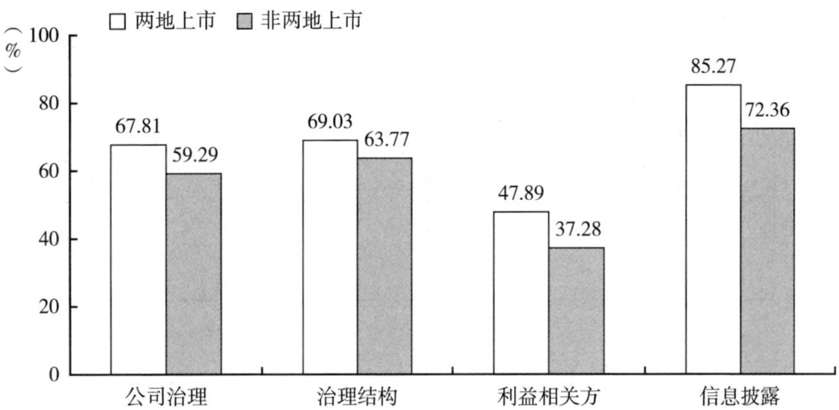


**图 8　2020 年沪深 300 上市公司两地上市与非两地上市公司治理表现**

资料来源：CSMAR 数据库，社投盟整理。

## （七）利益相关方参与尚显不足，信息披露工作有待加强

在利益相关方的识别与参与方面[③]，沪深 300 上市公司中，2020 年至少

① 李悦宁：《证券市场信息披露监管制度研究》，内蒙古大学学位论文，2020。

② 香港联交所在 2020 年 11 月发布的《现货市场交易研究调查 2019》显示，外地机构投资者与外地个人投资者占整体市场的交易金额比重分别上升到 36.6% 与 6.7%，超过 50 个国家和地区的投资者参与香港证券市场。

③ 利益相关方是指能够影响企业决策和活动或受企业决策和活动影响的团体和个人。对利益相关方的清晰识别有利于公司在决策前对其影响有更为全面的了解，明确利益相关方参与公司事务的渠道则有助于决策实施过程中的及时调整和反馈。

披露利益相关方识别与参与其中一项有效数据的公司有232家，占比为77.33%；同时披露利益相关方识别与参与有效数据的公司有167家，占比为55.67%（见图9）；“义利99”上榜公司中则有93.95%的披露了利益相关方识别或参与的有效数据，85.86%的公司同时披露利益相关方识别与参与的有效数据。从2018～2020年的情况来看，利益相关方有效数据披露水平在2019年有所上升，但2020年稍有下降。整体而言，大部分上市公司采取了识别关键利益相关方的行动，但在利益相关方参与层面还有待提升。

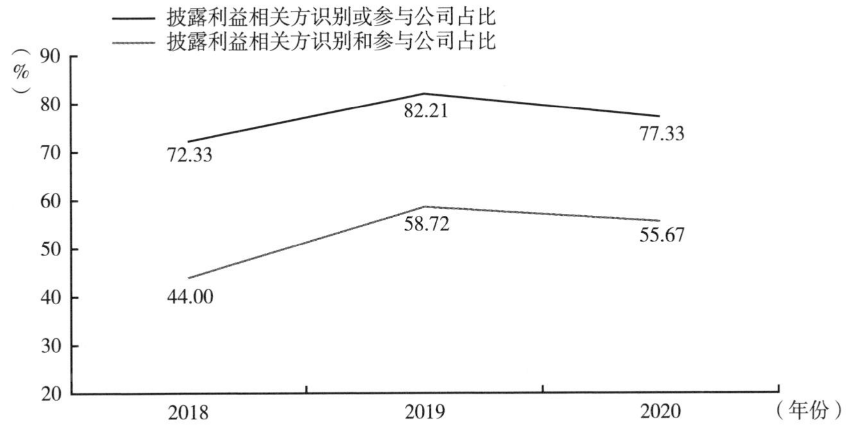


**图9 沪深300上市公司利益相关方识别和参与情况**[①]

资料来源：社投盟。

在非财务报告第三方审验[②]方面，截至2020年末，该年度披露非财务报告的沪深300上市公司中披露非财务报告第三方审验的公司数量为38家，占比[③]为15.26%（见图10）；“义利99”上榜公司中披露非财务报告第三

---

① 数据来源于社投盟“3A可持续发展评估模型”利益相关方识别与参与得分率数据。

② 非财务报告第三方审验的鉴证对象是非财务报告中披露的各项信息和数据，参与审验的主体包括机构和专家个人，机构包括会计师事务所、国际认证机构、行业协会等。截至2020年末，我国非财务报告第三方审验并没有政策层面的强制性规定，企业采取的是自愿委托第三方进行审验的方式。

③ 披露非财务报告第三方审验公司占比＝披露非财务报告第三方审验公司数量/披露非财务报告公司数量×100%。

方审验的公司数量为21家，占比为21.21%。从2018～2020年的情况来看，披露非财务报告第三方审验的公司数量整体呈上升趋势，其中2018～2019年上升程度最高，2020年有所下降。整体来说，披露非财务报告第三方审验的上市公司比例仍较低。

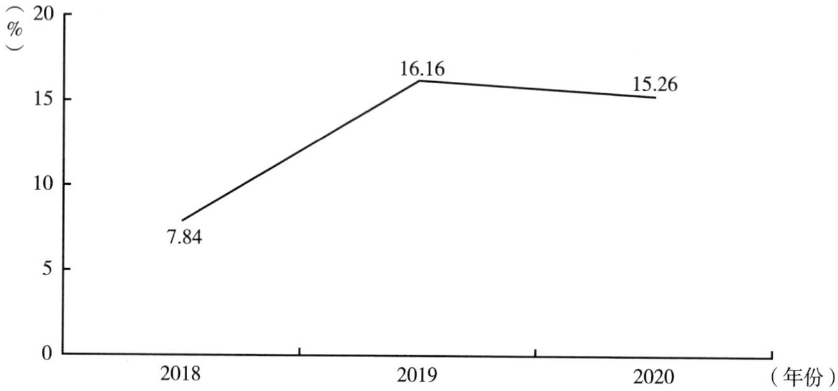


**图10　沪深300上市公司非财务报告第三方审验披露情况**

资料来源：社投盟。

由独立第三方出具的非财务报告审验意见相比于由企业董事会对非财务报告质量的承诺被证明具有更高的可信度与更大的市场影响力。但我国非财务报告的第三方审验工作仍进展缓慢，主要原因包括政策尚未强制要求、企业缺乏相关意识、审验主体资质判断无统一标准等。随着相关政策对于非财务第三方审验的要求和利益相关者的参与度提高，披露非财务报告第三方审验的上市公司比例有望提高。

## 三　可持续发展价值突出企业的治理实践

良好的公司治理是企业可持续发展的必要保障。从2021年“义利99”评估结果来看，以公司治理平均得分率为依据，将沪深300上市公司划分为水平较高和水平较低两组，公司治理水平较高的企业，整体可持续发展效益更高，尤其体现在环境贡献和社会贡献上（见图11）。

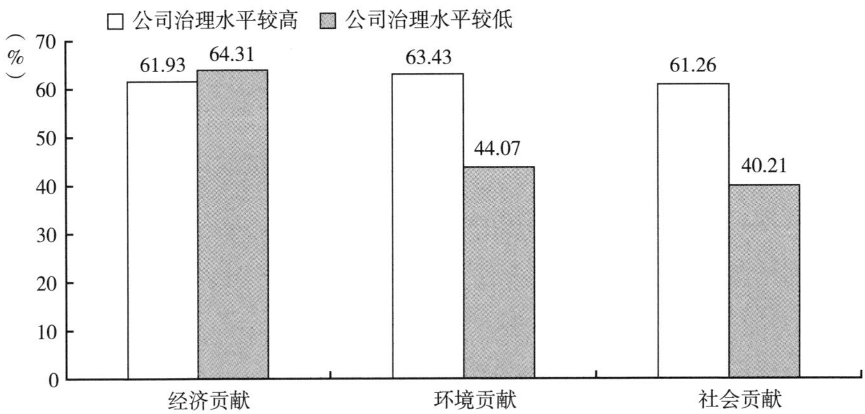


**图 11　不同治理水平沪深 300 上市公司的经济、环境和社会贡献表现**①

资料来源：社投盟。

以下案例选取的公司都为连续上榜“义利 99”的企业，其在可持续发展价值方面表现突出且在公司治理方面有着创新性实践。

## （一）通过权责分明的治理结构保障各类主体相互独立

委托代理结构是现代公司治理的基本结构。在这样的结构下，建立完善的监督机制对于防止大股东损害中小股东利益等具有重要意义。而完善公司治理架构、保障各主体的独立性是达到以上目的的重要举措。

复星医药和平安银行通过建立权责分明的治理结构，使得各类治理主体权力边界分明且相互独立，为企业可持续发展提供了保障。

1. 复星医药②：从制度层面完善公司治理体系

复星医药在治理方面的突出实践在于重视从制度层面规范公司行为与治理结构。在股东方面，复星医药制定了控股股东行为规范，确保控股股东的独立性且不损害本公司及其他股东利益。

① 均值 T 检验显示，经济贡献在两组间的差异并不显著。

② 上海复星医药（集团）有限公司于 1994 年以上海复星实业公司名义成立，现已成为中国领先、创新驱动的国际化医药健康产业集团。

在董事专业性方面，复星医药的公司章程规定了外部董事和独立非执行董事的比例及专业背景。从 2020 年末的情况来看，复星医药 4 名独立非执行董事分别为会计、法律、管理和战略领域的专业人士。董事会下设 5 个专门委员会（见图 12），并针对专门委员会起草了对应的职权范围及实施细则。例如通过制定《董事会审计委员会职权范围及实施细则》保证审计委员会的独立性和有效性。[①] 此外，复星医药将董事会多样化作为支持公司达到战略目标及维持可持续发展的关键。为此制定了《董事会多元化政策》，从制度建设层面规定了提名委员会的职责等。

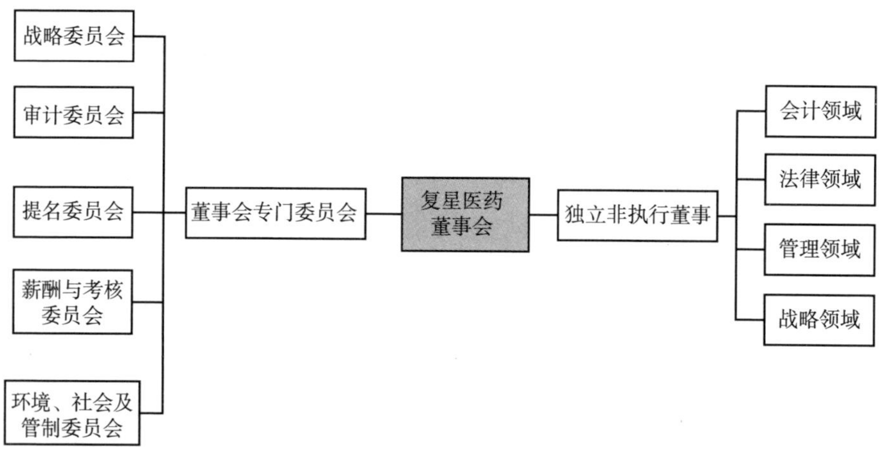


**图 12　复星医药董事会专门委员会架构及独立董事会成员背景**

资料来源：《复星医药 2020 年度社会责任报告》，社投盟整理。

2. 平安银行[②]：“三会一层” 与党委领导结合

平安银行在股东大会、董事会、监事会与管理层相互独立的“三会一层”设置外，还建立了党委领导机制，有效强化风险管控与履行社会责任

① 复星医药《董事会审计委员会职权范围及实施细则》中详细规定了审计委员会的主要职责权限以及与外部审计机构之间的关系。此外，《复星医药 2020 年度社会责任报告》中特别披露了在报告期内召开了两次没有执行董事出席情况下审计委员会与外聘审计/核数师的会议。

② 平安银行股份有限公司是一家总部设在深圳的全国性股份制商业银行，以打造“中国最卓越、全球领先的智能化零售银行”为战略目标。

成效。

在党委领导方面，平安银行作为具有广泛社会影响的银行，2018 年 6 月开始将党建写入公司章程，充分发挥党组织在公司治理中的政治引领作用，把握重大事项决策、重要干部任免、重要项目安排及大额资金使用（即“三重一大”）决策制定。党委会以“双向进入，交叉任职”的方式影响“三会一层”运作，既强化了企业发展的规范性，也使其更关注社会广泛利益相关方的诉求，更积极地参与社会责任实践。

在股东管理方面，平安银行与控股股东在业务、机构、人员、财务、资产等方面完全分开，具有独立完整的业务及自主经营能力，且控股股东中国平安较为分散的股权结构也降低了大股东侵占的可能，以上股权设置强化了大股东行为的规范性。

在董事会治理层面，截至 2020 年末，董事会下设的 6 个专门委员会（见图 13）均包含独立董事委员，其中审计委员会、关联交易控制委员会、提名委员会、薪酬与考核委员会由独立董事担任委员会主席。董事会成员也是各领域的专家。完善的治理结构也为平安银行的风险管理提供了重要保障，平安银行董事会承担全面风险管理的最终责任，审计委员会审查与监督财务报告、内部审计及内部控制程序、合规管理，关联交易控制委员会则协助董事会负责关联交易的管理、审查和批准。

### （二）通过股东参与和投资者关系管理提升公司市场价值

良好的投资者关系管理水平将使上市公司具有较强的盈利能力和股本扩张能力，投资者也愿意为投资者关系管理水平高的公司支付溢价。同时，投资者关系管理在一定程度上具有“稳定市场”的作用，有利于保护投资者的长期权益。此外，投资者关系管理与公司的市场价值相关。高投资者关系管理水平的价值效应更加显著。在这方面，中国平安和国电南瑞从股权架构、公司决策及利润分配等方面入手，在投资者关系管理和权益保护方面积极作为，推动公司价值的进一步提升。

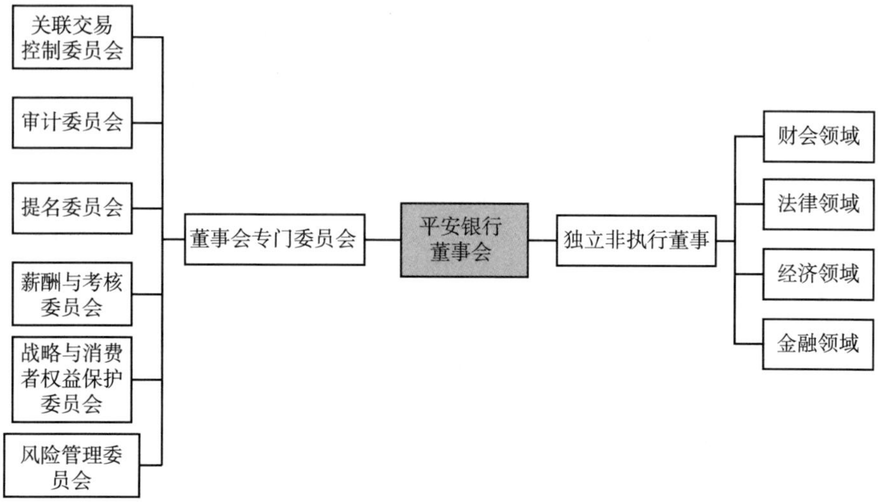


**图 13　平安银行董事会专门委员会架构及独立董事会成员背景**

资料来源：《平安银行股份有限公司 2020 年可持续发展报告》，社投盟整理。

1. 中国平安[①]：保障股东平等权利

中国平安保险（集团）股份有限公司（以下简称“中国平安”）通过分散的股权架构最大程度保证股东权益无论大小都受到充分保护。中国平安股权结构较为分散，不存在控股股东，也无实际控制人。大股东之间、大股东与管理层之间相互制约。公司股东大会从公司价值最大化的角度出发，专注于制定公司的经营方针和重大决策。每位股东的权利在公司发展过程中都得到了充分尊重。

中国平安还在利润分配中充分重视对投资者的合理投资回报。中国平安的公司章程中规定了利润分配的方案、标准及比例，且自在 A 股上市以来，除个别年份，公司每年均实施两次现金分红。此外，为保护投资者的长远利益，中国平安还实施了员工持股计划和股份回购计划，保持企业长期发展的

① 中国平安保险（集团）股份有限公司于 1988 年诞生于深圳蛇口，是中国第一家股份制保险企业，已发展为我国金融牌照最齐全、业务范围最广泛、控股关系最紧密的三大综合金融集团之一。

内生动力与在资本市场上表现的稳定性。

2. 国电南瑞①：与投资者共享发展价值

国电南瑞科技股份有限公司（以下简称“国电南瑞”）通过加强投资者关系管理，促进公司规范运行，推动核心竞争力提高，努力实现公司价值、股东利益最大化。

公司高度重视投资者回报，制定并执行持续、稳定的利润分配政策，自上市以来分红金额达74.05亿元。2020年，公司入选“上市公司丰厚回报榜单”前100名，展现了公司回报股东的积极意愿，以及与投资者实现价值共享的良好形象。

综上，中国平安和国电南瑞凭借着自身股权特点或者利润分配政策，尽可能地保障每一位股东的权益。确保公司的经济收益能够惠及不同层面的股东和投资者，从而使其愿意为公司支付溢价，形成更强的盈利能力和股本扩张的能力。

### （三）通过可持续发展专门负责制提高可持续发展能力

研究发现，可持续发展专门机构的设立主要通过两种机制来影响企业的可持续发展能力。首先，可持续发展专门机构能够通过绩效制激励企业决策层调整企业目标，推动企业走可持续发展道路；其次，可持续发展专门机构肩负的促进企业可持续发展的责任，赋予其更强烈的动机去有效地追求长期价值，并通过问责制设置“警戒线”，减少企业带来的负外部性问题。在这方面，伊利股份、金风科技均通过设立可持续发展委员会及工作小组，将可持续发展理念融入企业战略，从而促进公司可持续发展实践。

1. 伊利股份②：多层次管理架构打造可持续发展生态圈

内蒙古伊利实业集团股份有限公司（以下简称“伊利股份”或“伊

① 国电南瑞科技股份有限公司成立于2001年，提供以能源电力智能化为核心的能源互联网整体解决方案，是我国能源电力及工业控制领域卓越的IT企业和电力智能化领军企业。

② 内蒙古伊利实业集团股份有限公司创始于1993年，是中国规模最大、产品品类最全的乳制品企业，同时也是2021年“义利99”排行榜的上榜公司。

利”）通过“可持续发展委员会—秘书处—可持续发展联络员”的三层管理架构，建立了全方位、多层次的可持续发展工作机制，对可持续发展工作予以统筹推进。通过分工细致、环环相扣的可持续发展管理架构，将可持续发展管理的每一个环节落实到每一个部门、每一个岗位，让决策者肩负起可持续发展的责任，让可持续发展内化为执行者的深刻自觉。由此，可持续发展理念深刻地扎根进了伊利每个部门的具体业务，并延伸到了上下游、产业链，从而形成了可持续发展的商业生态圈。

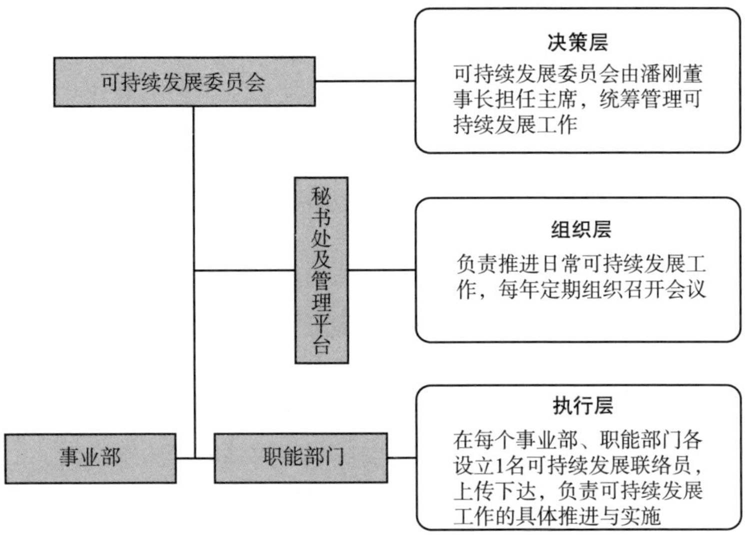


**图 14　伊利股份可持续发展三级管理架构**

资料来源：《伊利股份 2020 年可持续发展报告》，社投盟整理。

2. 金风科技[①]：专门负责制推动可持续发展能力建设

新疆金风科技股份有限公司（以下简称“金风科技”）建立了完善的可持续发展组织体系，包括可持续发展委员会、可持续发展工作办公室和可持续发展项目小组。可持续发展委员会主要负责推动社会责任和可持续发展融

① 新疆金风科技股份有限公司于1998年成立，主要从事风电设备研发与制造、风电服务、风电场投资与开发及水务等业务，为2021年“义利99”上榜公司。

入公司战略、经营管理和业务流程，整体提升公司可持续发展水平；可持续发展工作办公室由与可持续发展工作相关的部门负责人和专业人员组成，为各项工作提供专业支持；可持续发展项目小组负责可持续发展工作的落实与执行（见图15）。

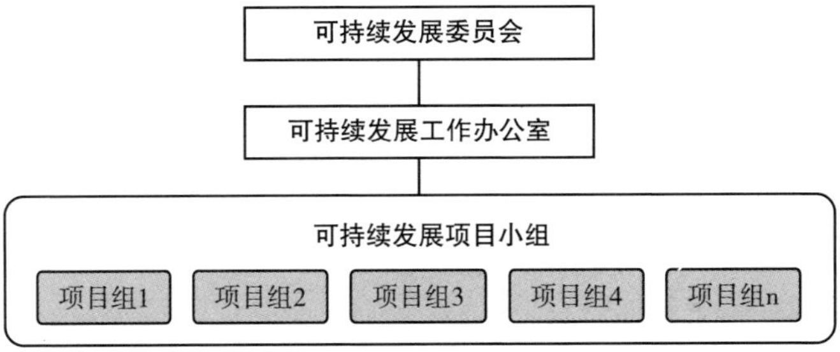


**图15　金风科技可持续发展组织体系结构图**

资料来源：《金风科技2020年社会责任报告》，社投盟整理。

金风科技的分级管理将可持续发展的分工具体化、专门化，从而积极发挥公司在风电行业的经验和资源优势，充分利用公司环境、人力、社会资本等，提升公司的社会、环境绩效。从“义利99”评估结果来看，金风科技2019~2021年连续三年位居可持续发展价值榜单前列，体现了突出的长期可持续发展能力。

## （四）通过利益相关方参与助力公司明确战略定位

与利益相关方的高效沟通是企业保障其可持续发展成效的前提。因此，建立起畅通的利益相关方参与渠道，发挥其在公司治理中的积极作用对公司的可持续发展有着重要的意义。在这一方面，顺丰控股建立了多样化的沟通渠道以及完善的行动体系，有效地了解并回应各利益相关方的期望。

顺丰控股[①]：利益相关方导向推动业务多元化。

顺丰控股对七类利益相关方予以重点关注，对不同利益相关方采取有针

① 顺丰控股股份有限公司成立于1993年，现已成为国内领先的综合物流服务商。

对性的措施，并贯穿了顺丰 2020 年的可持续发展实践。以客户方为例，顺丰极其重视客户意见，并主动拓展收集客户问题与需求的渠道，以大数据挖掘、平台工具后台反馈等方式，了解客户诉求，一旦发现问题就主动介入，最终实现闭环处理。2020 年，顺丰在国家邮政局开展的满意度调查中第 12 年蝉联行业榜首。此外，早在 2013 年，为满足客户多元化的物流需求，顺丰就开始在综合物流服务领域布局。疫情期间，顺丰发达的综合物流服务网络承担起了运送抗疫物资的重任，产生了积极的社会影响。

总体而言，顺丰通过多种方式扩展了与利益相关方的沟通渠道，推动了公司治理有效改善与良性发展；同时，顺丰的公司治理也与其所承担的社会责任相辅相成、紧密相连。

## 四 结论与展望

基于以上分析，沪深 300 上市公司的公司治理实践具有以下五大特点，未来将朝着政策法规精细化、治理架构完善化、参与主体多元化、信息披露体系化等方向发展。

第一，在政策法规引导下 A 股上市公司治理水平提高。研究发现，我国上市公司的治理实践不断完善，很大程度上是得益于受到相关监管制度的约束和相关政策的指引。未来，期望上市公司不只满足于“被动”的达到公司治理相关政策法规的合规要求，而更多的是在将可持续发展理念主动内化的基础上，增强组织内部驱动力以全面、有效地提升公司治理成效。

第二，治理结构逐步完善，但一些关键方面的表现仍有待优化。随着中国特色的董事会与监事会“双头监管”架构的深化，“三会一层”的权责逐步厘清，独立董事逐渐发挥其应有的作用。但是，就 A 股龙头的沪深 300 公司而言，董事会和高管团队的性别多元化水平整体仍有提升空间，设立可持续发展委员会的公司比例较低，部分董事会下设的专门委员会未充分履行应有职责。这些状况需要在监管机构和社会各界的合力推动下予以改善。

第三，利益相关方识别和参与程度有所提升，但参与渠道仍需拓展。随着上市公司编制社会责任报告、ESG 报告和可持续发展报告行为日渐普遍，企业越来越重视在报告中展示关键利益相关方识别的情况及其促进利益相关方参与企业相关事项的渠道。但研究发现，沪深 300 上市公司对此尚缺乏系统性实践，利益相关方参与还鲜有被视作企业治理的重大事项而被真正嵌入治理体系。相信在我国提出新发展理念且对发展质量和可持续性的关注不断提升的当下，利益相关方的权益将得到更多制度的保护和公司的关注。

第四，公司内部控制质量较高，但非财务信披工作有待加强。基于近年来内部控制和信息披露制度的完善，上市公司财务信息透明度逐步提高，内部控制质量有效提升。特别是随着新《证券法》等的出台，上市公司从前常见的财务违规问题被有效遏制。然而，上市公司非财务信息披露仍处于较低水平，普遍存在披露不充分且不完全、缺乏统一标准指引、缺失第三方审验等问题，进而导致了外部利益相关方与上市公司的信息不对称，也对企业提升可持续发展水平和品牌社会影响力形成了障碍。

第五，优秀企业把可持续发展理念融入治理与实践，发挥市场引领作用。从沪深 300 公司的实践来看，头部上市公司已经开始广泛地将利益相关方管理纳入公司治理，设立可持续发展专门机构，定时跟踪企业可持续发展绩效，为商界提供优秀的实践蓝本。但从整体上来看，上市公司尚未对可持续发展理念融入公司治理达成广泛共识，企业可持续发展能力建设还需要更细化的治理结构予以支撑，各企业盼望有更为明确的政策指引来加快公司治理体系建设，以适应可持续发展的时代要求。

## 参考文献

爱德华・弗里曼、杰弗里・哈里森、安德鲁・威克斯等：《利益相关者理论现状与展望》，盛亚、李靖华等译，知识产权出版社，2013。

邓莉、张宗益、李宏胜：《基于权力视角的公司治理研究及启示》，《西南大学学报》（社会科学版）2009年第5期。

冯跃：《所有制结构、公司治理与国企改革研究》，南开大学学位论文，2012。

孔东民、刘莎莎：《中小股东投票权、公司决策与公司治理——来自一项自然试验的证据》，《管理世界》2017年第9期。

李从刚、权小锋：《利益相关者、公司治理与盈余管理：基于文献的研究》，《商业研究》2017年第9期。

李心丹、肖斌卿、张兵、朱洪亮：《投资者关系管理能提升上市公司价值吗？——基于中国A股上市公司投资者关系管理调查的实证研究》，《管理世界》2007年第9期。

鲁桐、党印：《公司治理与技术创新：分行业比较》，《经济研究》2014年第6期。

权小锋、肖斌卿、吴世农：《投资者关系管理能够稳定市场吗？——基于A股上市公司投资者关系管理的综合调查》，《管理世界》2016年第1期。

辛清泉、周静、黄曼丽：《信息、身份与公司治理：对外资大股东的一个分析》，《会计与经济研究》2017年第5期。

An, H., Chen, C., Wu, Q., et al., "Corporate Innovation: Do Diverse Boards Help?" *Journal of Financial and Quantitative Analysis*, 2021 (1).

Burke, J. J., Hoitash, R., & Hoitash, U., "The Heterogeneity of Board-level Sustainability Committees and Corporate Social Performance," *Journal of Business Ethics*, 2019 (4).

Credit Suisse, "The CS Gender 3000 in 2019: The Changing Face of Companies," October 2019.

Cumming, D., Leung, T. Y., & Rui, O., "Gender Diversity and Securities Fraud," *Academy of Management Journal*, 2015 (5).

Fama, E., & Jensen, M., "Separation of Ownership and Control," *The Journal of Law & Economics*, 1983 (2).

Firth M., L. Chen, &S. M. Wongand X., "Hello, Is Anybody There? Corporate Accessibility Foroutside Shareholders As a Signal of Agency Problems," *Review of Accounting Studies*, 2019 (24).

Freeman R. E., & Evan W. M., "Corporate Governance: A Stakeholder Interpretation," *Journal of Behavioral Economics*, 1990 (19).

Fu, R., Tang, Y., & Chen, G., "Chief Sustainability Officers and Corporate Social Responsibility," *Strategic Management Journal*, 2020 (4).

Liu, C., "Are Women Greener? Corporate Gender Diversity and Environmental Violations," *Journal of Corporate Finance*, 2018 (52).

Margaret M. Blair, *Ownership and Control: Rethinking Corporate Governance for the Twenty-*

*First Century*, Brookings Institution Press, June 1995.

Velte, P. , & Stawinoga, M. , "Do Chief Sustainability Officers and CSR Committees Influence CSR-related Outcomes? A Structured Literature Review Based on Empirical-quantitative Research Findings," *Journal of Management Control*, 2020（1）.

Ye, D. , Deng, J. , Liu, Y. , et al. , "Does Board Gender Diversity Increase Dividend Payouts? Analysis of Global Evidence," *Journal of Corporate Finance*, 2019（58）.

# B.7

# 2021年沪深300上市公司非财务信息披露实践研究

摘　要：在政策和市场的双轮驱动下，我国A股上市公司的非财务信息披露情况不断改善，发布专门非财务信披报告的公司比例呈上升趋势，但仍存在明显的信息披露水平参差不齐的问题。本报告以沪深300上市公司为研究对象，从持续完整性、内容实质性和量化可比性三个层面出发，综合分析当下我国上市公司非财务信息披露状况，并针对性地提出了相关改进建议。研究发现，在2020年度沪深300上市公司中，有超六成公司自2018年以来连续三年发布非财务信息披露报告，过半公司在本年度报告中覆盖了ESG普遍议题，超八成公司披露了利益相关方识别与参与的情况，近五成公司采用实质性地图等工具开展了ESG议题实质性评估的工作，超三成公司披露了主要量化指标的测算参考标准，近九成公司的报告参考了非财务信息披露相关指引标准。基于以上发现，本报告指出以沪深300上市公司为代表的A股上市公司可通过披露完整的ESG普遍议题、扎实开展实质性议题动态评估、对标国内外非财务信息披露严格标准等来提升披露信息的质量。

关键词：沪深300公司　非财务信息披露　企业社会责任　可持续发展

## 一　A股上市公司非财务信息披露的背景

党的十九大以来，我国经济已由高速增长阶段迈入高质量发展阶段，以创新、协调、绿色、开放、共享为内核的新发展理念逐渐深入人心。随着碳中和、乡村振兴等目标的提出，越来越多的A股上市公司开始重视环境与社会责任，追求经济利益与可持续发展价值相统一。非财务信息披露（以下简称“非财务信披”）作为满足企业利益相关方信息需求的重要手段，其重要性日益显著。

统计发现，近年来发布上述专门的非财务信披报告的A股上市公司数量逐年增加，从2011年的594家增加到2020年的1137家（见图1），发布报告公司的占比也不断提高。就非财务信披的载体来说，除了在年度报告中纳入相关内容外，不少上市公司选择发布专门的非财务信披报告以更全面地披露相关信息。非财务信披报告具体形式包括但不限于企业社会责任报告，可持续发展报告，环境、社会和治理报告，环境报告书等。

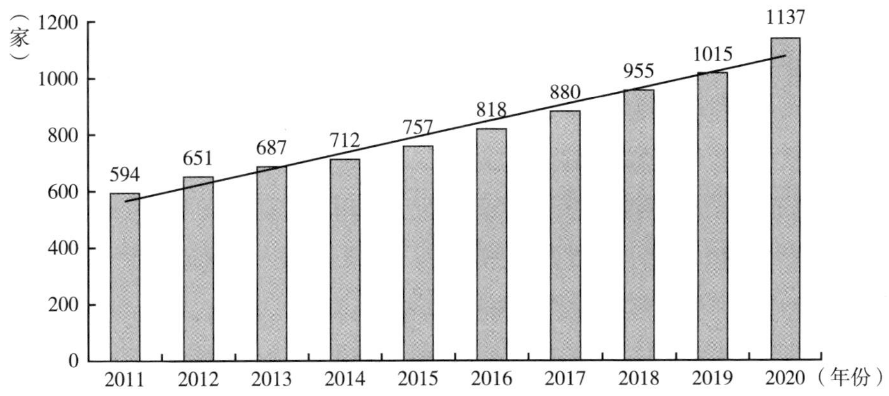


**图1　2011~2020年A股上市公司非财务信披报告披露数量变化**

注：图中非财务信披报告包括企业社会责任报告，可持续发展报告，环境、社会和治理报告，环境报告书四种形式。年份统计标准为年度报告年份，而非报告发布的年份。

资料来源：社投盟。

发布专门非财务信披报告的公司数量和比例的上升，体现出利益相关方对于非财务信息透明度的日益重视。但由于当下上市公司非财务信息以自愿披露为主，公司实践仍在一定程度存在主动意愿不强、参考标准不一和可比性不足等问题。本报告将聚焦2020年沪深300上市公司的非财务信披实践，对信披的质量进行多维度分析，并基于研究发现提出相应的改进建议。

## 二　上市公司非财务信息披露实践的研究方法

对上市公司的非财务信披情况进行科学和有效的评估，有助于引导上市公司不断提高信披质量，强化环境、社会与公司治理①（即ESG）评级的基础，为资本市场营造公开、透明和富有竞争力的市场环境。

本报告以全球报告倡议组织（GRI）最新版本信披指南——《GRI标准》中关于报告内容的四大原则和质量的六大原则为重要参考，结合A股上市公司非财务信披现状，兼顾评估的科学性和可操作性，综合得出了评估企业非财务信披实践的三大维度，即持续完整性、内容实质性（Materiality②）以及量化可比性，并在此基础上构建了评估每个维度表现的具体方法（见表1）。

表1　上市公司非财务信息披露实践的评估标准及方法

| 维度 | 描述 | 具体表现 | 评估方法 |
|---|---|---|---|
| 持续完整性 | 定期持续地披露责任管理、经济责任、社会责任和环境责任等全方位内容 | ①定期持续披露以便利益相关方及时了解最新信息<br>②披露基本涵盖了所有关键性的议题领域 | ①是否连续三年发布非财务信披报告<br>②对最新一年报告的ESG重要议题的覆盖程度 |

① 本报告研究对象为沪深300上市公司，因此在治理（G）维度中关注公司治理。

② Materiality一般被译为“实质性”，也可被译为“重要性”或“重大性”。

续表

| 维度 | 描述 | 具体表现 | 评估方法 |
| --- | --- | --- | --- |
| 内容实质性 | 披露企业治理、环境和社会以及对利益相关方决策有重大影响的信息 | ①披露反映对利益相关方决策有重要影响的内容<br>②披露反映对公司自身的重大经济、环境和社会影响的议题 | ①是否有对利益相关方进行识别和回应<br>②是否采用实质性议题分析方法 |
| 量化可比性 | 披露内容多以数据形式呈现,且以业界认同的统一标准进行信息的选择、编辑和报告,以便于比较所披露信息 | ①以数据形式对实际情况进行详尽呈现<br>②使用业界广泛认可度的标准或框架进行披露,便于比较所披露的信息 | ①是否披露量化指标及其测算标准<br>②是否参考信披标准指引 |

资料来源：社投盟。

## 三　A股上市公司非财务信息披露驱动力分析

研究表明，上市公司开展非财务信披主要受到政策和市场力量的驱使，具体分析如下。

### （一）A股上市公司非财务信息披露的政策驱动

A股上市公司非财务信披的实践具有受到自上而下的政策驱动的鲜明特点。近20年来，非财务信披相关政策措施不断出台，并在ESG三大议题上呈现出以下特点：环境信披约束范围逐步扩大；社会责任信息披露的内容不断丰富；公司治理信披相关要求持续深化。

第一，国家较早开始强制要求环境信披，且逐渐扩大其约束主体范围。自2003年国家环保总局发布《关于企业环境信息公开的公告》以来，我国制定多项政策要求污染严重的企业披露环保信息。2016年中国人民银行等七部委发布的《关于构建绿色金融体系的指导意见》要求逐步建立和完善上市公司和发债企业强制性环境信披制度。这标志着环境信披约束主体范围的扩大，由此为更多企业披露环境信息提供了外部动力。

第二，对于社会责任信披[①]处在鼓励阶段，但其内容逐渐丰富，且紧扣国家大政方针。2012 年证监会首次在《公开发行证券的公司信息披露内容与格式准则第 2 号——年度报告的内容与格式（2012 年修订）》修订版中鼓励公开发行证券的公司主动披露履行社会责任情况。在 2021 年修改版中，在社会责任披露方面新增了巩固脱贫攻坚成果、乡村振兴等紧扣“十四五”规划的议题。由此可见，社会责任信披作为提升上市公司非财务信披内容质量的重要一环，也逐渐成为证监会非财务信披政策的重点推动方向。

第三，在公司治理信披方面，证监会较早地作出要求并给出详细标准。证监会早在 2001 年发布的《公开发行证券的公司信息披露内容与格式准则第 2 号〈年度报告的内容与格式〉》中就对公司治理结构的披露作出要求，而后的多个修订版中也都涵盖了该议题。虽在披露内容的规定上无较大变化，但披露格式逐渐改变。比如，2021 年修改版将往年拆分的板块（如董事、监事、高级管理人员和员工情况）融入第四节公司治理板块。相较于其他两个维度，公司治理信息的强制性披露规定发布时间较早，披露要求较为详细，一方面为企业加强信披提供了依据，另一方面也提高了公司治理相关信息的披露质量。

沪深两大交易所的非财务信披政策在紧跟国家政策趋势的同时也各有特色。

从深交所来看，一是较早地针对社会责任披露作出要求。早在 2006 年，深交所就发布了《深圳证券交易所上市公司社会责任指引》，首次将社会责任信息引入上市公司披露，并提供规范指导。二是非财务信披政策具有较高的强制性，尤其是在 2021 年深圳颁布的《深圳经济特区绿色金融条例》中，对金融行业上市公司的环境信披作出规定，违反规定者将受到相应的处罚，体现出约束性特征。三是政策具有较强的创新性，主要体现在 ESG 理

① 部分社会责任信披包括环境信披，但本段主要关注不包括环境信披在内的社会责任信披。

念的应用上。在《深圳证券交易所上市公司信息披露工作考核办法（2020年修订）》中，深交所通过将是否披露ESG履责情况纳入考核标准，希望进一步提高上市公司信披水平。

从上交所来看，一是更加重视环境信披，2008年发布《上市公司环境信息披露指引》，要求发生环境保护相关重大事件与被列入环保部门的污染严重企业名单的上市公司进行环境信披。二是注重对科创板上市公司的信披要求，2020年发布的三项政策中，两项政策都面向科创板上市公司。

**表2　A股上市公司非财务信息披露相关政策演进**

| 发布时间 | 文件名称 | 发布主体 | 主要相关内容 |
| --- | --- | --- | --- |
| 2001年12月 | 《公开发行证券的公司信息披露内容与格式准则第2号〈年度报告的内容与格式〉》 | 中国证券监督管理委员会 | 要求披露公司治理结构、股东大会等公司治理信息，以加强规范上市公司年报信披行为 |
| 2003年9月 | 《关于企业环境信息公开的公告》 | 国家环保总局 | 要求部分环境污染严重的企业披露环境保护方针、企业环境污染治理等信息，以加强公众对企业环境行为的监督 |
| 2006年9月 | 《深交所上市公司社会责任指引》 | 深交所 | 首次将社会责任信息披露引入上市公司，要求上市公司积极披露履行社会责任情况 |
| 2008年5月 | 《上市公司环境信息披露指引》 | 上交所 | 为引导上市公司积极履行环保责任，明确了不同种类公司需要披露的环境信息 |
| 2010年12月 | 《关于做好上市公司2010年年度报告披露工作的通知》 | 深交所 | 要求“深证100指数”上市公司披露社会责任报告 |
| 2012年9月 | 《公开发行证券的公司信息披露内容与格式准则第2号——年度报告的内容与格式（2012年修订）》 | 中国证券监督管理委员会 | 首次在该类年报准则中鼓励公司主动披露履行社会责任情况，并再次强调环境与公司治理信披 |

续表

| 发布时间 | 文件名称 | 发布主体 | 主要相关内容 |
| --- | --- | --- | --- |
| 2016 年 8 月 | 《关于构建绿色金融体系的指导意见》 | 人民银行等七部委 | 明确了非财务信息披露在构建绿色金融体系中的重要性；强调要逐步建立和完善上市公司和发债企业强制性环境信息披露制度 |
| 2016 年 12 月 | 《关于进一步完善上市公司扶贫工作信息披露的通知》 | 上交所 | 响应国务院"十三五"脱贫攻坚规划，要求上交所上市公司在年报中充分披露履行扶贫责任的具体情况 |
| 2016 年 12 月 | 《关于完善上市公司履行扶贫社会责任信息披露的通知》 | 深交所 | 响应国务院"十三五"脱贫攻坚规划；要求深交所上市公司在年报中充分披露精准扶贫工作相关信息 |
| 2017 年 12 月 | 《公开发行证券的公司信息披露内容与格式准则第 2 号——年度报告的内容与格式(2017 年修订)》 | 中国证券监督管理委员会 | 要求环境污染严重的上市公司披露环境信息，鼓励披露环境保护和精准扶贫信息，进一步加强规范上市公司年报信披行为 |
| 2018 年 9 月 | 《上市公司治理准则》 | 中国证券监督管理委员会 | 要求所有上市公司依照有关规定披露环境、社会、公司治理信息，以提升上市公司治理水平，促进资本市场稳定发展 |
| 2018 年 9 月 | 《深交所上市公司环境、社会责任和公司治理信息披露指引》 | 深交所 | 创新地将 ESG 理念融入信息披露指引，从环境、社会、公司治理三方面提出详细的披露建议 |
| 2020 年 6 月 | 《深交所创业板上市公司规范运作指引(2020 年修订)》 | 深交所 | 要求遇到重大环境问题的科创板上市公司披露环境信息，并鼓励所有科创板上市公司披露履行社会责任信息，以提升科创板上市公司规范运作水平 |

续表

| 发布时间 | 文件名称 | 发布主体 | 主要相关内容 |
| --- | --- | --- | --- |
| 2020年6月 | 《深交所上市公司社会责任报告披露要求》 | 深交所 | 要求深交所上市公司披露环境保护与可持续发展、精准扶贫等六大方面的信息 |
| 2020年8月 | 《上交所上市公司定期报告业务指南》 | 上交所 | 要求上交所上市的"上证公司治理板块"样本公司等主体单独披露社会责任报告 |
| 2020年9月 | 《深交所上市公司信息披露工作考核办法(2020年修订)》 | 深交所 | 首次明确使用ESG考核上市公司信息披露工作,重点考核社会责任报告充实性、完整性、ESG履行情况 |
| 2020年9月 | 《上交所科创板上市公司自律监管规则适用指引第2号——自愿信息披露》 | 上交所 | 鼓励科创公司自愿披露环境保护、履行社会责任和公司治理的信息,以提升自愿披露的有效性 |
| 2020年11月 | 《深圳经济特区绿色金融条例》 | 深圳市人民代表大会 | 中国首部绿色金融法规,规定在深圳注册的金融行业上市公司、绿色金融债券发行人等主体披露环境信息,违反规定将受到经济处罚 |
| 2020年12月 | 《上交所科创板股票上市规则(2020年修订)》 | 上交所 | 要求科创板上市公司在年度报告中披露社会责任履行情况 |
| 2021年3月 | 《上市公司信息披露管理办法(2021年修订)》 | 中国证券监督管理委员会 | 增加了对信息披露及时性、真实性、完整性要求,细化上市公司在年报和中期报中公司治理信披要求 |
| 2021年5月 | 《环境信息依法披露制度改革方案》 | 生态环境部 | 提出了到2025年基本形成环境信息强制性披露制度的主要目标,明确了建立健全相关规范要求、建立相关协同管理机制、健全相关监督机制、相关法治化建设等主要任务 |

续表

| 发布时间 | 文件名称 | 发布主体 | 主要相关内容 |
|---|---|---|---|
| 2021 年 6 月 | 《公开发行证券的公司信息披露内容与格式准则第 2 号——年度报告的内容与格式(2021 年修订)》 | 中国证券监督管理委员会 | 要求环境污染严重的上市公司披露环境信息;响应"十四五"规划,首次鼓励上市公司披露信息涉及碳减排、乡村振兴等议题 |

资料来源：中国证券监督管理委员会，中华人民共和国生态环境部，深圳证券交易所，上海证券交易所，深圳市地方金融监督管理局，国务院新闻办公室，社投盟整理。

## （二）A 股上市公司非财务信息披露的市场驱动

日趋严格的非财务信披政策要求提高了企业的重视程度。与此同时，市场对企业非财务信披的需求也逐年上升。资管机构、消费者、员工和供应商都提高了对企业非财务信披的要求，由此形成了来自市场的驱动力。

随着责任投资理念在海内外的传播，资管机构越来越多地将以 ESG 为主的企业非财务信息纳入投资决策考量。因此，企业需要通过披露相关信息以响应资管机构对非财务信息数据的要求，也有一部分的资管机构直接运用其股东权力要求企业定期公布非财务信息。同时，越来越多的国际大公司将企业社会责任管控延伸到供应链，供应链管理的加强促使广大中小供应商更加重视自身经营所造成的社会和环境影响。此外，社会各界对企业社会责任关注度的提升影响了消费者和员工对企业非财务信息的关注度。企业履行社会责任及其对环境和社会产生的影响逐渐被纳入消费者消费决策以及人才就业选择的考量范畴。

在市场驱动下，非财务信披增进了企业和利益相关方之间的沟通，提供了判断企业综合价值的依据。一方面，在激烈的市场竞争中，非财务信息能够从更丰富的维度展现企业优势，帮助企业从同行中脱颖而出，使企业在融资以及商务合作中占据一定优势，增强市场竞争力。另一方面，通过披露非财务信息，利益相关方可以更充分地了解企业的文化、价值观和社会责任感，降低信息不对称给利益相关方带来的不良影响，从而达到改善企业社会形象、提高品牌声誉的效果。同样，沪深300上市公司在利益相关方识别与回应方面的披露比例也达到了81.00%，表现突出，体现了这些行业龙头重视加强与利益相关方之间的联系。

## 四　沪深300上市公司非财务信息披露实践分析

下文将对沪深300上市公司非财务信披在三大评估维度上的表现进行分析。首先，分析了样本公司披露的持续完整性，主要包括2018~2020年发布非财务信披报告的情况和披露内容对常见ESG议题的覆盖度；其次，研究了公司非财务信披的内容实质性，重点关注了上市公司对利益相关方识别与参与的披露情况，以及是否与如何开展实质性ESG议题评估；最后，与量化可比性相关，分析了企业参考非财务信披指引，披露环境主要量化指标的测算标准等相关情况。

### （一）超六成沪深300公司2018~2020年连续发布非财务信披报告

通过统计沪深300上市公司2018~2020年发布非财务信披报告的情况发现，有201家在2018~2020年连续发布了报告，占67.00%，体现出较强的连续性。考虑到部分沪深300公司为近两年新上市的公司，本报告专门考察了沪深300公司在2018年及以前上市的276家，发现有40家上市公司未在三年间发布过非财务信披报告，有35家公司只在其中一个或两个年度发布了报告。其中，仅发布2018年度非财务信披报告的有1家，仅发布2018年度、2019年度报告的有1家，仅发布2018年度、2020年度报告的有1家，可见有小部分上市公司未能在近三年坚持进行报告的发布；也可以看到，许多上市公司在早期未对编发非财务信披报告予以重视，近两年其开始转变行为，包括15家未发布2018年度报告，但在之后的2019

年度、2020 年度连续编发的公司，以及在 2020 年度初次尝试发布报告的 17 家公司。

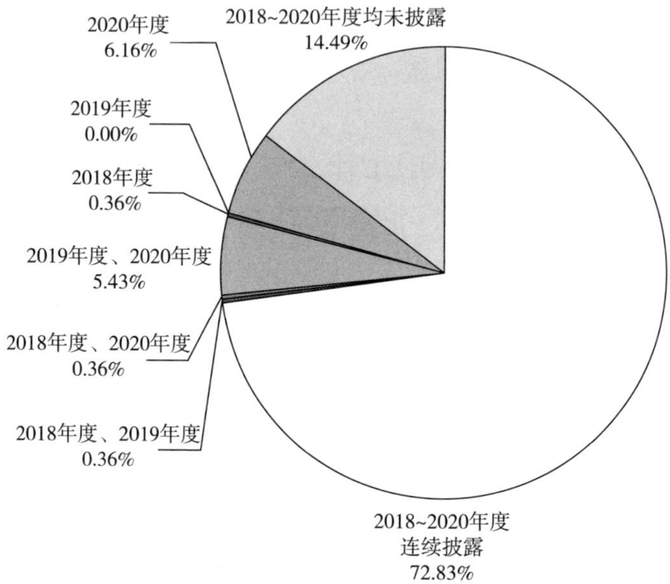


**图 2　2018 年及以前上市的沪深 300 公司非财务信披报告发布情况**

资料来源：社投盟。

选取 2018 ~2020 年的沪深 300 上市公司作为样本，本报告发现沪深 300 公司非财务信披报告的披露率呈现波动式上升趋势，从 2018 年的 82.00% 提升至 2019 年的 85.00%，但在 2020 年下降至 83.00%。其中，“义利 99”的披露率稳定在一个较高的水平，2018 年和 2020 年均达到 98.99%，而 2019 年更是达到了 100.00%；非“义利 99”的披露率则从 2018 年的 73.13% 提升至 2019 年的 77.61%，2020 年回落至 75.12%。进一步探究可发现，“义利 99”的披露率高于非“义利 99”，但二者之间的差距有缩小的趋势，2018 年披露率差距为 25.86 个百分点，而 2020 年差距缩小至 23.87 个百分点。

表 3　2018～2020 年沪深 300 公司非财务信披报告披露率

单位：%

| 项目 | 2018 年 | 2019 年 | 2020 年 |
| --- | --- | --- | --- |
| “义利 99” | 98.99 | 100.00 | 98.99 |
| 非“义利 99” | 73.13 | 77.61 | 75.12 |
| “义利 99”与非“义利 99”披露率差距 | 25.86 | 22.39 | 23.87 |
| 沪深 300 | 82.00 | 85.00 | 83.00 |

资料来源：社投盟。

## （二）超五成沪深300公司在近一年报告中披露 ESG 普遍议题

本部分使用了 3A 三力评估模型中数据完备度[①]指标数据，聚焦 E、S、G 三大板块普遍议题披露的完备度，分析沪深 300 公司针对 ESG 议题的披露完备性。

总体上看，沪深 300 公司对 ESG 普遍议题披露平均完备度为 57.24%。值得一提的是，2020 年“义利 99”平均完备度为 69.61%，且每一项指标的平均完备度均高于未上榜公司。

对比 ESG 三大板块及其细化指标完备度，2020 年沪深 300 公司的环境板块整体平均完备度为 59.57%，其中污染防控议题备受关注，完备度达到 82.42%。环境管理和资源利用议题的完备度也高于环境板块平均水平，分别为 66.34% 和 59.64%，而生态气候议题的完备度仍有待提升，仅为 29.89%。

社会板块整体平均完备度为 57.03%，沪深 300 公司的公益贡献、安全运营和员工权益议题的完备度表现均比较突出，分别为 64.86%、64.72% 和 61.54%，客户价值议题完备度较低，为 53.88%，而完备度最低议题是

① 3A 三力模型中的数据完备度是用来衡量上市公司信披情况的指标。如果某公司在一个数据点上进行了有效信息的披露，其在这个数据点上的数据完备度记为 100%，否则记为 0%。四级指标的数据完备度为其包括的数据点数据完备度的平均值，高级别指标的数据完备度为低级别指标数据完备度的平均值。

合作伙伴，仅为40.17%。

公司治理板块平均完备度为55.17%，其中利益相关方识别与参与是完备度最高的议题，达到69.17%。沪深300公司在董事会治理和治理结构两个议题的完备度表现接近，分别为54.54%和54.30%，而投资者参与的完备度最低，为42.67%（见图3）。

### （三）超八成沪深300公司披露利益相关方识别与参与

国内外权威指南普遍认同ESG相关议题的披露内容是否对利益相关方产生重大影响是实质性的重要评估方法，因此本部分使用3A三力模型中利益相关方识别与参与指标的完备度数据分析沪深300公司对利益相关方识别与参与的披露情况。其中，披露利益相关方识别是指上市公司在非财务信披报告中明确了利益相关方包括哪些主体，披露利益相关方参与则是指在报告中披露与利益相关方沟通的方式和内容。

指标显示，81.00%①的沪深300公司（共243家）对该指标进行了披露，体现了沪深300作为A股龙头对利益相关方沟通的重视。深交所上市公司对利益相关方识别与参与的披露率②为88.70%，较上交所上市公司高12.48个百分点。2021年“义利99”对利益相关方识别与参与的披露率高达94.95%，而非“义利99”的披露率仅为74.13%，体现了可持续发展价值较高的公司在披露利益相关方识别与参与情况的表现优异。

尽管沪深300公司的利益相关方识别与参与的披露率较高，仍有23.67%的沪深300公司（共71家）仅披露了利益相关方识别或参与，且33.91%的深交所上市公司有此类披露不完备的问题，沪深300公司在披露利益相关方识别与参与方面仍有改进空间。

---

① 披露率统计口径：披露内容包含利益相关方识别与参与任何一项或全部，均可算作对该项议题进行披露。

② 计算方法：利益相关方识别与参与的披露率＝［（披露识别或参与公司数＋披露识别和参与公司数）/总样本量］×100%。其中，深交所上市公司总样本量为115家，上交所上市公司总样本量为185家。

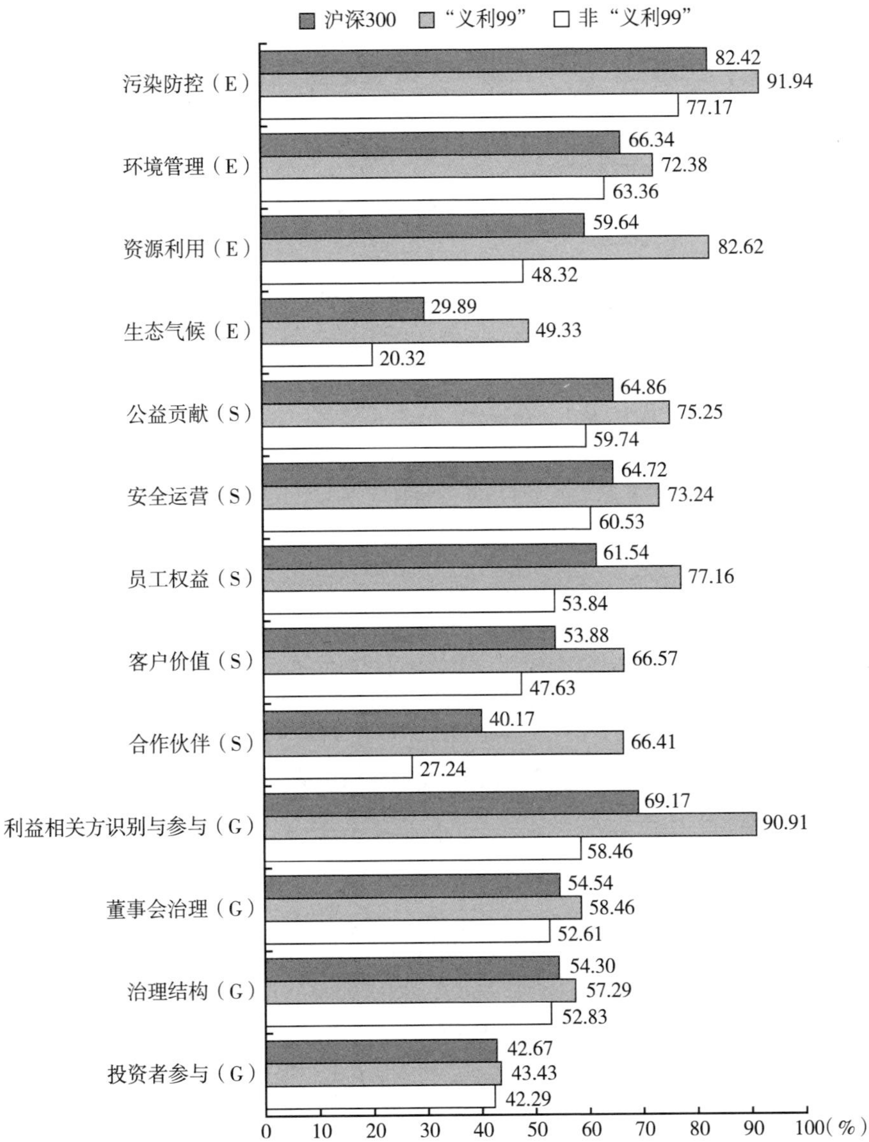


**图3　2020年沪深300公司ESG普遍议题披露完备度表现**

注：样本范围：由于污染防控议题不适用于所有行业，共214家上市公司披露了有效数据。

资料来源：社投盟。

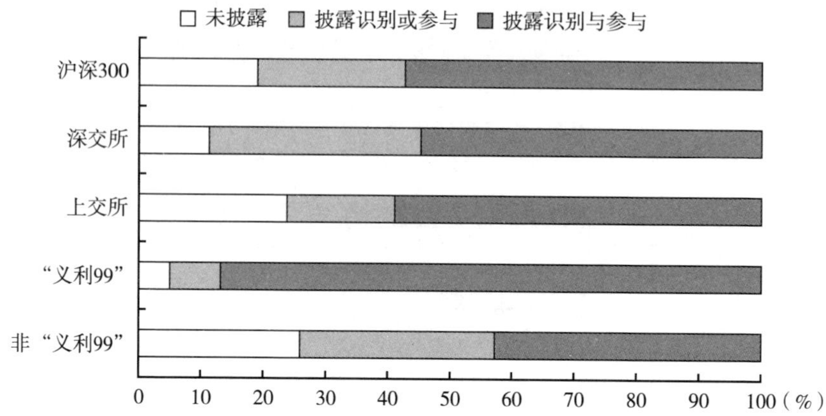


**图4　2020年沪深300公司利益相关方识别与参与披露情况**

资料来源：社投盟。

## （四）近一半沪深300上市公司采用实质性地图进行实质性评估

实质性议题是指对企业自身发展和利益相关方具有重大影响的议题。实质性评估是非财务信披的重要起点，企业需要从与自身及其利益相关方有关的众多议题中确定最值得披露的议题，而将此项工作落到实处并转化成报告内容需要进行实质性评估。上市公司在非财务信披报告中应呈现实质性评估的过程及结果，其中评估结果是披露过程的重要环节，主要以实质性地图或矩阵的形式呈现。实质性地图横轴为经济、环境和社会影响的重要性，纵轴为对利益相关方评估和决策的影响，通过将公司各议题在图上进行分区从而识别出重大议题。当前，证监会等国内监管机构并未对上市公司非财务信披中的实质性评估提出具体规定，因此各上市公司在实质性评估的披露上主观性较强、自由度较大。本部分以沪深300上市公司为研究对象，对其非财务信披报告的披露实质性进行评分，分为未提及、提及实质性评估和使用实质性地图/矩阵三个等级。

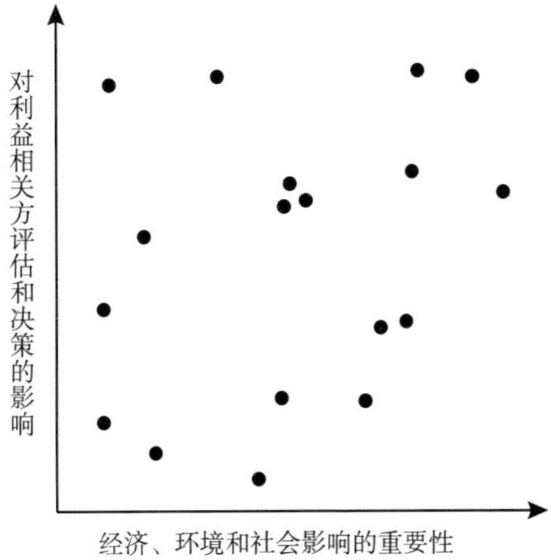


**图5　实质性地图/矩阵示范**

注：该图为GRI官网给出的“矩阵（matrix）”示范图，但沪深300上市公司运用该类型图时，使用了“矩阵”和“地图”两种翻译方式。

资料来源：GRI，社投盟整理。

从实际发布2020年非财务信披报告的247家沪深300上市公司整体来看，实质性议题评估未得到广泛重视，实质性分析方法的使用也表现出两极分化的现象。2020年，沪深300上市公司中已发布非财务信披报告的247家公司中，未提及实质性评估的公司共106家，占已发布报告公司总数的42.91%，使用实质性地图/矩阵的公司共116家，占46.96%，出现了较为明显的两极分化特征。此外，使用实质性地图/矩阵的公司在具体方法运用上存在差别。其中，50.43%的上市公司仅仅是展现实质性地图但缺少对评估过程的分步骤的详细解释说明，如议题识别、排序和审核的过程。同时，仅6家公司对往年的实质性议题进行了动态比较与分析。

与非“义利99”相比，“义利99”非财务信披报告中实质性地图/矩阵的使用率高于非“义利99”。实际发布2020年非财务信披报告的98家“义利99”中，71.43%的公司使用了实质性地图/矩阵。与之相比，超过六成的非“义利99”报告中未提及实质性评估等相关内容。这一数据说明“义利99”普遍更重视实质性议题评估以及对实质性议题进行披露。

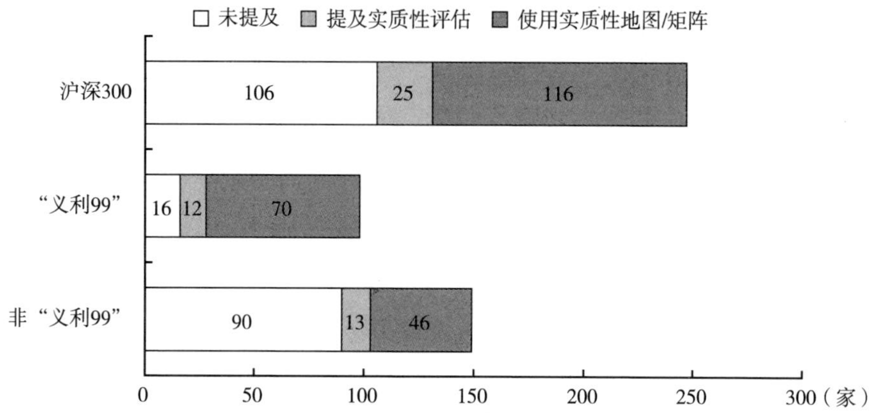


**图 6　2020 年沪深 300 上市公司非财务信披报告披露实质性情况**

资料来源：社投盟。

## （五）超三成沪深300公司披露环境主要量化指标的测算参考标准

目前，虽然大多数上市公司在非财务信披报告中能够使用定量数据说明各议题绩效，但由于国内证监会、交易所等监管机构尚未出台针对定量披露的具体准则，上市公司在披露的量化程度上具有自愿性和灵活性。其中，自愿性体现在是否使用定量数据刻画议题，灵活性体现在测算或统计定量数据时依据自定规则或权威标准，自愿披露是议题披露具有量化性的基础，依据权威标准则是对定量数据准确可比的更高要求。基于此，本报告对议题披露的量化性程度进行评分，分值为 0 分、1 分和 2 分，分别对应未披露量化数据、仅披露量化数据和披露量化数据及其核算标准三种情况。鉴于环境板块的三个议题的量化指标较多，测算方式较繁杂并已有相关的核算标准出台，故选取这三个议题作为样本代表环境板块披露的量化程度。本报告将沪深 300 公司环境板块的披露量化程度划分为未披露定量数据、披露定量数据、披露定量计算标准三个等级，并基于这三个等级展开评估分析。

表 4　量化程度评估选取的议题

| 序号 | 环境议题 | 相应量化指标 |
|---|---|---|
| 1 | “三废”排放 | 废水、废气、废渣总排放量和单位产值排放等 |
| 2 | 能源消耗 | 能源（燃油、电气等）总消耗量、单位产值能耗等 |
| 3 | 水资源利用 | 总耗水量、节水量等 |

资料来源：社投盟。

如表 5 所示，实际发布 2020 年非财务信披报告的 247 家沪深 300 上市公司平均得分为 1.07 分，74.09% 的公司对三个议题进行了量化指标的披露，但是仅 33.20% 的公司披露了具体的数据测算或统计的参考标准。实际发布 2020 年非财务信披报告的 98 家“义利 99”对环境板块的披露量化程度显著高于非“义利 99”，两类公司的平均得分分别为 1.36 分和 0.89 分，主要差异体现在 67.86% 的“义利 99”披露了测算或统计的参考标准，较非“义利 99”高出 22.96 个百分点。

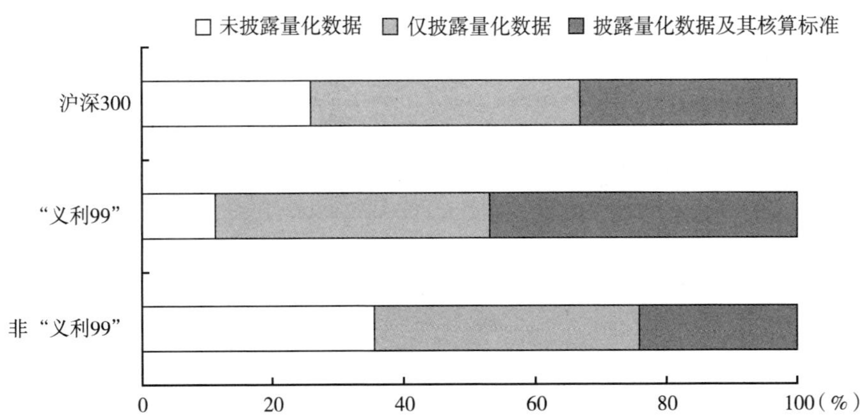


图 7　2020 年沪深 300 披露信息的量化程度

资料来源：社投盟。

通过计算各类别下属公司量化程度的平均得分，本报告发现政策驱动对环境板块量化披露程度有显著的影响。从遵循港交所、上交所和深交所相关指引的公司在量化程度的得分情况来看，需要遵循港交所指引的 A + H 股两地上市公司的平均得分高达 1.64 分，而遵循上交所和深交所指引的公司平均得分分别为 1.25 分和 0.81 分。如图 8 所示，遵循港交所指引的公司中 68.42% 的披露了定量计算标准，显著高于另外两类公司，而遵循深交所指引的公司中仅 59.46% 的披露了规定的定量数据，其他两类公司披露定量数据的比例均在 80% 以上。港交所对所选环境指标等关键数据提出了“不遵守就解释”的要求，强制性较高；上交所则发布的首个环境保护信披指引对上市公司环境数据披露产生了较深远的影响。

**表 5　2020 年沪深 300 公司的量化程度情况**

| 类别 | 沪深 300 | “义利 99” | 非“义利 99” | 遵循港交所指引 | 遵循上交所指引 | 遵循深交所指引 |
|---|---|---|---|---|---|---|
| 平均得分 | 1.07 | 1.36 | 0.89 | 1.64 | 1.25 | 0.81 |
| 百分制得分 | 52.50 | 67.86 | 44.90 | 82.00 | 62.50 | 40.50 |

资料来源：社投盟。

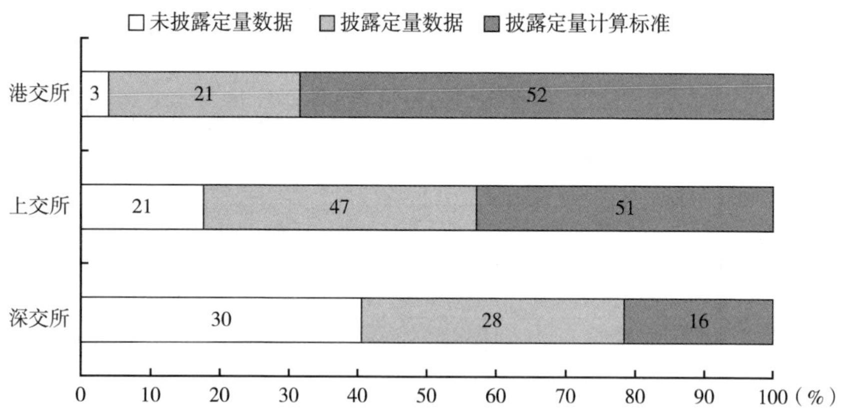


**图 8　遵循不同交易所指引的公司披露情况**

资料来源：社投盟。

## （六）近九成沪深300公司参照非财务信息披露指引

披露信息可比要求行业间不同公司和同一公司在不同年份都“使用一致的方式选择、编辑和报告信息”，而政府部门等权威机构颁布的指引是业界普遍认同的一致方式。已发布2020年非财务信披报告的247家沪深300公司中，高达89.88%（222家）的披露了报告编写所参照的权威指引。

通过统计上述247家沪深300上市公司参照频率最高的10部指引，发现其中发布方为国际/国内组织的比为4∶6，体现出非财务信披兼顾国际标准和本土要求的特征，10部指引及相应发布方详见表6。

**表6　高频使用的10部国内外标准指引**

| 序号 | 标准框架 | 发布方 |
|---|---|---|
| 1 | 《GRI可持续发展报告指南》 | 全球报告倡议组织(GRI) |
| 2 | 《中国企业社会责任报告编写指南》(CASS-CSR) | 中国社会科学院 |
| 3 | 《上海证券交易所上市公司信息披露指引》 | 上海证券交易所 |
| 4 | 《联合国可持续发展目标公司行动指南》(SDGs) | 联合国开发计划署(UNDP) |
| 5 | 《环境、社会及管治报告指引》 | 香港联合交易所 |
| 6 | 《深圳证券交易所上市公司社会责任指引》 | 深圳证券交易所 |
| 7 | 《社会责任指南标准》(ISO26000) | 国际标准化组织(ISO) |
| 8 | 《社会责任报告编制指南》(GB/T36001-2015) | 中国标准化研究院 |
| 9 | 《联合国全球契约组织(UNGC)“十项原则”》 | 联合国全球契约组织 |
| 10 | 《关于中央公司履行社会责任的指导意见》 | 国务院国资委 |

注：《GRI可持续发展报告指南》为所有版本GRI指南的统称，包括《GRI标准》《GRI G4》等。

资料来源：社投盟。

实际发布2020年非财务信披报告的149家上交所上市公司中，138家披露了所参照的非财务信披指引，占比高达92.62%，披露率较深交所上市公司略高6.91个百分点。不同交易所上市的公司在具体参照指引上存在显著差异，上交所上市公司参照《GRI可持续发展报告指南》和香港联合交易所《环境、社会及管治报告指引》的比例远高于深交所上市公司。

实际发布2020年非财务信披报告的98家“义利99”中，94家在非财务信披报告中披露了所参照的非财务信披指引，占比高达95.92%，比未上榜公司的披露率高出10.01个百分点。上述“义利99”中参照《联合国可持续发展目标公司行动指南》（SDGs）、《GRI可持续发展报告指南》和香

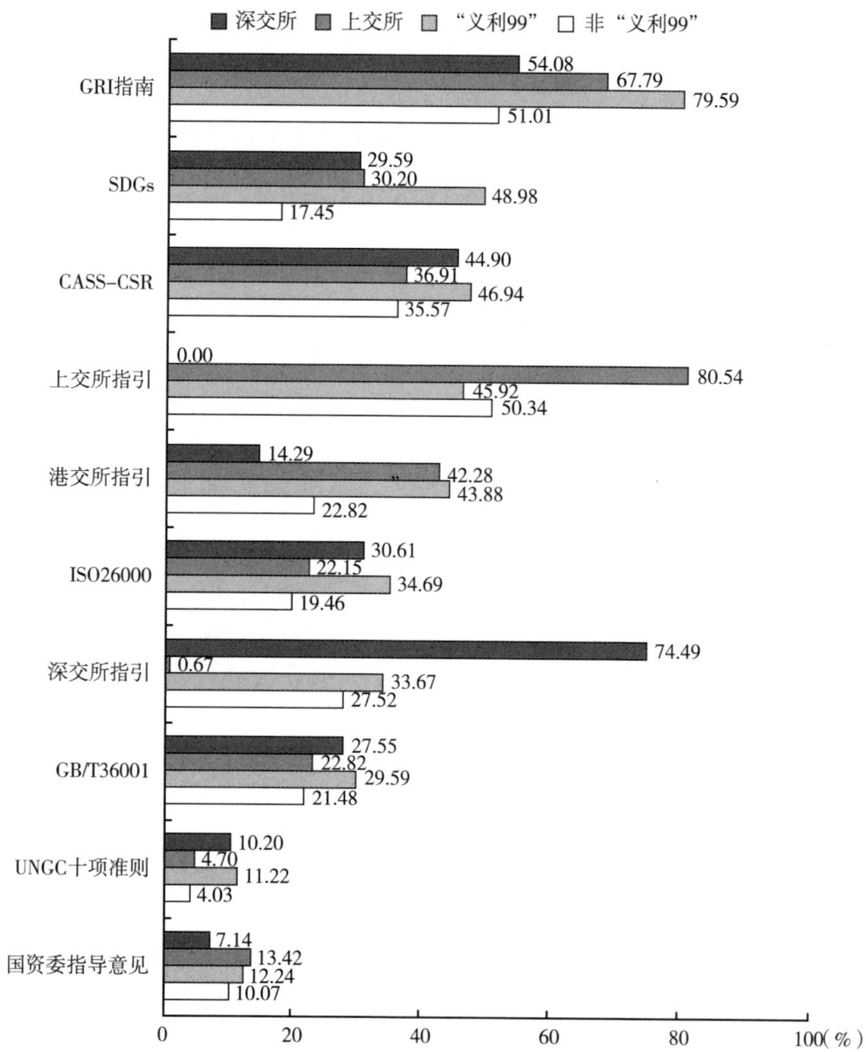


**图9　2020年沪深300公司非财务信披报告参考指引情况**

资料来源：社投盟。

港联合交易所《环境、社会及管治报告指引》三部指引的比例远高于非“义利99”，体现了可持续发展价值较高的公司更积极地参照要求相对严格的披露指引。

## 五　沪深300上市公司改善非财务信息披露的重点方向

根据上文对沪深300上市公司非财务信披实践的评估，下面将分析公司在持续完整性、内容实质性和量化可比性三个维度上的优化方向。

### （一）增强信息披露的持续完整性

定期发布完整性强的信披报告能够帮助利益相关方及时知晓上市公司在报告期间履行社会责任的理念、措施和成效，加强两者之间的沟通。但研究发现，沪深300上市公司在ESG核心议题的完备度上有很大的提升空间。本部分结合上文分析以及近期政策对上市公司的信披要求提出以下建议。

1. 及时使用新版本信披指南

在定期发布非财务信披报告时，如未及时对标最新版本的指南，会导致报告不能完整地、与时俱进地披露指南要求的新信息，也可能进而失去标准制定机构的认可。以沪深300上市公司较为常用的《GRI可持续发展报告指南》为例，GRI规定如果企业在新版颁布后未能及时按照新版进行披露则无法算作使用GRI标准方案进行披露。同时，相比于旧版本的《GRI G4指南》，最新版本的《GRI标准》针对水资源利用、温室气体排放、废物处理、员工健康等普遍议题的披露要求都进行了修改，上市公司应当积极对标新的要求，完善议题披露工作。但目前发布非财务信披报告的上市公司仍存在使用旧版报告指南作为披露标准的问题。因此，本报告建议沪深300上市公司在定期披露时注重将披露内容及时参照新的指南版本予以调整，保障报告的完整性。

2. 完善ESG普遍议题披露机制

2021年，证监会信披相关政策中强调多个ESG信披方向。在环境与社会信披方面，碳减排和乡村振兴等是证监会在最新的《公开发行证券的公司信息披露内容与格式准则第 2 号——年度报告的内容与格式（2021 年修订)》中强调的关键议题。在公司治理信披方面，证监会在上述政策和《上市公司信息披露管理办法（2021 年修订)》中反复强调要披露董事会治理相关情况，并要求上市公司在信披时关注投资者的信息需求。研究表明，沪深300 上市公司的以上相关议题的完备度仍有待提高，尤其是与碳减排目标息息相关的生态气候议题，完备度仅为 29.89%。

本报告建议上市公司可以通过加强对重要议题的信披来提升报告的完整性。在增加碳减排与乡村振兴等议题信披内容时，上市公司可以披露管理架构、议题目标、管理措施、量化指标和取得的成绩等信息，让报告使用者全面地了解公司如何管理这些议题。在完善董事会治理信披机制时，上市公司可以加强对董事会人员情况、董事会履职情况以及董事会决议内容等信息的披露，还可以在报告中展示如何识别与回应投资者信息需求，响应证监会信披要求。

## （二）提升信息披露的内容实质性

国内 ESG 发展仍处于起步阶段，由于缺乏相关标准，国内上市公司往往倾向于披露自身完成情况较好而不是最有实质性的议题。因此，实质性评估是未来国内上市公司提升非财务信披质量的重中之重。综合前文，本部分对公司的信披提出以下建议。

1. 实质性议题分析中加入评估过程的详细阐述

加入实质性议题评估过程的描述不仅能体现企业主动与利益相关方沟通的诚意，而且能提高披露的透明度，有助于提升企业的社会形象。研究表明，2020 年沪深 300 上市公司超半数披露了实质性议题分析，但其中近半数上市公司仅呈现实质性地图/矩阵，并未对整个实质性评估过程作详细描述。同时，在实质性议题评估流程的描述中，上市公司较少披露每个步骤涉及的相关量化指标，如利益相关方、选定议题、调查问卷及参与审议的高层管理者数量等。本报告建议上市公司可采用图表等多种形式，将文字描述与量化数据相结合，更为详尽地披露实质性评估和与利益相关方的沟通过程。

2. 实质性议题分析中加入动态评估

动态评估是指企业将本年度确定的实质性议题与以前年度的实质性议题进行差异分析，并阐述本年度议题变化的原因。进行动态评估不仅能增强非财务信披的可比性及针对性，而且反映了企业对内外部变化的敏感性，使其能更好地与利益相关方传达企业履行社会责任的现状及未来计划。不同行业甚至不同公司都具有独特的实质性议题，这些议题是随时间推移基于内外部因素的变化而变化的。研究表明，目前接近半数沪深 300 上市公司未披露实质性分析，而已披露的公司中超过九成仅呈现当年的实质性议题，难以反映动态变化。本报告建议上市公司可在实质性评估中将本年度企业确定的实质性议题与前一年度进行差异分析，并阐述这一变化的原因。

## （三）强化信息披露的量化可比性

目前，《GRI 101》、IFSA、《中国企业社会责任报告编写指南》等准则均强调了定量数据的可比性，参考权威准则是披露过程中保障数据可比性的重要环节。同时《GRI 101》要求披露定量数据测算的依据，这是目前国内准则较为忽视的内容。本报告对非财务信披量化可比性的分析与当前政策特征相吻合——沪深 300 公司较重视非财务信披露参考准则，但数据测算或统计标准的披露情况有待加强。

1. 披露数据测算方法，明确界定统计口径

若报告中未披露非财务数据测算方法，报告数据的准确性便无法证实，与同行业数据进行比较时其可比性有所降低。而若报告中未披露数据统计口径及其调整，公司数据的年度可比性会受到影响。综上，本报告建议上市公司应在非财务信披报告中披露数据测算标准及统计口径，便于核算数据以及进行比较分析。本报告鼓励企业在此基础上披露数据来源及第三方审计，以表明披露数据的准确性。

2. 积极参照严格标准，拓展数据应用议题

在非财务信披报告中使用定量数据（经常结合图表）的披露形式，不

仅能够减缓读者长篇幅阅读文字的疲劳感，还能以精简的数据反映绩效，更直观地向读者呈现公司年度变化以及在行业内的排名情况。由前文分析可知，政策驱动提升企业对议题披露的量化程度。因此，针对议题披露量化可比性不足的问题，本报告建议上市公司积极参照全球更为严格的标准，拓展应用定量分析的议题，在量化披露方面遵循国际标准。同时，上市公司应在非财务信披报告中尽可能使用定量数据与定性描述相结合的方式，使披露内容更具说服力。例如，在利益相关方沟通表中披露定量化的沟通成果，使用定量数据说明 ESG 目标的实现情况，通过超越百分比说明公司在行业内所处的位置等。

根据分析，沪深 300 上市公司在非财务信息披露的持续完整性、内容实质性和量化可比性上仍需增强。上市公司作为开展非财务信披的主体应当积极响应政策号召，注重非财务信披质量的提升，实现非财务信披报告从量变到质变的转变。高质量的非财务信披报告将帮助报告使用者了解并监督上市公司履行环境与社会责任，进一步为上市公司践行“义利”并举的理念创造动力。

## 参考文献

平安数字经济研究院：《ESG 在中国信息披露和投资的应用与挑战》，2020 年 6 月 15 日。

深圳碳排放权交易所、商道纵横：《深圳市金融行业环境信息披露现状研究与建议》，2020 年 12 月。

全球报告倡议组织：《GRI 标准》，2016。

全球报告倡议组织：《GRI 101：基础》，2016。

# B.8
# 2021年沪深300上市公司履行环境责任研究

摘　要：环境保护是可持续发展的重大议题之一，对企业发展发挥着不可替代的作用。随着碳达峰、碳中和目标的提出，企业也大大提高了对绿色低碳发展的重视程度。本报告以沪深300上市公司为研究对象，重点关注“义利99”公司，从四个方面对公司环保实践与绩效展开了系统研究。在环境管理方面，“义利99”公司表现整体优于沪深300公司；超五成企业披露了资源利用情况，在污染防治方面家用电器行业得分率最高。在减碳实践与绩效方面，从战略、管理、措施和绩效披露四个层面进行分析，其中近五成公司对于气候变化问题已有战略意识，仅二成公司实施减碳管理措施，六条减碳路径中以节能技改和绿色办公为主且选择这两条路径的企业均超过三成，近四成企业披露2020年度碳排放数据。在绿色金融方面沪深300公司的整体披露比例和得分率均较高。同时，对标研究显示，沪深300公司主要对与环境相关的SDG7、SDG12、SDG13和SDG15做出了贡献。

关键词：环境管理　资源利用　污染防治　减碳　绿色金融

2020年9月，习近平总书记提出了碳达峰、碳中和（简称“双碳”）目标。2021年3月，中共中央“十四五”规划重点提到要加快推动绿色低碳发展。为实现“双碳”目标、推动绿色低碳发展，要构建党委领导、政府主导、企业主体、社会组织和公众共同参与的现代环境治理体系，健全环境治理企业责任体系，进一步将环境责任落实到企业主体身上。与此同时，针对企业履行环境责任的政策日益完善、法律法规力度不断加大，形成绿色趋势的市场环境和绿色标准逐步提高的行业氛围也正在推动着企业履行环境责任。作为中国企业中具有代表性意义的重要组成部分，沪深 300 上市公司对国家战略的响应和实践能够引领更多的企业积极参与探索全产业链、全供应链的可持续发展模式。鉴于此，研究沪深 300 公司履行环境责任的情况和对“双碳”目标的响应情况有重要意义。

## 一 沪深300上市公司履行环境责任的驱动力

研究表明，政策法规、行业因素、市场因素和企业因素是影响沪深 300 上市公司履行环境责任的主要因素。

### （一）政策法规引导环保履责

一方面，国家政策引导并激励企业履行环境责任。2020 年我国激励企业履行环保责任的主要政策如表 1 所示。另一方面，法律法规约束并规范企业履行环境责任行为。公司很大一部分环保实践都是围绕相关法律法规①开展的，这些法律法规也为公司建立自己的环保监管制度提供了框架支持。

① 如《中华人民共和国环境保护法》《中华人民共和国固体废物污染环境防治法》《国家危险废物名录》《中华人民共和国节约能源法》等。

**表1　2020年主要环保政策**

| 政策类型 | 政策内容 |
| --- | --- |
| 环境保护制度体系政策 | 健全环境治理企业责任体系。依法实行排污许可管理制度,推进生产服务绿色化,提高治污能力和水平,公开环境治理信息 |
| | 研究节能环保“领跑者”实施领域和遴选工作,促进提升行业环境绩效水平 |
| | 持续推进环境保护综合名录研究与应用 |
| | 我国30个省(区、市)开展了企业环境信用评级 |
| 环境友好企业补贴政策 | 针对环保电价、新能源汽车、光伏发电、秸秆综合利用等领域的补贴政策 |
| 环境权益交易市场政策 | 全国积极推进碳排放交易市场 |
| | 多地推进盘活污染物排污权二级交易市场 |
| 绿色金融体系建设政策 | 促进应对气候变化投融资 |
| | 加快推进绿色债券发展,发布《绿色债券支持项目目录(2020年版)》(征求意见稿) |
| | 推进设立国家绿色发展基金。2020年7月,首个国家级绿色投资基金“国家绿色发展基金”在上海成立 |

资料来源:《国家环境经济政策进展评估报告》,社投盟整理。

## (二)企业价值观形成自驱力

从企业层面来看,越来越多的企业不断强化绿色环保理念,加强业务优势与环保理念的融合,紧抓绿色发展新机遇。企业是否将对环境的关注融入价值观和使命体现了其主观能动性,表现优秀的企业已经形成符合绿色发展的价值观,并且通过实践来推动企业经济目标的实现。企业发展与环保相关的业务不仅能够使其能够更好地履行环境责任,也能够给企业带来转型发展的机遇。在经济绿色发展和绿色价值观普及的大背景下,积极履行环境责任将为企业带来更多的市场机遇及利益相关方的青睐与支持。例如,比亚迪始终坚持将绿色环保要求融入产品的全生命周期,开发储能产品、太阳能产品、新能源汽车、轨道业务等,并在这些领域取得了全球领先的成就。公司利用在新能源领域的独特优势,将绿色产品应用到生产活动中,更好地履行环境责任,从而形成绿色发展的闭环。

### （三）供应链管理强化绿色行动

随着全球供应链管理的持续加强，沪深300上市公司在绿色供应链构建方面有很大提升，对绿色供应链体系探索也在不断深化。越来越多的企业开始将绿色供应链纳入其环境保护范围，在开展业务合作时更加关注环境风险和绿色发展水平。而绿色供应链的构建和引领主要由头部公司发起，例如隆基股份联合150多家供应商发起《隆基绿色供应减碳倡议书》。万科参与发起的“房地产行业绿色供应链行动”在2020年进一步深化，包括增扩绿色采购品类、发布绿色采购白名单、启动绿名单等。

### （四）行业内竞合增强企业自律

行业内部有行业认证、行业倡议、行业标准这三项主要驱动力。行业认证有助于提高企业的融资能力和竞争力，如建筑行业中的LEED认证，该认证允许企业在通过绿色建筑项目评估后发行绿色债券，是企业重视可持续发展以及扩大社会影响力的有力表现；行业倡议使得行业内部形成绿色发展生态圈，如万科公益基金会参与发起的中国企业气候行动领军者倡议，号召房地产行业低碳发展；行业标准给企业设立绿色发展的参考线，如中汽数据有限公司正式发布的“2020年汽车企业绿色发展指数”、房地产行业的《绿色建筑评价标准》等。

## 二　沪深300上市公司环境管理情况

环境管理是指企业在政策和法律法规的引导下，针对企业内部生产和运营中会对环境产生影响而采取的系统性的制度安排和行动。环境管理是企业取得环保绩效的基石，它代表企业是否具备监管和落实环保政策的能力。本部分将首先基于“义利99”上榜公司总结企业环境管理建设维度，对沪深300上市公司环境管理情况进行分析。

## （一）环境管理内容较为全面

沪深300上市公司环境管理内容较为全面，包括目标、制度、监管、落实四个维度。在目标层面体现了公司是否有明确的、具体的在环境保护方面要实现的目标，分为定性目标和定量目标。制度则是公司环境管理的基础，包括公司的环境管理体系、履行环境责任的制度规定、为履行环境责任设立的组织架构。在制度的基础上，公司对环保实践进行监管，包括设立监管部门、安装监测设施、进行环境影响评价和应对环境风险。在落实的层面，主要包括对公司员工的环保培训以加强其环保意识、通过明确环保责任到部门或个人来强化环保实践。

**表2　沪深300公司环境管理建设主要内容**

| 建设维度 | 实践内容 | 具体描述 |
|---|---|---|
| 目标 | 定性目标 | 公司在环境保护方面要实现的定性目标，如要加强环境管理体系的建设等 |
| | 定量目标 | 公司在环境保护方面要实现的定量目标，如要减少的碳排放量、使用新能源的比例等 |
| 制度 | 管理体系 | 包括ESG管理体系、EHS管理体系，取得认监会环境管理体系认证等 |
| | 制度规定 | 制定《环境保护管理规定》《节能减排责任制考核细则》《能源资源消耗管理程序》等规定，签订《安全生产和节能环保责任状》等 |
| | 组织结构 | 设立公司内部的环保领导小组、执行办公室以及各单位环保管理小组，构建公司环保管理网络等 |
| 监管 | 监管部门 | 设立专门的环境管理委员会，审定公司环保发展规划和相关规章制度，协调解决环保问题，监督环保工作职责履行情况等 |
| | 监测设施 | 包括安装在线监测设施，监测数据实时传送到国家和地方监管平台，并配合监管部门开展监测等 |
| | 环境影响评价 | 对生产活动开展环境影响评价，评估项目建设和运营对生态环境的影响，提出相应的生态环境保护措施，并在建设和运营过程中予以落实等 |
| | 应对环境风险 | 编制《环保突发事件应急预案》《突发环境事件应急物资配备指导意见》等；组织开展日常检查覆盖全公司重点环境风险管理点位；实行环境事故风险评估制度，通过对环境风险源的识别、评估、改善和跟踪，最大程度上降低环境风险等 |

续表

| 建设维度 | 实践内容 | 具体描述 |
| --- | --- | --- |
| 落实 | 环保培训 | 公司积极开展环保培训、环境污染事故应急演练，提高员工的环境保护意识，增强员工应对环保问题的能力等 |
| | 明确责任 | 将环境保护目标和指标纳入管理层绩效考核体系，加大环境追责问责力度，如将节能环保作为公司及下属企业管理人员绩效考核约束性指标，在绩效奖金中依据考核情况予以扣减等 |

资料来源：社投盟。

## （二）“义利99”公司环境管理表现突出

1. “义利99”公司整体表现优于沪深300公司

“义利 99”公司环境管理的表现明显优于沪深 300 上市公司。2021 年沪深 300 环境管理的平均得分率为 55.65%，“义利 99”环境管理的平均得分率为 68.05%。在“义利 99”中，有 61 家公司（占 61.62%）明确提及环境管理，并且开展了一系列实践。在环境管理方面，“义利 99”整体表现优于沪深 300，但就平均得分率而言两者均存在较大的提升空间。

2. 建筑行业整体表现最优，休闲服务业排名靠后

从行业的角度来看，平均得分率排前五的行业分别为建筑材料、商业贸易、食品饮料、通信和公用事业等行业。建筑材料业和建筑装饰业的平均得分率均较高，建筑材料业平均得分率高达 85.31%，建筑装饰业平均得分率也达到 71.25%。平均得分率较低的行业包括非银金融和银行等行业，分别为 42.80% 和 39.94%；休闲服务业的平均得分率最低，仅为 19.69%。

## （三）环保投入差异较大

2020 年，沪深 300 上市公司中，共有 91 家公司（占 30.33%）披露了

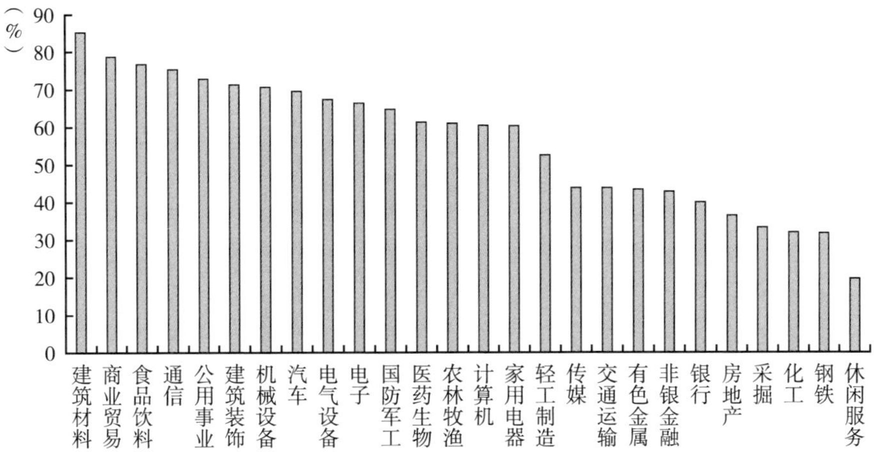


**图1　沪深300按行业划分环境管理平均得分率**

资料来源：社投盟。

环保投入金额，但数据口径不一，不利于数据的对比。数据口径主要可以分为三类：环保投入总额；某一方面环保投入金额，包括节能减排投入、环保技改投入、污染防治投入等；某一项目环保投入金额，如为某项目购入一批环保设备等。其中，披露了环保投入总额的公司有47家，披露了某一方面环保投入金额的公司有33家，披露了某一项目环保投入金额的公司有28家。

沪深300上市公司环保投入差异较大，呈现“头部集中大额投入，尾部分散小额投入”的现象。以披露了环保投入总额的47家公司为例，2020年其环保投入总额达到299亿元，平均环保投入总额为6.37亿元。但这47家公司中，只有6家公司投入在10亿元以上，其中前五名投入均超过15亿元，投入最高的中国石化甚至达到了114亿元，远远超过其他公司。而有13家公司投入在1亿~10亿元，多达28家公司投入不超过1亿元。

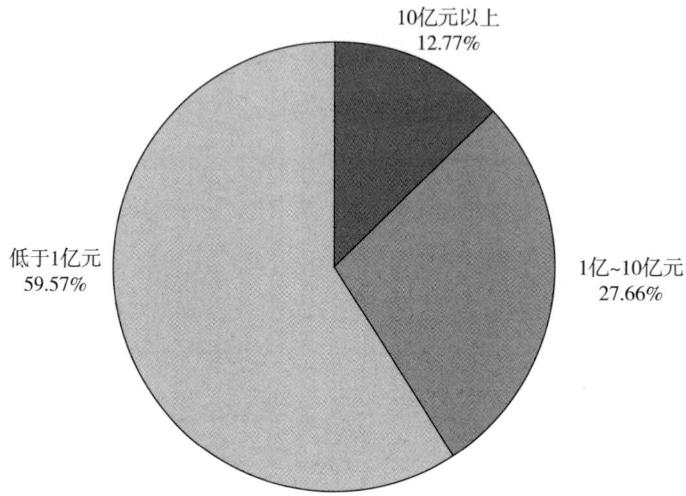


**图2 沪深300公司环保投入金额占比**

资料来源：社投盟。

## 三 沪深300上市公司资源利用及污染防治情况

本部分重点从整体得分率、行业平均得分率和措施的角度研究了沪深300上市公司资源利用及污染防治情况。

### （一）超五成公司披露资源利用管理情况

1. 资源利用平均得分率不足50%

沪深300上市公司资源利用平均得分率为49.71%。在申万一级行业分类中，银行业的平均得分率名列26个行业榜首，为90.33%，其次是商业贸易业的81.46%和通信业的75.00%。最低的平均得分率为休闲服务行业，为0（见表3）。

**表 3　沪深 300 上市公司资源利用行业平均得分率**

单位：%

| 行业 | 平均得分率 | 行业 | 平均得分率 |
| --- | --- | --- | --- |
| 银行 | 90.33 | 食品饮料 | 46.04 |
| 商业贸易 | 81.46 | 电子 | 42.21 |
| 通信 | 75.00 | 交通运输 | 41.39 |
| 非银金融 | 69.58 | 公用事业 | 41.25 |
| 计算机 | 66.37 | 医药生物 | 41.10 |
| 建筑材料 | 62.71 | 采掘 | 37.73 |
| 汽车 | 56.00 | 有色金属 | 30.63 |
| 家用电器 | 52.50 | 国防军工 | 24.79 |
| 建筑装饰 | 51.95 | 机械设备 | 24.41 |
| 电气设备 | 49.77 | 化工 | 21.91 |
| 传媒 | 48.59 | 轻工制造 | 20.42 |
| 农林牧渔 | 48.13 | 钢铁 | 19.14 |
| 房地产 | 46.05 | 休闲服务 | 0.00 |

资料来源：社投盟。

2. 能源结构优化及节能技改减少综合能耗

2020 年沪深 300 上市公司中，有 45 家公司（占 15%）取得了能源管理体系认证，其中食品饮料业有 8 家，医药生物、化工、电子行业各有 6 家。在管理措施方面，共计 247 家公司披露了企业综合能耗管理措施，主要通过能耗结构优化和节能技改来实现减耗。能源结构优化是指企业通过加强对新能源的使用以及引入排放量更低的器械达到降低能耗的效果，如太阳能发电、冷却水余热回收，以及使用水源热泵设备、新型离心式冰水机等。除了购入新设备对新能源直接予以利用外，部分企业还会通过对现有器械进行技术改造来减少资源浪费，提高能源利用率。

3. 用量减少及回收利用实现水资源管理

我国整体用水形势较为严峻。2020 年，有 177 家公司（占 59%）披露了水资源管理措施，主要包括减少用水量和对废水进行回收再利用两个途径。此外，优化用水结构也有利于有效管理水资源。例如，中国石化使用非常规水资源代替新鲜水，持续优化用水结构，减少新鲜水用量。在所属企业采用引入市政中水、使用处理后的矿井水替代新鲜水资源，减少新鲜水资源消耗。

4. 材料使用及回收减少物料消耗

2020 年，沪深 300 公司中有 185 家公司（占 61.67%）披露了物料管理措施。沪深 300 公司中最常见的减少物料消耗的途径有三种，分别是废弃物回收、绿色包装的使用以及企业自行进行产品回收。作为国内物流业的领头羊，顺丰控股成立了“可持续包装解决方案服务中心”（SPS），建立了包装实验室，并从减量化包装、循环化包装及环保包材三个角度进行技改，研发循环快递容器，首创激光印刷纸盒，实现碳减排 7 万吨，在绿色包装和产品回收方面的经验具有借鉴意义。

## （二）超一半涉污染防治行业平均得分率高于全部行业平均水平

沪深 300 公司中，214 家涉及污染防治的公司平均得分率为 72.74%。在 20 个行业中，有 11 个行业平均得分率超过均值，其中平均得分率最高的是家用电器业，为 98.65%；最低的是房地产业，为 5.25%。沪深 300 公司按行业划分的污染防控平均得分率情况如表 4 所示。

**表 4　沪深 300 公司按行业划分污染防治平均得分率**

单位：%

| 行业 | 平均得分率 | 行业 | 平均得分率 |
|---|---|---|---|
| 家用电器 | 98.65 | 电子 | 79.45 |
| 建筑材料 | 92.92 | 通信 | 69.69 |
| 公用事业 | 90.89 | 机械设备 | 68.38 |
| 食品饮料 | 90.50 | 交通运输 | 61.20 |
| 农林牧渔 | 88.88 | 采掘 | 50.86 |
| 汽车 | 86.25 | 有色金属 | 50.31 |
| 医药生物 | 84.57 | 化工 | 48.28 |
| 轻工制造 | 84.17 | 建筑装饰 | 48.13 |
| 国防军工 | 83.61 | 钢铁 | 45.94 |
| 电气设备 | 82.14 | 房地产 | 5.25 |

资料来源：社投盟。

沪深300公司中，有187家（占62.33%）披露了“三废”治理措施，主要包括废弃固体、废弃液体、废气以及噪声的治理措施。

目前企业通常需要与有处理资质的第三方合作进行专业处理，对于不可回收的废弃固体，第三方会进行填埋、焚烧、再生、中和或物化。企业通过与有资质的第三方合作可更高效率的减少废弃固体排放。例如，歌尔股份2020年继续推广废弃物零填埋的实施工作，通过专业回收商处理一般废弃物，通过具有危废处理资质的单位处理危险废弃物，避免了18400吨固体废弃物的填埋处置。

常见的两种废液管理途径为从源头上减少排放或者排放后通过回收净化达到减排的效果。2020年，中国神华通过技术改造实现了污水回用。天津煤码头通过雨水全部收集、中水全部回用、压舱水全部回收的水资源循环系统实现了污水100%处理并达到回用标准，全部应用于生产喷淋抑尘，实现回收压舱水26万余吨，有效实现了“雨污水零排放，市政水零占用”的目标。

目前废气防治的主要方法是改造排放通道和优化现有工艺手段，以此减少VOCs、二氧化硫、氮氧化物等废气的排放。比如中国石化按国家和地方要求对燃煤锅炉开展超低排放改造，实施燃油燃气锅炉低氮改造、催化裂化装置实施脱硝改造；确保加油站油气回收、电厂燃煤锅炉等装置废气治理设施稳定运行。

目前大部分沪深300公司利用设备进行降噪。比如风电行业的金风科技围绕风机使用机舱罩、采用直驱永磁技术等，这些措施具有较强的隔声吸声作用，能够吸收和隔离发电机噪声，并且有效减小齿轮传动噪声。

## （三）技术利用及绿色矿山助力厂矿区治理

矿业企业主要面临的环保问题包括煤矸石堆积、植被破坏、水土流失、大气和水环境污染、湿地缩减等。我国2009年5月1日开始实施《矿山地质环境保护规定》，加大对矿区的环境污染治理力度。2020年，沪深300上市公司中有18家公司披露了矿区治理情况，14家公司拥有绿色矿山或按绿色矿山标准治理矿山，主要包括土地修复及整治、生物多样性保护两个方面。

土地修复及整治需要技术支持，如利用土壤填埋、换土修复、电动修复、土壤淋洗、植物修复等手段对土壤进行修复。例如，中国神华联合清华大学等高校及科研单位，研发半干旱、酷寒草原区煤电基地水资源保护利用、土地整治、土壤重构、植被恢复和景观生态恢复等关键技术，在胜利能源东部草原开展生态修复与综合整治技术及示范项目，试图解决东部草原区因大型煤电基地开发而引发的草原生态退化问题。生物多样性保护则主要包括对植被和动物等生物的保护及孕育，如种植适种植被、对土壤进行监测、减少矿山运营对动物生活的干扰等。

## 四　沪深300上市公司减碳行动及成效

本部分基于应对气候变化得分率来分析减碳整体情况，从战略、管理、措施和绩效披露四个维度来探讨具体行动。

### （一）金融行业公司应对气候变化平均得分率较高

应对气候变化问题涉及三个方面的情况，一是公司是否有披露参与应对气候变化议题相关的国外组织或倡议，如 CDP 和 TCFD，二是公司是否披露应对气候变化方面的措施，如利用清洁能源等，三是公司在应对气候变化方面的表现，如披露当年度具体的温室气体减排量。

图 3 展现了 2020 年沪深 300 公司应对气候变化指标得分率区间占比情况。8% 的上市公司得分率为 100%，15% 的上市公司得分率高于 90%，38.67% 的上市公司该指标得分率为 0。

金融行业在应对气候变化方面表现较好，医药生物行业在应对气候变化方面还需提高重视程度。在平均得分率高于 90% 的 45 家公司中，29 家属于金融行业，其余公司分别来自不同的行业（且同一行业均不超过 3 家）。在平均得分率为 0 的 116 家公司中，生物医药行业有 21 家，金融行业有 15 家，电子行业有 14 家。

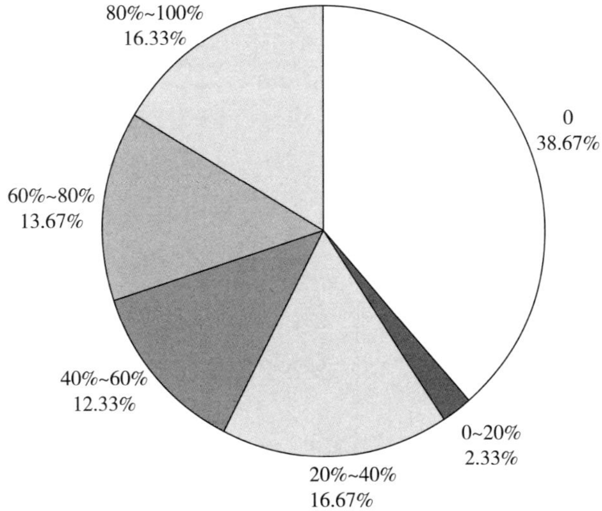


**图3　2020 年沪深 300 公司应对气候变化指标得分率区间占比情况**

资料来源：社投盟。

## （二）近五成公司战略积极响应“双碳”目标

2020 年，沪深 300 上市公司应对气候变化的意识已达到一定水平。四成公司表明了支持态度，120 家公司已经将低碳发展纳入公司战略。

整体来说，沪深 300 上市公司在应对气候变化方面的重视程度还有较大的提升空间，对于应对气候变化的态度有所不同，体现出差异性，主要可以分为三个层级：战略性强调、策略性关注和预备性分析。第一，战略性强调，将应对气候变化作为公司的主要发展战略之一。共有 55 家公司在社会责任报告的董事长致辞中明确提及“碳中和”“应对气候变化”“低碳”，占 18.33%。第二，策略性关注，公司开始关注应对气候变化，但尚未纳入重要发展战略。有 59 家公司将“碳中和”“应对气候变化”“低碳发展”纳入企业的实质性议题分析和利益相关方分析，占 19.67%。第三，预备性分析，明确该议题对于公司实际发展的影响，以制定应对策略。共有 21 家公司对“碳中和”“应对气候变化”进行了风险识别和挑战与机遇的分析，占

7.00%。由此可得，2020年将应对气候变化作为企业策略性关注的企业占比最高，对其进行战略性强调的企业占比略低。

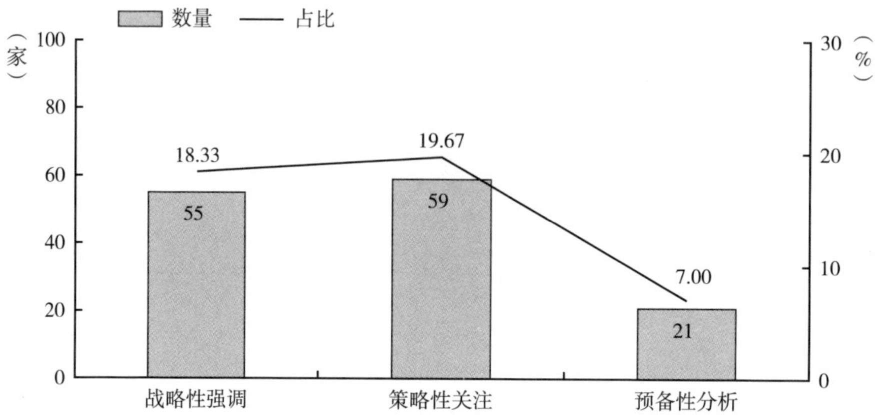


**图4 沪深300上市公司对于应对气候变化的态度的分类统计**

资料来源：社投盟。

## （三）两成公司开展各类减碳管理

要将应对气候变化的战略目标转化为实际的效益，就需要有效的管理来保证减碳措施的实施。2020年沪深300上市公司中，有59家公司（占20%）规划了明确的减碳管理措施，并呈现出多样化的特点，主要可分为四类：建立应对气候变化管理体系、设立应对气候变化管理小组、开展碳排放核查、加强碳排放信息披露。建立应对气候变化管理体系主要是从制度文件的角度出发，设计和规范碳排放的管理流程和规范；设立应对气候变化管理小组则是从组织架构的角度，将应对气候变化管理的责任明确到组织，保障制度的运行；开展碳排放核查是从绩效管理的角度，对碳排放数据进行监测和核查，以明确公司的碳排放水平和减碳绩效；加强碳排放信息披露则是从外部监管的角度，通过披露碳排放信息让外部相关方对公司进行约束和监督。此外，也不乏将上述多种管理方式结合的公司。例如，泰格医药参考金融稳定委员会气候相关财务信息披露工作组的建议，从治理架构、制定策略、风险管理及目标与绩效制定四个层面，构建了全面的气候变化管理体系，并据此不断完善管理架构，为减碳行动的开展提供保障。

## （四）六大减碳措施贯穿于生产运营全过程

研究表明，2020 年沪深 300 上市公司主要通过改善能源结构、减少能源用量、提高能源使用效率、使用减碳技术、从事碳汇以及参与碳交易等来实现减碳目标。

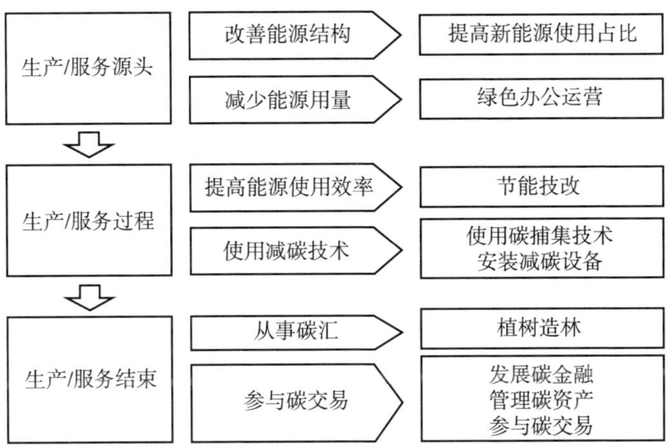


**图 5　沪深 300 公司减碳措施**

资料来源：社投盟。

其中，60 家（占 20%）企业通过改善能源结构来减少碳排放，即提高新能源使用占比，如加大风电及光伏发电的使用力度；93 家（占 31%）企业披露了通过绿色办公运营来减少能源用量，其中最常见的减碳路径为无纸化办公、电子会议及绿色出行；96 家（占 32%）企业通过节能技改来提高能源使用效率，以达成减碳目的；12 家（占 4%）企业披露了其从事碳汇情况；14 家（占 4.67%）企业参与了碳交易；极少数企业披露了其碳捕集技术使用情况。

1. 两成公司通过使用新能源改善能源结构

在碳中和目标下，我国正面临大面积能源转型问题，2060 年清洁能源

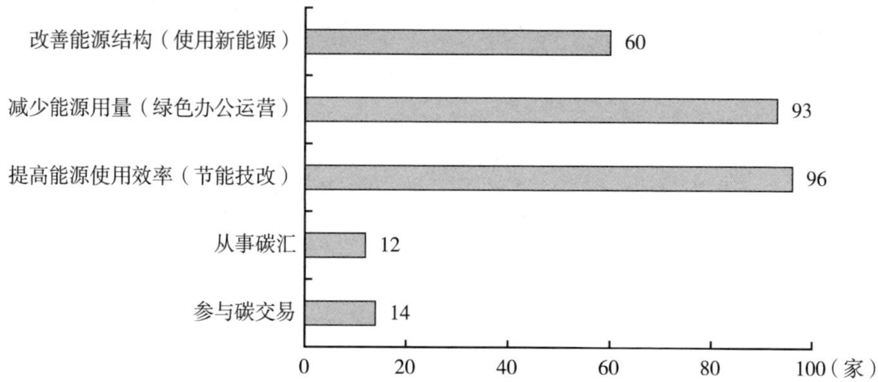


**图6　沪深300公司采用各类减碳措施的企业家数统计**

资料来源：社投盟。

的使用比例计划将从目前的15.3%提高到85%以上。①中国当前60%的碳排放来自发电行业和工业领域的化石燃料燃烧。为了实现“双碳”目标，越来越多的企业选择增加新能源使用。企业的清洁及可再生能源使用占比体现了企业的能源碳强度，该占比越高，则能源碳强度越低，这一做法在企业转型成为气候友好型企业方面起到了显著作用。

2020年，在沪深300上市公司中，20%的企业在生产运营过程中通过新能源使用优化能源结构，具体措施包括建立光伏发电站，利用水力、核能或风力发电，使用太阳能热水器，购入新能源汽车，打造清洁能源基地，直接购买绿色电力等。除了常见的从电力使用和交通运输方面加大新能源的使用力度外，部分企业逐渐开始用新能源替代原有化石能源的使用，如中国神华石圪台煤矿厂区选用太阳能真空管替代燃煤锅炉保证热水供应、双汇发展用生物质气化锅炉替代天然气锅炉等。

此外，通过创新新能源产品及业务，企业能够扩大其减碳行动的影响力。2020年，沪深300上市公司中，至少10家企业对原有新能源产品或业务进行创新，或提供有助于客户发展绿色产业的服务，或研发新的适配产品

① 全球能源互联网发展合作组织：《中国2060年前碳中和研究报告》，2021年3月18日。

让清洁能源稳定输出。例如隆基股份在2020年推出光储充一体化产品“车E站”，该产品利用电池储能系统吸收光伏电站的夜间低谷电，在充电高峰期通过储能和市电一起为充电站充电，既实现了削峰填谷，又增加了新能源的消纳，弥补了光伏发电不连续性的短板。

2. 超三成公司通过绿色办公运营减少能源用量

2020年，在绿色办公运营方面，沪深300上市公司中有93家公司披露了绿色办公信息，一是通过组织培训和活动增强员工绿色低碳意识，以及减少废弃物产生和鼓励资源利用，具体措施包括组织员工开展低碳活动、通过培训增强员工低碳意识；二是在日常办公过程中，以无纸化办公、节约水电为主要举措，同时推行线上会议，在办公大楼安装LED灯并设立自动照明时段，对空调设定温感调节功能等。

3. 超三成公司通过节能技改提高能源使用效率

在节能技改方面，共有96家公司（占32%）做出了响应。值得注意的是，将“碳中和”“应对气候变化”纳入战略的企业大多数采取了有效的减少碳排放的技术改进措施，可见战略决策对企业减碳行为有正向影响。沪深300上市公司中，公司往往采取一种或多种节能技改措施，主要包括生产工艺技术改进、日常办公节能、加强研发设计、优化管理模式、绿色建筑、绿色供应链以及科学喂养等。

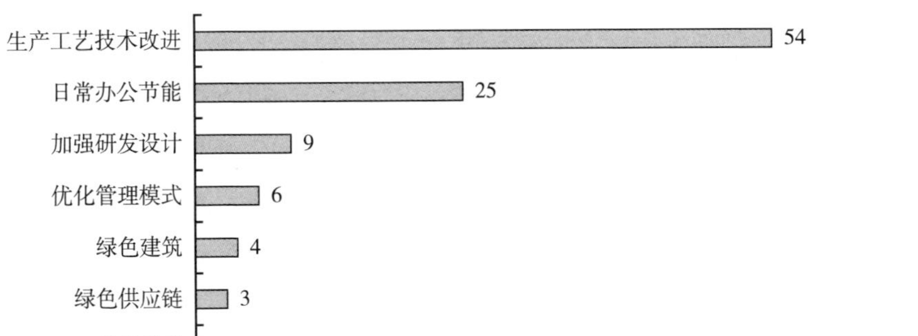


**图7　应用节能技改措施的企业情况**

资料来源：沪深300公司可持续发展报告，社投盟整理。

一是生产工艺技术改进。共有54家公司（占18%）采取该措施，占比最高。采取新型工艺或者优化的技术可以明显减少生产过程中的温室气体排放。例如，五粮液集团通过综合利用五粮液废水站厌氧发酵产生的沼气发电，实现生产过程的物质循环利用，2020年减少温室气体排放约9300吨。

二是日常办公节能。共有25家公司（占8.33%）采取该措施。金融机构、银行等主要碳排放来源为办公用电、员工商务出行等，因此该类公司主要聚焦减少日常办公能源消耗，并取得了可观的减碳量。例如，东方证券积极推进绿色数字机房建设，不断采用节能减排技术提高能源及资源使用效率，降低温室气体排放。

三是加强研发设计。共有9家公司采取该措施，例如中国交建加强科技研发和设计优化，进一步提高能效水平。

四是优化管理模式。中国中工、中国石化、片仔癀、格力电器、中国中冶、中远海控6家公司（占2%）采取该措施。

其他途径还包括绿色建筑、绿色供应链、科学喂养等。其中绿色建筑主要涉及万科、招商蛇口等房地产企业。康弘药业采取绿色供应链措施，通过优化供应链结构，在采购过程中优先选择环境管理规范、低碳环保的供应商。具有养殖业务的企业如伊利股份一般采取科学喂养的措施。

4. 小部分公司安装减碳设备、使用碳捕集技术

在生产过程中使用减碳技术是企业应对气候变化的重要举措之一，技术的运用能够更加可持续地促进企业主动减少碳排放。沪深300上市公司主要采取了两方面的措施，一是通过改进设备来减少碳排放，例如，2020年京东方披露其所有TFT-LCD工厂已100%安装POU温室气体去除设备。二是发展碳捕集技术（CCUS）对二氧化碳进行捕集、利用和封存，主要应用于需要进行化石能源燃烧的高碳行业。沪深300上市公司中，中国神华积极参加中国电力企业联合会、二氧化碳捕集利用与封存产业技术创新战略联盟等行业协会和倡议联盟的活动，并于2019年正式启动锦界能源CCS项目，为推动燃煤电厂实现净零排放做出示范与指

导。锦界能源电厂采用化学吸收工艺，实现了二氧化碳捕集率高于90%的目标，分离出的液态二氧化碳可进行驱油或咸水层封存等处理。2020年，中国石油CCUS关键技术攻关试验与应用示范取得新进展，其中吉林油田二氧化碳驱油示范工程累计封存二氧化碳190余万吨。

5. 4%的公司从事碳汇活动抵消碳排放

碳汇作为一种基于自然的减碳路径，是通过采取植树造林、植被恢复等措施，吸收大气中的二氧化碳，将二氧化碳固定在植被中，从而减少温室气体的过程、活动或机制。与基于工程学的碳捕集和储存相比，设计和施行良好的碳汇活动能够同时提供一系列复杂而珍贵的生态系统服务。

2020年，沪深300上市公司中，有4%的企业在2020年开展了碳汇活动，包括绿色矿山的绿植复垦，以及"碳中和林""生态林"等绿植建设，部分公司通过基金会捐赠等途径支持治沙绿化活动开展。例如，紫金矿业紫金山金铜矿多年来在工业渣场开展植树造林活动，年度减排二氧化碳当量约1.5万吨。中国神华披露了近三年的碳汇绩效，包括新增绿化面积和新增绿化面积碳汇折算额，其中2020年新增绿化面积为1083万平方米，新增绿化面积碳汇折算额为39.7万吨。

6. 沪深300公司参与碳交易程度较低

2020年，有4.67%的企业披露了参与碳交易的情况，参与的企业主要来自电子、电气设备、采掘和交通运输行业。从广义上来看参与的范围包括助力碳金融市场发展、开展碳资产管理以及参与碳交易活动。从狭义上来看，碳交易的主要途径为购买碳配额和CCER、购买绿电凭证等抵消碳排放、拍卖企业剩余的碳额度等。

### （五）近四成公司披露碳排放相关数据

基于以上减碳措施，部分企业取得了显著的成效并且进行了绩效披露。共有108家企业披露了2020年碳排放情况，具体内容包括：二氧化碳排放总量、范畴一温室气体排放量、范畴二温室气体排放量、范畴三温室气体排放量、温室气体排放密度，占比36%。在此基础上，有51家企业同时披露了近2～3年碳排放量，占比17%；在这51家企业中，有34家企业的数据显示2020年碳排放量较2019年有所下降，占比11.33%。

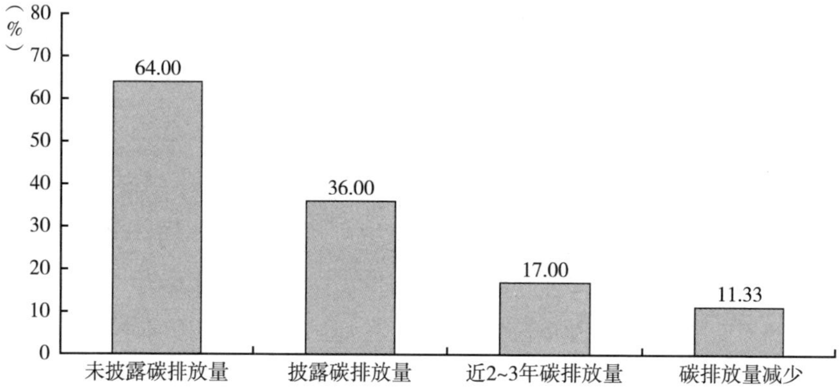


**图8　2020年沪深300公司碳排放披露情况**

资料来源：社投盟。

### （六）案例分析：中国石化制定减碳战略

在"双碳"目标下，中国石化致力于打造世界领先洁净能源化工公司，统筹转型升级与减碳进程、结构优化与碳排放控制。公司在深入系统研究的基础上，提出以净零排放为终极目标，推进化石能源洁净化、洁净能源规模化、生产过程低碳化。基于此战略，中国石化制定了明确的量化减碳目标，并且通过减碳平台、减碳技术、治理体系支持和保障减碳措施的应用，从内部实现自身减碳，并且不断推动外部能源转型。

## 五　绿色金融助力企业履行环境责任

为促进高效的资源利用和有效的污染防治，企业通常需改造节能项目、采取节能技术，并妥善管理生产过程中废气、废水等排放物；而为响应"双碳"目标，企业还需通过能源结构优化和碳捕捉、封存及利用等技术创

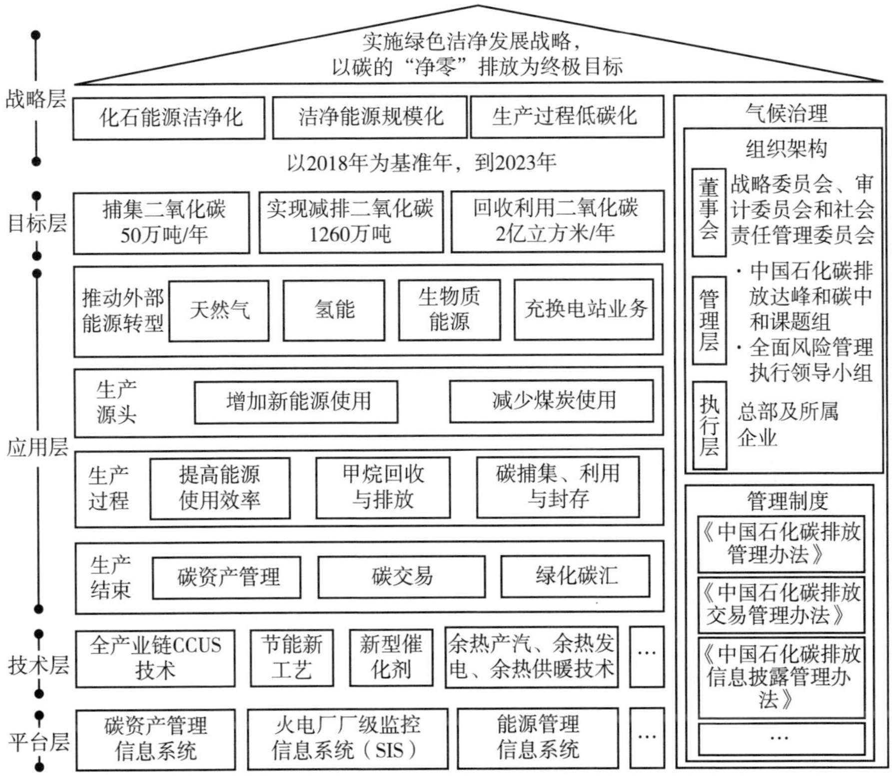


**图 9　中国石化应对气候变化结构**

资料来源：《中国石化 2020 年可持续发展报告》，社投盟整理。

新以突破瓶颈来降低碳排放——这些举措大多要求极大的资金投入。在此基础上，绿色金融将引领资源向绿色领域倾斜，为企业注入绿色资金，从而促进企业的绿色改革。

2016 年 8 月中国人民银行印发的《关于构建绿色金融体系的指导意见》将绿色金融定义为“为支持环境改善、应对气候变化和资源节约高效利用的经济活动，即对节能环保、清洁能源、绿色基建等领域的项目投融资、项目运营、风险管理等所提供的金融服务”。绿色金融的实践形式包含但不限于绿色债券、绿色信贷、绿色基金、绿色股指产品、绿色保险和碳金融等，其中最主要的金融工具是绿色信贷与绿色债券。本部分主要结合沪深 300 公司中银行和非银金融机构的绿色金融指标得分率以及相关案例，分析绿色金融助力企业履行环境责任的情况。

## （一）近九成金融机构披露绿色金融规模

沪深 300 公司绿色金融以绿色债券和绿色信贷为主，披露绿色金融规模则是指披露了绿色债券和绿色信贷金额。针对绿色金融的信息披露可促使金融机构增加绿色资产配置，提升金融业支持绿色发展的能力。数据分析显示，银行及非银金融机构（即金融机构）逐步完善该方面的信息披露机制。2020 年，在沪深 300 的 60 家金融机构中，共有 54 家披露了绿色金融规模，占比 90%，相较于 2019 年的 86.36% 和 2018 年的 77.59%，取得了较大进展，但仍存在一定的提升空间。

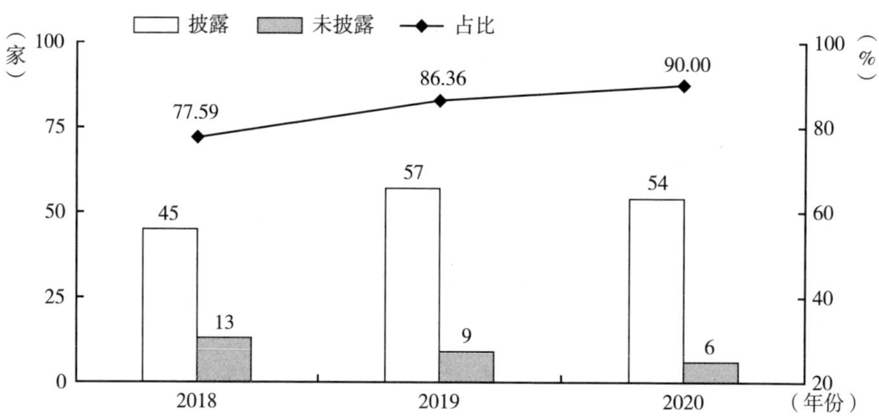


**图 10　2018～2020 年披露绿色金融规模机构数量与占比**

资料来源：社投盟。

## （二）绿色金融得分率逐年提高

2018～2020 年，沪深 300 的金融机构的绿色金融指标的平均得分率从 38.34% 上升到 86.21%，而平均得分率为 0（即在其年度报告中未提及绿色金融相关信息）的金融机构数量也从 13 家降至 6 家，侧面反映出近年来金融机构不断强化绿色发展理念、积极响应绿色发展号召的向好趋势。

研究表明，2020 年银行业的绿色金融指标的平均得分率达到 100%，远高于非银金融机构的 77.64%。由此可见，银行的绿色金融体系已经相对完善，而包括证券和保险等在内的非银金融机构在这方面仍需进一步努力。

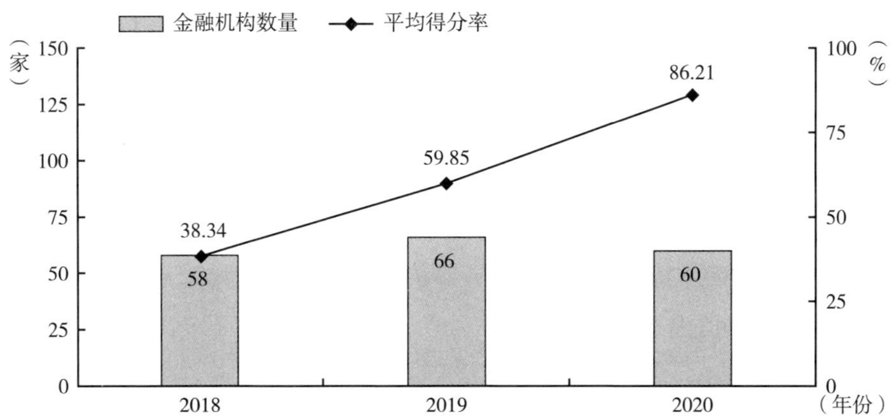


**图 11　2018～2020 年金融机构绿色金融指标平均得分率情况**

资料来源：社投盟。

## （三）案例分析：平安银行助力光伏发电

为应对气候变化和环境风险、推动经济社会的全面绿色转型，金融机构致力于探索具有中国特色的绿色金融发展之路。例如，平安银行为通威的光伏电站提供了期限为十年的 2.7 亿元贷款。该光伏电站采取“渔光一体”模式，将光伏发电与水产养殖有机结合，通过在水面上架设光伏电池板、水面下养殖鱼虾，实现发电与养殖并行发展。相较于同发电量火电，该光伏电站在运行期的 25 年内，可减排二氧化碳约 252 万吨，减排二氧化硫约 7.59 万吨，减排氮氧化物约 3.80 万吨，并帮助当地取得农民增收、财政增收、企业增收、节能减排的“三增一减”综合效益。在绿色金融的助力下，通威不仅推动了当地绿色新能源产业的发展，还为改善生态环境做出了重大贡献。

综上，随着绿色发展理念和“双碳”目标的提出，沪深300的金融机构的绿色金融指标的平均得分率逐年上升。银行业通过绿色信贷、绿色债券等绿色金融工具大力支持产业和企业的绿色化改革；而包括证券和保险等在内的非银金融机构对于绿色金融的重视程度仍然有待提高。

## 六　总结与展望

沪深300公司在履行环境责任方面做出了积极贡献，但仍有需要改进之处，以下将对其不足进行总结，并且提出相关建议。

### （一）沪深300上市公司环境保护对SDGs的贡献

沪深300上市公司履行环境责任能够对标的可持续发展目标有7个，分别为SDG6、SDG7、SDG11、SDG12、SDG13、SDG14和SDG15。其中，SDG14的对标情况披露得最少，SDG7、SDG12、SDG13和SDG15的对标情况披露得最全面。

**表5　沪深300公司环境保护对SDGs的贡献及具体对标情况**

| 环境保护对标的SDGs | SDGs描述 | 采取的对应措施(部分) |
| --- | --- | --- |
|  | 为所有人提供水和环境卫生,并对其进行可持续管理 | 完善污水处理设施,力争经处理后的污水100%回用,实现废水零外排;发电用水采用中水,力争实现地下水“零开采”;雨水全部收集、中水全部回用、压舱水全部回收,实现“市政水零占用”;参与公共饮水设施建设项目投资 |
|  | 确保人人获得负担得起的、可靠和可持续的现代能源 | 实施节能技改项目并建立新能源发电项目;积极使用太阳能、风能、核能等清洁能源替代原有供能设备,降低自身生产过程中的化石能源使用占比;购买再生能源凭证抵消传统电力所产生的碳排量;银行类通过责任投资和新能源类信贷、主题基金、保险产品,促进能源结构优化调整 |

续表

| 环境保护对标的 SDGs | SDGs 描述 | 采取的对应措施（部分） |
|---|---|---|
|  | 建设包容、安全、有抵御灾害能力和可持续发展的城市和人类居住区 | 获得 ISO 14001:2015 环境管理体系认证及绿色工厂认证；推广绿色产品，降低对人体的伤害及环境的影响；开展环境治理项目，如污水处理、垃圾处理等环保工程 |
|  | 确保可持续的消费和生产模式 | 持续提升能源及资源利用率；加强全产业链“三废”治理，全面推广应用在线监测系统；实施绿色采购，坚持构建负责任供应链，从源头加强供应商管控 |
|  | 采取紧急行动应对气候变化及其影响 | 加入多项气候组织全球倡议并提交科学碳目标承诺书，帮助世界实现净零排放；搭建气候变化风险评估体系、建立碳排放管理体系、建立温室气体减排目标体系、制定减缓气候变化影响的管理规划等；废气处理达标后方可排放；推进碳捕集等科技项目的攻关实施；银行业开展绿色投资，实现低碳发展 |
|  | 保护与可持续利用海洋和海洋资源以促进可持续发展 | 组织清洁海岸，捡拾垃圾；开展流域治理工程项目；海上运输过程中遵守海洋塑料管理法规 |
|  | 保护、恢复和促进可持续利用陆地生态系统，可持续的森林管理，防治荒漠化，制止和扭转土地退化现象，遏制生物多样性的丧失 | 建设绿色矿山，从矿山建设开始就进行生态重建，实施生态修复、土壤修复、边坡治理、植树造林、野生动物保护与生物多样性保护等措施，实现了开发与环境的和谐统一；保险业开发野生动物肇事公众责任险、森林保险等产品，一定程度上促进了生物多样性保护；遵守动植物交易法律法规 |

资料来源：社投盟。

## （二）未来展望

沪深 300 公司在履行环境责任方面做出了积极贡献，但仍有值得改进的方面，以下将对其未来趋势进行展望，并且提出相关建议。

1. 环境信息披露：信息实质性和可比性有待提升

在信息的实质性上，部分公司的报告中虽然有环保相关的描述，但内容较为空泛，缺乏具体的描述、定量的数据以及对应的时间周期，从而不能够明确公司具体开展了何种环保实践以及取得了怎样的绩效。

在信息的可比性上，一方面，存在数据口径不统一的问题，各公司的报告中指标的名称和范围不同，难以对其进行直接的比较，如公司的环保投入数据，一些公司披露了环保投入总额，另一些公司只披露了节能减排的投入金额，而绿色金融的数据分为绿色信贷、绿色债券，各个公司披露的种类各不相同；数据的口径不够细化，比如碳排放的数据，大多数公司只披露了碳排放总量，只有小部分公司将碳排放数据细分。另一方面，数据无法进行纵向对比，部分公司没有披露过往年份的数据或本年度的数据变化情况，不能够体现公司是否在这一个指标上有所进步。此外，披露数据的单位也存在不统一的情况，如综合能耗涉及公司整体用量、人均用量、单位面积用量等不同的计算单位，这使得数据之间难以进行比较，对判断公司履行环保责任的情况造成困难。

2. “双碳”目标响应：五大行业机遇及工业行业减碳趋势

在碳中和目标下五大行业面临重大的发展机遇：一是太阳能、风能、氢能等清洁能源相关行业，报告显示，2030 年前清洁能源消费占一次能源消费比重将达到 25% ~30%，2060 年可达 85% 以上。二是与清洁能源相配套的电力基础设施行业，如各类储能技术等。三是新能源汽车行业，新能源汽车有广泛替代燃油汽车的趋势，渗透率有望从 2020 年底的 5.3% 提升至 2025 年的 25% 以上，2060 年交通电气化率可能超过 80%。四是环保与节能增效行业，其将在建筑、钢铁、水泥等工业领域实施广泛的绿色化技术路线转型应用。五是与碳吸收相关的技术研发和推广行业，将加速实现二氧化碳捕集、利用、封存（CCUS）和生物质碳捕集与封存（BECCS）等。

工业是能源消耗及二氧化碳排放问题最突出的行业，其必然是实现减碳的核心领域。对工业未来减碳趋势的预测如下：一是优化产业结构和布局，包括淘汰落后的工艺和产能以及构建绿色低碳产业链；二是推动能源消费结构转型，包括提高能源利用效率、推广清洁能源、引进智慧能源管理平台等；三是提高企业清洁生产水平；四是建立完善的碳排放核算体系，健全碳排放核算体系是推进碳排放权交易的前提条件，保障碳排放权交易市场的发展，也为实现“双碳”目标提供数据基础。

应对气候变化目标明确，减碳行动刻不容缓，企业应当把握住“双碳”目标下的战略机遇，积极开展战略转型，推动能源低碳转型、发展绿色低碳技术、生产绿色低碳产品；在积极开展自身低碳转型的同时，企业应走在行业的前列，输出低碳技术和产品，提高行业竞争力和融资能力，赋能上下游产业链，实现行业和产业之间的协同效应，加速推进减碳行动的开展。

## 参考文献

莫莉：《全球绿色转型孕育新机遇》，《金融时报》2021 年 5 月 13 日。

郝春旭、董战峰、葛察忠、程翠云、龙凤、李晓亮：《国家环境经济政策进展评估报告 2020》，《中国环境管理》2021 年第 2 期。

全球能源互联网发展合作组织：《中国 2060 年前碳中和研究报告》，https：//www. geidco. org. cn/html/qqnyhlw/zt20210120_ 1/index. html，2021 年 3 月 18 日。

上海交通大学和中国工程热物理学会：《碳中和愿景下的能源转型：机遇与挑战》，https：//lcc. sjtu. edu. cn/Data/View/2618，2021 年 6 月 22 日。

王与娟、易田：《我国能源管理体系标准实施现状与分析》，《中国标准导报》2016 年第 3 期。

黄磊：《水资源管理现状问题及应对措施思考》，《科技创新与应用》2020 年第 3 期。

平安证券研究所：《绿色金融系列（一）总览篇：迈向碳中和的机遇和挑战》，http：//data. eastmoney. com/report/zw _ macresearch. jshtml? encodeUrl = eUOXSlUlAVbIIohqXrlhwiKfA/5vXfLHnGvWZJlcRHI =，2021 年 4 月 25 日。

# B.9
# 2021年沪深300上市公司乡村振兴创新实践研究

摘　要：党的十八大以来，中国政府组织了人类历史空前、惠及人口最多的脱贫攻坚战。经过多年的接续奋斗，我国脱贫攻坚战已取得全面胜利，“三农”的工作重心转移至全面推进乡村振兴，并做好巩固拓展脱贫攻坚成果同乡村振兴有效衔接重点工作。在此过程中，沪深300公司积极响应国家号召，由央企和国企带头参与，依托自身资源优势多角度切入创新乡村振兴实践。2020年，超八成沪深300上市公司披露助力乡村发展，覆盖产业、人才、文化、生态等领域，并有超三成企业提及后续乡村振兴规划。其中，银行业不仅全体参与乡村振兴，并率先设立乡村振兴部门。同时，沪深300上市公司不仅将乡村振兴与自身发展战略相结合，还实质性地推动了至少13项联合国可持续发展目标(SDGs)进程。本报告将沪深300公司作为分析中国企业参与乡村振兴实践的样本，采用案例分析和数据分析相结合的方法，综合考察与总结沪深300公司在乡村发展方面的创新举措与价值贡献。

关键词：　沪深300　扶贫　乡村振兴　SDGs

我国发展不平衡、不充分的问题在乡村较为突出。针对农村普遍存在的贫困问题，1994 年国务院发布了《国家八七扶贫攻坚计划》，提出发达地区企业利用技术人才优势对口援助贫困地区的政策路径。此后，沪深 300 上市公司依托自身资源优势积极响应扶贫号召，在贫困地区开展各具特色的扶贫实践。截至2020年，近九成沪深300公司共投入了超百亿元为扶贫收官做出巨大贡献。2021年中国脱贫攻坚战取得了全面胜利，现行标准①下9899万农村贫困人口全部脱贫，832个贫困县全部摘帽，提前十年实现了《联合国2030年可持续发展议程》中的减贫目标。

伴随着消除绝对贫困任务的圆满完成，国家在“三农”方面的工作重心也从“精准扶贫”转向“乡村振兴”。与精准扶贫相比，乡村振兴更注重通过产业、人才、生态、文化、组织等全方位的振兴，消除相对贫困、促进城乡融合发展，最终实现农业农村现代化以及乡村的可持续发展，其时间跨度更长、任务更艰巨。在精准扶贫与乡村振兴的衔接过程中，作为市场重要主体的沪深300上市公司，正通过自身实践为乡村振兴注入活力。

本报告将沪深300公司作为研究样本，采用文献分析、数据分析和案例分析相结合的方法，综合考察其为乡村发展做出的贡献，同时，通过SDGs框架综合呈现上市公司乡村振兴实践对于推进可持续发展的重要价值。考虑到扶贫与乡村振兴的衔接性，本报告将脱贫攻坚收官之年的实践纳入总结分析，详见本报告第二部分；同时在统计数据时注重实践内容的实质性，未对“扶贫”或“乡村振兴”的文字表述做严格区分。

## 一　政策概览

2017年党的十九大首次正式提出乡村振兴战略。2018年2月4日，《中共中央　国务院关于实施乡村振兴战略的意见》明确了乡村振兴战略的总体要求与目标任务，即到2020年，乡村振兴取得重要进展，且制度框架和政策体系基本形成；到2035年，乡村振兴取得决定性进展，农业农村现代化基本实现；到2050年，乡村全面振兴，农业强、农村美、农民富全面实现。表1梳理了自乡村振兴战略提出以来国家出台的一系列

① http://www.gov.cn/xinwen/2020-03/12/content_5490339.htm.

相关政策。

乡村振兴战略的实施离不开乡村产业的发展，而产业发展的关键在于企业的参与。《乡村振兴战略规划（2018—2022 年）》鼓励发挥互联网企业和龙头企业在产销衔接和带动中的作用，在农村地区培育新产业新业态。2019 年的《国务院关于促进乡村产业振兴的指导意见》鼓励乡村发展特色产业，通过产业融合发展与利益联结机制形成企业带动和社会参与相结合的乡村产业发展格局。

除助推乡村产业发展外，头部企业还能够依托自身资源与影响力优势，全方位参与乡村振兴。2021 年通过的《乡村振兴促进法》明确了企业能够从促进农业科技创新、加强农村生态保护、健全农村社会服务体系等角度参与乡村振兴。因此，总结以沪深 300 上市公司为代表的头部企业响应乡村振兴战略进行的创新实践与做出的贡献不仅是对于中国企业践行社会责任全貌的有力映照，也为后续促进企业进一步与乡村协同发展提供重要参考。

**表 1　乡村振兴相关政策文件**

| 政策文件 | 发布时间 | 主要内容 |
| --- | --- | --- |
| 党的十九大报告 | 2017 年 10 月 18 日 | 首次正式提出乡村振兴战略：<br>①坚持农业农村优先发展，按照产业兴旺、生态宜居、乡风文明、治理有效、生活富裕的总要求，建立健全城乡融合发展体制机制和政策体系，加快推进农业农村现代化<br>②构建现代农业产业体系、生产体系、经营体系，完善农业支持保护制度，培育新型农业经营主体，实现小农户和现代农业发展有机衔接 |
| 《中共中央　国务院关于实施乡村振兴战略的意见》 | 2018 年 2 月 4 日 | 明确了乡村振兴战略的总体要求与目标任务：<br>①2020 年，乡村振兴取得重要进展，且制度框架和政策体系基本形成<br>②2035 年，乡村振兴取得决定性进展，农业农村现代化基本实现<br>③2050 年，乡村全面振兴，农业强、农村美、农民富全面实现 |

续表

| 政策文件 | 发布时间 | 主要内容 |
| --- | --- | --- |
| 《乡村振兴战略规划（2018—2022年）》 | 2018年9月26日 | 2018年至2022年这5年间，既要在农村实现全面小康，又要为基本实现农业农村现代化开好局、起好步、打好基础 |
| 《国务院关于促进乡村产业振兴的指导意见》 | 2019年6月28日 | ①突出优势特色，培育壮大乡村产业<br>②科学合理布局，优化乡村产业空间结构<br>③促进产业融合发展，增强乡村产业聚合力<br>④推进质量兴农绿色兴农，增强乡村产业持续增长力<br>⑤推动创新创业升级，增强乡村产业发展新动能<br>⑥完善政策措施，优化乡村产业发展环境 |
| 《中共中央　国务院关于全面推进乡村振兴加快农业农村现代化的意见》 | 2021年2月21日 | ①突出优势特色，培育壮大乡村产业<br>②科学合理布局，优化乡村产业空间结构<br>③促进产业融合发展，增强乡村产业聚合力<br>④推进质量兴农绿色兴农，增强乡村产业持续增长力<br>⑤推动创新创业升级，增强乡村产业发展新动能<br>⑥完善政策措施，优化乡村产业发展环境<br>⑦强化组织保障，确保乡村产业振兴落地见效 |
| 《中共中央　国务院关于实现巩固拓展脱贫攻坚成果同乡村振兴有效衔接的意见》 | 2021年3月22日 | ①建立健全巩固拓展脱贫攻坚成果长效机制<br>②聚力做好脱贫地区巩固拓展脱贫攻坚成果同乡村振兴有效衔接重点工作<br>③健全农村低收入人口常态化帮扶机制<br>④着力提升脱贫地区整体发展水平<br>⑤加强脱贫攻坚与乡村振兴政策有效衔接<br>⑥全面加强党的集中统一领导 |
| 《中华人民共和国乡村振兴促进法》 | 2021年5月7日 | 从产业发展、人才支撑、文化繁荣、生态保护、组织建设、城乡融合等方面为实施乡村振兴战略提供法律保障 |

资料来源：中国政府网，社投盟整理。

## 二　沪深300上市公司扶贫实践概览

实现全面建成小康社会的短板在农村发展，而农村发展的短板是贫困问题。在“十三五”脱贫攻坚规划的指导下，沪深300上市公司积极履行社会责任，帮助贫困人口摆脱绝对贫困，实现“两不愁、三保障”。考虑到脱贫攻坚与乡村振兴的衔接性，本报告从组织支撑、扶贫投入、防返贫实践等维度总结了在脱贫攻坚收官年企业的扶贫实践情况，分析其仍然存在的薄弱环节，为企业参与乡村振兴实践提供参考。

### （一）近九成沪深300公司披露扶贫实践

本报告统计了2020年沪深300公司与“义利99”公司的扶贫参与率。其中，扶贫参与率根据上市公司公开披露的数据计算，部分公司在年度报告“履行精准扶贫社会责任情况”栏目下披露了“不适用”，但在社会责任报告、可持续发展报告等披露了扶贫实践情况，此类公司被纳入统计。而在年报和社会责任报告等公开数据中均未披露扶贫实践的上市公司，不被纳入统计。

数据显示，沪深300公司中披露参与扶贫实践的共有263家，占87.67%；有37家企业在年度报告和社会责任报告、可持续发展报告等公开出版物中均未披露扶贫实践。“义利99”公司中披露参与扶贫实践的共有93家，占93.94%；从披露的信息上看，沪深300和“义利99”公司的扶贫参与率较高。

### （二）1/6的沪深300公司建立专门的扶贫部门

为了确保帮扶责任落到实处，部分企业通过成立专门的扶贫工作小组来保障扶贫实践的有序开展。数据显示，沪深300上市公司中有53家企业在参与扶贫实践的过程中有组织保障，占参与扶贫实践企业总数的17.67%。以招商银行为例，该企业成立了总行扶贫工作领导小组，由行长担任组长，分管行长担任副组长，总行相关部门负责人为小组成员，并在工会办公室下

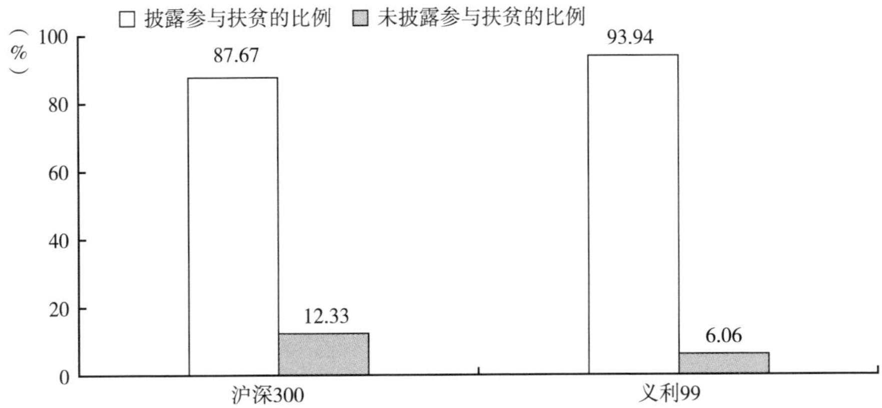


**图1　沪深300和“义利99”扶贫参与情况**

资料来源：社投盟。

设扶贫工作室，专职开展定点扶贫工作。报告期内，招商银行扶贫工作组的领导带队赴定点帮扶区域进行调研和现场指导，成功帮扶云南武定县于2020年实现脱贫摘帽。

## （三）沪深300公司扶贫投入超135亿元

研究统计发现，2020年沪深300扶贫总投入超过135亿元①（含资金投入133.42亿元和物资折款2.43亿元），平均扶贫投入②为5756.09万元。“义利99”公司的扶贫总投入超84亿元，占沪深300扶贫总投入的比重在62%以上，平均扶贫投入为9890.02万元，显著高于沪深300的平均水平。

## （四）头部民企扶贫投入大

按所有制分，沪深300上市公司中，央企和地方国企的扶贫参与率均超过95%；民营企业以78.23%的扶贫参与率排名最后，但其6593.05万元的平均扶贫额投入在各类所有制企业中名列第一。

① 扶贫投入额包括资金投入及物资折算。扶贫采购作为扶贫贷款、扶贫保险赔付额等支出不纳入扶贫投入统计，扶贫采购额以企业披露数据为准。

② 平均扶贫投入为扶贫总投入/已披露扶贫投入金额的公司数量。

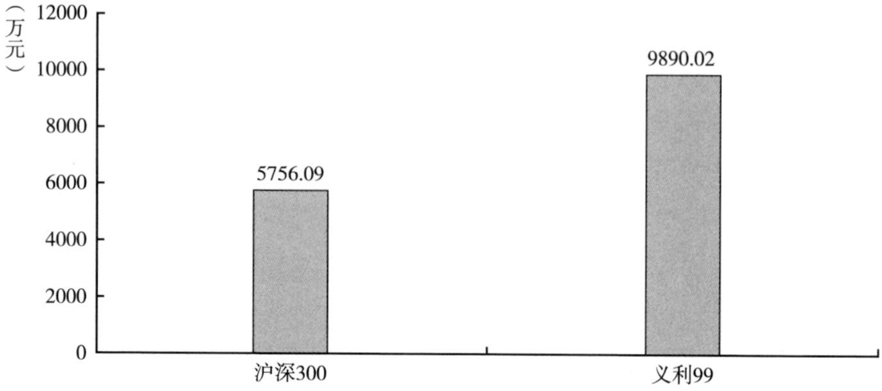


**图2　沪深300和“义利99”的平均扶贫投入情况**

资料来源：社投盟。

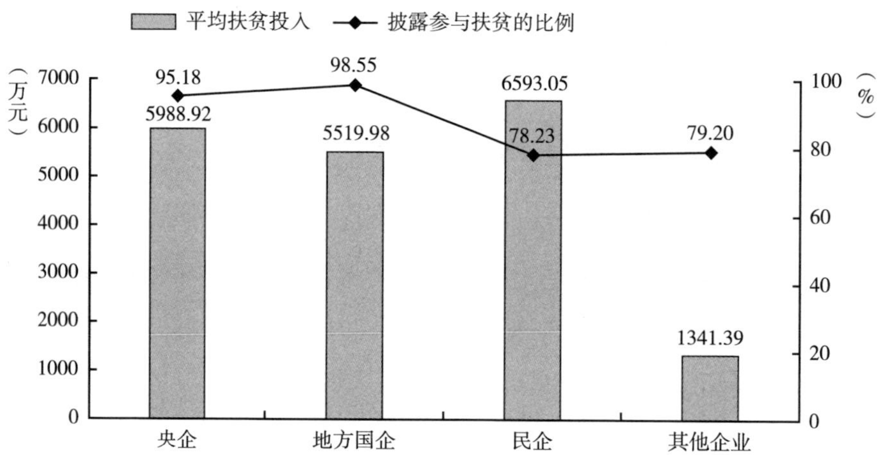


**图3　不同所有制企业扶贫实践情况**

资料来源：社投盟。

在扶贫总投入排名前五的企业中，有3家是民营企业。其中，福耀玻璃以15.60亿元的扶贫投入在沪深300所有企业中位列第一（见表2）；紧随其后的新希望和中环股份等公司都超过10亿元，且两者均为“义利99”公司。

表 2　沪深 300 上市公司扶贫投入前十名榜单

| 扶贫投入排名 | "义利 99"排名 | 社投盟 ESG 评级 | 公司简称 | 申万一级行业 | 所有制 | 年度扶贫投入（亿元） |
|---|---|---|---|---|---|---|
| 1 | — | — | 福耀玻璃 | 汽车 | 民企 | 15.60 |
| 2 | 68 | A | 新希望 | 农林牧渔 | 民企 | 13.40 |
| 3 | 85 | A - | 中环股份 | 电气设备 | 地方国企 | 10.56 |
| 4 | — | — | 工商银行 | 银行 | 央企 | 7.18 |
| 5 | 7 | AA - | 牧原股份 | 农林牧渔 | 民企 | 6.90 |
| 6 | 54 | A | 万科 A | 房地产 | 地方国企 | 5.79 |
| 7 | 20 | AA - | 温氏股份 | 农林牧渔 | 地方国企 | 5.63 |
| 8 | — | — | 五粮液 | 食品饮料 | 民企 | 4.78 |
| 9 | 69 | A | 农业银行 | 银行 | 央企 | 4.35 |
| 10 | 16 | AA - | 华夏银行 | 银行 | 地方国企 | 3.52 |

资料来源：社投盟。

### （五）农林牧渔行业平均扶贫投入最多

农林牧渔行业的扶贫参与积极性最强，其 100% 的扶贫参与率和 5.32 亿元的平均扶贫投入在所有按申万一级分类的行业中列首位，部分原因或许是农林牧渔行业的业务性质与乡村发展有紧密的关联。沪深 300 公司中，建筑装饰、银行、通信等行业的企业扶贫参与率均达 100%，而在投入额方面，汽车行业平均扶贫投入超 2 亿元，电气设备和建筑装饰行业的平均投入均超 1 亿元。

### （六）金融企业较多参与防返贫实践

脱贫摘帽不是助力农村发展的终点，探索有效的防返贫机制是上市公司扎实开展精准扶贫工作，并与乡村振兴做好衔接的关键。统计数据显示，沪深 300 公司中有 31 家披露了防返贫实践，约占参与扶贫实践企业总数的 10.33%；而金融机构凭借其行业特性优势成为防返贫工作的积极参与者，占了总数的六成（20 家）。

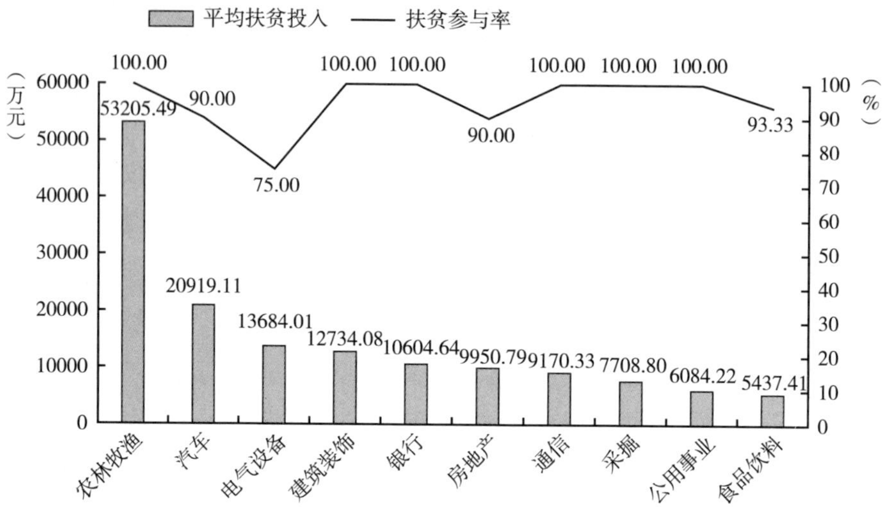


**图 4　扶贫投入前十大行业的扶贫实践情况**

资料来源：社投盟。

以华夏银行为例，为巩固脱贫攻坚成果、防范脱贫户和边缘户返贫风险，2020 年 9 月华夏银行捐资 1000 万元与对口帮扶的阜平县政府共同创设国内第一个防返贫产业基金，即“华夏银行阜平防返贫产业振兴基金”，对巩固当地扶贫成果起到了重要作用。

## 三　沪深300上市公司乡村振兴实践概览

自乡村振兴战略提出以来，国家陆续出台了一系列政策文件，保证企业参与乡村振兴实践有章可循、有标可依。在相关政策文件的指导下，沪深 300 上市公司在精准扶贫的基础上开展了丰富的乡村振兴实践。

研究发现，许多企业虽然已经开展乡村振兴实践，但未在相关出版物或官网资料中明确提到“乡村振兴”一词。因此，本着注重实质的原则，本报告在研究过程中更多地关注企业的具体实践，而非信息披露的表述方式。根据我国 2021 年出台的《乡村振兴促进法》，本报告将乡村振兴分为产业振兴、生态振兴、人才振兴、文化振兴、组织振兴及推进城乡融合六大领域，并分析了各领域主要对应的企业实践内容（见表3）。

**表3　沪深300公司六大主要乡村振兴实践领域**

| 领域 | 主要内容 |
| --- | --- |
| 产业振兴 | 产业扶贫（如消费扶贫、采购农产品）<br>培育新产业、促进农业现代化<br>加大金融支农力度 |
| 人才振兴 | 提供就业岗位<br>提供职业技能培训、培养创新创业带头人<br>加强乡村教育、医疗、科技等人才队伍建设 |
| 文化振兴 | 组织开展文体活动，丰富乡村群众文化生活<br>保护农业文化遗产，传承优秀传统文化<br>保护传统村落，发展特色文化产业 |
| 生态振兴 | 生态保护和修复<br>发展生态循环农业<br>推进人居环境整治工作（如厕所革命、使用清洁能源） |
| 组织振兴 | 组织乡村干部培训，健全基层服务体系<br>促进乡村法治德治建设 |
| 推进城乡融合 | 支持基础设施及公共服务设施建设<br>加大公共服务供给（如教育、医疗、养老） |

资料来源：《中华人民共和国乡村振兴促进法》，社投盟整理。

## （一）企业支持乡村振兴四大驱动力

参与扶贫和乡村振兴的实践是企业助力乡村发展的有效途径，考虑到两者在政策内容上的衔接性，本报告在驱动力的分析方面未对两者进行明确区分。通过文献梳理和数据分析，本报告认为企业助力乡村发展既受到外部驱动，也存在内生动力。

从外部驱动来看，企业参与精准扶贫和乡村振兴实践主要受到政策驱动和社会舆论影响。一方面，国家政策对中央企业的扶贫责任做出明确规定，如国务院发布的“十三五”脱贫攻坚计划明确要求中央企业定点帮扶贫困革命老区；而对于民营企业而言，政策完成表现影响着资源的分配，这驱动了具备高无偿支出能力的民营企业提高扶贫投入水平。根据沪深300公开披露数据，2020年有190家企业提及参与扶贫和乡村振兴实践是出于对国家和行业相关政策文件的响应。另一方面，履行社会责任有助于提高企业的声誉，增强企业的社会影响力。

从内部驱动来看，企业参与精准扶贫和乡村振兴实践主要受到经济利益与道德驱动。一方面，参与精准扶贫和乡村振兴可能给企业带来新的商机，形成新的利润增长点；另一方面，也有相当部分企业出于自身价值观与社会责任感主动投入精准扶贫与乡村振兴相关实践。

### （二）沪深300参与乡村振兴实践情况

乡村振兴参与率根据企业在年报及可持续发展报告中公开披露的数据进行统计，若无相关信息披露则视为未参与。其中，有任一乡村振兴实践板块参与的企业即被纳入统计。

1. 央企和地方国企率先参与乡村振兴

2020年，沪深300上市公司积极响应乡村振兴战略号召，披露的乡村振兴总体参与率①达到83%。具体来看，央企与地方国企的乡村振兴参与率均超过90%，在响应国家战略号召、推进乡村振兴进程方面起到了引领和带头作用。

2. 银行业参与乡村振兴全覆盖

为引导更多的金融资源配置到乡村地区，中国人民银行和银保监会制定了《金融机构服务乡村振兴考核评估办法》，规定金融机构必须保证一定的信贷比例用于乡村产业发展。2020年沪深300上市公司扶贫投入排名前十的行业②中，有4个行业的乡村振兴参与率高达100%。其中银行业的表现颇为亮眼，作为沪深300中体量较大的行业，银行业在本次的排名中不仅扶贫投入位居前五，参与率也达到了100%，一方面体现出银行业的

① 根据企业在公开报告中提及的乡村振兴实践相关内容进行统计。

② 沪深300公司中企业数小于5家的行业不参与排名。

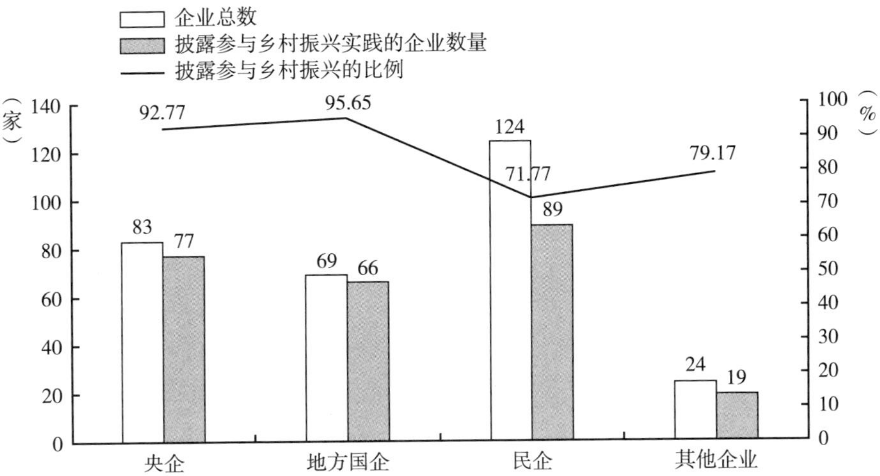


**图 5　不同所有制企业乡村振兴参与情况**

资料来源：社投盟。

高度社会责任感，另一方面也展现了银行业在农村金融领域开展深度探索的决心。

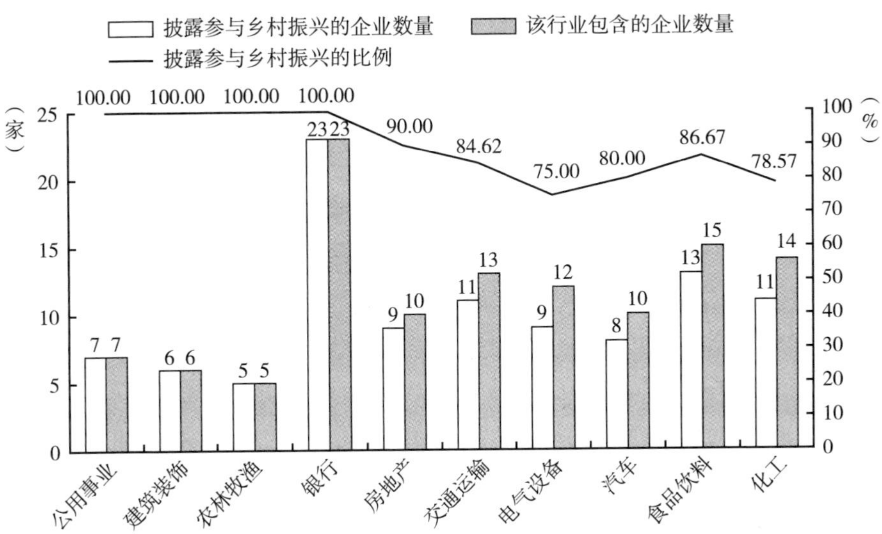


**图 6　扶贫投入排名前十行业的乡村振兴参与率**

资料来源：社投盟。

## （三）沪深300公司乡村振兴实践情况

### 1. 三成公司提及乡村振兴规划

全面实施乡村振兴战略所需投入强度均不亚于脱贫攻坚，而制定乡村振兴规划是促成战略有条不紊推进的前提。数据显示，2020 年参与乡村振兴实践的沪深 300 公司中有 168 家提及在脱贫攻坚任务结束后将继续通过乡村振兴实践助力农村发展。其中，57 家企业提出了更具体的方向和实践规划。例如，平安银行提到将通过融资、融智、品牌和科技赋能，推动综合金融与“三农”场景相结合，打造集政府、农业龙头企业、银行、保险、农研院所于一体的产业振兴共建平台。

### 2. 沪深300公司乡村振兴实践领域覆盖广泛

沪深 300 公司在乡村振兴六大领域均有开展实践。其中，产业振兴与推进城乡融合是企业参与乡村振兴的主要领域。沪深 300 公司在乡村振兴不同领域的参与情况如表 4 所示。

**表 4　沪深 300 公司乡村振兴参与情况**

单位：家

| 领域 | 产业振兴 | 人才振兴 | 文化振兴 | 生态振兴 | 组织振兴 | 推进城乡融合 |
|---|---|---|---|---|---|---|
| 参与企业 | 203 | 109 | 21 | 72 | 44 | 226 |

资料来源：社投盟。

（1）培育新型产业，助力产业振兴

沪深 300 公司的产业振兴实践包括四种主要模式，如表 5 所示。一是消费扶贫，企业通过系统解决产品供给端、销售端、运输端难题，或定向采购农产品，帮助定点帮扶地区破解产品销售困境。其中，中泰证券开展“一县一品”特色展销活动，为江西省内贫困县系统化解决农产品难卖问题。另外，牧原股份还创新开展电商消费扶贫活动，建立“聚爱优选”电商平台，帮助国家级贫困县贵州省雷山县销售扶贫产品，其中仅高山茶叶累计销售就达 130 万元。

二是供应链服务，企业通过打造完整的供应链来建立精准扶贫长效机制。例如，浦发银行的“浦惠到家”App推出助农频道，从厂家对接到销售服务商，打造了一个“从村到家”的完整供应链，探索出一套产销对接的精准扶贫长效机制。

三是培育新产业，企业还采用对口帮扶、合作社等模式来助力乡村贫困地区发展产业。例如，财通证券建立“产业园+合作社+农户”利益联结机制，在结对帮扶的仪陇县回春镇建设奔康产业园，利用当地自然资源优势推动“旅游+”多产业融合发展，打造产销一体化的产业链。苏宁易购开展“万企帮万村”行动，在江苏经济薄弱地区打造产业基地，捐资建成子湖苏宁青虾产业基地、盱眙苏宁农业培训示范基地等，全方位开展精准扶贫工作。

四是金融扶贫，非银金融相关公司充分发挥资本市场中介机构职能，利用行业优势与专业能力，落实金融扶贫各项政策，通过IPO、债券、新三板、区域股权市场等方式为贫困地区提供融资支持。例如，国信证券发挥期货行业风险管理专长，在陕西白水县等多个地区开展“保险+期货”项目，分散农业生产者的价格风险。招商证券助力结对帮扶贫困县龙头企业牧原股份完成供应链应付账款资产证券化项目并为其供应链上游企业提供金融支持，帮助牧原股份有效降低融资成本。

**表5　沪深300公司参与乡村产业振兴实践主要模式**

| 参与领域 | 乡村振兴模式 | 代表企业 | 具体项目 |
|---|---|---|---|
| 产业振兴 | 供应链服务 | 浦发银行 | “蓝天公司”“浦惠到家” |
| | | 招商银行 | “阳光城石榴”品牌 |
| | | 中泰证券 | 赫章中泰葡萄产业园项目 |
| | | 中国石化 | “东乡藜”品牌 |
| | 消费扶贫 | 工商银行 | “春暖行动”“金秋行动” |
| | | 中泰证券 | “一县一品”特色展销活动 |
| | | 牧原股份 | “聚爱优选”电商平台 |
| | 培育新产业 | 苏宁易购 | “万企帮万村” |
| | | 财通证券 | “产业园+合作社+农户” |
| | 金融扶贫 | 海通证券 | “金融+创新” |
| | | 浦发银行 | “金牛通”贷款产品 |
| | | 国信证券 | “保险+期货”项目 |

资料来源：沪深300上市公司年度报告及可持续发展报告，社投盟整理。

（2）培养新型人才，助力人才振兴

2020 年共有 105 家沪深 300 公司从乡村发展的源头入手，培养乡村地区人才，以实现乡村地区的可持续发展。如表 6 所示，沪深 300 上市公司的人才振兴实践模式主要分为人才培训与岗位提供。共 51 家沪深 300 公司在 2020 年开展了与就业相关的人才培训项目。例如，中国石油针对贫困地区人口开展了多层次培训，从基本的文化素质培养到提升劳动能力的汽修、月嫂培训，以及创新创业经营管理培训，让不同类型的人才都有所收获。

此外，有 39 家沪深 300 公司为乡村贫困地区人口提供就业岗位。例如，中环股份利用乡村帮扶光伏项目为技术型人才提供电站运维等技术岗位，同时为家庭困难但具备劳动能力的人员提供电站清洁等非技术岗位，实现产业与人才协同发展；而韵达股份利用自身主营业务吸纳乡村人口就业，在全国各地的助农运输项目中直接聘请当地人员，提高乡村就业率。

**表 6　沪深 300 公司参与乡村人才振兴实践主要模式**

| 参与领域 | 乡村振兴模式 | 代表企业 | 具体项目 |
| --- | --- | --- | --- |
| 人才振兴 | 人才培训 | 中国石油 | 创新创业管理与劳动能力提升 |
| | 岗位提供 | 中环股份 | 光伏项目吸纳就业 |
| | | 韵达股份 | 主营业务吸纳就业 |

资料来源：沪深 300 上市公司财务报告及可持续发展报告，社投盟整理。

（3）保护文化遗产，助力文化振兴

近年来，农村文化发展持续向好，但农村文化建设仍滞后于乡村人民日益增长的精神需求，农村地区蕴含的文化宝藏有待挖掘。沪深 300 公司在帮扶农村人口增加收入的同时着力建设农村文化设施、开展文化活动，不仅丰富了乡村居民的精神文化生活，也培育了乡村的文明风尚。

如表 7 所示，沪深 300 公司文化振兴实践的主要模式包括挖掘非遗文化/打造文创产品、提供文化产品和打造文旅项目。例如，民生银行的“民生艺术 + 赋能计划”对河南省滑县和封丘县当地的木版年画、汴梁刺绣等非遗项目进行文创设计研发，通过新媒体传播、“互联网 + 艺术”等形式推广非遗保护与传承，产品销售超过 8100 件。

**表 7　沪深 300 公司参与乡村文化振兴实践主要模式**

| 参与领域 | 乡村振兴模式 | 代表企业 | 具体项目 |
|---|---|---|---|
| 文化振兴 | 挖掘非遗文化<br>打造文创产品 | 民生银行 | “民生艺术 + 赋能计划” |
| | 提供文化产品 | 中泰证券 | 建设大众文化广场 |
| | 打造文旅项目 | 万科 | 激活仙坑 |

资料来源：沪深 300 上市公司年度报告及可持续发展报告，社投盟整理。

（4）保护生态环境，打造美丽乡村

建设美丽乡村不仅需要加强保护自然生态，也应当打造适宜的人居环境，实现人与自然的协调发展。如表 8 所示，沪深 300 公司在生态振兴领域的主要模式包括发展生态农业和改善人居环境。以新希望为例，企业在乡村地区秉承“以种促养，以养带种”的种养结合理念，将猪场排放的养殖废弃物、污染物转化为有机肥等可利用资源，将有机肥就地返田，因地制宜用于种植大田作物、瓜果蔬菜等，发展生态农业，实现可持续农业经济、环境和社会效益的统一。

**表 8　沪深 300 公司参与乡村生态振兴实践主要模式**

| 参与领域 | 乡村振兴模式 | 代表企业 | 具体项目 |
|---|---|---|---|
| 生态振兴 | 发展生态农业 | 新希望 | 重生之用，反哺自然 |
| | 改善人居环境 | 国泰君安 | 厕所革命 |

资料来源：沪深 300 上市公司年度报告及可持续发展报告，社投盟整理。

（5）规范治理体系，提高治理水平

在组织振兴方面，沪深 300 公司主要通过干部培训帮助乡村地区打造为群众办好事、干实事的干部队伍。据统计，2020 年，共 17 家沪深 300 上市公司为乡村基层干部提供了培训。

（6）健全公共服务，推进城乡融合

多元化发展乡村教育对于缩小城乡之间的差距至关重要，也是沪深 300 公司深度参与的领域。共 179 家沪深企业披露在 2020 年参与助推乡村教育发展，而除了传统的提供助学金、捐赠教学设施外，许多企业在思路、角度和方法上进行了创新。例如，科大讯飞结合自身优势，以人工智能推动乡村教育发展，推进乡村教育现代化；中金公司资助会宁县实施入户早教计划，从教育和养育两方面着手，促进乡村地区儿童健康发展；视源股份聚焦乡村教育的提供者，通过全方位赋能乡村教师，助力乡村教育发展。

提升乡村医疗卫生水平不仅是乡村振兴的重要组成部分，也是实施“健康中国”战略中必不可少的一环。沪深 300 公司通过捐赠医疗物资和资金、提升乡村医护水平、提供医疗保障等方式，积极结合自身业务优势，为乡村健康事业做出贡献。例如，沃森生物成立“生而健康公益基金”，为乡村贫困地区捐赠疫苗产品，降低相关疾病的发生率和病死率；中国平安打造“村医工程”，为乡村医生对接智能问诊系统并辅以专业培训，提升其初诊准确率，同时为村民提供专家现场义诊，提升其健康防范意识；光大证券推出“阳光关爱”保险项目，为乡村师生定制重大疾病保险，杜绝因病致贫、因病返贫风险。

推动乡村基础设施建设为人民生活提供有效保障，沪深 300 公司从建设乡村道路交通、解决乡村能源问题、改善人居基础设施等角度开展工作。多家企业在 2020 年援建乡村道路，如五粮液投入 1.99 亿元修建超过 1000 公里的“五粮液乡村振兴产业路”；部分企业结合自身优势，着力解决乡村供电、供暖、供网等问题，如国电南瑞为乡村贫困地区电网建设与联网工程提供技术和装备支持，结束了全国地级行政区电网孤网运行历史，切实解决当地用电难题；还有许多企业通过改善乡村住房、饮水和排污设施等为乡村居民生活提供设施保障，如三一重工对道童村进行水管网改造，同时对全体用户装表计量以规范用水管理，满足了 10 年内规划供水 4000 人的用水需求。

**表 9　沪深 300 公司参与推进城乡融合实践主要模式**

| 参与领域 | 乡村振兴模式 | 代表企业 | 具体项目 |
|---|---|---|---|
| 推进城乡融合 | 多元化发展乡村教育 | 科大讯飞 | “A. I. 教育公益计划” |
| | | 中金公司 | “慧育中国・山村入户早教计划” |
| | | 视源股份 | “乡村教师励耘计划” |
| | 提升乡村医疗卫生水平 | 沃森生物 | “生而健康公益基金” |
| | | 中国平安 | “村医工程” |
| | | 光大证券 | “阳光关爱”保险 |
| | 推动乡村基础设施建设 | 五粮液 | “五粮液乡村振兴产业路” |
| | | 国电南瑞 | 电网建设与联网工程 |
| | | 三一重工 | 水管网改造项目 |

资料来源：沪深 300 上市公司年度报告及可持续发展报告，社投盟整理。

3. 建筑装饰行业乡村振兴管理水平最高

本报告从规划、组织、人员投入、行动等维度，对沪深 300 公司在乡村振兴管理和乡村振兴行动方面的表现进行赋分。表 10 展现了对沪深 300 公司进行评分的维度，其中每个维度赋值 10 分，总分为 100 分。

**表 10　沪深 300 公司乡村振兴评分维度**

| | |
|---|---|
| 乡村振兴管理 | 维度 1:是否披露乡村振兴参与规划 |
| | 维度 2:是否建立乡村振兴相关部门 |
| | 维度 3:企业领导是否参与乡村振兴实践 |
| | 维度 4:员工是否参与乡村振兴实践 |
| 乡村振兴行动 | 维度 5:是否参与产业振兴实践 |
| | 维度 6:是否参与人才振兴实践 |
| | 维度 7:是否参与文化振兴实践 |
| | 维度 8:是否参与生态振兴实践 |
| | 维度 9:是否参与组织振兴实践 |
| | 维度 10:是否参与推进城乡融合实践 |

本报告采用上述乡村振兴指数评估方法，统计得出了排名前 10 的行业（见图 7），可以发现，建筑装饰行业以较高的管理水平和丰富的实践取得了平均得分最高的成绩，部分原因可能是沪深 300 建筑装饰行业的 6 家公

司均为央企，而在乡村振兴实践管理的规范性上央企一般优于其他所有制企业。

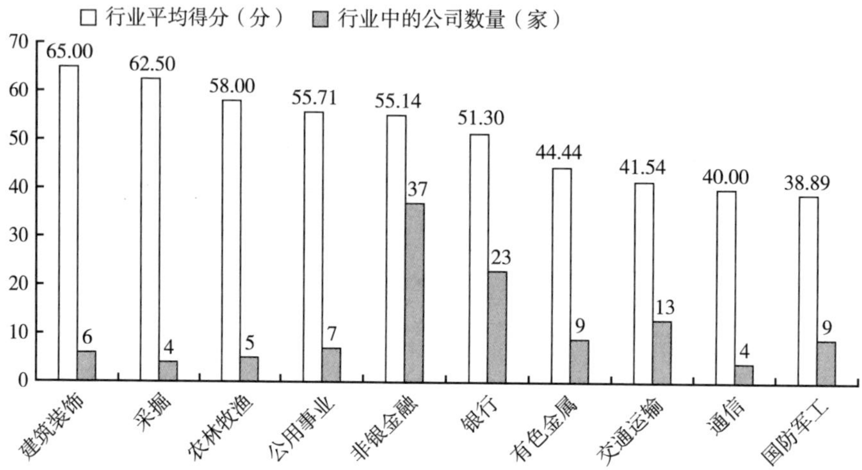


**图7　不同行业乡村振兴指数平均得分**

资料来源：社投盟。

4. 银行业企业率先设立乡村振兴部门

企业推进乡村振兴不仅需要资金、技术的投入，也需要组织保障。在助力农村发展的过程中，银行业凭借主营业务优势，提供了一系列支农惠农服务。数据显示，目前有 4 家沪深 300 公司率先设立乡村振兴有关部门或乡村振兴基金会，且均属于银行业。例如，农业银行总分支行设立了乡村振兴金融部，为服务乡村振兴和“三农”县域业务提供有力支撑。①

## （四）沪深300公司乡村振兴实践的内部可持续性

企业进行乡村振兴实践的内部可持续性即乡村振兴实践与企业内部发展战略达成一致，从而使得企业形成持续参与乡村振兴的动力。

农林牧渔行业与乡村的联系较为紧密，也积极将自身发展战略与乡村发

① 农业银行印发的《贯彻中央农村工作会议和中央一号文件精神做好 2021 年服务乡村振兴和“三农”县域业务工作方案》。

展相结合。其中，新希望的乡村振兴模式具有较高借鉴价值。在国家政策支持下，新希望依托养殖、饲料、屠宰等产业优势，使建档立卡户与公司养殖基地结成利益共同体，实现国家、企业与贫困户多方共赢。例如，新希望在贫困地区投资建设并经营管理扶贫养育肥猪场，推动农业供给侧结构性改革，带动贫困人口实现稳定增收；同时将养猪业与种植业紧密结合，完善“猪—沼—肥—果/菜/粮”的种养结合产业模式，伴随着养猪产业规模的快速扩张，公司种植面积增长了几十倍，蔬菜内供量由 7 万斤增长至 50 余万斤。此外，新希望与多地政府及职业技术学院等合作成立新希望绿领学院，计划于 2023 年前培训 10 万名新型职业农民，从供应渠道与人才储备两方面促进企业的可持续发展。

物流行业的发展战略也与乡村振兴战略紧密结合。由于一、二线城市消费增速放缓，物流行业需要依托下沉市场实现快递业务量的高速增长。沪深 300 公司中各物流企业均开展了与下沉市场拓展相结合的乡村振兴实践。例如，顺丰控股利用自身航空、冷运的网络覆盖优势与快速配送能力，帮助农户扩大销售物流网络。2020 年，顺丰针对农产品上下行的服务网络覆盖全国 2834 个县区级城市，共计服务 4000 余个生鲜品种。同时，顺丰协助各地政府打造了区域性农产品公共品牌，如阳澄湖大闸蟹、烟台樱桃、岭南荔枝等，也进一步刺激了农村的快递业务需求，推动了物流企业的可持续发展。

## 四　沪深300上市公司通过乡村振兴实践推动 SDGs 进程

SDGs 即联合国提出的 17 个可持续发展目标，从社会、经济、环境三个维度对发展的可持续性提出了要求。在中国，沪深 300 公司的乡村振兴实践是推动这一目标实现的一股重要力量。本报告基于样本数据及各项目标具体指引对 SDGs 作逐一对照研究，发现沪深 300 公司在进行乡村振兴实践的过程中至少在 13 个可持续发展目标推进上有实质性贡献，并且开展了因地制宜地创新性实践（见表 11）。

**表 11　沪深 300 公司乡村振兴实践对 SDGs 贡献的对应情况**

| 目标序号 | 目标内容 | 目标主要内涵 | 对应的乡村振兴实践 |
| --- | --- | --- | --- |
| SDG1 | 无贫穷 | 在全世界消除一切形式的贫困 | 减少绝对贫困<br>防止贫困人口返贫 |
| SDG2 | 零饥饿 | 消除饥饿，实现粮食安全，改善营养状况和促进可持续农业 | 改善营养状况<br>发展可持续农业 |
| SDG3 | 良好的健康与福祉 | 确保健康的生活方式，促进各年龄段人群的福祉 | 改善医疗卫生条件<br>普及健康知识 |
| SDG4 | 优质教育 | 确保包容和公平的优质教育，让全民终身享有学习机会 | 提供教育软硬件资源 |
| SDG5 | 性别平等 | 实现性别平等，保障所有妇女和女童的权能 | 赋能乡村女性 |
| SDG6 | 清洁饮水和卫生设施 | 为所有人提供水和环境卫生并对其进行可持续管理 | 搭建安全饮水设施<br>厕所革命 |
| SDG7 | 经济适用的清洁能源 | 确保人人获得负担得起的、可靠和可持续的现代能源 | 提供清洁能源 |
| SDG8 | 体面工作和经济增长 | 促进持久、包容和可持续经济增长，促进充分的生产性就业和人人获得体面工作机会 | 提供就业岗位<br>培养就业技能 |
| SDG9 | 产业、创新和基础设施 | 建造具备抵御灾害能力的基础设施，促进具有包容性的可持续工业化，推动创新 | 助力贫困地区产业发展<br>加快基础设施建设 |
| SDG10 | 减少不平等 | 减少国家内部和国家之间的不平等 | 推动城乡融合发展 |
| SDG11 | 可持续城市和社区 | 建设包容、安全、有抵御灾害能力和可持续的城市和人类居住区 | 协助贫困人口易地搬迁 |
| SDG12 | 负责任消费和生产 | 采用可持续的消费和生产模式 | 采购农产品<br>全产业链消费扶贫 |
| SDG13 | 气候行动 | 采取紧急行动应对气候变化及其影响 | — |
| SDG14 | 水下生物 | 保护和可持续利用海洋和海洋资源以促进可持续发展 | — |
| SDG15 | 陆地生物 | 保护、恢复和促进可持续利用陆地生态系统，可持续的管理森林，防治荒漠化，制止和扭转土地退化，遏制生物多样性的丧失 | 改善乡村生态环境 |

续表

| 目标序号 | 目标内容 | 目标主要内涵 | 对应的乡村振兴实践 |
|---|---|---|---|
| SDG16 | 和平、正义与强大机构 | 创建和平、包容的社会以促进可持续发展，让所有人都能诉诸司法，在各级建立有效、负责和包容的机构 | — |
| SDG17 | 促进目标实现的伙伴关系 | 加强执行手段，增进可持续发展全球伙伴关系 | — |

资料来源：社投盟。

## （一）无贫穷

实现“无贫穷”目标需要持之以恒的努力，除帮助贫困人口脱贫外，还需防范脱贫户和边缘户返贫致贫风险。对此，沪深300公司积极开展了防返贫实践，其中15家企业为农户直接购买了相关保险，6家金融企业专门开设了防返贫保险，从风险管理的角度为“无贫穷”这一目标做出了重要贡献。

作为保险企业的中国人保，从产品提供和网点覆盖两方面为贫困地区民众的生产生活提供托底保障。截至2020年末，中国人保在“三区三州”深度贫困地区共计提供扶贫专属产品139个，服务“三区三州”135个县域，覆盖率达到100%。

## （二）零饥饿

随着脱贫攻坚任务的阶段性收官，农村人口不愁吃问题基本得到解决，改善营养状况、促进农业可持续发展成为振兴农村的重要命题。2020年，有5家企业为贫困地区的儿童提供营养餐、建设爱心食堂等。其中，上港集团为对口帮扶地区的两所小学158名学生供应在校日营养早餐，保证孩子们每天都能享用到牛奶、鸡蛋。

在发展可持续农业方面，农林牧渔企业表现出色。牧原股份依托乡村土地、原粮等特色资源，从“粮食—饲料—养猪—屠宰加工”产业链发力，带动物流运输服务业发展，促进一二三产业融合，打造集饲料、养殖、屠宰于一体的现代化农业产业园，在农民增产增收的基础上谋求多方共赢，推动农业高质量可持续发展。

## （三）良好的健康与福祉

农村卫生健康工作是全面推进“健康中国”建设的重要一环。沪深300公司从为乡村修建医疗卫生基础设施、推进医疗人才建设和开展健康常识普及等多方面积极开展工作。数据显示，2020年有67家沪深300公司披露开展了健康扶贫，其中有23家企业参与改善乡村医疗设施或提升乡村医生水平，24家企业为贫困地区提供了免费体检、疾病筛查或疾病救助。

招商银行在定点帮扶的两县推进实施“招银智慧乡村卫生室”项目，结合互联网医院资源及智慧化医疗服务技术优势，通过医疗大数据分析，提升乡村卫生室首诊能力，普惠基层百姓。截至2020年末，招商银行已在两县各试点1所“招银智慧乡村卫生室”并投入运营，建造68所“招银乡村卫生室”，有效解决了两县10余万名民众的基本医疗保障问题。

复星医药发起“乡村医生健康扶贫”与“名医下乡”项目，旨在稳定乡村医疗队伍、提升村医专业能力。2020年，“乡村医生健康扶贫”项目覆盖70个国家级贫困县，帮扶超过12545个行政村卫生室，捐药捐资折合人民币近300万元；“名医下乡”项目展开线上线下培训20余场，培训覆盖乡村医生6600余人次，并搭建起基层医院与三甲医院的沟通平台。

## （四）优质教育

教育资源的缺乏是制约乡村地区教育发展的瓶颈。研究显示，2020年共有159家沪深300公司披露开展了教育扶贫，其中有61家企业为贫困地区捐赠了教育物资，50家企业帮助贫困地区加快教育基础设施建设，24家企业开展了乡村教师培训。

许多公司发挥自身专长助力乡村教育振兴。金山办公基于科技、人才、信息等资源优势，助力推进“互联网+教育”，加强远程教育应用推广，向张家口市宣化区教育系统的127所学校免费发放金山文档教育版产品78230套，并持续提供教育产品的后续服务，促使乡村共享优质教育资源。科大讯飞发起的“A.I. 教育公益计划”以人工智能技术推动教育发展，通过教学设备、益智玩具、课程体系等产品配备和乡村教师培训、志愿支教服务，让欠发达地区的留守儿童能接触到高质的教育资源。

视源股份未来教育集团与中央委扶贫办、北师大等单位共同启动了“乡村教师励耘计划”，通过构建以高校专业引领、扶贫机构平台协同、公益组织资金保障、科技企业技术支持的“四位一体”教育扶贫模式全方位赋能乡村教师，助力乡村教育可持续发展。

### （五）性别平等

女性是乡村人口的重要组成部分，也是推动乡村振兴的一股重要力量。在乡村振兴的过程中宣扬性别平等、赋能乡村女性是提高农村家庭后代教育和健康水平、阻断贫困代际传播的关键。2020年，共有23家沪深300公司披露参与了关注乡村女性群体权益的实践。其中，有6家企业为女性提供就业培训、就业岗位等支持，例如，招商银行助力永仁县打造彝绣品牌，开展彝绣技能培训，助力彝族妇女致富；建设银行为乡村妇女提供无须抵押担保的“女性创业贷”，支持乡村女性开创事业。有8家企业支持乡村女童教育和成长，如科伦药业每年资助1000名乡村贫困或残障女童，为女孩提供守望包和知识手册，配套5节社会性别与生理健康课程以及困境帮扶、司法援助、医疗服务等活动，守望乡村女孩成长。此外，8家企业通过资金与物资捐赠等方式关爱妇女儿童，还有3家企业关注女性健康，如建设银行在2011~2020年连续10年捐资购置“母亲健康快车”，为当地妇女健康检查、疾病救治、孕产妇卫生保健等提供免费服务。

### （六）清洁饮水和卫生设施

清洁的饮水和卫生环境是阻断病菌传播的重要条件，也是提高贫困地区民众健康水平的基本要求。根据沪深300公司披露的数据，2020年共有39

家企业开展了对乡村地区的用水设施援建与改造项目，保证了当地群众安全用水、清洁饮水。例如，申万宏源在对口帮扶的甘肃省会宁县投入 1017 万元，为当地 26 个乡镇修建阀井、蓄水池等饮水设施，补齐饮水安全短板，共惠及 3111 户近 1.4 万名贫困人口。在过去三年内，华能水电帮扶云南省澜沧县实施 161 件饮水安全巩固提升工程，解决 4.52 万人和 2.94 万头牲畜的饮水困难问题。

此外，13 家企业参与了为乡村修建厕所等清洁工程，改善乡村人居环境。例如，金风科技积极开展农村旱厕改造提升工程，践行农村“厕所革命”，2020 年资助喀什地区麦盖提县村民活动中心和村学校的旱厕改造项目，惠及 1124 名村民和 350 余名师生。

### （七）经济适用的清洁能源

传统能源不仅利用效率低，还会带来环境污染问题。因此，清洁能源的开发与利用是实现乡村能源供给保障与生态环境保护双赢的关键。2020 年，有 44 家沪深 300 公司参与了乡村清洁能源工程的建设，其中 28 家企业开展了光伏扶贫。企业积极结合自身优势，以电气设备行业为例，沪深 300 中该行业有超一半的企业参与了乡村光伏建设。例如，中环股份在内蒙古、河北、云南、四川等地区选择具备光伏建设条件的区域积极开展光伏扶贫项目，共计帮扶无劳动能力贫困户 6901 户，保障贫困户获得 20 年的稳定收益。此外，有 2 家企业帮助乡村开发风力发电项目，还有 17 家企业捐赠或修建了太阳能路灯等太阳能设施。沪深 300 公司助力乡村清洁能源的建设既保障了乡村贫困地区的能源使用，又为当地民众带来了一定的收益，还实现了绿色环境效益，可谓一举多得。

### （八）体面工作和经济增长

保障乡村地区民众稳定就业是将从物质帮扶转化为人力资本的关键。2020 年，共 105 家沪深 300 公司参与了乡村的人才振兴实践，其中 78 家公司通过提供就业机会和技能培训为乡村贫困地区的民众解决就业问题。

例如，圆通速递每年为云南普洱、澜沧两地提供1000个就业岗位，同时在甘肃张掖成立“圆通速递扶贫助残就业基地”，目前已累计培训残疾人近200名，其中60余名已经成功实现就业。中国银河先后培训静宁县420名致富带头人及农民技术员，依托银河培训中心开展2期300人职业技能提升培训，实现1040名养殖人员稳定就业；同时设置公益性岗位，实现666名建档立卡贫困人口就业。

### （九）产业、创新和基础设施

落后的基础设施是贫困地区实现发展的一大阻碍。据统计，2020年有58家沪深300公司参与乡村基础设施建设，有21家沪深300公司参与光伏发电设施建设，助力贫困地区发展。

另外，部分企业依托主营业务优势，为贫困地区的道路和电力设施建设做出了贡献。中国联通加快在贫困地区的基础设施建设，推动帮扶地区宽带与4G网络基础设施建设，保证手机3/4G上网，宽带下行速率达到100Mbps及以上，让贫困群众“用得好”，共惠及贫困用户约256.7万户，减免通信费用3.77亿元。

### （十）减少不平等

促进城乡融合是解决不平等现象的有效途径，而其关键不仅在于缩小城乡收入差距，更强调城乡基本公共服务的均衡。2020年有227家沪深300公司进行了促进城乡融合实践，其中，有44家企业从教育、医疗、养老服务等方面为贫困地区提供了基本公共服务，31家企业为贫困地区人群提供了兜底保障。

海康威视多年来持续向教育贫困地区捐赠“三个课堂”系统，通过产品和服务连接乡村学校与城市学校，用科技的力量帮助乡村学校解决教学资源匮乏、师资力量薄弱的困难，让优质资源实现更好的共享。科大讯飞积极实施人工智能服务教育的“A.I.教育公益计划”，通过捐赠教学软硬件产品以及益智玩具等物资，或提供志愿支教的方式，让人工智能技术产品进入农村学校，让偏远地区的留守儿童也能享受到科技进步带来的快乐，为从源头上解决贫困的代际相传问题提供有力支撑。

### （十一）可持续城市和社区

为乡村贫困人口提供良好的社区生活环境是乡村振兴的重要组成部分。沪深 300 公司主要通过提升乡村环境、建设可持续社区和协助农村人口易地搬迁两种途径来达成这一目标。

沪深 300 公司积极结合自身优势打造乡村社区。例如，中泰证券在 2020 年定向帮扶省定贫困村临沂市城南村，通过建设中泰证券特色产业园区、生态小巷、文化长廊、学堂夜校等，因地制宜、精准施策，使城南村成为山东省乡村振兴十百千示范村、“美在农家”市级示范村，促进了城南村的可持续发展。

2020 年共有 34 家沪深 300 公司助力乡村居民易地搬迁，从而提升其生活质量。例如，万科从 2017 年起就投资支持广西百色“深圳小镇”易地搬迁公共设施建设，捐赠 1 亿元专项把“深圳小镇”建设为功能完善、配套齐全、环境宜居的易地扶贫搬迁安置示范社区，包括社康中心、日间照料中心、小镇幼儿园、污水处理设施、垃圾压缩转运站等项目。

### （十二）负责任消费和生产

促进消费、以销促产，是实现乡村振兴的重要手段。据统计，2020 年有超 130 家沪深 300 上市公司通过消费扶贫帮助乡村地区解决农产品滞销难题。例如，国信证券向深圳市对口帮扶区域采购扶贫产品 580 万元，同时投入资金 130. 79 万元向新疆麦盖提县采购近 42 吨红枣，成功协助当地实现滞销红枣“清仓”。

除直接采购农产品外，不少企业还从完善供应链、拓展市场渠道、打造品牌知名度等方面助力解决乡村农产品生产销售难题。为解决贵州省刺梨果子酸涩、难以储存等问题，广药白云山运用自身科研优势研发出刺柠吉复合果汁、润喉糖和龟苓膏等系列帮扶产品，并在贵州设立生产基地，促进刺梨规模化生产；同时借助自身营销资源提升刺梨产品知名度，并依托自有销售网络在全国多地展开销售，助力强化刺梨产业链条。

## （十三）陆地生物

修复和改善乡村生态环境、提升乡村生态功能和服务价值是乡村振兴战略的重要内容。沪深 300 公司积极响应国家政策号召，助力保护乡村自然生态和物种多样性，实现乡村的可持续发展。据统计，2020 年共有 71 家沪深 300 公司进行了生态振兴相关实践。

浪潮信息与西双版纳国家级自然保护区管护局联合构造了世界领先的亚洲象生态保护系统，结合自身优势运用人工智能、大数据、云计算等手段，实现对亚洲象的全天候监测和观察，为拯救濒危物种注入科技力量。中国国航助力在苏尼特右旗试点种植“野牛草”，用科技解决草原退化问题，填补了国内野牛草育种的技术空白，并推进了生态链、产业链、价值链的深度融合。

有 8 家企业以参与绿色金融的方式促进乡村绿色发展。兴业银行为农村困难地区提供绿色金融信贷支持，重点满足具有绿色发展和民生普惠特征的自来水供应、污水处理、城市天然气等环境治理和清洁能源领域的资金需求。兴业银行为国家级贫困县盘县石漠化综合治理项目提供绿色融资 6 亿元，贷款期限长达 15 年，该项目完成后将极大地改善石漠化防治区内的生态环境。

## 参考文献

郭俊华、卢京宇：《乡村振兴：一个文献述评》，《西北大学学报》（哲学社会科学版）2020 年第 3 期。

聂军、冉戎、唐源珑：《地方政府财政压力与企业精准扶贫投入》，《商业研究》2020 年第 3 期。

魏后凯、姜长云、孔祥智、张天佐、李小云：《全面推进乡村振兴：权威专家深度解读十九届五中全会精神》,《中国农村经济》2021 年第 1 期。

杜世风、石恒贵、张依群:《中国上市公司精准扶贫行为的影响因素研究——基于社会责任的视角》,《财政研究》2019 年第 2 期。

任长秋、王钊:《企业介入精准扶贫的影响因素研究——基于注意力视角的实证分析》,《软科学》2020 年第 6 期。

王国敏、何莉琼:《巩固拓展脱贫攻坚成果与乡村振兴有效衔接——基于“主体—内容—工具”三维整体框架》,《理论与改革》2021 年第 5 期。

王国丽、罗以洪:《打赢脱贫攻坚战与实施乡村振兴战略衔接耦合机制研究》,《农业经济》2021 年第 1 期。

豆书龙、叶敬忠:《乡村振兴与脱贫攻坚的有效衔接及其机制构建》,《改革》2019 年第 1 期。

王介勇、戴纯、刘正佳等:《巩固脱贫攻坚成果,推动乡村振兴的政策思考及建议》,《中国科学院院刊》2020 年第 10 期。

李艳芳:《企业参与贫困治理和乡村振兴的机遇和路径——访中南财经政法大学工商管理学院副院长、城乡发展研究院副院长吴海涛》,《可持续发展经济导刊》2020 年第 8 期。

# 技 术 篇

Technology Reports

## B.10
## 2021年3A可持续发展价值评估体系优化研究

摘　要：本报告系统阐述了上市公司3A可持续发展价值评估体系的逻辑起点与评估原理，以及2021年度模型优化工作的背景、原则、方法、效果及最终调整形成的成果，最后介绍了应用模型评估实施的情况。

关键词：可持续发展价值　评估原理　评估体系　治理结构

2016年10月以来，社会价值投资联盟（深圳）以跨界协同、智慧众筹的方式启动了“发现中国‘义利99’——A股上市公司可持续发展价值评估”的研发项目。2017年10月，社投盟首次建立“可持续发展价值评估体系”，并运用于沪深300成分股的评估。在3A模型运行的四年间，海内外的政治、经济、社会和环境领域都发生了诸多变化，但可持续发展作为贯穿其中的主线却越来越成为跨越国界、种族、宗教诸多隔阂与藩篱的人类共同信念，商业向善的理念正在深刻地影响着商业形态并重构商业文明。

中国政府长期以来是可持续发展的倡导者和践行者，近年来更加快了对联合国可持续发展议程的推进。乡村振兴、“双碳”目标等国家战略的提出，不仅是彰显了最大发展中国家的责任与担当，更是中国以创新发展模式走向社会主义现代化强国的理性选择。党的十八大以来，我国政府不断加快高质量市场体系建设，完善要素市场化配置体制机制，创新资本市场监管模式，保障金融行业有序发展，综合提高上市公司质量，以推动我国经济体系朝着更高质量、更有效率、更加公平、更可持续、更为安全的方向发展。

望向资本市场，由于受到监管端对于公司治理和信息披露的要求提升，我国上市公司非财务信息披露渐入主流、信披质量不断提升，编发非财务信息报告的企业数量多年来呈稳定上升趋势。上市公司不断增进对企业社会责任和可持续发展的认识，全面履行企业社会责任渐成风尚。在资金端，长期主义和价值投资的理念日益受到市场的青睐和认可。这一背景下，一套用于衡量企业可持续发展价值的科学、客观的评估工具就成为现实急需。

与此同时，随着消费者权利意识的觉醒、可持续发展相关社会组织的发展和新媒体时代社会舆论监督的公开透明，各类利益相关方以多样化的方式参与商业体系变革的大潮，一个由政、商、学、社多元主体共创、共建、共享的可持续发展生态系统已然萌发。

历经五载春秋，社投盟作为中国可持续金融领域的先行者和企业综合价值评估体系的创建者，在快速变化的外部环境中承载使命、积极求变、持续创新，完成了多项“创举”：从对沪深 300 上市公司启动评估评级，到连续五次发布年度“义利 99”排行榜；从在 Wind 金融终端上线“可持续发展价值 ESG2.0 数据库”，到与博时基金、中证指数共同发布“可持续发展 100 指数”以及追踪该指数的基金产品“可持续发展 100ETF”，社投盟促成了“资本向善”的一次价值闭环，也将“践行义利并举，投向美好未来”从一个先锋组织的信念口号转化为一场多方协同共进的集体行动。然而，伴随着市场影响力和社会关注度的提高，社投盟也相应担负起了更为远重的责任与期望，而不断提高专业评估能力已不仅是组织的一项核心工作，更是组织履责和发展的应有之义。

自初版模型开发应用以来，社投盟团队就在社会价值评估标准工作委员会（以下简称“社标委”）的指导下，聚焦数据分析、模型应用、市场回测，通过深度研究，不断优化完善3A 模型。在过去两年间，社投盟调动集体智慧、倾注各路资源，围绕丰富数据、优化算法、提升算力三大“攻坚”目标，以提升这项复杂艰巨事业的实效性和公信力。继2020 年完成了筛选子模型的优化升级以来，团队在2021 年初又完成了评分子模型的2.0 升级，并在过程中不断丰富数据来源渠道，通过科技赋能的方式实现了算力提升。

## 一　3A 模型评估原理

社投盟在《发现中国“义利 99”——A 股上市公司社会价值评估报告(2017)》中提出，可持续发展价值即义利并举，又称社会价值或综合价值，是指组织为建设更高质量、更有效率、更加公平和更可持续的美好未来（目标丨驱动力），通过创新的生产技术、运营模式和管理机制等方式（方式丨创新力），所实现的经济、社会和环境的综合贡献（效益丨转化力）。可持续发展价值的定义构成了3A 模型的内核逻辑。换言之，3A 模型对上市公司履行社会责任和可持续发展的目标、方式和效益进行了穿透式评估，以揭示上市公司究竟为何而存续、怎样可持续以及在可持续发展三大领域创造了哪些价值。

3A 是 AIM（目标）、APPROACH（方式）和 ACTION（效益）的英文简称，是可持续发展价值评估的基础结构；三力是指目标的驱动力、方式的创新力和效益的转化力，是可持续发展价值评估的主要特征；三合一指目标的驱动力、方式的创新力和效益的转化力的协同作用，是可持续发展价值评估的平衡机制。

目标丨驱动力（AIM），考察评估对象的价值定位、战略规划和主营业务，即回答“组织为什么存续”“义利取向”的问题。

方式丨创新力（APPROACH），考察评估对象在生产技术、运营模式和管理机制等方面的创新，即回答“组织如何谋求发展”“义利方式”的问题。

效益 | 转化力（ACTION），考察评估对象所创造的经济、社会和环境综合效益，即回答“组织取得了怎样的内部效应和外部效应”“义利结果”的问题。

2021 年，为了与市场较熟悉的“ESG 评估”相对标，我们将 3A 模型重新解构组合，形成了评分子模型的 2.0 升级版。更新后的 3A 模型既传承了中华传统儒商文化的优良基因，又更广泛地覆盖了国际 ESG 评级的核心要素。

## 二　3A 模型指标优化

2020 年开始，由社投盟研究院牵头，社标委和“义利 99”项目团队协同努力，在系统对标国际相关评估指标体系的基础上，经过历史数据盘查和多轮数据回测，对 3A 模型指标体系进行了系统优化，以提高评估指标的质量，更加真实、客观、全面地反映企业可持续发展价值。

3A 模型的优化工作受到内外部因素共同驱动。从外部看，过去数年来国际、国内、行业及企业不同层面发生了诸多重大变化，市场和社会对于社投盟可持续发展价值评估也提出了更高的要求和更多的诉求；就机构自身而言，一方面围绕评估工作不断创新方式方法，逐步采取科技手段替代人工并扩展了数据来源渠道，另一方面，多年的生产评估工作沉淀了一定的重复性疑难问题——这些都迫切呼唤着模型和指标的优化迭代。

### （一）工作原则及技术方法

2021 年的模型优化工作过程中，我们遵循了严谨性、先进性、适用性、持续性、自洽性五大原则，进行了系统化的 ESG 指标清理和分类，指标库进一步丰富，达到近千项的储备；开展国际 ESG 评级对标研究，将研究成果融入评级优化工作。针对评级生产过程中的各种发现，进行分析研究，不断优化评分评级操作流程。

此次模型优化升级工作在以上原则指引下，广泛征求国内外专家的意见和建议，立足提升评级的完整性、系统性、实质性、客观性、平衡性和可操作性，开展了大量研究工作，以推进评级工作质量提升。

1. 指标优化

项目团队采取理论研究、生产复盘、专家咨询、回测验证等方式进行评估模型的指标优化。

第一，深化基础研究。基于系统化的文献研究和国际评级指标对标研究，完善指标库，对指标层级序列进行科学分析论证，开展上市公司调研走访，挖掘、洞察和分析研究不同行业公司可持续发展的“长寿基因”指标。新增实质性指标、优化可提升指标、精简低效度指标，并且在保证评估模型逻辑统一、结构稳定的基础上，构建了由通用指标和各行业特色指标组合构成的分行业的评估指标体系，实现了评估模型及指标体系的“一通多专”，整体质量和适用范围实现了跨越式提升。

第二，系统复盘生产。我们系统梳理了数据生产过程中的难点、疑点和盲点，并将问题清洗、分类、归因为六大类，通过理论研究、对标实证研究和回测分析，针对不同类型的问题进行系统性优化。同时，模型优化项目组与数据生产部和 IT 技术团队深度融合、集中攻关，在评估指标的分析可操作性和数据的可得性等方面形成了最佳的综合解决方案。

第三，加强外部咨询。我们在持续深化国际先进 ESG 评级体系的对标研究，搭建包含近千项指标的国际对标指标库基础上，邀请了国际知名评级机构的具有丰富 ESG 评估经验的专家开展业务咨询和探讨。通过对标分析和专业交流，我们不仅广泛吸收国际 ESG 评级体系优点，而且更加坚定对自身评估模型理论高度的自信，立志将 3A 三力中蕴含的中国哲学智慧与国际先进评级机构的科学经验充分融合，在方法论层面实现可持续发展理念和商业逻辑的关联与贯穿。

2. 权重调整

模型建立之初，我们采用了层次分析法和德尔菲法进行赋权。首先，50 位专家用层次分析法生成判断矩阵，计算出每个四级指标的权重；其次，数据组根据指标的公开数据完备度计算指标权重调整系数；最后，模型构建组对层次分析法得出的权重值和数据组提供的系数值进行计算，化零为整生成最终指标权重。

在此次优化过程中，我们遵循了稳定性与延展性相结合的原则，同时保障不同行业的评级评价通用可比，尽可能保持了模型优化前后的一致性并兼顾考量了行业差异化特点。

## （二）改进效果

3A 模型 2021 年的优化工作主要实现了三个方面的重大提升。

一是强化实质性。不同行业上市公司在经济、社会、环境实践与绩效三个方面因行业属性和业务特征不同而差异较大，此次模型优化从评估实质性出发，全面提升模型效度，新增 52 个细化指标。分行业建模，由 1.0 版本的“一通两专”拓展到 28 个行业模型。每个行业模型由通用指标与行业特色指标共同构成。强化公司治理评估，将公司治理由原来的三级指标提升到二级指标，并增加了 8 个四级指标。优化经济贡献指标，根据行业的经济特征，邀请相应行业专家全面优化银行、保险、证券、地产四个行业经济指标，总共新增 24 个行业特色经济指标。

二是规范操作法。在模型优化过程中，一方面社投盟团队根据理论研究和实证分析，从相关基本概念出发补充细化每个指标的定义；另一方面根据生产实践，调试优化后的指标。

三是锐化精细度。此次优化丰富了评级打分的数据点，五级数据点的数量增至 200 个以上。通过改进评分方法，便利了数据的自动化抓取，优化了人工评分，提高了科技赋能程度和评分的客观性。

## （三）模型成果

3A 模型由“筛选子模型”和“评分子模型”两部分构成。“筛选子模型”是可持续发展价值评估的负向剔除评估工具，“评分子模型”是可持续发展价值的正向量化评估工具。

1. 筛选子模型

2020 年 2 月 10 日至 3 月 15 日，由社投盟研究院牵头，模型攻坚小组与社标委通过问题梳理、国际对标、生产回测三大方法，遵循抑恶扬善、合规性、延续性、实质性、可操作性、逻辑自洽性六大原则，经过模型攻坚小组 9 次研究讨论，7 位中国专家、2 位外籍专家意见征询，社标委 3 次讨论、社标委 2 次问卷表决，从模型逻辑、指标层面、操作层面对筛选子模型进行全面优化，最终形成由 6 个一级指标、12 个二级指标、17 个三级指标构成的筛选子模型 2.0 版（见表 1）。2021 年，社投盟团队根据实际操作的情况，未调整筛选子模型的指标，优化了指标的实施细则（实施细则暂不对外公开）。

**表 1　上市公司 3A 可持续发展价值评估模型—筛选子模型（2021 年）**

| 一级指标(6 个) | 二级指标(12 个) | 三级指标(17 个) |
|---|---|---|
| 禁限产业 | 禁止产业 | 国家相关法律法规或相关部委公布的淘汰类产业 |
| | | 主营业务为烟草制造和销售类的公司 |
| | | 主营业务为野生动物交易类的公司 |
| | | 主营业务为博彩类的公司 |
| | | 主营业务为成人娱乐类的公司 |
| | | 主营业务为生产或销售争议性武器的公司(争议性武器包括集束武器、地雷、生物或化学武器、贫铀武器、白磷武器或核武器) |
| | 限制产业 | 国家相关法律法规或相关部委公布的限制类产业 |
| 虚假信披 | 虚假财务信息披露 | 被证实的严重财务信息虚假披露 |
| | 虚假非财务信息披露 | 被证实的严重非财务信息虚假披露 |
| 经济负面 | 违法违规 | 上市公司及合并营业收入占比超 30% 的控股子公司,在经济责任方面,如偷税、漏税、欺诈等严重违反相关法律法规 |
| | 审计报告 | 审计机构出具非标准无保留意见审计报告 |
| 社会负面 | 违法违规 | 上市公司及合并营业收入占比超 30% 的控股子公司,在社会责任方面,如劳工保障、生产安全、员工健康和社区关系等严重违反相关法律法规 |
| | 社会影响 | 上市公司及合并营业收入占比超 30% 的控股子公司,在社会责任方面,如劳工保障、生产安全、员工健康和社区关系等发生重大负面事件,造成严重社会影响且不积极处理 |
| 环境负面 | 违法违规 | 上市公司及合并营业收入占比超 30% 的控股子公司,在环境方面,如污染物排放和生态保护等严重违反相关法律或规定 |
| | 环境影响 | 上市公司及合并营业收入占比超 30% 的控股子公司,在环境方面,如污染物排放和生态保护等发生重大负面事件,造成严重社会影响且不积极应急处理的 |
| 特殊处理 | ST 与 * ST | 被特别处理的上市公司 |
| | 违反全球规约 | 严重违反中华人民共和国签署的相关国际公约、国际准则、国际标准等 |

2. 评分子模型

2020 年 10 月，经社标委讨论批准，社投盟团队历时半年进行模型优化研究与数据回测。此次调整是对评分子模型的全面优化升级，一是行业模型覆盖申万行业分类的 28 个行业；二是优化提升“公司治理”的评估，突出公司治理的重要性；三是精细化、标准化评分方法流程力求公平、公正。

表 2 是评分子模型 2021 年优化后的通用指标。行业特色指标及每个四级指标下的五级数据点、指标定义、赋权赋值、评价标准、实施细则等内容，由于涉及知识产权保护的信息，在此不做披露。

**表 2　上市公司 3A 可持续发展价值评估模型—评分子模型（2021 年通用指标）**

| 一级指标(3 个) | 二级指标(9 个) | 三级指标(27 个) | 四级指标(57 个) |
|---|---|---|---|
| 1. 目标丨驱动力(AIM) | 1. 1 价值驱动 | 1. 1. 1 企业文化 | 1. 1. 1. 1 愿景、使命、宗旨、价值观、经营理念 |
| | | 1. 1. 2 商业伦理 | 1. 1. 2. 1 反腐败、反欺诈、反不正当竞争 |
| | 1. 2 战略驱动 | 1. 2. 1 战略目标 | 1. 2. 1. 1 可持续发展战略目标 |
| | | 1. 2. 2 战略规划 | 1. 2. 2. 1 可持续发展战略规划 |
| | 1. 3 业务驱动 | 1. 3. 1 业务定位 | 1. 3. 1. 1 主营业务定位 |
| | | 1. 3. 2 持续发展 | 1. 3. 2. 1 业务开拓 |
| 2. 方式丨创新力(APPROACH) | 2. 1 公司治理 | 2. 1. 1 治理结构 | 2. 1. 1. 1 董事会治理 |
| | | | 2. 1. 1. 2 监事会治理 |
| | | | 2. 1. 1. 3 高管层治理 |
| | | | 2. 1. 1. 4 董监高负面事件 |
| | | 2. 1. 2 利益相关方 | 2. 1. 2. 1 利益相关方识别与参与 |
| | | | 2. 1. 2. 2 投资者参与 |
| | | | 2. 1. 2. 3(中小)投资者保护 |
| | | 2. 1. 3 信息披露 | 2. 1. 3. 1 财务信息披露 |
| | | | 2. 1. 3. 2 非财务信息披露 |
| | | | 2. 1. 3. 3 重大事项披露 |
| | 2. 2 创新能力 | 2. 2. 1 研发能力 | 2. 2. 1. 1 研发投入 |
| | | | 2. 2. 1. 2 科研人员 |
| | | | 2. 2. 1. 3 专利应用 |
| | | 2. 2. 2 产品服务 | 2. 2. 2. 1 产品和服务突破性创新 |
| | | | 2. 2. 2. 2 产品和服务可持续性创新 |
| | | 2. 2. 3 业态影响 | 2. 2. 3. 1 行业标准制定 |
| | | | 2. 2. 3. 2 产业转型升级 |

续表

| 一级指标(3个) | 二级指标(9个) | 三级指标(27个) | 四级指标(57个) |
|---|---|---|---|
| | 2.3 运营管理 | 2.3.1 风险内控 | 2.3.1.1 内控管理体系 |
| | | | 2.3.1.2 风险管理体系 |
| | | 2.3.2 激励机制 | 2.3.2.1 高管薪酬激励 |
| | | | 2.3.2.2 员工股票期权激励计划 |
| 3. 效益丨转化力(ACTION) | 3.1 经济贡献 | 3.1.1 盈利能力 | 3.1.1.1 净资产收益率 |
| | | | 3.1.1.2 营业利润率 |
| | | 3.1.2 运营效率 | 3.1.2.1 总资产周转率 |
| | | | 3.1.2.2 应收账款周转率 |
| | | 3.1.3 偿债能力 | 3.1.3.1 流动比率 |
| | | | 3.1.3.2 资产负债率 |
| | | | 3.1.3.3 已获利息倍数 |
| | | 3.1.4 成长能力 | 3.1.4.1 近3年营业收入复合增长率 |
| | | | 3.1.4.2 近3年净资产复合增长率 |
| | | 3.1.5 财务贡献 | 3.1.5.1 纳税总额 |
| | | | 3.1.5.2 股息率 |
| | | | 3.1.5.3 总市值 |
| | 3.2 社会贡献 | 3.2.1 客户价值 | 3.2.1.1 质量管理体系 |
| | | | 3.2.1.2 客户权益保护 |
| | | 3.2.2 员工权益 | 3.2.2.1 公平雇佣政策和效果 |
| | | | 3.2.2.2 员工权益保护 |
| | | | 3.2.2.3 员工职业发展 |
| | | 3.2.3 合作伙伴 | 3.2.3.1 供应链管理措施和效果 |
| | | 3.2.4 安全运营 | 3.2.4.1 安全管理体系 |
| | | | 3.2.4.2 安全运营绩效 |
| | | 3.2.5 公益贡献 | 3.2.5.1 公益投入 |
| | | | 3.2.5.2 社区能力建设 |
| | 3.3 环境贡献 | 3.3.1 环境管理 | 3.3.1.1 环境管理体系 |
| | | | 3.3.1.2 环保投入 |
| | | | 3.3.1.3 环保违法违规事件及处罚 |
| | | 3.3.2 资源利用 | 3.3.2.1 综合能耗管理措施和效果 |
| | | | 3.3.2.2 水资源管理措施和效果 |
| | | | 3.3.2.3 物料消耗管理措施和效果 |
| | | 3.3.3 生态气候 | 3.3.3.1 生物多样性保护 |
| | | | 3.3.3.2 应对气候变化 |

注：上述评分子模型为简明公示版。操作版含赋权赋值、指标定义、评价标准、实施细则、属性标签、评价主体及备注等知识产权类信息。

## 三　3A 模型评估实施

在评估实施过程中，我们紧扣了四个关键问题——如何能使有价值主张的评估理念做到“公允”、如何能使定性指标居多的 3A 模型做到“公平”、如何能使数据源不完备的评估实施做到“公开”、如何能使跨产业应用的评估产品做到“公正”。

### （一）协作模式

为保障 3A 模型建立和应用的公平、公正、公允和公开，经过四年来的摸索实践，我们建立并逐步完善了“议事—决策—执行”三级架构。在议事层，评估标准顾问委员会（社顾委）针对模型各要素以及运行方法（核心依据、议题遴选、指标构建、数据来源、评估结果等）提出意见或建议；评估标准专家委员会（社专委）负责重大事项审议，如模型方向性调整、增减立项等。在决策层，由评估标准工作委员会（社标委）负责日常决策工作，如模型要素调整、运行规则优化等。社标委下设模型、生产监控、应用产品和数据四个工作组，负责专项议题初审。工作组由社标委领导，向符合资质的外部专家开放。决策层由主任担任召集人，采取公开投票、多数议决的方式，并进行有效披露。在执行层，由可持续发展价值评估项目组负责项目实施，收集并解答社顾委的建议和意见；整理重大议题的资料提交社专委审议；执行社标委决议；协同数据供应方和技术服务方开展评估生产等工作。

2020 年 10 月至 2021 年初，社标委与项目团队克服了疫情影响，进行了 30 多次线上会议，通过多轮交互式深度研究讨论，对模型优化中的关键议题进行了反复论证和投票决议，以保证生产评估的更高质量、系统性和延续性。2021 年 3 月 18 日，社标委投票表决通过了对 3A 模型的优化成果，并授权启动了 2021 年生产评估。

### （二）科技赋能

一直以来，算力不足是制约我们扩大评估范围的主要因素之一。为了提升算力，2020 年以来社投盟组建专门的 IT 技术团队，开发可持续发展价值智能量化评估系统，将评估生产过程流程化改造，分步骤逐步推进评估生产过程线上化、自动化、智能化。

### （三）数据来源

社会价值评估的信息来源于公开披露的信息，主要来自上市公司年度报告、社会责任报告、可持续发展报告、ESG 报告、企业官网、临时公告、监管部门的监管信息等。为突破数据困境，社投盟采取了如下措施。

首先，制定了详尽的工作操作手册，对数据定义、类型、性质、功能、来源、期限、质量和数据样本和标杆进行了详尽的需求界定，并搭建数据库雏形。

其次，综合考虑了数据库规模、执行效率和利益冲突等因素，选取了万得资讯作为定量指标数据的合作方；组建了项目团队（30 人）进行定性指标的数据检索。

再次，制定了周密的分工协同计划。数据团队背对背检索、交叉验证，在核心组参与下进行了第一次复核，在数据专家组指导下进行了第二次复核，明箱挑战下（专家在签署并遵循保密协议的情况下，有权对任何排名提出复议并调阅该公司的全部数据）进行了第三次复核。

最后，与监管部门、主流媒体和产业协会组织的信息进行验证。为提升数据完备度，社投盟先后与金融数据（万得）、环境数据（如 IPE）、专利数据（如德高行）、合规数据（如价值在线）等第三方数据服务方开展了合作。在取得了市场披露的数据后，我们与国家环保部、国家安全生产监督管理委员会、国家税务总局、国家认证认可监督管理委员会、各级人民法院以及各产业主管部委公开的数据库和黑名单等进行了印证，对主流媒体披露的负面信息进行了检索和分析。

社投盟2021年度评估的信息搜集截止日期为2021年5月5日。如果上市公司在此之前公开发布了2020年度的企业年度报告、企业社会责任报告、可持续发展报告、ESG报告等，则纳入信息采集范围，此后发布的不作为信息来源。

截至2021年9月，江西铜业（2021年5月29日）、工业富联（2021年5月29日）、闻泰科技（2021年6月1日）、通威股份（2021年6月29日）、科大讯飞（2021年7月8日）五家公司在信息搜集截止日期之后发布的社会责任报告或ESG报告，相关信息数据未被本次评估采集。

# 附　录

Appendixes

# B.11

## 附录一：2021年发现中国“义利99”排行榜

| 排名 | 证券代码 | 证券简称 | 所属行业 | 2021 年 6 月可持续发展价值评级 | 合一度（%） | 义利属性 |
|---|---|---|---|---|---|---|
| 1 | 601012. SH | 隆基股份 | 电气设备 | AA - | 89. 34 | 义利双优 |
| 2 | 000063. SZ | 中兴通讯 | 通信 | AA - | 88. 68 | 义较突出 |
| 3 | 300124. SZ | 汇川技术 | 电气设备 | AA - | 93. 57 | 义利双优 |
| 4 | 600406. SH | 国电南瑞 | 电气设备 | AA - | 83. 19 | 义利双优 |
| 5 | 601668. SH | 中国建筑 | 建筑装饰 | AA - | 98. 63 | 义利双优 |
| 6 | 600887. SH | 伊利股份 | 食品饮料 | AA - | 74. 39 | 义利双优 |
| 7 | 002714. SZ | 牧原股份 | 农林牧渔 | AA - | 87. 47 | 义利双优 |
| 8 | 601618. SH | 中国中冶 | 建筑装饰 | AA - | 91. 56 | 义较突出 |
| 9 | 002352. SZ | 顺丰控股 | 交通运输 | AA - | 87. 99 | 利较突出 |
| 10 | 601318. SH | 中国平安 | 非银金融 | AA - | 99. 27 | 义较突出 |
| 11 | 002415. SZ | 海康威视 | 电子 | AA - | 76. 87 | 义利双优 |
| 12 | 002271. SZ | 东方雨虹 | 建筑材料 | AA - | 81. 97 | 义利双优 |
| 13 | 601899. SH | 紫金矿业 | 有色金属 | AA - | 99. 03 | 义利双优 |
| 14 | 600522. SH | 中天科技 | 通信 | AA - | 94. 54 | 义利双优 |

续表

| 排名 | 证券代码 | 证券简称 | 所属行业 | 2021 年 6 月可持续发展价值评级 | 合一度（%） | 义利属性 |
|---|---|---|---|---|---|---|
| 15 | 600585. SH | 海螺水泥 | 建筑材料 | AA - | 75. 98 | 义利双优 |
| 16 | 000002. SZ | 万科 A | 房地产 | AA - | 94. 13 | 义利双优 |
| 17 | 601088. SH | 中国神华 | 采掘 | AA - | 81. 27 | 利较突出 |
| 18 | 600196. SH | 复星医药 | 医药生物 | AA - | 79. 92 | 义较突出 |
| 19 | 000800. SZ | 一汽解放 | 汽车 | AA - | 96. 13 | 利较突出 |
| 20 | 000858. SZ | 五粮液 | 食品饮料 | AA - | 75. 27 | 义利双优 |
| 21 | 000977. SZ | 浪潮信息 | 计算机 | AA - | 87. 49 | 义利双优 |
| 22 | 601231. SH | 环旭电子 | 电子 | A + | 82. 59 | 义利双优 |
| 23 | 002202. SZ | 金风科技 | 电气设备 | A + | 80. 43 | 义较突出 |
| 24 | 600900. SH | 长江电力 | 公用事业 | A + | 76. 61 | 义利双优 |
| 25 | 603338. SH | 浙江鼎力 | 机械设备 | A + | 90. 74 | 义利双优 |
| 26 | 600989. SH | 宝丰能源 | 化工 | A + | 78. 74 | 利较突出 |
| 27 | 601939. SH | 建设银行 | 银行 | A + | 76. 10 | 义较突出 |
| 28 | 600050. SH | 中国联通 | 通信 | A + | 85. 50 | 义较突出 |
| 29 | 000725. SZ | 京东方 A | 电子 | A + | 83. 92 | 义较突出 |
| 30 | 000338. SZ | 潍柴动力 | 汽车 | A + | 92. 26 | 义利双优 |
| 31 | 600332. SH | 白云山 | 医药生物 | A + | 88. 26 | 义较突出 |
| 32 | 000333. SZ | 美的集团 | 家用电器 | A + | 88. 33 | 利较突出 |
| 33 | 000895. SZ | 双汇发展 | 食品饮料 | A + | 79. 83 | 义利双优 |
| 34 | 600036. SH | 招商银行 | 银行 | A + | 80. 60 | 义利双优 |
| 35 | 600690. SH | 海尔智家 | 家用电器 | A + | 95. 72 | 义较突出 |
| 36 | 600048. SH | 保利地产 | 房地产 | A + | 89. 16 | 利较突出 |
| 37 | 003816. SZ | 中国广核 | 公用事业 | A + | 96. 81 | 义较突出 |
| 38 | 601066. SH | 中信建投 | 非银金融 | A + | 88. 78 | 义较突出 |
| 39 | 601985. SH | 中国核电 | 公用事业 | A + | 77. 73 | 义利兼具 |
| 40 | 002916. SZ | 深南电路 | 电子 | A + | 94. 86 | 利较突出 |
| 41 | 601390. SH | 中国中铁 | 建筑装饰 | A | 91. 77 | 利较突出 |
| 42 | 000001. SZ | 平安银行 | 银行 | A | 88. 92 | 义利兼具 |
| 43 | 300676. SZ | 华大基因 | 医药生物 | A | 91. 58 | 利较突出 |
| 44 | 601628. SH | 中国人寿 | 非银金融 | A | 71. 51 | 义较突出 |
| 45 | 601633. SH | 长城汽车 | 汽车 | A | 88. 58 | 义利兼具 |
| 46 | 601688. SH | 华泰证券 | 非银金融 | A | 96. 80 | 义较突出 |
| 47 | 603882. SH | 金域医学 | 医药生物 | A | 86. 43 | 义较突出 |

续表

| 排名 | 证券代码 | 证券简称 | 所属行业 | 2021 年 6 月可持续发展价值评级 | 合一度（%） | 义利属性 |
|---|---|---|---|---|---|---|
| 48 | 300347. SZ | 泰格医药 | 医药生物 | A | 89. 58 | 义较突出 |
| 49 | 601225. SH | 陕西煤业 | 采掘 | A | 76. 61 | 利较突出 |
| 50 | 001979. SZ | 招商蛇口 | 房地产 | A | 84. 42 | 义较突出 |
| 51 | 600837. SH | 海通证券 | 非银金融 | A | 88. 19 | 义较突出 |
| 52 | 002841. SZ | 视源股份 | 电子 | A | 86. 80 | 义利双优 |
| 53 | 601877. SH | 正泰电器 | 电气设备 | A | 79. 32 | 义利双优 |
| 54 | 300498. SZ | 温氏股份 | 农林牧渔 | A | 80. 84 | 义利双优 |
| 55 | 601238. SH | 广汽集团 | 汽车 | A | 87. 98 | 义利兼具 |
| 56 | 601601. SH | 中国太保 | 非银金融 | A | 80. 15 | 义较突出 |
| 57 | 601658. SH | 邮储银行 | 银行 | A | 78. 89 | 义较突出 |
| 58 | 002736. SZ | 国信证券 | 非银金融 | A | 79. 98 | 利较突出 |
| 59 | 600570. SH | 恒生电子 | 计算机 | A | 95. 16 | 利较突出 |
| 60 | 603501. SH | 韦尔股份 | 电子 | A | 92. 02 | 利较突出 |
| 61 | 603195. SH | 公牛集团 | 轻工制造 | A | 82. 15 | 利较突出 |
| 62 | 002230. SZ | 科大讯飞 | 计算机 | A | 81. 14 | 义利兼具 |
| 63 | 601919. SH | 中远海控 | 交通运输 | A | 92. 57 | 义利双优 |
| 64 | 002410. SZ | 广联达 | 计算机 | A | 80. 91 | 义利双优 |
| 65 | 000651. SZ | 格力电器 | 家用电器 | A | 80. 47 | 义利兼具 |
| 66 | 601377. SH | 兴业证券 | 非银金融 | A | 73. 62 | 义较突出 |
| 67 | 603259. SH | 药明康德 | 医药生物 | A | 89. 68 | 义较突出 |
| 68 | 000876. SZ | 新希望 | 农林牧渔 | A | 94. 62 | 利较突出 |
| 69 | 601288. SH | 农业银行 | 银行 | A | 79. 63 | 义较突出 |
| 70 | 002236. SZ | 大华股份 | 电子 | A | 77. 04 | 义利兼具 |
| 71 | 000963. SZ | 华东医药 | 医药生物 | A | 83. 95 | 利较突出 |
| 72 | 002475. SZ | 立讯精密 | 电子 | A | 86. 13 | 利较突出 |
| 73 | 300413. SZ | 芒果超媒 | 传媒 | A | 84. 31 | 利较突出 |
| 74 | 002304. SZ | 洋河股份 | 食品饮料 | A | 81. 11 | 义较突出 |
| 75 | 601727. SH | 上海电气 | 电气设备 | A | 89. 47 | 义较突出 |
| 76 | 601186. SH | 中国铁建 | 建筑装饰 | A | 95. 10 | 义利兼具 |
| 77 | 000100. SZ | TCL 科技 | 电子 | A | 92. 14 | 义较突出 |
| 78 | 002179. SZ | 中航光电 | 国防军工 | A | 89. 55 | 利较突出 |
| 79 | 601009. SH | 南京银行 | 银行 | A | 91. 42 | 利较突出 |
| 80 | 601766. SH | 中国中车 | 机械设备 | A | 86. 53 | 义利兼具 |

续表

| 排名 | 证券代码 | 证券简称 | 所属行业 | 2021年6月可持续发展价值评级 | 合一度（%） | 义利属性 |
|---|---|---|---|---|---|---|
| 81 | 002594. SZ | 比亚迪 | 汽车 | A- | 74. 91 | 义较突出 |
| 82 | 600016. SH | 民生银行 | 银行 | A- | 87. 99 | 义较突出 |
| 83 | 601166. SH | 兴业银行 | 银行 | A- | 88. 56 | 义较突出 |
| 84 | 000425. SZ | 徐工机械 | 机械设备 | A- | 90. 33 | 利较突出 |
| 85 | 002129. SZ | 中环股份 | 电气设备 | A- | 90. 74 | 义较突出 |
| 86 | 002241. SZ | 歌尔股份 | 电子 | A- | 90. 86 | 利较突出 |
| 87 | 600958. SH | 东方证券 | 非银金融 | A- | 95. 56 | 义较突出 |
| 88 | 002371. SZ | 北方华创 | 电子 | A- | 85. 94 | 义较突出 |
| 89 | 002938. SZ | 鹏鼎控股 | 电子 | A- | 74. 65 | 义利双优 |
| 90 | 600521. SH | 华海药业 | 医药生物 | A- | 97. 79 | 义较突出 |
| 91 | 600436. SH | 片仔癀 | 医药生物 | A- | 72. 07 | 义利双优 |
| 92 | 600028. SH | 中国石化 | 化工 | A- | 81. 96 | 义利兼具 |
| 93 | 601818. SH | 光大银行 | 银行 | A- | 80. 21 | 义较突出 |
| 94 | 300015. SZ | 爱尔眼科 | 医药生物 | A- | 91. 09 | 利较突出 |
| 95 | 603288. SH | 海天味业 | 食品饮料 | A- | 82. 88 | 利较突出 |
| 96 | 600809. SH | 山西汾酒 | 食品饮料 | A- | 81. 68 | 利较突出 |
| 97 | 002463. SZ | 沪电股份 | 电子 | A- | 85. 67 | 利较突出 |
| 98 | 600104. SH | 上汽集团 | 汽车 | A- | 84. 94 | 义较突出 |
| 99 | 601857. SH | 中国石油 | 采掘 | A- | 80. 20 | 义利兼具 |

# B.12

# 附录二：2021年发现中国“义利99”可持续发展价值评级

| 排名 | 证券代码 | 证券简称 | 所属行业 | 2020年6月可持续发展价值评级 | 2021年6月可持续发展价值评级 | 变化 | 财报可信度 | 财务健康度 |
|---|---|---|---|---|---|---|---|---|
| 1 | 601012. SH | 隆基股份 | 电气设备 | A + | AA - | ↑ | 中 | 高 |
| 2 | 000063. SZ | 中兴通讯 | 通信 | AA - | AA - | → | 中 | 高 |
| 3 | 300124. SZ | 汇川技术 | 电气设备 | BBB | AA - | ↑ | 中 | 高 |
| 4 | 600406. SH | 国电南瑞 | 电气设备 | A - | AA - | ↑ | 高 | 高 |
| 5 | 601668. SH | 中国建筑 | 建筑装饰 | AA | AA - | ↓ | 高 | 高 |
| 6 | 600887. SH | 伊利股份 | 食品饮料 | AA - | AA - | → | 高 | 高 |
| 7 | 002714. SZ | 牧原股份 | 农林牧渔 | BBB | AA - | ↑ | 低 | 中 |
| 8 | 601618. SH | 中国中冶 | 建筑装饰 | A + | AA - | ↑ | 中 | 中 |
| 9 | 002352. SZ | 顺丰控股 | 交通运输 | AA - | AA - | → | 中 | 中 |
| 10 | 601318. SH | 中国平安 | 非银金融 | AA - | AA - | → | - | - |
| 11 | 002415. SZ | 海康威视 | 电子 | AA | AA - | ↓ | 高 | 高 |
| 12 | 002271. SZ | 东方雨虹 | 建筑材料 | A + | AA - | ↑ | 高 | 高 |
| 13 | 601899. SH | 紫金矿业 | 有色金属 | A + | AA - | ↑ | 中 | 中 |
| 14 | 600522. SH | 中天科技 | 通信 | A | AA - | ↑ | 低 | 中 |
| 15 | 600585. SH | 海螺水泥 | 建筑材料 | AA - | AA - | → | 高 | 高 |
| 16 | 000002. SZ | 万科 A | 房地产 | AA | AA - | ↓ | 中 | 高 |
| 17 | 601088. SH | 中国神华 | 采掘 | AA | AA - | ↓ | 中 | 高 |
| 18 | 600196. SH | 复星医药 | 医药生物 | A | AA - | ↑ | 中 | 中 |
| 19 | 000800. SZ | 一汽解放 | 汽车 | - | AA - | - | 中 | 中 |
| 20 | 000858. SZ | 五粮液 | 食品饮料 | AA - | AA - | → | 中 | 高 |
| 21 | 000977. SZ | 浪潮信息 | 计算机 | A - | AA - | ↑ | 中 | 高 |
| 22 | 601231. SH | 环旭电子 | 电子 | A - | A + | ↑ | 中 | 高 |
| 23 | 002202. SZ | 金风科技 | 电气设备 | A + | A + | → | 低 | 低 |
| 24 | 600900. SH | 长江电力 | 公用事业 | A + | A + | → | 中 | 高 |
| 25 | 603338. SH | 浙江鼎力 | 机械设备 | - | A + | - | 中 | 高 |
| 26 | 600989. SH | 宝丰能源 | 化工 | A | A + | ↑ | 低 | 中 |

续表

| 排名 | 证券代码 | 证券简称 | 所属行业 | 2020年6月可持续发展价值评级 | 2021年6月可持续发展价值评级 | 变化 | 财报可信度 | 财务健康度 |
|---|---|---|---|---|---|---|---|---|
| 27 | 601939. SH | 建设银行 | 银行 | A + | A + | → | – | – |
| 28 | 600050. SH | 中国联通 | 通信 | AA – | A + | ↓ | 中 | 高 |
| 29 | 000725. SZ | 京东方 A | 电子 | A + | A + | → | 中 | 中 |
| 30 | 000338. SZ | 潍柴动力 | 汽车 | A + | A + | → | 中 | 高 |
| 31 | 600332. SH | 白云山 | 医药生物 | A – | A + | ↑ | 中 | 中 |
| 32 | 000333. SZ | 美的集团 | 家用电器 | A + | A + | → | 中 | 高 |
| 33 | 000895. SZ | 双汇发展 | 食品饮料 | A | A + | ↑ | 高 | 高 |
| 34 | 600036. SH | 招商银行 | 银行 | AA – | A + | ↓ | – | – |
| 35 | 600690. SH | 海尔智家 | 家用电器 | AA – | A + | ↓ | 中 | 中 |
| 36 | 600048. SH | 保利地产 | 房地产 | A + | A + | → | 高 | 高 |
| 37 | 003816. SZ | 中国广核 | 公用事业 | A | A + | ↑ | 中 | 中 |
| 38 | 601066. SH | 中信建投 | 非银金融 | BBB | A + | ↑ | – | – |
| 39 | 601985. SH | 中国核电 | 公用事业 | A | A + | ↑ | 中 | 中 |
| 40 | 002916. SZ | 深南电路 | 电子 | AA – | A + | ↓ | 高 | 高 |
| 41 | 601390. SH | 中国中铁 | 建筑装饰 | A + | A | ↓ | 高 | 高 |
| 42 | 000001. SZ | 平安银行 | 银行 | A + | A | ↓ | – | – |
| 43 | 300676. SZ | 华大基因 | 医药生物 | – | A | – | 中 | 高 |
| 44 | 601628. SH | 中国人寿 | 非银金融 | A + | A | ↓ | – | – |
| 45 | 601633. SH | 长城汽车 | 汽车 | A | A | → | 中 | 高 |
| 46 | 601688. SH | 华泰证券 | 非银金融 | D | A | ↑ | – | – |
| 47 | 603882. SH | 金域医学 | 医药生物 | – | A | – | 高 | 高 |
| 48 | 300347. SZ | 泰格医药 | 医药生物 | BB | A | ↑ | 高 | 高 |
| 49 | 601225. SH | 陕西煤业 | 采掘 | A + | A | ↓ | 低 | 中 |
| 50 | 001979. SZ | 招商蛇口 | 房地产 | AA – | A | ↓ | 中 | 中 |
| 51 | 600837. SH | 海通证券 | 非银金融 | A | A | → | – | – |
| 52 | 002841. SZ | 视源股份 | 电子 | A | A | → | 高 | 高 |
| 53 | 601877. SH | 正泰电器 | 电气设备 | A | A | → | 高 | 高 |
| 54 | 300498. SZ | 温氏股份 | 农林牧渔 | A | A | → | 中 | 中 |
| 55 | 601238. SH | 广汽集团 | 汽车 | A + | A | ↓ | 高 | 高 |
| 56 | 601601. SH | 中国太保 | 非银金融 | A – | A | ↑ | – | – |
| 57 | 601658. SH | 邮储银行 | 银行 | BBB | A | ↑ | – | – |
| 58 | 002736. SZ | 国信证券 | 非银金融 | BBB – | A | ↑ | – | – |
| 59 | 600570. SH | 恒生电子 | 计算机 | BBB + | A | ↑ | 低 | 中 |

续表

| 排名 | 证券代码 | 证券简称 | 所属行业 | 2020 年 6 月可持续发展价值评级 | 2021 年 6 月可持续发展价值评级 | 变化 | 财报可信度 | 财务健康度 |
|---|---|---|---|---|---|---|---|---|
| 60 | 603501. SH | 韦尔股份 | 电子 | BB - | A | ↑ | 中 | 高 |
| 61 | 603195. SH | 公牛集团 | 轻工制造 | - | A | - | 高 | 高 |
| 62 | 002230. SZ | 科大讯飞 | 计算机 | A - | A | ↑ | 中 | 高 |
| 63 | 601919. SH | 中远海控 | 交通运输 | A | A | → | 高 | 高 |
| 64 | 002410. SZ | 广联达 | 计算机 | BBB + | A | ↑ | 中 | 高 |
| 65 | 000651. SZ | 格力电器 | 家用电器 | A | A | → | 中 | 高 |
| 66 | 601377. SH | 兴业证券 | 非银金融 | BBB | A | ↑ | - | - |
| 67 | 603259. SH | 药明康德 | 医药生物 | BBB + | A | ↑ | 低 | 中 |
| 68 | 000876. SZ | 新希望 | 农林牧渔 | A | A | → | 低 | 低 |
| 69 | 601288. SH | 农业银行 | 银行 | AA - | A | ↓ | - | - |
| 70 | 002236. SZ | 大华股份 | 电子 | A | A | → | 高 | 高 |
| 71 | 000963. SZ | 华东医药 | 医药生物 | A - | A | ↑ | 中 | 高 |
| 72 | 002475. SZ | 立讯精密 | 电子 | A | A | → | 高 | 高 |
| 73 | 300413. SZ | 芒果超媒 | 传媒 | BB + | A | ↑ | 中 | 中 |
| 74 | 002304. SZ | 洋河股份 | 食品饮料 | A - | A | ↑ | 高 | 高 |
| 75 | 601727. SH | 上海电气 | 电气设备 | A + | A | ↓ | 低 | 低 |
| 76 | 601186. SH | 中国铁建 | 建筑装饰 | AA - | A | ↓ | 中 | 高 |
| 77 | 000100. SZ | TCL 科技 | 电子 | A - | A | ↑ | 中 | 中 |
| 78 | 002179. SZ | 中航光电 | 国防军工 | BBB + | A | ↑ | 高 | 高 |
| 79 | 601009. SH | 南京银行 | 银行 | BBB + | A | ↑ | - | - |
| 80 | 601766. SH | 中国中车 | 机械设备 | A | A | → | 高 | 中 |
| 81 | 002594. SZ | 比亚迪 | 汽车 | A - | A - | → | 中 | 高 |
| 82 | 600016. SH | 民生银行 | 银行 | D | A - | ↑ | - | - |
| 83 | 601166. SH | 兴业银行 | 银行 | AA - | A - | ↓ | - | - |
| 84 | 000425. SZ | 徐工机械 | 机械设备 | BBB + | A - | ↑ | 中 | 中 |
| 85 | 002129. SZ | 中环股份 | 电气设备 | BB | A - | ↑ | 中 | 高 |
| 86 | 002241. SZ | 歌尔股份 | 电子 | BBB + | A - | ↑ | 中 | 高 |
| 87 | 600958. SH | 东方证券 | 非银金融 | A - | A - | → | - | - |
| 88 | 002371. SZ | 北方华创 | 电子 | A - | A - | → | 中 | 中 |
| 89 | 002938. SZ | 鹏鼎控股 | 电子 | A - | A - | → | 中 | 高 |
| 90 | 600521. SH | 华海药业 | 医药生物 | - | A - | - | 中 | 高 |
| 91 | 600436. SH | 片仔癀 | 医药生物 | A - | A - | → | 中 | 高 |
| 92 | 600028. SH | 中国石化 | 化工 | AA | A - | ↓ | 中 | 中 |

续表

| 排名 | 证券代码 | 证券简称 | 所属行业 | 2020年6月可持续发展价值评级 | 2021年6月可持续发展价值评级 | 变化 | 财报可信度 | 财务健康度 |
|---|---|---|---|---|---|---|---|---|
| 93 | 601818. SH | 光大银行 | 银行 | D | A - | ↑ | - | - |
| 94 | 300015. SZ | 爱尔眼科 | 医药生物 | A - | A - | → | 高 | 高 |
| 95 | 603288. SH | 海天味业 | 食品饮料 | BBB - | A - | ↑ | 中 | 高 |
| 96 | 600809. SH | 山西汾酒 | 食品饮料 | BBB - | A - | ↑ | 中 | 中 |
| 97 | 002463. SZ | 沪电股份 | 电子 | BBB | A - | ↑ | 中 | 高 |
| 98 | 600104. SH | 上汽集团 | 汽车 | A + | A - | ↓ | 高 | 高 |
| 99 | 601857. SH | 中国石油 | 采掘 | AA - | A - | ↓ | 中 | 中 |

注："-"代表该公司在2020年6月非沪深300成分股公司，因此未被评级。与2020年6月评级相比，"↑"代表该公司在2021年6月评级升高，"↓"代表该公司在2021年6月评级降低，"→"代表该公司在2021年6月评级不变。

资料来源：财报可信度和财务健康度指标数据由厦门国家会计学院中国财务舞弊研究中心和厦门天健财智科技有限公司共同提供。

B.13

# 附录三：2021年发现中国“义利99”可持续发展价值评估剔除公司名单

| 序号 | 证券代码 | 证券名称 | 所属行业 | 一级指标 | 剔除依据 |
|---|---|---|---|---|---|
| 1 | 600015. SH | 华夏银行 | 银行 | 经济负面 | 考察期内总处罚金额占净利润金融行业比例排名第1，总处罚金额排名第1 |
| 2 | 601169. SH | 北京银行 | 银行 | 经济负面 | 考察期内总处罚金额占净利润金融行业比例排名第2 |
| 3 | 601398. SH | 工商银行 | 银行 | 经济负面 | 考察期内总处罚金额排名第2 |
| 4 | 601988. SH | 中国银行 | 银行 | 经济负面 | 原油宝事件负面影响大 |
| 5 | 600340. SH | 华夏幸福 | 房地产 | 经济负面 | 带强调事项段的无保留意见 |
| 6 | 002773. SZ | 康弘药业 | 医药生物 | 经济负面 | 公司2020年业绩快报净利润与实际年报净利润有重大偏差 |
| 7 | 002600. SZ | 领益智造 | 电子 | 经济负面 | 考察期内被深交所公开谴责 |

# B.14

# 附录四：2021年可持续金融大事记（国内篇）[*]

**1. 中国提出“双碳”目标表明应对气候变化的目标与决心**

2020年9月22日，中国国家主席习近平在第七十五届联合国大会一般性辩论上宣布：“中国将提高国家自主贡献力度，采取更加有力的政策和措施，二氧化碳排放力争于2030年前达到峰值，努力争取2060年前实现碳中和。”这是中国首次提出“双碳”目标，标志着中国在应对气候变化方面迈出了里程碑的一步。2020年12月12日，习近平主席在气候雄心峰会上再次表明应对气候变化的目标与决心，即到2030年，中国单位国内生产总值二氧化碳排放将比2005年下降65%以上，非化石能源占一次能源消费比重将达到25%左右，森林蓄积量将比2005年增加60亿立方米，风电、太阳能发电总装机容量将达到12亿千瓦以上。

**2. 深圳发布全国首个绿色金融条例，7类金融机构被强制披露环境信息**

2020年11月5日，深圳市人民代表大会常务委员会正式公告《深圳经济特区绿色金融条例》。该条例于2021年3月1日施行，是我国首个地方制定的绿色金融条例，也是继欧盟之后的全球第二个绿色金融条例。条例内容囊括了信息披露、责任保险制度及绿色投资评估三大领域。

**3. 中证指数有限公司正式发布ESG评价方法**

2020年12月3日，中证指数有限公司正式发布中证ESG评价方法。中证

[*] 本部分梳理了2020年9月至2021年9月国内可持续发展金融发大事件。通过社投盟官网、盟浪网、官方公众号可以了解更多国内资讯。

ESG 评价方法综合考虑上市公司行业特点与信息质量，由环境（E）、社会（S）和公司治理（G）三个维度，14 个主题、22 个单元和 100 余个底层指标构成。

**4. 石油和化工行业发布我国首个上市公司 ESG 评价标准**

2020 年 11 月 18 日，经中国化工情报信息协会批准，中国化工情报信息协会团体标准《中国石油和化工行业上市公司 ESG 评价指南》正式发布实施，成为我国首个上市公司 ESG 评价标准（标准编号为 T/CCIIA 0003 -2020），为我国石油和化工行业上市公司 ESG 评价提供了统一规范的参考依据。

**5. 中国交易商协会创新推出全球首批碳中和债券**

2021 年 2 月 9 日，中国交易商协会创新推出碳中和债券，首批发行人包括南方电网、三峡集团、华能国际、国家电投集团、四川机场集团和雅袭江水电，合计发行规模 64 亿元，这是全球范围首次冠以碳中和贴标的绿债。根据评估认证报告，6 只碳中和债对应支持的绿色项目预计每年可减排二氧化碳 4164.69 万吨，可节约标准煤 2256.79 万吨，可减排二氧化硫 2.09 万吨。债券票面收益率均低于同期限中债估值曲线收益率。

**6. 中国提出全面推进乡村振兴**

2021 年 2 月 21 日，2021 年中央一号文件《中共中央　国务院关于全面推进乡村振兴加快农业农村现代化的意见》对新发展阶段优先发展农业农村、全面推进乡村振兴作出总体部署。总体要求是实现巩固拓展脱贫攻坚成果同乡村振兴有效衔接、加快推进农业现代化、大力实施乡村建设行动、加强党对“三农”工作的全面领导。该政策亮点及含金量十足，中央农办主任、农业农村部部长唐仁健表示，其主要内容可以概括为“两个决不能，两个开好局起好步，一个全面加强”。“两个决不能”就是巩固拓展脱贫攻坚成果决不能出问题、粮食安全决不能出问题。“两个开好局起好步”就是农业现代化、农村现代化都要开好局起好步。“一个全面加强”就是加强党对“三农”工作的全面领导。

**7. 证监会要求上市公司须在定期报告中披露因环境问题而被罚情况**

2021 年 5 月 7 日，证监会就上市公司年度和半年度报告内容与格式准则公开征求意见,[①] 准则新增环境和社会责任章节，要求披露报告期内公司因环境问题而受到行政处罚情况，鼓励公司自愿披露在报告期内为减少其碳排放所采取的措施及效果。

**8. 中国人民银行发布银行业最新绿色金融评价方案**

2021 年 5 月 27 日，中国人民银行关于印发《银行业金融机构绿色金融评价方案》的通知，为我国优化绿色金融激励约束机制的重要文件。绿色金融评价指标包括定量和定性两类。定量指标权重 80%，定性指标权重 20%。定量指标主要包括绿色金融业务总额占比、绿色金融业务总额份额占比、绿色金融业务总额同比增速、绿色金融业务风险总额占比等 4 项内容。其中，绿色金融评价定量指标中的境内绿色贷款余额采用央行调查统计部门提供的统计数据。定性指标得分由中国人民银行结合银行业金融机构日常管理、风险控制等情况并根据定性指标体系确定。

**9. 全国碳排放权交易正式启动**

2021 年 7 月 16 日，全国碳排放权交易在上海环境能源交易所正式启动。开盘后 2 分钟，首笔全国碳交易成功达成，价格为每吨 52.78 元，总共成交 16 万吨，交易额为 790 万元。预计中国的碳排放权交易市场将成为全球覆盖温室气体排放量规模最大的碳市场。

**10. 中国在联合国大会上承诺不再新建境外煤电项目**

2021 年 9 月 22 日，中国国家主席习近平在第七十六届联合国大会一般性辩论上宣布，中国将大力支持发展中国家能源绿色低碳发展，不再新建境外煤电项目。这是中国为积极推动世界能源绿色低碳发展而采取的又一重大举措，是一份具有里程碑意义的声明，中国将为改善全球环境治理作出新的贡献。

① 《公开发行证券的公司信息披露内容与格式准则第 2 号——年度报告的内容与格式（征求意见稿）》《公开发行证券的公司信息披露内容与格式准则第 3 号——半年度报告的内容与格式（征求意见稿）》公开征求意见。

# B.15

# 附录五：2021年可持续发展金融大事记（国际篇）*

### 1. 欧盟委员会首次发行欧盟 SURE 社会债券

2020 年 10 月 22 日，欧盟委员会根据欧盟 SURE 文书首次发行了 170 亿欧元的社会债券，以促进就业。此次发行包括两笔债券，其中 100 亿欧元将于 2030 年 10 月到期，70 亿欧元将于 2040 年到期。两部分中大约 63% 已分配给 ESG 投资者，578 名投资者参与了 10 年期付款，而 514 名投资者参与了 20 年期付款。欧盟在未来几年中制定了庞大的社会债券发行计划，这是其“欧盟确保计划”（EU Sure）计划的一部分，欧盟仅 2021 年就有望发行 300 亿欧元的社会债券。总共计划到 2026 年发行 9000 亿欧元的欧洲债券、8000 亿欧元的绿色债券和 1000 亿欧元的社会债券。这是欧盟历史上金额最高的社会债券。此次发行的成功，是对欧盟作为借款国和发行国的信心投票。

### 2. 六个国际会计师事务所共同承诺，落实审计工作中气候风险的披露

2021 年 1 月 7 日，全球公共政策委员会（Global Public Policy Committee，GPCC）承诺协助公司有效且合理披露其财务报告中有关气候风险的部分。该委员会召集了四大会计师事务所（Deloitte、EY、KPMG 和 PwC）和 BDO 与 GrantThornton 共 6 家全球知名会计公司，在一封对国际会计准则委员会（IASB）的联合致信中写道：“GPCC 网络承诺会扮演好我们的角色，提高会计领域的报告质量”。

---

* 本部分梳理了 2020 年 10 月至 2021 年 9 月国际可持续发展金融发大事件。通过社投盟官网、盟浪网、官方公众号可以了解更多国际资讯。

**3. 美国正式重返《巴黎协定》**

2021年2月19日，美国国务院发表声明称，美国在当天正式重新加入《巴黎协定》，距2020年11月4日宣布退出时隔3个多月。拜登在4月22日“世界地球日”举办的“领导人气候峰会”上宣布，美国计划到2030年温室气体排放量在2005年水平上减少50%～52%，并在2050年前实现碳中和。

**4. 壳牌推出绿色转型计划**

2021年2月13日，壳牌推出绿色转型战略，包括电力销售翻番、扩大LNG产能和逐步减少石油产量与改善化工业务等目标。该公司表示，近期将重新平衡其投资组合，每年向营销、可再生能源和能源解决方案等领域投资50亿～60亿美元。2030年将电力销售量增加1倍，达到每年560太瓦时，并在2025年前将电动汽车充电桩网络发展到50万个。

**5. 瑞银发布标普500 ESG“精英”指数基金**

2021年3月12日，瑞银作为全球最大的可持续投资管理机构发布全球第一支追踪标普500 ESG精英指数（S&P 500ESG Elite lndex）的ETF。该基金名为瑞银标普500 ESG“精英”指数基金（UBS S&P 500 ESG Elite ETF，简称“S5EG”），目前在瑞士证券交易所、伦敦证券交易所和德意志交易所均已上市。

**6. 贝莱德与淡马锡携手进军碳减排将为初创企业筹集数十亿美元**

2021年4月12日，全球最大的投资管理公司贝莱德携手淡马锡将建立名为“脱碳伙伴”（Decarbonization Partners）的公司，致力于设立一系列后期风险投资和早期成长私募股权投资基金，重点推进脱碳解决方案，从而推动全球实现世界气象组织《2020年全球气候状况》中提出的零碳经济目标。

**7. 标普全球发布首个与可持续发展相关的银行业务**

2021年4月26日，标准普尔全球公司宣布已投资15亿美元与可持续发展相关的银行信贷，加强公司支持全球经济向零排放转型发展的承诺。同时其宣布支持“Say on Climate”倡议中的原则，遵循金融稳定委员会气候相关金融信息披露工作小组（TCFD）批准的指导方针。

**8. 联合国发布衍生品交易所可持续指南**

2021 年 5 月 5 日，联合国可持续证券交易所倡议（SSE）与世界交易所联合会（WFE）联合发布了一份衍生品交易新指南，旨在为“衍生品交易所如何促进可持续发展”提供指导，还就如何使衍生品生态系统和衍生品交易所的运作更具可持续性提供了实用建议。

**9. 欧盟气候行动和欧洲绿色协议正式出台**

2021 年 7 月 14 日，欧盟委员会通过了一系列立法提案，阐明其打算如何到 2050 年在欧盟实现气候中和，以及欧盟 27 个国家如何实现到 2030 年将温室气体净排放量从 1990 年的水平减少至少 55% 的中间目标。这将意味着增加供暖、运输和制造的碳排放成本，对以前未征税的高碳航空燃料和航运燃料征税，并在边境向进口商制造水泥、钢铁、铝等产品所排放的碳收费。

**10. 英国首发 100 亿主权绿债引千亿认购，打破全球发行纪录**

2021 年 9 月 22 日，为实现净零排放和其他环境目标，英国发行 100 亿英镑（约合 137 亿美元）主权绿色债券，认购金额录得 1000 亿英镑，2033 年到期。据英国财政部披露，本次债券创英国国债和全球绿色债券发行市场历史新高，打破意大利在 2021 年 3 月发行的 85 亿欧元规模纪录。募集资金将用于帮助应对气候变化、生物多样性丧失和其他环境挑战，同时为英国创造绿色就业机会。本次英国规模超前的主权债券发售，或将为人民币绿色主权债券的发行实操提供一些借鉴经验。

# B.16
# 致　谢

发现“义利99”是一次跨界协同的社会创新。在此谨向以下专业志愿者、机构表示致敬，感谢其在项目过程中进行深度交流、指导、支持：

## 历年专业志愿者

安国俊、白波、包琰、曾斌、车慧中、丛林、David Galipeau、陈德全、陈东、典春丽、Elizabeth Boggs Davidsen、方略、冯飞、葛兴安、郭沛源、郭然、何基报、胡敬东、胡丽娟、黄益平、江聃、江向阳、Jared Mann、蒋国瑞、李家朗、李璞玉、李戎、李文海、李信民、李亚平、凌冲、零慧、刘剑雄、刘萍、刘逖、刘蔚、刘霄、卢琦、陆风、罗楠、马军、马磊、孟凡娟、闵万里、牛锡明、蒲小雷、饶翔、任剑琼、宋万海、苏梅、孙骏、孙希坤、孙喜、汤敏、唐嘉欣、童腾飞、汪洋、王德英、王厚峰、王建华、王健、王岚、王晓书、王育标、吴海山、吴坚忠、徐浩良、薛克庆、闫晓禹、杨东宁、杨强、杨姗、叶凡、叶钦华、俞建拖、俞锦、张韶辉、张贞卓、张子炜、周强、朱玲、朱寿庆、朱四明

## 国内机构

北京大学国家发展研究院、博时基金管理有限公司、创新工场、格澜数字科技（北京）有限公司、华泰保险集团、价值在线、秦朔朋友圈、清华大学公益慈善研究院、深圳德高行知识产权数据技术有限公司、深圳国际公益学院、深圳市金融局、深圳市民政局、深圳市社会组织管理局、深圳市中

国慈展会发展中心、深圳证券交易所研究所、万得信息技术股份有限公司、厦门国家会计学院中国财务舞弊研究中心、厦门天健财智科技有限公司、银河证券基金研究中心、友成企业家扶贫基金会、证券时报、中国国际金融有限公司、中国金融学会绿色金融专业委员会、中证指数有限公司、中咨律师事务所、资本市场学院

## 国际机构

联合国开发计划署（UNDP）、洛克菲勒基金会、全球影响力投资网络（GIIN）、全球影响力投资指导委员会（GSG）、亚洲公益创投网络（AVPN）、责任投资原则（PRI）

## 数据支持

组长：王岚、陶林林

成员：曹方圆、曾纳诗、陈妍群、陈雨舟、付登芸、顾瀚宇、何雨菡、贾书凡、李嘉萱、李沁桐、李文璐、梁倩铭、林可欣、刘畅、卢林楷、罗靖鸿、梅承彧、苗卓、庞斯晟、铁书宁、王德康、王美清、吴承霖、吴泽锐、杨欢、张静怡、张彤、张泳欣、赵维、郑斯尹、郑晓敏、钟家玉、庄妍、邹瑶

再次感谢各位专家、机构为推动中国可持续金融事业发展作出的公益贡献。

# B.17

## 声　明

1. 本报告项目组及参与评估的专家与评估对象之间不存在影响评估行为客观、独立、公正的经济利益及关联关系。

2. 本报告项目组成员认真履行了尽职调查和勤勉尽责的义务，并有充分理由保证所出具的评估结果遵循了客观、真实、公正的原则。

3. 本报告可持续发展价值评估结果是项目组依据合理的内部评估模型、评估流程和评估标准做出的第三方独立判断，不存在因评估对象和其他任何组织或个人的影响而改变评估结果的情况。

4. 本报告中依据的相关信息主要是由上市公司披露的公开信息，其他信息由项目组从其认为可靠、准确的渠道获得，如权威媒体、国家部委网站、法院判决文书等。项目组对本次评估所依据的相关资料的真实性、准确度、完整性、及时性进行了必要的核查和验证，但对其真实性、准确度、完整性、及时性不作任何明示或暗示的陈述或担保。

5. 本报告可持续发展价值评估的对象是2021年6月调整的沪深300成分股，项目组不保证中国全体上市公司可持续发展价值排名前99的上市公司都在2021年“义利99”排行榜里。

6. 本报告可持续发展价值评估依据的是上市公司2020年年度公开资料，项目组不保证所包含的内容以及据此得出的评估结果不发生变化。

7. 本报告对沪深300成分股可持续发展价值评估的任何表述和判断，并不意味着社投盟实质性建议任何个人或机构据此报告采取投资、借贷等交易行为，也不能作为个人或机构购买、出售或持有相关金融产品的依据。社投盟不对任何投资者使用本报告所表述的评估结果而造成的任何损失、损害、索赔和开支负责。

8. 本报告相关知识产权已由公益组织社投盟进行注册，版权所有，依法保留各项权利。任何个人或组织可以引用、复制或翻译其部分内容，但须注明出处。未经社投盟事先书面授权，不得将本报告中的评估结构用于任何营利性目的，不得为商业之目的复制本报告。

# 皮 书

## 智库报告的主要形式
## 同一主题智库报告的聚合

### 皮书定义

皮书是对中国与世界发展状况和热点问题进行年度监测，以专业的角度、专家的视野和实证研究方法，针对某一领域或区域现状与发展态势展开分析和预测，具备前沿性、原创性、实证性、连续性、时效性等特点的公开出版物，由一系列权威研究报告组成。

### 皮书作者

皮书系列报告作者以国内外一流研究机构、知名高校等重点智库的研究人员为主，多为相关领域一流专家学者，他们的观点代表了当下学界对中国与世界的现实和未来最高水平的解读与分析。截至 2021 年，皮书研创机构有近千家，报告作者累计超过 7 万人。

### 皮书荣誉

皮书系列已成为社会科学文献出版社的著名图书品牌和中国社会科学院的知名学术品牌。2016 年皮书系列正式列入“十三五”国家重点出版规划项目；2013~2021 年，重点皮书列入中国社会科学院承担的国家哲学社会科学创新工程项目。

# 中国皮书网

（网址：www.pishu.cn）

发布皮书研创资讯，传播皮书精彩内容
引领皮书出版潮流，打造皮书服务平台

## 栏目设置

◆ **关于皮书**

何谓皮书、皮书分类、皮书大事记、
皮书荣誉、皮书出版第一人、皮书编辑部

◆ **最新资讯**

通知公告、新闻动态、媒体聚焦、
网站专题、视频直播、下载专区

◆ **皮书研创**

皮书规范、皮书选题、皮书出版、
皮书研究、研创团队

◆ **皮书评奖评价**

指标体系、皮书评价、皮书评奖

◆ **皮书研究院理事会**

理事会章程、理事单位、个人理事、高级研究员、理事会秘书处、入会指南

◆ **互动专区**

皮书说、社科数托邦、皮书微博、留言板

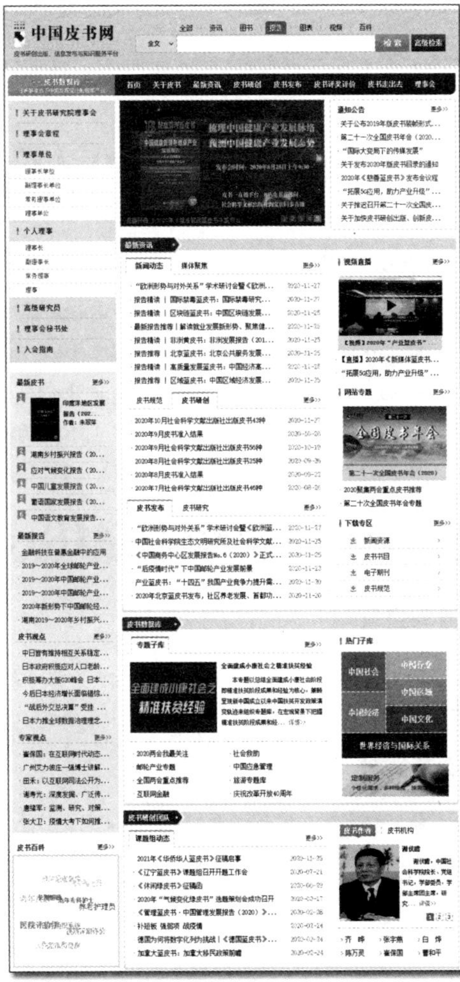


## 所获荣誉

◆ 2008 年、2011 年、2014 年，中国皮书网均在全国新闻出版业网站荣誉评选中获得“最具商业价值网站”称号；

◆ 2012 年，获得“出版业网站百强”称号。

## 网库合一

2014年，中国皮书网与皮书数据库端口合一，实现资源共享。

中国皮书网

# S基本子库
# SUB DATABASE

## 中国社会发展数据库（下设 12 个子库）

整合国内外中国社会发展研究成果，汇聚独家统计数据、深度分析报告，涉及社会、人口、政治、教育、法律等 12 个领域，为了解中国社会发展动态、跟踪社会核心热点、分析社会发展趋势提供一站式资源搜索和数据服务。

## 中国经济发展数据库（下设 12 个子库）

围绕国内外中国经济发展主题研究报告、学术资讯、基础数据等资料构建，内容涵盖宏观经济、农业经济、工业经济、产业经济等 12 个重点经济领域，为实时掌控经济运行态势、把握经济发展规律、洞察经济形势、进行经济决策提供参考和依据。

## 中国行业发展数据库（下设 17 个子库）

以中国国民经济行业分类为依据，覆盖金融业、旅游、医疗卫生、交通运输、能源矿产等 100 多个行业，跟踪分析国民经济相关行业市场运行状况和政策导向，汇集行业发展前沿资讯，为投资、从业及各种经济决策提供理论基础和实践指导。

## 中国区域发展数据库（下设 6 个子库）

对中国特定区域内的经济、社会、文化等领域现状与发展情况进行深度分析和预测，研究层级至县及县以下行政区，涉及省份、区域经济体、城市、农村等不同维度，为地方经济社会宏观态势研究、发展经验研究、案例分析提供数据服务。

## 中国文化传媒数据库（下设 18 个子库）

汇聚文化传媒领域专家观点、热点资讯，梳理国内外中国文化发展相关学术研究成果、一手统计数据，涵盖文化产业、新闻传播、电影娱乐、文学艺术、群众文化等 18 个重点研究领域。为文化传媒研究提供相关数据、研究报告和综合分析服务。

## 世界经济与国际关系数据库（下设 6 个子库）

立足“皮书系列”世界经济、国际关系相关学术资源，整合世界经济、国际政治、世界文化与科技、全球性问题、国际组织与国际法、区域研究 6 大领域研究成果，为世界经济与国际关系研究提供全方位数据分析，为决策和形势研判提供参考。

# 法律声明